LA
VUELTA
AL
MUNDO
EN
OCHENTA
LIBROS

José María Gironella

EL MEDITERRANEO ES UN HOMBRE DISFRAZADO DE MAR

PLAZA & JANES, S. A.
Editores

Foto portada:
E. P. S.

188791

Primera edición: Junio, 1974
Segunda edición: Febrero, 1975
Tercera edición: Mayo, 1975
Cuarta edición: Setiembre, 1976

Printed in Spain — Impreso en España
ISBN: 84-01-81220-8 — Depósito Legal: B. 35.783 - 1976

ÍNDICE

*A Juan Gich y a su esposa, Pilar,
con mi amistad ampurdanesa*

El Mediterráneo es el mar más terrícola y, por consiguiente, el más humano.

De ahí su reputación... Durante siglos y siglos, fuera de él no había más que bárbaros, y sus confines marcaban los límites del mundo conocido mientras se creía que toda la Tierra se resumía en él.

PIERRE DEFFONTAINES

La noción de hombre se formó en Grecia, como fruto del esfuerzo convergente de los moralistas y los escultores... La noción de humanidad es romana.

La fórmula fraternaria dice: Todos los hombres son hermanos. Pero la fórmula romana dice: Todos los hombres son ciudadanos o deben serlo. Lo primero es una emoción, lo segundo es un organismo.

EUGENIO D'ORS

Cada día veo un nuevo y notable objeto. Cada día imágenes frescas, grandes y originales.

Estuve hoy, de noche, en el Palatino, sobre las ruinas de la Roma imperial... De momento me pareció como si hasta ahora no hubiese apreciado nunca, conforme es debido, las cosas del mundo; y me regocijo de las benditas consecuencias de ello para el resto de mi vida.

GOETHE

El hombre catalán ha tomado de la atmósfera mediterránea su sentido de la medida y su equilibrio. Fiel al pensamiento griego, ama las cosas que le rodean: el mar, el sol, la montaña, el cielo, las piedras... También ama los sentimientos.

M. BOUILLE y J.F. BROUSSE

PRÓLOGO

Mi corazón baila al empezar otro libro de viajes. Es un acto premeditado y difícil. No se trata de ir adormilándose con el recuerdo, como hacen al tomar el sol esos minicocodrilos que son los lagartos. Se trata de recrear y ordenar esos recuerdos para los demás.

El viaje se hace primordialmente para uno mismo, para autoconocerse viendo otras mil caras, sean del prójimo —del *próximo*—, sean de nuestros «desemejantes», como alguien llamó a los hombres que inesquivablemente nos encontramos a poco que nos alejemos de nuestro contorno habitual.

Pero una cosa es realizar el viaje y otra cosa muy distinta es contarlo luego. Existe el riesgo de que aquello que para nosotros fue un descubrimiento el otro lo dé por sabido; que el manotazo a nuestro yo deje indiferente al tú, es decir, al lector; que nuestra adjetivación admirativa le arrugue el ceño. No siempre se consigue, ni mucho menos, la sintonización. Hay una zona de aislamiento que no se traspasa a las primeras de cambio, por buenos deseos, e incluso por buenos oficios, que le eche uno al papel. Cada cual es cada cual y encima hay días en que nadie está para pasar el rato escuchando historias.

Pero la mancha blanca del papel —el papel sin mancha— está aquí, y también están aquí, alborotadas, arrollándolo a uno, las imágenes captadas por esa misteriosa parturienta de ojos que es el alma. «¡Si no lo cuento reviento!», exclamó el payaso. Yo soy, en esa ocasión, el payaso. Tomé un barco y me fui a la otra punta del Mediterráneo, de donde nos han llegado productos tan diversos como piratas, cultura y dibujos de media luna, y entre la ida y la vuelta, ambas llevadas a cabo minuciosamente, atesoré tales azares, tanta aventura, tanta tierra y tanto mar, que no me queda más remedio que ser cruel.

Porque siempre se es cruel al referir, como es mi intención, la verdad subjetiva. Empieza por ser cruel el término *verdad*, aun teniendo plena conciencia de que se utiliza a manera de metáfora. Y resulta asimismo cruel atrincherarse en la subjetividad. Hablando sin paliativos, ¿qué saben los ojos, los del cuerpo y los del alma, de esas imágenes invasoras a que antes aludí? Algunas de ellas, la mayoría de ellas, existen desde hace milenios y yo sólo las atisbé un instante, unas horas, el tiempo que necesita el sol para derramarse tras las montañas y morir. Voces humanas, o libros, o magnetófonos, o pájaros, me atiborraron de citas y datos, a menudo, con la pretensión de hacer diana y de ofrecerme una panorámica o una síntesis de aquello que me ponían por delante. ¡Es una temeridad! Una panorámica, en el mejor de los casos falsea u olvida «esa» minucia que constituye precisamente la clave del arco; y hacer una síntesis implica bautizar. ¿Y quién es el majo que bautiza? Al bueno de Adán, símbolo de nuestro origen imprecisable, se le atribuyen toda suerte de pecados; para mí, que de haber existido y haber cometido alguno, sería el de ir poniéndoles nombres a cuantas cosas fueron creadas. Nadie tiene derecho a tatuar, porque el tatuaje imprime carácter; de ahí que en algunas zonas del planeta se haya tenido y siga teniéndose por lícito y legal el *rebautizo*, el dejar de llamarse Juan para llamarse Pedro, el dejar de llamarse flor de loto para llamarse estrella.

Como fuere, esta vez no me dispongo a pergeñar un nuevo libro de viajes sustancialmente exótico, vinculado a países que evocan, como Ceilán, la India, Camboya, Japón, Finlandia o los Estados Unidos, hemisferios mentales ajenos por completo a nuestra manera de ser. Esta vez la travesía discurre por aguas que nos son más familiares. El primer puerto que tocaremos será Marsella, y todos hemos visto películas de Fernandel. El más alejado será Estambul, ¡que queda, como

El Mediterráneo es un hombre disfrazado de mar

quien dice, al doblar de la esquina! Claro que allí hay mezquitas en vez de catedrales, más narguiles que pipas de procedencia inglesa, y un museo casi insensato, el *Topkapi*, que no tiene la menor semejanza con El Prado; pero muchos bigotes turcos se parecen a nuestros bigotes, pese al jaleo de Lepanto, y hay allí un misionero de Vitoria, el padre Pascual, que afirma que el perro que endulza su soledad y cuida de abrir la puerta habla a la perfección el vascuence.

Viaje mediterráneo, en fin. La costa septentrional, nórdica; dejaremos el litoral africano para otra ocasión. La ventaja que ese itinerario presenta es que incluye, entre otros lugares de rango esencial, Grecia. Grecia es un milagro, si entendemos por milagro algo maravilloso que puede acontecer. Allí se me agotó el verbo y me dediqué a estremecerme, a cultivar sensaciones. Fui pagado con creces, y nada me sería tan grato como lograr que alguien, a través de estas páginas, compartiera conmigo tal cúmulo de experiencias.

El Mediterráneo es un hombre disfrazado de mar. Ésa es la conclusión a que llegué al término de mi peregrinaje. Lo que los hombres mediterráneos han hecho ha sido exportarse a sí mismos hasta el confín, hasta el agotamiento. Existe otro tipo humano, el tipo oceánico —atlántico, índico—, que, por lo menos hasta una época muy reciente, se ha visto absorbido por un horizonte acuático excesivamente dilatado; el Mediterráneo, en comparación, es un simple lago, que limita al Sur con el desierto y al Norte con una Europa industrializada que pugna para imponerle su código de valores.

Así, recluido en su cuenca, el hombre mediterráneo concedió primacía al Hombre. Ésta ha sido su razón de ser. Muchas de las conquistas de convivencia, de ímpetu creador, de esquemas estéticos y morales de que el mundo se ufana hoy en día partieron de este lago-mar. Visto en presente, desde una cápsula espacial, ese enfoque histórico debe de resultar casi un chiste; pero no se me ocurre ningún argumento, ni siquiera *objetivo*, capaz de probarme lo contrario.

El Mediterráneo es un hombre. Todo lo que de él no sea humano es disfraz.

José María Gironella

Arenys de Munt, mayo de 1974

1

RUMBO A MARSELLA

De nuevo nos hacemos a la mar. Podría decirse que colecciono mares como los niños de antaño coleccionaban canicas. El mar me atrae porque es una pregunta, porque es una locura. Nunca se sabe qué pasará en el mar. No es cierto que las olas se repiten y que todos los peces son primos hermanos. Los peces no pueden cerrar los ojos porque carecen de párpados, pero sus formas de dormitar son incontables. Y los hay cuyo corazón sigue latiendo una vez separado del animal, y los hay arqueros, que utilizan su boca chorreante a modo de fusil. Todo es posible en el mar, incluso morir. Se ha dicho de los ríos que carecen de sexo. Y el mar, ¿de qué sexo es? El mar, la mar. Consuela pensar que también Dios carece de párpados y es asexual.

En esta ocasión, el mar que nos disponemos a hender es el Mediterráneo. Sobre un barco mixto, de nacionalidad turca, el *Karadeniz*. La ruta prevista es Barcelona-Estambul, con escalas en Marsella, Génova, Nápoles, El Pireo y penetración por los Dardanelos y el mar de Mármara.

¡Ahí es nada el Mediterráneo! Las enciclopedias cuentan de él que es el «gran mar» de la Biblia, el *Mare Nostrum Internum* de los romanos y el mayor de los mares interiores del mundo. Que la rapidez de evaporación de sus aguas excede al aporte que recibe de los ríos, por lo que tendería a desecarse a no ser por las corrientes frías y menos saladas que le llegan del Atlántico, por el estrecho de Gibraltar. Nosotros podríamos añadir que el Mediterráneo es humano, porque sus habitantes han librado batallas amorosas y batallas homicidas, porque en sus riberas han nacido bastardos e hidalgos, porque la cultura mediterránea se ha basado primordialmente en la *persona*, no por aquello del «hombre-rey del universo» o del «hombre-medida de todas las cosas», sino por aquello de «hablo de mí, porque soy *lo* que tengo más a mano». El Mediterráneo ha sido una reiterada lección mental, con una cosecha de genios sin apenas equivalencia, fruto de la cual la Historia, en buena parte, ha dejado de andar a cuatro patas. Ideas, intuiciones, flechas, con o sin curare, lanzadas a todos los confines. El Mediterráneo, acaso porque en sus profundidades se cultivan espléndidas esponjas, ha sido una constante succión de riesgos vitales, y desde lo más remoto, desde las guerras de Troya hasta la que en su recinto libran actualmente, con incruenta desfachatez, las flotas rusa y estadounidense, ha ido amasando con tesón en su horno el pan de la claridad, del equilibrio, de la ética. Buen número de las palabras hermosas y definitorias que utiliza el hombre en su vocabulario han nacido en el mar Mediterráneo, que es mar clásico, que es a la vez mar de paso y mar de siempre, que es simplemente mar.

La bandera del *Karadeniz* es roja con, en el centro, una media luna y una estrella blanca; media luna lorquiana, estrella blanca sobre la que lo mismo el capitán del barco que los pasajeros podemos garabatear a nuestro antojo nuestros sueños.

Es Semana Santa y hemos zarpado de Barcelona al atardecer. La luz en el puerto era gris. Las grúas, quietas, entre dinosáuricas y futuristas, como dispuestas a llevarse a picotazos a los niños que merodeaban por los muelles diciendo adiós. Mástiles en todas direcciones, geometrizando el espacio, en espera de que marinos o simios hicieran en ellos demostraciones gimnásticas. Total indiferencia de los barcos anclados cerca, de los barcos esperando turno para salir, quién sabe cuándo, hacia otros puertos. Manchas oleaginosas, de formas y colores psicodélicos, en el agua tranquila. El cielo encapotado. La urbe se diluía, lejanísima y empequeñecida, en la bruma. Barcelona iba quedando atrás. La última visión de ella que se nos hizo presente fue el cementerio del Sudeste, trepando por la ladera de Montjuich.

El Mediterráneo es un hombre disfrazado de mar

¿Por qué treparán los muertos? ¿Existe para ellos el más arriba? Mientras enfilábamos la embocadura las gaviotas rasgaban el espacio trayendo y llevando pañuelos invisibles.

* * *

Como siempre, antes de deambular por el barco, acotándolo en nuestra memoria, nos hemos instalado en el camarote que se nos asignó. Espacioso, a estribor, con un salón adjunto, confortable, en cuya mesa, que me será útil para escribir, hay un ramo de flores y unas cuantas manzanas. Muy cerca del camarote está el salón-bar.

Acomodamos las maletas y todos los utensilios al uso. Abundan los muebles y los objetos atados con cadenas, en previsión de zarandeo de mayor cuantía. Es la esclavitud del mar. El mar de pronto se pone bravo, como los viejos bosques o las mujeres que han parido muchos hijos, y dan al traste con todo, haciéndolo añicos en un santiamén. Mi mujer me recuerda que en el Índico una ola inesperada nos catapultó contra el espejo; por mi parte, revivo el momento en que, en el Caribe, cerca de Trinidad, la cola de un ciclón nos partió el alma.

Ha anochecido, pero ello no nos impide salir a inspeccionar el contorno que nos tocó en suerte, la cáscara de nuez que nos llevará a Estambul. En el salón-bar abunda también el color rojo, que corrientemente —quizá quepa exceptuar a los médicos— evoca la sangre. Es un salón redondo, con enormes cristaleras tras las cuales la noche se entretiene estudiando idiomas. Hay jaulas con canarios. En los estantes del bar, las botellas de whisky se confunden con la sonrisa del camarero. Los sillones, de plástico. Varios de ellos, deshilachados, son, al igual que los ceniceros, testigos cálidos de viajeros que ya no están.

El recorrido del barco constituye un abanico de sorpresas, como era de prever: las sorpresas son el número circense e inevitable de cualquier embarcación que se hace a la mar. Embarcación mixta, como quedó dicho; pero, salvo al-

19

gunos coches que dormitan en cubierta, la mercancía se ha ocultado cautamente. Sólo el pasaje trasiega aquí y allá. Todos nos inspeccionamos con mayor o menor disimulo, excepto tres «hippies» unisexo, de espectaculares melenas, los cuales, sentados en unos barriles, forman un clan aparte y dan la impresión de suponer que no nos dirigimos a Estambul sino a uno de sus *campus* predilectos, la isla de Formentera. También aparecen neutros, sin reflejos, una serie de inmigrantes que, provenientes de quién sabe dónde, regresan a su país natal, Turquía. Acodados en la barandilla, miran sin ver y nadie podría tener la certeza de que desean sobrevivir. A juzgar por sus rasgos faciales, e incluso por las peculiares posturas que sus cuerpos adoptan, con tendencia a empequeñecerse, es probable que pertenezcan a la Turquía asiática.

En cambio, nos acompaña un alborotado grupo de estudiantes que, para festejar el paso del ecuador, se dirigen a Grecia, donde sin duda comprobarán que lo leído en los libros de texto no tiene nada que ver con la realidad. La presencia de esas motas jóvenes, de ojos fosforescentes, nos alegra. Especialmente las chicas fuman sin parar, un pitillo tras otro, con aire de jugadores profesionales de póquer. También nos acompaña una *troupe* de artistas, de los que se dice que a lo largo de la travesía nos amenizarán las veladas nocturnas. Pasan los oficiales, muy compuestos, con su característico aire de vigías omniscientes. Un inglés solitario, de pie entre unas cuerdas, cerca de popa, contempla en el horizonte el desmoronamiento de la Commonwealth. De pronto, me invita a una copa en el bar y se empeña en darme a leer el suplemento del *Times*.

La cena es suculenta. Estamos en alta mar. Un buque navegando es siempre algo irreal. Todos los buques son de noche buques-fantasma, como el que figura en un grabado alemán que vi no sé dónde, el *Santa María*, buque que se perdió en el Atlántico y que cinco años más tarde fue reencontrado intacto, pero sin tripulación, balanceándose idílicamente y sin dar explicaciones.

Después de la cena, en el salón, mientras los canarios

El Mediterráneo es un hombre disfrazado de mar

enjaulados picotean pensamientos, brotan en torno las conversaciones de rigor. Un grupo de napolitanos lleva la voz cantante, como debe ser. Los temas que tratan quedan a mil leguas de los que habitualmente ocupan la mente de los españoles. Es la gran lección del alejamiento patrio. Apenas traspasada la frontera se ensancha el mundo y se descubre que millones y millones de seres ignoran la misma existencia de asuntos que nosotros tenemos por muy principales. Es una cuestión de camada tribal, de patio de vecindad. Ligero desplazamiento geográfico y muchas obsesiones naufragan, se diluyen en la nada. Los napolitanos están preocupados por huelgas que no nos afectan, por novias que no conoceremos jamás. ¿Y cómo conseguiríamos nosotros interesarles por la presión de nuestra censura oficial y por nuestros trastornos digestivos?

Claro que a veces se produce la ósmosis, o la interdependencia. De hecho, todos somos prójimo. Un inquieto parisino nos lo demuestra al conectar inesperadamente la televisión: la imagen que aparece en la pantalla corresponde a la emisión española, en tanto que las voces y los sonidos de fondo pertenecen a una película que transmite, por el segundo canal, la televisión francesa. Singular carambola en el espacio, una más entre las muchas que deparan los rumbeos cercanos a la costa.

El inquieto parisino se va, y la televisión runrunea para sí misma, ridículamente inútil. Los altavoces dan instrucciones para el día siguiente. Los artistas de la *troupe* juegan a la baraja. Una de las muchachas, hermosísima, con cola de caballo y blusa transparente, de vez en cuando se levanta, se estrecha el cinturón y vuelve a sentarse.

¿Dónde están los estudiantes españoles que festejan el paso del Ecuador? Probablemente, en el salón de tercera, fumándose el comienzo de su aventura. ¿Y el inglés solitario? Desapareció tras el parisino, llevando un vaso de whisky y, bajo el brazo, el suplemento dominical del *Times*.

Una súbita sensación de fatiga se apodera del *Karadeniz*. Antes de acostarnos salimos de nuevo a cubierta. La agradable máquina flotante surca las invisibles aguas del golfo de León. Pienso varias cosas a un tiempo. A lo primero, que un barco es un pueblo. Alcalde, el capitán; concejales, la oficialidad; ricos, los ocupantes de los camarotes de lujo; clase media, los ocupantes de la clase turista; el proletariado —aparte de los inmigrantes—, los marinos que se afanan grasientos en la cocina y en la sala de máquinas, los que chorrean sudor anónimo y sueltan tacos y hacen horas extras.

Claro que se trata de un pueblo que, de pronto, al término del viaje, se dispersa y se desintegra como ciertos átomos y buen número de sanas intenciones. Censo provisional. En los barcos hay que empadronarse sin amar demasiado, porque luego sucede que el agua del mar y los tinglados de los puertos se lo llevan todo hacia el misterioso archivo de lo que no ha ocurrido jamás.

Pero también pienso, no sé por qué, en Antonio Machado. Por supuesto, no es insólito que un poeta se nos venga a las mientes en cualquier ocasión, ya que un verso excelso es intemporal y un hondo cantar franquea impunemente cualquier puerta.

Ahora bien, en este momento la evocación se me antoja doblemente justificada, por cuanto Antonio Machado, cuya pluma jamás se ocupó del Mediterráneo, dio en morir quedamente en uno de sus más humildes puertos, un puerto que poco ha se nos quedó atrás, el de Colliure, en el Sur de Francia. Allí continúa aún, en tierra que siempre le fue ajena, respetado por el sepulturero y quizá también por los gusanos.

¿Para qué llamar caminos
a los surcos del azar...?
Todo el que camina anda,
como Jesús, sobre el mar.

Cuatro cosas tiene el hombre
que no sirven en la mar:
ancla, gobernalle y remos
y miedo de naufragar.

El Mediterráneo es un hombre disfrazado de mar

Señor, ya me arrancaste lo que yo más quería.
Oye otra vez, Dios mío, mi corazón clamar.
Tu voluntad se hizo, Señor, contra la mía.
Señor, ya estamos solos mi corazón y el mar.

Amanecer necrológico

Al amanecer me dieron la noticia, que me retrotrajo de golpe al cementerio de Montjuich, al cementerio que emergió en medio de la bruma a nuestra salida de Barcelona: mientras todos dormíamos con placidez, acunados por el vaivén del barco y el runruneo y la vibración de los motores, el médico de a bordo, el médico del *Karadeniz*, había muerto fulminantemente de un ataque al corazón. Yacía «abajo», en una cámara frigorífica. Estaba casado y tenía dos hijos. Lo llevarían a Estambul, donde lo entregarían a las autoridades y luego a la familia.

Yo había visto al médico a la hora de la cena, en la mesa del capitán. Comía con apetito. Aparentaba unos cincuenta años y llevaba gafas. Había traspasado la frontera definitiva y no le interesaba en absoluto los asuntos que en el *Karadeniz* eran tenidos por muy principales.

—¿Podría verle un momento?

—¡Claro que sí!

Cámara frigorífica... No es cierto que todos los muertos sean iguales. El hieratismo y la palidez de aquel hombre eran singulares. Costaba esfuerzo imaginar que su cuerpo se movió alguna vez, que alguna vez curó enfermos y sus mejillas se arrebolaron.

¿También aquel lugar le sería ajeno? ¿Y dónde el sepulturero capaz de respetarle? A fuerza de mirarle, me pareció que sonreía.

Sorpresas de los viajes. Semana Santa. Sí, Semana Santa en alta mar...

2

MARSELLA

A medida que el barco avanza —el capitán ha tranquilizado al pasaje: «No se preocupen, señores...; en Génova subirá otro médico»—, la proximidad de Francia me sensibiliza la piel.

Francia ha sido para mí, desde que arribé a París por primera vez, en 1948, el mentor o gurú necesario, el crítico que ha trazado mis límites, la difícil ventana abierta a la coherencia mental. En Francia abdiqué para siempre del «sí» y el «no» absolutos a que la idiosincrasia española y la rotundidad de nuestra guerra civil me habían habituado. En Francia dejé de ser juez porque aprendí la eficacia de ese laxante dialéctico que es el «no sé», o la medalla de dos caras. En Francia descubrí, no sólo la importancia de la matización y del adjetivo, sino el estimulante hecho de que los matices y las adjetivaciones sean el aporte personal, el santo y seña propio con que cada uno de nosotros podemos colorear las cosas. A partir de ese descubrimiento brotó en mi interior una fuerza nueva —que años después, en Asia, había de afianzarse con más enjundia todavía—, perfectamente compatible con la afanosa búsqueda de la verdad e incluso con un agridulce escepticismo.

Y he aquí que esta vez me dispongo a entrar en Francia por una puerta que sintetizaba de modo perfecto ese drenaje, esa armónica combinación de contrarios: Marsella.

Marsella, que sólo había visitado, muy de pasada, en una ocasión, estaba ya a pocas leguas de *Karadeniz,* y se ofrecía con todo su exuberante poderío, en el centro geográfico de muy añejas culturas, con su picaresca a lo Marcel Pagnol y su expresividad gesticulatoria, con chimeneas altas y el largo túnel de Rover, señorial, popular, rica y fértil en la desembocadura del Ródano.

Por descontado, iba a ser muy difícil librarse del tópico. ¡Tanta literatura! ¿Cuántos marselleses tocarían el acordeón? Y su ironía, ¿sería una realidad? ¿Y su alegría? Al parecer, cuando Kruschev visitó la ciudad, un camarero de *chez* Fonfon le espetó en ruso más bien primario uno de los proverbios más optimistas y representativos de la región: «Navidad sólo llega una vez; en Marsella es Pascua todos los días.»

¡Qué maravilla! Todo discurre, en el orden emocional, conforme a lo previsto. En Francia —en Marsella— me encuentro en mi propia salsa. Apenas el barco atraca en el moderno puerto, *La Joliette*, y ponemos pie en tierra me digo: «Eso está bien, yo lo siento así.» Las siluetas me resultan familiares. Los rótulos de los comercios, la tipografía de los periódicos, los colores de las fachadas, con abundancia del ocre y del rosa, los quepis de los gendarmes, los bulevares, la *Canabière*, los jardines de Longchamp, el pan y el vino tinto, los *pardon, monsieur*, el viejo puerto, cripta histórica, a resguardo del mistral, el trasiego de marinos de todas las latitudes, los sicómoros de El Prado...

Deambulamos a la que salte y una vez más tenemos que admitir que los franceses son muy duchos en materia de relojes espirituales. A menudo tienden a la ridiculez —sombreros cursis, monumentos cursis, decoración recargada, que provocaba en Baroja descargas de adrenalina—, pero en el momento en que el énfasis se haría insoportable surge la simetría de un césped hábilmente cuidado o resuena en los oídos una frase de Voltaire y el conjunto vuelve a la normalidad. En Marsella, por ejemplo, la ofensa estética que supone la basílica de Nuestra Señora de la Guardia, que preside la ciudad, basílica tan desafortunada como la que preside nuestro Tibidabo, se ve compensada por la nobleza de los melancólicos barrios que Edmond Jaloux describió en sus relatos. Y la orgía marmórea de las estatuas y lápidas funerarias tiene su desquite en las sutiles pinceladas de Monticelli o en las punzantes y austeras litografías de Daumier, «ilustre hijo de la villa», según rezan las guías. Para no hablar del «Paseo de las Damas», nombre que en apariencia evoca un pasado de frivolidad amorosa junto a los faroles, pero que, de hecho, conmemora la valentía de las mujeres de la ciudad que, a raíz del sitio de Carlos V, en 1524, tomaron con arrojo las armas.

En la puerta del edificio de la Bolsa, donde las transacciones adquieren un volumen obsesionante, según los expertos, encontramos, sentados en la acera, a los tres «hippies» del barco, tocando la armónica. Es un a modo de desafío que nos invita a la sonrisa y a la reflexión. En el parque Boléry, cuyo arbolado es regio como los candelabros en las películas de época, vemos a unos japoneses disparando, ¡cómo no!, sus máquinas fotográficas. Bajitos y miopes, su presencia nos recuerda que Marsella, la antigua *Massalia* de los jonios, fue llamada «Puerta de Oriente» por cuanto desde su viejo puerto partieron, con voluntad expansionista, los navegantes que habían de extenderse por el norte de África y por Asia, afincándose colonialmente en los territorios de Indochina.

Una vez más me pregunto por qué ese ir y venir de los hombres en son de conquista. La figura de Gengis Kan es un acusador resumen de la historia de la Humanidad. En Marsella, como en todas partes, antes que la canción y el prostíbulo fue, también, la espada.

Libertad

Libertad. Es la palabra mágica, sin la cual resulta penoso vivir y convivir. Con sólo efectuar un recorrido por la *Corniche* y escuchar las explicaciones del taxista, nos sentimos inmersos en un universo oxigenado. Las carteleras de los espectáculos, de una variedad insólita —si bien, al parecer, la vida nocturna marsellesa es hoy en día precaria—, coexisten con los *slogans* publicitarios y con los anuncios de funciones parapsicológicas y de Semana Santa. En los muros, lo mismo puede leerse: «De Gaulle, diez años de miseria», que «Hitler tenía razón». No pasa nada. Se trata de una sensación. Se trata de la sensación de poder opinar sobre cualquier estamento, ideología o cosa sin que el «otro» te considere antagonista, enemigo. Hay un poso de respeto por encima y más allá de la ley. Los dogmas se reservan para los menesteres secundarios: prohibido dudar de la calidad del café filtrado y de la eficacia de las empleadas de la *Poste*. Marsella es ecléctica. Siempre lo fue. Salpicada de islotes, con el mistral alborotando a ráfagas el psicosoma. La primera zona cristianizada de la Galia (la abadía de San Víctor es el más antiguo templo apologético de Francia), pronto se convirtió, dícese que por culpa de los griegos, en la zona más pagana. En 1720 sufrió una epidemia de peste que produjo 40.000 muertos sobre 70.000 habitantes; Marsella resucitó. Con la apertura del Canal de Suez —1869— y la multiplicación de los navíos de vapor se convirtió en metrópoli; en la actualidad es la segunda aglomeración humana de Francia, con cerca de un millón de habitantes. Según noticias —así nos lo afirma el *maître*, mientras nos encarga la tradicional *boullabaisse*—, desde la independencia de Argelia y la construcción del cercano aeropuerto de Mariguane, el tránsito marítimo de pasajeros ha menguado; no importa. Periódicamente, sin faltar a la cita, pasa el *Karadeniz* y gracias a él Marsella recibe estudiantes madrileños en ruta hacia el Partenón, algún que otro inglés solitario y algún que otro aprendiz de novelista, del brazo de su mujer.

Un pasajero oriundo de Aviñón, que, según nos informa, se dirige también a Estambul, nos invita a visitar las cercanas islas Friul, en una de las cuales se alza el famoso castillo de If, donde Dumas situó parte de la acción de su obra *El conde de Montecristo*.

Aceptamos en el acto. Hay lanchas motoras que efectúan

el trayecto desde el viejo puerto y podemos estar de regreso antes del anochecer.

La experiencia es válida desde todos los puntos de vista. Siempre he admirado a los folletinistas franceses, que en su época acertaron a colmar la monotonía de la vida, sobre todo en las capitales de provincia, donde no ocurría nunca nada y los ciudadanos necesitaban que alguien les contara con donaire fantásticas aventuras, a semejanza de lo que le sucede ahora al hombre-gregario de nuestro tiempo, hijo del asfalto, incapaz de estar solo y embotado por el ansia de confort, que necesita de la imagen, especialmente, de la televisión, para escapar de su mundo mediocre y no pegarse un tiro en la sien.

La invención del folletín —la invención del *suspense*— se debe al polifacético doctor Luis Verón, que un buen día de 1829 publicó por primera vez, en la *Revue de Paris*, la tantálica frase: «Continuará en el número próximo.» Alejandro Dumas, inicialmente dedicado al teatro, había de convertirse en uno de los más sustanciosos cultivadores del género, espoleado por las novelas de Walter Scott y deslumbrado por la fama y las ganancias de Eugenio Sué, cuya gloria, a caballo de *Los misterios de París, El judío errante* y *Los siete pecados capitales*, influyó incluso sobre espíritus tan esclarecidos como Balzac y Víctor Hugo.

El pasajero oriundo de Aviñón, Marcel de nombre, que era dicharachero y usaba mechero de yesca, admiraba también a Dumas y empleó casi todo el trayecto en explicarnos el cómo y el porqué de *El conde de Montecristo*. Según él, el argumento le fue sugerido a Dumas por las *Memorias* del archivero de la Policía de París, Jacobo Peuchet, quien se dedicó a exhumar centenares de datos de dicho archivo, en el que figuraban historias verídicas, pero que nadie se hubiera atrevido a inventar por temor a ser tachado de inverosímil. De una de esas historias, titulada *El diamante y la venganza*, Dumas entresacó los famosos lances de Edmundo Dantès y el abate Faria, si bien, en vez de situarlos en la isla de Fenestrelle, como ocurrió en la realidad, los situó en el castillo de If; el cual, por cierto, a medida que el transbordador avanzaba, se nos aparecía cada vez más enigmático, con haces de luz vangoghiana que, procedentes de Dios, restallaban chispeantes sobre sus torreones y su fachada.

Le objeto a nuestro cicerone Marcel, cuyos guiños recordaban los de un faro, si, visto el espigueo que Alejandro Dumas hizo en las *Memorias* del archivero Jacobo Peuchet, estimaba justificadas las acusaciones de plagiario de que el autor de *Los tres mosqueteros* había sido objeto, con reiterada obstinación, por sus contemporáneos. La respuesta de Marcel es fina y avispada. «¿Existe algún escritor que no plagie, que invente el lenguaje, el ritmo, la trama y el desenlace? El lenguaje lo hereda; en cuanto a la trama, si no la plagia de un archivo policíaco o de otros libros, la plagia de la vida y sus posibilidades, lo que viene a ser lo mismo.» «Por otra parte —añade Marcel—, el propio Dumas se mofó de tales acusaciones escribiendo en cierta ocasión: "Siempre ha existido una gran inquietud por saber cómo se hicieron mis libros y, sobre todo, quién los hizo. Resultaba tan sencillo pensar que los había hecho yo que a nadie se le ocurrió esa idea."» Y Marcel se ríe de buena gana, en el momento en que atracamos y ponemos pie, no sin emoción, en el islote de If.

Subimos por una escalera horadada en la roca y pronto nos encontramos en una explanada calcárea, frente por frente del castillo, menos imponente de lo que cabía esperar y con evidente aspecto de fortaleza-cárcel o penal. En honor de Dumas nos sacamos unas fotos y luego salvamos el puente levadizo que da acceso al interior, a un patio con un pozo en el centro.

Nos asalta un tropel de evocaciones históricas y literarias, pues hay galerías en el primer piso por las que cabe suponer se paseaban los prisioneros, y una puerta a la izquierda indica la entrada a las mazmorras, sitas en la planta baja, que ocuparon Edmundo Dantès y el abate Faria.

Antes de penetrar en ellas, Marcel, que se conoce el lugar de memoria, nos invita a leer una lápida lateral que da fe del cautiverio, finalizado en horrible martirio, sufrido allí por «TRES MIL QUINIENTOS PROTESTANTES CONDENADOS POR CAUSA DE LA RELIGIÓN» —es evidente que Juan XXIII nació con retraso—, y cuenta y no acaba de las sucesivas oleadas de presos en el castillo, con la correspondiente secuela de falta de alimentos y de agua, de torturas y de epidemias, al ritmo de los avatares políticos de Francia. «Se huele a tristeza, ¿verdad?» «Quizá sí.»

Al parecer, la época napoleónica fue especialmente dura. Marcel da por cierto que Mirabeau, el eterno exiliado, estuvo recluido en If, tiempo que aprovechó para escribir su *Ensayo sobre el despotismo*. También da por cierto que el general Kleber, muerto en Egipto, fue transportado a If y guardado durante años dentro de un ataúd, en concepto de «prisionero que no podía hablar, pero por quien hablaban el honor de Francia y la Historia». En cambio, la estancia allí del Hombre de la Máscara de Hierro se le antoja una invención marsellesa. Tocante al ínclito marqués de Sade, que vivió largo tiempo en Marsella ocasionando, como era de ley, toda suerte de escándalos, es poco probable que conociera los calabozos que nos rodean, pero Marcel prefiere creer que sí. Marcel, con su mechero de yesca y sus guiños, se declara hedonista y, por tanto, admite de buen grado que las leyendas son más veraces que la propia verdad.

Por fin entramos en las celdas de los protagonistas de *El conde de Montecristo*. Al hacerlo, se me antoja simbólico verme obligado a inclinar reverencialmente la cabeza. Celdas húmedas, frías, de una soledad que sobrecoge. Ahí está el agujero abierto en la pared, a través del cual los dos reclusos se comunicaban. «De repente, una noche, a eso de las nueve percibió Edmundo Dantès un ruido sordo en la pared, contra la cual estaba acostado; venían tantos animales inmundos a hacer ruido por aquel lado, que el prisionero había acostumbrado su sueño a no turbarse por tan poca cosa; pero esta vez..., era una especie de rasgadura que parecía ser hecha por una enorme garra, por un diente descomunal, o por el choque de un instrumento cualquiera sobre las piedras...»

Así empieza el relato del encuentro entre los dos héroes del folletín de Alejandro Dumas. No puedo por menos que recordar el sobresalto con que, de niño, siendo seminarista, aprovechando unas vacaciones, lo leí. La «enorme garra» y el «diente descomunal» convirtieron mi corazón en tango. Lo leí en la playa de San Feliu de Guíxols, una tarde de verano, junto a una barca roja y cadmio, mientras por la bocana del puerto salía, cargado de corcho, un buque inglés.

Pido permiso para quedarme solo y me es concedido. Tomo asiento en el suelo de la celda del abate Faria. ¿Qué descubrió Dumas? En opinión de Nikos Kazantzaki, autor de *El Cristo nuevamente crucificado*, nada más y nada menos que la novela policíaca. ¿Qué descubrió con su obra, aparte del *suspense*? Algo tópico, infinitamente repetido: el poder irresistible del dinero; también, la fascinación ejercida por los tesoros ocultos.

La celda va poblándose poco a poco de fantasmas. Son palabras. En mi oficio, la palabra es el instrumento básico, primordial. Permanezco en el calabozo Dios sabe cuánto tiempo, sin hacer nada en absoluto, prisionero también de mil recuerdos. Paréceme escuchar asimismo los golpecitos en la piedra. En un momento determinado, introduzco la mano en el boquete que por fin consiguieron abrir. Por lo demás, pienso que la literatura sencilla y poética está colmada de alusiones indesmentibles. Todos hemos estado, alguna vez, solos como el abate Faria. Todos hemos golpeado en la pared en busca de un amigo. Todos hemos abierto un boquete en el muro hostil de la existencia y hemos abrazado a quien buscaba con idéntico afán nuestra compañía. Todos guardamos en el alma algún plano secreto y fantástico donde acaso podríamos encontrar el tesoro oculto del sosiego interior, cuando no la felicidad.

Por fin me levanto, dispuesto a salir. Mis pisadas resuenan como en el fondo de un pozo. Alcanzo la luz de afuera y, absorto, me dirijo a los acantilados donde fue arrojado al mar el supuesto cadáver de Edmundo Dantès. ¿Los barcos que se ven a lo lejos no serán barcos-pirata, no llevarán también algún evadido de la sociedad o de sí mismo? ¿Y el Mediterráneo que se extiende ante mí, no esconderá también ingentes tesoros infinitamente más valiosos que el oro?

Mi mujer se me acerca y vuelvo a la realidad.

—¿Qué te ocurre?

Nada. Jugarretas del cerebro. Las células del cerebro van también escribiendo, a lo largo de nuestra existencia, un alucinante folletín.

El Mediterráneo es un hombre disfrazado de mar

Al abandonar el castillo de If y el islote, que los alemanes ocuparon durante la última guerra mundial —abrigaban la esperanza de que el foso y el puente levadizo les permitiría permanecer allí indefinidamente—, guardamos silencio. La lancha motora surca el agua tranquila. Marsella asoma a lo lejos —¿dónde estará el *Karadeniz*?— y vemos la iglesia de San Lorenzo, iglesia que fue de los marinos y los pescadores y en la que, en el siglo XII, durante la misa de medianoche, tenía lugar la ofrenda del pescado. Fe provenzal. Cuesta hacerse a la idea de que, en tiempos, el árido islote de If fue bosque, con caza abundante, con pájaros que emigraban en otoño, con conejos que resolvían crucigramas por entre los matojos y las hierbas curativas. Cuesta creer que el islote, antes que todo lo dicho, fuera lugar de recreo y de paz.

—¿Sabe usted? —me informa Marcel, al llegar al viejo puerto y separarnos—. Fueron los catalanes los primeros en entrar en If a sangre y fuego...

—¿Cuándo ocurrió eso?

—El veinte de noviembre de mil cuatrocientos veintitrés...

Picoteo marsellés

Nos enteramos de muchas cosas. Para tener una idea global del emplazamiento geográfico de Marsella, así como de la extensión e importancia de su contorno, el mirador idóneo es la colina de Nuestra Señora de la Guardia; para cotillear un poco en los entresijos de su población, en su psicología y en las huellas que el pasado ha marcado en la urbe, hay que echar mano de un taxista nativo, como el que nos acompañó a la *Corniche*, que haya venido al mundo en la *Canebière* o en alguna calle próxima, estrecha y sombría, y hable el provenzal (Dante pensó escribir en provenzal la *Divina Comedia*) y sea admirador sincero de Edith Piaf y, por descontado, de Fernandel y su dentadura caballar.

Tenemos la suerte de encontrar ese hombre, que lleva boina a lo Gila y el asiento delantero del taxi repleto de naranjas. Le preguntamos cómo se llama y nos contesta: «El Marsellés». Ahí es nada. Yo me llamaría «El Gerundense» si la ciudad en que he vivido tantos años fuera menos preconciliar y materialista y no se dedicara con tanto fervor a la gastronomía, a malherir piedras augustas, a ensuciar el río y a frustrar talentos.

«El Marsellés», mientras recorremos una y otra vez las calles, nos llama la atención sobre el elemento humano que por ellas discurre: sensacionales maxifaldas, grupos de norteafricanos que parecen repetidos —acaso los haya quintillizos—, coquetas *midinettes*, marinos jubilados, *madames* con la cesta de la compra, *monsieurs* llevando bajo el brazo una o varias barras de pan. La circulación, pese a todo, es fluida: los franceses ordenando el caos.

Vemos el carro de combate «Juana de Arco», incendiado en la última guerra mundial (hay perros condecorados, aviones épicos, carros de combate heroicos) y el lugar exacto en que, mientras paseaba en coche, al igual que nosotros, fue asesinado el rey de Yugoslavia, Alejandro I, ¡que acababa de regresar de Estambul! Visitamos el Museo de Arqueología y a la salida, al oír el silbido de un par de prostitutas aparcadas en una esquina, nuestro cicerone arremete furiosamente contra los alemanes que, «so pretexto de que en sus callejuelas se escondían elementos de *La Resistence*», destruyeron gran parte del barrio más bribonzuelo y popular de Marsella, el que a él más le gustaba.

Le pedimos que nos lleve a visitar la famosa construcción vanguardista de Le Corbusier, inicialmente llamada «La Ciudad Radiante». Acepta, aunque no con agrado, y califica esa construcción de *fadá* (locoide).

En el trayecto nos cuenta que el himno *La Marsellesa* no fue compuesto, como su nombre podría indicar, por ningún conciudadano suyo. Letra y música se deben a un capitán, C. J. Rouget, de guarnición en Estrasburgo. Sencillamente ocurrió que, cuando la insurrección del 10 de agosto, un batallón voluntario marsellés entró en París cantando dicho himno, repitiéndolo luego cuando el asalto de las Tullerías.

El Mediterráneo es un hombre disfrazado de mar

A raíz de ello los parisinos lo llamaron primero el «Himno de los Marselleses» y más tarde «La Marsellesa»; convirtiéndose en el himno nacional en 1795, con motivo de la caída de la monarquía.

Llegamos ante el bloque-colmena, el bloque-cárcel, el famoso bloque pionero de Le Corbusier, y no comprendemos cómo pudo ser bautizado con el nombre de «La Ciudad Radiante», a menos que se tratase de una suerte de broma de *Marius*, de Marcel Pagnol. Nuestra indiferencia es total. No experimentamos el menor estremecimiento estético. La fealdad convertida en norma, en aras de un pretendido funcionalismo, sintetizado en la célebre frase: «Una casa es una máquina para vivir en ella.»

Recorremos algunas plantas y, en efecto, admiramos indiscutibles hallazgos en el orden técnico, en el orden práctico y en cierta inteligente distribución del espacio; pero el tributo pagado por ello, la inarmonía, es muy alto y, por desgracia, irreversible. Los arquitectos como Le Corbusier deben de ser, supongo, formidables innovadores, pero yo los tengo, junto con los banqueros, por los responsables del insensato urbanismo actual, de la mascarada planetaria, que tiene algo de impuro, de corrosivo y satánico, de resentimiento y venganza contra no se sabe qué. Han destrozado paisajes y hombres. Matan la intimidad del individuo y uniforman el mundo, arramblando con lo peculiar. Cuando descubren un lugar virgen eyaculan de placer. Diríase que aspiran a una única melodía, a que suenen lo mismo un saxofón que un clavicémbalo. Ponen la tradición, el trópico, la nieve, los niños, las terrazas y las alcobas al servicio de materiales resistentes pero de nobleza discutible, tales como el aluminio, el cemento, el plástico. La Naturaleza debiera encarcelarlos en celdas de piedra seca, como las de Edmundo Dantès y el abate Faria.

Rompe a llover y regresamos a los muelles de *La Joliette*, donde nos aguarda la blanca mole del *Karadeniz*. Los tinglados parecen de charol, pero hay alegría en las grúas y en el color de las lonas que cubren las mercancías. Decididamente, Marsella huele a Pascua, a Pascua eterna, aunque también a hidrocarburos, a refinerías, a fábricas de pintura y cerería. Industria pujante, y arriba y abajo, el cancionero popular, la poesía. Volumen comercial —naranjas en los taxis—, canales y túneles, ¡la Bolsa!, el hormigueo del hombre que trabaja y que suda. Era lógico que Aznavour compusiera *Que c'est triste Venise*, pero no lo hubiera sido que compusiera *Que c'est triste Marseille*.

Subimos y me instalo en cubierta, donde pronto brota a mi lado Marcel, el afable pasajero de Aviñón, que lleva en la mano un abanico de postales compradas en If.

Cara al mar, y habida cuenta de que pronto zarpamos rumbo a Génova, hablamos una vez más del Mediterráneo y Marcel me cuenta que fue un astrónomo y explorador marsellés, Piteas, el primer meridional que, por propio impulso, atravesando por tierra las Galias, puesto que el estrecho de Gibraltar se hallaba bloqueado, allá por el siglo IV antes de Cristo se plantó en el Norte, desafiando sus turbulentas aguas y sus selvas pantanosas, decidido a comprobar si Britania o Albión era una isla o una prolongación del continente, y atraído además por los posibles yacimientos de estaño y de oro, así como por la posible existencia de «mares helados» y del consiguiente «brillo polar» —línea plateada en el horizonte—, de que hablaban los navegantes del Ártico.

Al parecer, su peripecia fue gigantesca. Llegó hasta el país de Tule, en el mar del Norte, que por entonces era considerado el término septentrional de nuestro mundo, y, contemplando las mareas en la costa británica, tuvo la intuición de relacionarlas con la Luna. En todo caso, un texto helénico muy antiguo —Marsella era a la sazón *Massalia*— dice: «Piteas afirma que el flujo del mar es ocasionado por la Luna creciente, y el reflujo por el menguante.»

Por otra parte, Piteas fue el primero en informar sobre el origen del ámbar, el *electron* de los griegos, «piedra» aromática y muy codiciada en aquel entonces para elaborar objetos artísticos. Marcel afirma que, en resumen, Piteas fue el primer y genial «espía económico» de la época.

El intenso trasiego de mercancías que se desarrolla ante mí, bajo la lluvia, me lleva a interesarme por los datos concretos referidos al modernísimo puerto marsellés, en el que, según el capitán, se alberga actualmente la cuarta parte de la flota mercante francesa.

—Me revientan los números —me dice Marcel—. Pero todo esto va a más. Construcciones navales, reparaciones en dique, proyecto de conectar con el golfo de Fos. Uno no sabe si quitarse el sombrero —quiero decir la boina—, o largarse a un lugar más tranquilo.

Le transmito el dato que nos dio el *maître* encargado de la *boullabaisse,* según el cual el tráfico de pasajeros en el puerto ha disminuido a raíz de la construcción del cercano aeropuerto de Mariguane y de la independencia de Argelia. Marcel asiente.

—Es verdad. Sobre todo, ha influido la construcción del aeropuerto.

Este dato me llama la atención, y así se lo comunico a mi amigo. Le recuerdo que el historiador americano Wil Durant, en un libro que todos los marselleses deberían de leer, titulado *Lecciones de la historia,* afirma que, en nuestro tiempo, el desarrollo de la aviación alterará por la base, una vez más, el gráfico de la navegación. Las rutas comerciales seguirán cada vez menos los ríos y los mares; hombres y mercancías volarán cada vez más directamente a sus destinos. Países como Francia e Inglaterra perderán la ventaja comercial de sus largas líneas costeras; países como Rusia, China y Brasil, con masas terrestres desproporcionadas al volumen de sus litorales, neutralizarán parte de esa desventaja lanzándose al aire.

—Según Wil Durant, cuando el poder marítimo ceda finalmente el sitio al poder aéreo en el transporte y la guerra, asistiremos a una de las revoluciones trascendentales de la Historia.

Marcel enciende su mechero de yesca.

—Podría ser.

Cuando el *Karadeniz* se pone en marcha, rumbo a Génova, todos estamos en cubierta: reagrupación. Es natural. Cualquier salida supone un milagro, sobre todo en el mar. Y en el aire, desde luego. Sólo los inmigrantes turcos permanecen impasibles, sin mirar, resguardándose del viento y del frío junto a los coches fijos en cubierta. Tampoco el camarero del salón-bar se mueve de su sitio, dedicado a jugar a los dados contra sí mismo.

Marcel, en su francés taquigráfico y eficaz, de pronto se desentiende también del milagro y me comunica que es un gran aficionado a la caza y al hipnotismo, «como los americanos».

—¿Como los americanos?

—Eso es. Los americanos cazan en todas partes y nos hipnotizan a todos con la obsesión de las máquinas y de la publicidad.

Guardo silencio. Y puesto que a mí me hipnotiza el mar, le pregunto a mi amigo:

—¿Qué hará usted en Estambul?

—Echar de menos Marsella.

Marsella corresponde al piropo incendiándose. Brotan millares de luces. Su veo-veo es grato a la mirada. Pienso en la triple hilera de sicómoros de El Prado, en la anécdota de Kruschev *chez* Fonfon y me pregunto quién tuvo la maravillosa idea de instalar el primer faro. ¿Dónde estarán los tres «hippies»? No muy lejos, en sus barriles de siempre, sentados y moviendo los labios, ya sin la armónica, como si rezaran. El barco empieza a separarse del muelle. Los estudiantes madrileños se muestran muy alborotados y, acodados en la baranda, se despiden de Francia cantando *Adiós, Pamplona.*

El cadáver del médico continúa «abajo», en la cámara frigorífica.

3

RUMBO A GÉNOVA

Adelante, Mediterráneo. Nos dirigimos a Génova. El tiempo es desapacible y no sabemos lo que hay al otro lado de la niebla. El hombre nunca sabe lo que hay al otro lado de la cosas.

El barco es ahora una mezcolanza étnica. En Marsella han subido alemanes, griegos, varias parejas de novios, algunos apátridas. Conviviremos unas horas, tal vez unos días y luego la dispersión. Coincidimos en cubierta, tomamos té en los mismos salones, nos mece la misma porción de agua azul; y no obstante, nos ignoramos unos a otros como a menudo los prisioneros en la cárcel o los actores que intervienen en una misma película. Un momento he visto, alineados en la mesa del sobrecargo, todos los pasaportes. Eran como una baraja de naipes inconexos recogidos por arte de magia por un prestidigitador. Cada naipe era el resumen de un ser, una ficha objetiva y social. Algunos pasaportes parecían cansados. Otros —los de las parejas de novios— daban la impresión de no haber sido aún estrenados.

—¿Me da fuego?

El inglés solitario saca su mechero y sonríe. Me dice que siempre me falta algo. Es verdad. Le pregunto si existe en el barco, si existe en el mundo, alguien que lo tenga todo. Guarda el mechero y vuelve a sonreír. Echa una mirada a los pasajeros. Se detiene en los apátridas, acaso porque es lo que nunca querría ser un inglés, tumbados en el suelo, a resguardo del viento frío que arrecia cada vez más. Flota en lo alto la bandera de la media luna. Dos monjas ortodoxas se han refugiado, no ya junto a los coches, como los inmigrantes, sino, más astutamente, en el interior de uno de ellos. La más joven de dichas monjas toma el volante y simula conducir el vehículo. Pienso que el inglés solitario, que continúa llevando bajo el brazo el suplemento del *Times*, realizará una síntesis y soltará como de costumbre un proverbio anglosajón; y me equivoco. Suelta una carcajada. Es su arma de defensa. El barco apenas se mueve. Suena una musiquilla: aviso para cenar. Las monjas salen del coche, se forman filas en los pasillos. El gran tumulto de la voracidad. El hombre sólo sabe que tiene hambre, que es un naipe y una foto-carnet y que por encima de él flota siempre una bandera.

Incomunicación

Terminada la cena voy al salón de popa, que ofrece el aspecto de un cabaret. Redondo, escasamente iluminado, con alcohol en el bar, mesas bajas, melenas, blusas escotadas, muslos al aire. En un rincón una pequeña biblioteca: todos los libros pertenecen al *Reader's Digest*.

Veo en una mesa un grupo de muchachos que forman parte de la expedición madrileña —en total, son ciento cuatro universitarios, a las órdenes de un profesor de Historia del Arte—, y les pido permiso para sentarme con ellos. Aceptan cordialmente y empezamos a charlar. Son alegres y constituyen sin duda la nota ristolera del barco, del *Karadeniz*. Me interesa conocer su opinión sobre Marsella y la respuesta es tajante: excepto una minoría, lo normal ha sido la decepción.

—No hay nada que ver.

—¡Pse! Vulgaritis.

—Sí, claro, cierto colorido, pero todo muy chabacano, muy sucio.

Unos labios femeninos, casi adolescentes, resumen:

—Todo muy francés.

El Mediterráneo es un hombre disfrazado de mar

Reflexiono un momento y pregunto:

—¿Dónde habéis estado?

—No sé. Por el puerto... Y hemos subido a esa colina. ¡En fin! Es de suponer que Italia y Grecia serán otra cosa.

—¿Alguno de vosotros ha estado en el Museo de Arqueología?

—No.

—¿O ha ido al castillo de If?

—¿Al castillo de If? Tampoco... Queda un poco lejos, ¿verdad?

—Veinte minutos en lancha motora.

—Ya.

Me doy cuenta de que cualquier argumento sería inútil. Lo único que admiten es que, con tan poco tiempo, «es imposible juzgar». Pero tengo para mí que, exceptuando Cataluña y la zona vasca, la incomunicación entre el resto de los españoles y Francia es prácticamente total, debido a atávicos prejuicios y a falta de curiosidad. «Todo muy chabacano, muy sucio. Todo muy francés.» ¿Cómo hablarles de lo que Francia ha significado en el itinerario mental humano? ¿Cómo expresar con palabras lo que se esconde tras *La Marsellesa* y la dentadura caballuna de Fernandel? ¿Es posible que esa inteligente muchachada prescinda bonitamente de la humanística, del paisaje, de la tenacidad y del sentido crítico de nuestros vecinos europeos?

—Ahora comprendo por qué a la salida de Marsella, algunos de vosotros cantasteis *Adiós, Pamplona.*

—No, no fue por eso. Es que nos gustó saber que el Cordobés y el Viti torean el próximo domingo en Arles y que las localidades se agotaron el primer día...

Me quedo sin habla. Alguien suelta una risotada, que suena a hueco por entre las sombras y el humo espeso del salón. De pronto, una de las chicas, que lleva unos pendientes muy vistosos, echa una ojeada en torno y con voz misteriosa nos comunica que el fijo mirar de dos pasajeros turcos que están sentados en una mesa próxima le produce una angustiosa sensación de miedo.

—Pueden asesinarnos, ¿no creéis?

José María Gironella

En el camarote

La noche es oscura. Regreso al camarote, realmente confortable. El diván y los sillones de la *suite* le confieren una intimidad casi hogareña, muy lejos de las raquíticas literas en que se hacinan los pasajeros de «abajo». Además, ahí está, a mi disposición, la mesa para escribir. El pensamiento de que soy un ser «privilegiado» me produce un invencible malestar.

Las flores que el primer día iluminaban la estancia van marchitándose; las manzanas desaparecieron en un santiamén. Las manzanas me gustan. Al mordisquearlas me siento niño chico, niño travieso, un mini-Adán que se va al colegio dispuesto a dibujar en la pizarra una Eva desnudísima que hará sonrojarse al tímido profesor. Según la simbología, la manzana representa los deseos terrestres y su desencadenamiento. De otro lado, siempre me chocó la leyenda de Guillermo Tell, el «héroe» suizo —¿hay héroes en Suiza?—, que, en el mercado de Altorf, por negarse a saludar el estandarte ducal austríaco, «fue condenado a muerte a menos que atravesara de un flechazo una manzana colocada sobre la cabeza de su hijo». Guillermo Tell mostró, ciertamente, buen pulso; ahora bien, se ha hablado poco de la opinión que el reto le mereció al hijo, quien, en resumidas cuentas, era el propietario de la cabeza.

Nos acostamos. El vaivén del barco hace tintinear los objetos de cristal, lo que nos impide dormir. Mi mujer toma un libro de viajes sobre el Caribe y, paradójicamente, puesto que nos encontramos cerca de Génova, se dispone a recorrer de punta a cabo la isla de Trinidad; yo traje conmigo el *Novísimo Glosario*, de Eugenio d'Ors, escrito con mejor pulso aún que el que mostró Guillermo Tell. Lo abro al azar y me

42

salta a los ojos una maravillosa meditación sobre Lázaro, que empieza diciendo: «¡Si nos fuera dable el conocer lo que hacía Lázaro *el Resucitado* durante las jornadas de la Pasión del Señor! No es imposible que, hacia esta época, hubiere fallecido ya, fallecido *otra vez*.»

Las jornadas de la Pasión del Señor... Ello me recuerda que estamos en Semana Santa. Resulta difícil admitir que las costumbres cambien de modo tan radical. En mi infancia no hubiéramos podido imaginar siquiera que en dichas jornadas efectuaríamos un crucero de recreo o descanso; era preciso vivir minuto a minuto el *Via Crucis*, arrodillarse en cada estación, marcarse con ceniza la frente, estaba prohibido hablar en voz alta e incluso silbar. Las cinco llagas flotaban sobre el mundo goteando sangre. Ahora se produce en todas partes, sobre todo, en el interior de los corazones, la gran dispersión. Claro que tampoco era ejemplarizante llevar nuestro fervor hasta el extremo de subir a la colina que domina Gerona y dedicarnos a «matar judíos», por el ingenuo procedimiento de golpear el suelo con un trozo de madera. Cada golpe era una muerte, por lo que la colina se convertía en un anticipado Buchenwald. Decididamente, todo fanatismo conduce al genocidio.

Pensar que me acerco a Italia puebla de interrogantes el camarote. Mi mujer se ha quedado dormida a la sombra de algún viejo árbol de la isla de Trinidad. Yo bebo un vaso de agua, lo que me lleva a recordar mis nocturnas y solitarias visitas a las fuentes romanas. Era el año 1953. Estuve de corresponsal en Roma, donde vivía en una modesta fonda que respondía al optimista nombre de *Albergo di Paradiso*, acaso porque los habitantes de la Ciudad Eterna, escépticos por naturaleza, tienen del paraíso una idea menos etérea, menos trascendente que la nuestra.

Por supuesto, no puedo por menos que relacionar Italia con mi maestro de siempre, permanente, intocable, Papini. ¡Si pudiera escapar hasta su feudo, Florencia!; pero no habrá lugar. El *Karadeniz* tiene fija su ruta y su ruta prevé una estancia muy corta en Génova. Por cierto, que Génova es la capital de Liguria y Papini escribió sobre los ligures algo singular, afirmando que son para Italia lo que los vascos para España; es decir, «una reliquia o isla de una raza primitiva, antiquísima, sumergida ya en tiempos remotos por las sucesivas invasiones de las razas llamadas indoeuropeas».

Papini defiende la tesis de que los genoveses —los ligures— han sido con frecuencia «extravagantes, maníacos e incluso frenéticos». Entre otros argumentos, aporta el de la idiosincrasia de tipo visionario y mágico que caracterizó a los tres mayores ingenios que Génova ha dado en el curso de los siglos: Colón, Paganini y Mazzini. Colón estuvo dominado toda su vida por la obsesión de conquistar Asia navegando hacia Poniente, y el balance de su hazaña es equiparable al de los primeros hombres que pisaron la Luna. Paganini, que a la edad de seis años trazaba ya signos creadores en el pentagrama, alcanzó con el violín tal virtuosismo que sus contemporáneos, fascinados además por su embrujada presencia física, por su existencia aventurera y por sus ganancias en el juego, llegaron a atribuirle poderes demoníacos. Se dijo de él que había pactado con Lucifer, lo que no le impidió pillar una tuberculosis de laringe y morir, por fin, en Niza. En cuanto al político Mazzini, combatió sin descanso por la unidad y libertad de Italia, promovió levantamientos dentro y fuera de su patria y pretendió incluso realizar la Alianza Universal Republicana. La energía que desplegó fue tan inmensa que, según Papini, debió de estar convencido de haber recibido de lo alto una investidura casi divina para llevar a cabo su misión.

Datos genoveses

Génova a la vista... Génova, desde antiguo, fue rival de Marsella y Barcelona, por causa del puerto. Los tres puertos han ido disputándose, a lo largo de la Historia, el dominio del Mediterráneo.

El Mediterráneo es un hombre disfrazado de mar

Los genoveses han tenido, por regla general, mala Prensa, como si el supuesto pacto de Paganini con Lucifer los hubiera tatuado maléficamente. Los toscanos, con quienes estuvieron en guerra, decían de Génova: *Mare senza pesci, monti senza legno, uomini senza fide, donne senza vergogna* (Mar sin peces, montes sin leña, hombre sin fe, mujeres sin vergüenza); y el propio Dante, como buen toscano que era, escribió de los genoveses que «eran hombres diversos, de variadas costumbres y apetencias y que sería deseable que se vieran diseminados por el mundo».

Y no obstante, Génova ha sido a la par llamada «La Soberbia», por la majestad de algunos de sus palacios y por el aventajado emplazamiento de las colinas que la circundan —últimas estribaciones de los Apeninos ligures—, las cuales, desde el mar, a la luz del sol que asciende vanidoso, aparecen urbanizadas con innegable sentido de grandeza.

Marcel, mi amigo aviñonés, que está conmigo en cubierta y que esta mañana ha trocado la boina por una visera de cartón, convencido de que la jornada será extremadamente calurosa, me cuenta que Génova, en su época de esplendor, cuando sus tentáculos coloniales llegaban hasta el mar Negro (Crimea), fue implacable con los que de ella dependían. Según él, los genoveses, tanto como grandes marinos fueron grandes banqueros, que practicaban la usura, que inventaron el tráfico de las letras de cambio y pusieron en marcha las primeras compañías de seguros marítimos, que durante largo tiempo controlaron la industria y también el comercio con Oriente, erigiéndose por todo ello, en el ámbito internacional, en los auténticos árbitros de importantes decisiones político-militares. Resumiendo, sentaron varios de los pilares del insaciable capitalismo moderno, tan tiránico que no sólo ha creado las infrahumanas metrópolis que padecemos y los bloques-colmena marselleses ideados por Le Corbusier, sino que no cejará hasta motorizar las góndolas de Venecia —«¡qué espanto!»— y taponar la fachada del Louvre con anuncios de «Coca-Cola».

Es de suponer que a Marcel le asiste la razón. Los puertos de mar invitan a la piratería y al oficio de mercader, al modo como las montañas y los desiertos invitan al ascetismo. El mar, precisamente por ser el útero de la vida y del amor, fabrica negociantes y placeres, en tanto que el desierto y la tierra interior fabrican poetas y contempladores. «Los pueblos del Mar son afortunados en el orden temporal; los pueblos de la Piedra lo son en el orden espiritual.» Todos los fundadores de religiones provienen del monte, de los desiertos y de las orillas de los ríos, si bien Jesús de Nazaret, en el momento de elegir a sus seguidores, se acercó al mar, aunque tal vez lo hiciera para arrancarlos de él: «De hoy en adelante seréis pescadores de hombres.»

Génova ha sido, en efecto, mercader y pirata, como lo fueron Cartago y Londres. Los españoles sabemos algo al respecto, habida cuenta de que gran parte del oro procedente de América iba a parar a Génova. Góngora dejó constancia de ello al escribir, refiriéndose al oro transportado por nuestros barcos:

> *Nace en las Indias honrado*
> *donde el mundo le acompaña;*
> *viene a morir en España*
> *y es en Génova enterrado.*

Otra vinculación de Génova con España es de signo guerrero, y mucho más reciente. Hablé de ello en mi obra *Un millón de muertos*, al relatar el embarque de cuatro mil voluntarios italianos, «camisas negras», con destino al Ejército del general Franco. No recuerdo ahora con exactitud los términos de dicho relato, pero lo cierto es que el mencionado embarque se efectuó en este puerto de Génova, en enero de 1937, a las órdenes del joven general Roatta, quien arengó a sus hombres afirmando que España era «nación hermana», que libraba una batalla epopéyica contra el comunismo internacional y que el deseo del Duce era contribuir, brazo en alto, a la salvación de Europa. Era un día frío y de mar alborotado y los cuatro mil voluntarios fascistas desembarcaron felizmente, pocas fechas después, en el puerto de Cádiz, desde donde se dirigieron con singular eficacia a la conquista de Málaga.

El Mediterráneo es un hombre disfrazado de mar

Claro que no todo ha sido mercantilismo y espíritu bélico en la ciudad en cuyos muelles el *Karadeniz* se dispone a atracar. Génova ha albergado también artistas extranjeros ilustres, como, por ejemplo, Rubens y Van Dyck; Rubens, pintor de mujeres opulentas, Van Dyck, pintor de nobles y cardenales. También cabe citar a Paul Valéry, el poeta «puro», el gran «cerebral», ligado por lazos de sangre y familia a Génova, ciudad que confesó amar como a ninguna otra.

GÉNOVA

El pueblo italiano es un pueblo gesticulante. Los italianos son tal vez los más expresivos mimos de Occidente. En los últimos tiempos, Alberto Sordi y Vittorio Gasmann han popularizado a través del cine esta opinión, opinión que los pasajeros napolitanos del *Karadeniz* cuidan de ratificar en cuanto el barco se detiene frente a la *Stazione Maritima*. Las imágenes que contemplan les resultan tan familiares que pegan saltos de alegría, y gritan y silban y levantan el pulgar en señal de victoria, todo ello sin dejar de abrazarse y de reírse, mientras se alborotan los cabellos y se retuercen cómicamente las orejas y la nariz.

Por descontado, el puerto hace también honor a la tradición. El puerto de Génova también gesticula, como debió de hacerlo en los tiempos en que sus colonias llegaban hasta Crimea. Mástiles, banderas, chimeneas, sirenas, grúas, todo capitaneado allá arriba por la *Lanterna*, el faro de 76 metros de altura, cuyo haz luminoso humaniza, como la luna, las noches oscuras.

Vemos a un lado los trasatlánticos *Michelangelo* y *Giulio Cesare*, prestos, como siempre, a partir. Los amantes del mar sabemos que esas dos construcciones náuticas italianas poseen el don de la ubicuidad. Sus blancas siluetas aparecen en todas las aguas y en todos los puertos. Son los grandes mimos de la navegación, que van depositando aquí y allá mensajes alegres e incisivos. El día que entren en dique para ser desguazados, centenares de ballenas se suicidarán.

¡Génova! El puerto es un testimonio válido, explosivo, de la vitalidad latina, ya que sus dársenas pueden albergar un total de doscientos buques y despachar anualmente diez millones de toneladas de mercancías.

La *Stazione Maritima* es sorprendentemente holgada y funcional, con toda clase de servicios a disposición del pasajero.

Sorpresas italianas

Salimos de la *Stazione* y, apenas nos adentramos en la ciudad, olvidamos las impresiones anteriores e invocamos con angustia la protección de San Cristóbal. Millares de coches pasan rozándonos, nos rodean y nos acosan, sin que podamos hacer nada por evitarlo. Es evidente que moriremos aplastados y que cualquier esfuerzo que se efectúe luego para nuestra identificación resultará vano.

Es el imperio del motor, de que Marcel nos habló. Tal vez no haya alcanzado todavía a las góndolas de Venecia, pero sí a las calles genovesas próximas al puerto.

Decidimos escapar sin demora de aquel inesperado cafarnaúm. El azar dispone que pase un taxi libre. Montamos en él y por señas le indicamos al taxista que nos lleve donde le dicte el corazón, siempre y cuando se trate de un lugar a trasmano de la epilepsia. El taxista asiente con la cabeza, nos comprende y bifurca sin contemplaciones por una esquina a la derecha, sorteando vehículos multicolores y Fangios de toda edad, a los que dedica, a la par que un resonante concierto de claxon, una retahíla de insultos de mayor cuantía, de traducción imposible.

Pronto nos encontramos en la parte alta de la urbe, en el promontorio urbanizado, visible desde el mar, donde reina la paz. El taxista respira hondo y, al igual que nosotros, se seca el sudor.

—¿Por qué ha elegido usted este oficio? —le preguntamos, convencidos de que comparte nuestros sentimientos.

—¡Porque los coches me gustan una barbaridad! —nos contesta, guiñando un ojo por el espejo retrovisor y dándole al volante una serie de palmadas amistosas.

Quedamos estupefactos. Italia es así. Espasmos, contraste, labilidad emocional. En pocos minutos nos enteramos de las marcas de todos los coches que nuestro hombre ha destrozado y de que su máxima aspiración es poseer un «Alfa Romeo».

A la derecha del volante vemos la fotografía de una mujer rodeada de cinco o diez churumbeles...

No juzgar

Charlamos un rato con el conductor, mientras recorremos los miradores naturales de la ciudad y el hombre, parlanchín y presumido, nos confiesa que prefiere acompañar extranjeros, porque se quedan boquiabiertos al ir descubriendo Génova, en tanto que sus compatriotas no dan importancia a nada, ni siquiera a los palacios Balbi, Real, Doria, Durazzo o Centurioni, y siempre están de mal humor.

Damos vista a una gran extensión de Liguria, la menor de las regiones italianas, que ofrece, entre otros incentivos, el de la espléndida faja costera de *La Riviera*, otro «útero de la vida y del amor». Salpicando el paisaje hay viñedos, olivos, trigo, limones, naranjas —¡ah, sólo faltan borricos para completar la eterna nómina mediterránea!—, y aquí y allá, en los montes, ebrios de un sol que justifica con creces la visera de cartón que se caló en la cabeza nuestro amigo Marcel, puntean vetas cromáticas muy varias, que acaso pertenezcan a las minas de cobre, manganeso y hierro que enriquecen la comarca. El punto más elevado, 2.200 metros, es la cima del Saccarello.

El calor nos asfixia y le rogamos al taxista que nos lleve a una visita obligada: el famoso cementerio de Staglieno, que ha sido objeto, por partes iguales, de admiración y denuesto. Baroja se mostró impío con él. «...Me dijeron que a poca distancia había otro cementerio, lleno de estatuas. Le vi y no me gustó nada. Me pareció una barraca de figuras de cera, sin color. Al día siguiente me volví a España.»

El taxista nos deposita frente a la verja de entrada, donde una multitud se agolpa ante el tenderete en el que se venden postales, recuerdos, cirios y demás. Una matrona enlutada monta la guardia, pues el horario de visitas es estricto. El taxista nos cobra lo justo, rechaza la propina —¡somos extranjeros *molto gentilli!*— y nos desea larga vida...

Italia y los muertos. ¡Cuánto se ha escrito sobre el particular! El país de la vitalidad rinde culto singular a los que ya se fueron, a los ya instalados en la inmovilidad absoluta. El cementerio de Génova es una de las muestras más explícitas y vehementes de dicho culto, junto con las esquelas insertas en los periódicos, cuya retórica no tiene parangón. Tal vez ello se deba a que en Italia, bajo cada palmo de terreno, no sólo se oculta un mosaico, un vaso campaniforme o un pedazo de renacimiento, sino también una calavera.

Describir un cementerio resulta más difícil que describir una franja costera o una feria, porque en apariencia allí no ocurre nada y la nada es inefable. Pero el camposanto genovés constituye una excepción. Nuestra visita fue lenta, minuciosa. ¿Grandiosidad? ¿Exhibicionismo melodramático? No lo sé. Los pueblos tienen derecho a perpetuar a su modo lo que les da la gana. Y si poseen canteras de mármol como las de Carrara algo tienen que hacer con ellas. Es posible que si la geología italiana no hubiera producido desde siglos bloques graníticos de tanta calidad, la historia del país hubiese sido más modesta. El mármol crea emperadores —a Mussolini lo hipnotizó—, como el bosque crea fabulistas —¿no fue guardabosque el padre de La Fontaine?—, y el Ganges crea peregrinos.

Repito que el énfasis de las galerías, panteones y tumbas del cementerio de Staglieno ha sido censurado por muchas plumas de tipo barojiano, sobre todo porque el denominador común de las esculturas es el arte barato. No obstante, *chi lo sa!* Prestando atención se descubren tesoros expresivos, como el *Alma de la joven*, de Bringiotti, el *Drama eterno*, de Monteverde, o el *Monumento Drago*, de Rivalta. Por lo demás, cuesta juzgar. D'Ors escribió: «No hay término medio para la estatua: o es un dios o es un bibelot.» De nuevo, *chi lo sa!* A menudo depende del estado de ánimo o de las asociaciones mentales de cada cual. En París, en el parque Monceau, yo me extasiaba cada tarde, mientras mis creyentes cipreses crecían con gozo, ante un grupo escultórico objetivamente detestable que representaba a Chopin. Me reía yo de la objetividad. Me parecía oír la música del genio entre los árboles del parque, entre sus estanques ingenuos. Las palabras piensan, sentenció alguien; a veces, piensan también los sentimientos.

De otro lado, la totalidad del cementerio responde al profundo sentido de clan familiar característico de Italia y, asimismo, a la sangre pagana que corre por sus venas. ¡Oh, claro, existe un punto de desorbitación! Familias pudientes de Génova pagan hasta cinco millones de liras para asegurarse un «buen sitio» en las galerías ostentosas. Y pensando en sus futuras tumbas importan mármol negro de Bélgica y mármol amarillo de Siena o de la Argentina. Ello es lo contrario de la humildad, de la pulgarada de ceniza en la frente. Ello incitaría a muchos jóvenes ateos a proferir exclamaciones blasfematorias y encolerizaría sin duda a los maoístas chinos de la Revolución Cultural...

Y, sin embargo, mucho cuidado al juzgar. Italia tiene su propio concepto de la vida y de la muerte. En el cementerio genovés abundan los detalles conmovedores y curiosos. Entre las estatuas, comúnmente polvorientas, hay dos cráneos de mármol, limpios y como recién estrenados. Uno corresponde a la cabeza de un niño —obra de Picardo—, sobre la que las jóvenes mujeres genovesas que desean tener muchos hijos acuden a posar su mano derecha. El constante desfile hace que la cabeza del niño reluzca esperanzadoramente; el otro cráneo brilla como una patena por la sencilla razón de que los vigilantes, al pasar una y otra vez delante de él, lo tocan rutinariamente, lo acarician, por estar situado a la altura idónea para ello.

Otra figura impresionante es la de una anciana genovesa que vendía avellanas, rosquillas y huevos de pascua por la calle, y que mucho antes de morir le encargó al escultor Ovengo su cuerpo en mármol, comprometiéndose a ir pagándoselo poco a poco. En cuanto la figura estuvo terminada, la anciana la mandó instalar ya en el sitio correspondiente y se dedicó a invitar a sus amigas a visitarla, para recabar su opinión. «¿Ha quedado bien, verdad? ¿Verdad que soy yo?» También es digno de notar que los padres de una muchacha que murió el año 1957 visitan desde entonces su panteón todos los días, encendiendo a sus pies varias lamparillas. Y que la majestuosa escalinata que conduce al mausoleo principal se compone de dos tramos de treinta y tres peldaños cada uno, en recuerdo de los treinta y tres años que Cristo vivió. Simbólico número en Génova, a lo que se ve, pues el haz luminoso de la *Lanterna* se extiende precisamente a treinta y tres millas a la redonda.

Por último, cabría consignar que los genoveses se resisten hasta tal punto a la incineración que el crematorio del cementerio sólo funciona una vez a la semana, y que lo normal es que no esperen para ser quemados más que uno o dos cuerpos... Lo cual, en cierto modo, implica y presupone un anhelo de incorrupción e incluso de inmortalidad. Los italianos, incluidos los científicos, prefieren la transformación de la materia a su pulverización; diríase que prefieren los gusanos.

Almorzamos en una *Tavola Calda* situada en un primer piso. El lugar es céntrico y nos corresponde una mesa que da a la calle, lo que nos permite ver, en amplia panorámica, las fachadas de la acera opuesta, los escaparates, el aspecto de la gente que aguarda el verde ante un semáforo, el demencial tráfico de vehículos de motor, la obsesionante invasión de la publicidad.

El Mediterráneo es un hombre disfrazado de mar

El resumen de nuestras observaciones, avaladas por el material de plástico con que la comida nos es servida y por la cantidad de bolígrafos que usan las camareras, nos indica que el grado de *americanización* de la ciudad es notable. E imaginamos que, más o menos, será lo mismo en toda Italia.

Enfrente, entre dos palacios renacentistas, una pecera inmensa, de cristales verdes, que juega a ser construcción vertical: un Banco. A pocos metros, otros cristales opacos, otras oficinas de Dios sabe qué. Diríase que la calle se ha puesto gafas de sol. Las tiendas son lujosas y en las de modas los maniquíes son tan perfectos que dan grima, pues semejan seres humanos. Uno de esos maniquíes, con peluca rubia, no deja de mirarme como si me quisiera hablar. Por dos veces le correspondo levantando el tenedor. Muy cerca, una agencia de viajes ofrece al transeúnte dar la vuelta al mundo, pagando después. Los establecimientos son competitivos y no regatean esfuerzo. Disponen de poco espacio y tienen que aprovecharlo. Se me ocurre que son los mayores panteones de la sensibilidad, cuyos dueños —repito que la calle es céntrica—, habrán pagado también, como en el cementerio, sumas exorbitantes para instalarse allí.

La publicidad es caleidoscópica, infinitamente repetida. Cabe suponer que de noche las luces girarán como un tiovivo preso de furor. Abundan los productos perfumados, cuyos anuncios afirman que crean intimidad, y las marcas de cigarrillos rivalizan en su empeño de garantizarle al usuario visiones trascendentes. Un zapato enorme, descomunal, parece esperar la ocasión para caerse y aplastar a los peatones que cruzan raudos cuando el semáforo se pone verde. Sí, es evidente que parte del material humano que nuestros ojos contemplan imita, con su indumentaria, a los gángsters americanos. A los jefes, se entiende. Sin sombrero ladeado, pero sí con una misteriosa cartera bajo el brazo y zapatos brillantes como el del anuncio. Naturalmente, pasan también *ragazzas* mascando chicle y varones con camisas desmadradas y corbatas *in*. ¡Ay, las corbatas *in*! Boyantes, arrabaleras, inspiradas en ciertas alas de mariposa. Los varones genoveses las llevan con aire de aspirantes a *managers*. El nudo, gigantesco, da la impresión de que de un momento a otro presionará sus cuellos y los estrangulará. No vemos a ningún anciano decrépito, con perro, a ninguna *mamma* ajada arrastrando tras sí a cinco o diez churumbeles... Es una caravana con nervio, un pelotón en marcha encabezado por la palabra dinero —dólares—, como antaño por Coppi o Bartali. ¿Cuántas cosas derrumbó la Segunda Guerra Mundial? Nadie efectuará nunca un balance ni siquiera aproximado. La combinación del gregarismo americano y de la tendencia italiana a llamar la atención, amenaza —al margen del espectacular despegue industrial— con crear un confusionismo de sudor y «Alfa Romeo», confusionismo parejo al que se apoderaría del *Karadeniz* —barco turco, bandera de media luna—, si súbitamente el inglés solitario del *Times* y el whisky fuera nombrado capitán y empezara a dar órdenes a la tripulación y al pasaje.

Americanización y erotismo

Abandonamos la *Tavola Calda* y decidimos darnos un garbeo por la Génova llamada histórica, por las callejuelas con residuos de grandeza, pero convertidas ahora en hormigueante zoco. Los contrastes son ahí más flagrantes que en cualquier otro lugar. Junto al dato noble, lo soez. Junto a las imágenes de la Virgen en las esquinas, prostitutas casi adolescentes en los portales. Enjambres de mozalbetes que querrían tener una moto pero que tienen que conformarse con llevar un pequeño transistor pegado al oído, homenajeando sin saberlo a Marconi. Ruido. Ruido y muchedumbre. Y promiscuidad. Hay que abrirse paso a codazos. Golosinas y excelente café por doquier. Máquinas tragaperras, flores en bolsas oxigenadas, los niños echan papeles en las cloacas como si echaran cartas al buzón. Sobre un pedestal se yergue Mazzini, de cuerpo entero, orador fogoso y vivo. Muchos gatos, como entre los restos del Foro Romano. El comercio al aire libre vende llaveros, amuletos, cinturones, insignias, brazaletes «hippy», saldos de ropa, ¡bolígrafos! Y originales cajas de cerillas. Coleccionamos desde hace años cajas de cerillas del mundo entero —colección incendiaria—, y he aquí que en un estanco se exhibe una serie burlesca e irreverente con motivos que aluden al Concilio Vaticano II (seminaristas que vuelven en redondo la cabeza al paso de una gachí; obispos santiguándose ante un escaparate de bragas y sostenes). Esta nueva serie nos pone de buen humor, nos reconcilia con el griterío y los pisotones y nos conduce como por arte de magia hacia otras callejuelas en las que reina la tranquilidad y la artesanía de buena ley.

A mi mujer le gusta el olor del cobre y, sobre todo, el olor del cuero; a mí me marea, pero no importa. Reconozco su calidad. Un anticuario con barbita de chivo insiste en endosarnos un juego completo de viejos naipes italianos, pintados, en los que figuran los elementos, el Juicio Final, el evangelio, la cárcel, Judas Iscariote, etcétera. Asegura que, de salirnos con esos naipes una buena combinación, tendremos una vejez sosegada, sin cárcel ni elementos adversos y con un Juicio Final feliz. También intenta vendernos una tarántula disecada, la cual, como lo atestiguan documentos irrefutables que obran en su poder, «cuando picaba a una persona, dicha persona bailaba cuatro o cinco días seguidos». *Meraviglioso, vero?*

Proseguimos nuestro vagabundeo e, inesperadamente, nos encontramos en una plazoleta en la que un vistoso cine anuncia una película erótica. Protagonista, Ira de Fustenberg. Aparece prácticamente desnuda, acariciando a otra mujer. Película, por tanto, lesbiana, sáfica. Siempre me ha repugnado el homosexualismo, pero hay que reconocer que es una realidad compleja y que en muchas épocas ha registrado, como en la nuestra, un auge singular, y no sólo en las cárceles, manicomios, conventos y otros lugares donde conviven largo tiempo machos solos o sólo hembras. Hay todavía tribus africanas en las que está establecido que *las* amantes de las jóvenes casadas reclamen para sí la paternidad de los hijos que los varones les hacen. La poetisa Safo, en la isla de Lesbos, creó una academia en la que inducía a las alumnas a que en sus relaciones amorosas prescindieran totalmente de los hombres. Ira de Fustenberg, en esa película, según las fotografías de reclamo expuestas en el vestíbulo del cine, adopta tales posturas y tales expresiones de arrobo y placer que se diría que fue educada en algún Lesbos actualizado y no muy alejado de aquí.

¡Ah, el protagonismo del sexo, el erotismo contranatural y la pornografía en la Italia de hoy! Según un oficial del barco, con el que charlé sobre el particular, es un alud incontenible, que abarca todas las clases sociales, desde la aristocracia romana, denunciada por los cineastas, pasando por la enorme cantidad de adulterios que se registran por doquier —el número de matrimonios fracasados es muy copioso—, hasta las fugas de menores de edad, sobre todo, en las violentas regiones del Sur, y la plétora de *gigolos*, considerablemente aumentada a raíz del término de la Segunda Guerra Mundial y del incremento del turismo nórdico.

Fernando Díaz Plaja, ameno historiador de los *pecados capitales*, apunta que la obsesión carnal de los italianos, patente en muchas de las obras clásicas de su literatura y en muchos «decretos de los papas», se asienta sobre la exuberancia temperamental de la raza y sobre el innato deseo de ésta de convertirlo todo —ideas, fe, ondas afectivas, sueños— en corporeidad, en algo que pueda aprehenderse, que se pueda tocar. El arte ha de ser miguelangelesco, y el amor, apasionado y a la vez sutil. Por supuesto, también influyen la cadencia metódica del idioma, sobre todo, en boca de las mujeres; la constitución apolínea y la coquetería, inconcebible en otras latitudes, de muchos varones; la rapidez de reflejos —los italianos están siempre prestos a hacer el amor, y se cuenta que Mussolini lo hacía de pie en la sala del Mappamondo—, y la que podría denominarse «imaginación para el pecado», infinitamente superior a la muy escuálida de los anglosajones.

A este respecto, parece ser que incluso las leyes del país se muestran especialmente benévolas con lo que comúnmente se considera aberración (es corriente que muchos de los *gigolos* practiquen el homosexualismo y luego se gasten el dinero con sus novias), habiéndose dado no hace mucho el caso de un padre que violó a sus dos hijas, a su hijo y a doce gallinas y que solamente fue condenado a dos años y medio de cárcel.

Tales informes se me antojan un tanto fuertes, pero el oficial del *Karadeniz* los refrendó con su palabra.

—¿No se da usted cuenta? Los *papperazzi*, es decir, los fotógrafos que, con el teleobjetivo a cuestas, andan a la caza de escenas escabrosas para publicarlas luego en las revistas, ganan millones. Párese usted en cualquier librería o quiosco y se convencerá. Cuando la guerra de Abisinia, muchos soldados se ofrecían voluntarios, no por espíritu patriótico ni por contagio fascista, sino porque en todos los papeles impresos italianos aparecieron espléndidas muchachas etíopes con los senos al aire. Ello bastó para convertir en infantes e incluso en héroes a millares de tranquilos campesinos. Y si desea usted un ejemplo reciente, sepa que esa media docena de fibrosos napolitanos que llevamos a bordo andan por los salones y los camarotes ofreciendo preservativos, postales y transparencias a todo color, películas e incluso discos con susurros y gemidos... La pena está en que no tienen mucho éxito entre el pasaje, pero sí lo tienen entre nuestra tripulación...

Génova erótica... En el barrio nos topamos sin cesar con otros cines en los que se dan películas parecidas a la de Ira de Fustenberg, muchas de ellas, entre mujeres de distinto color de piel. Vemos más prostitutas casi adolescentes en los portales. ¿Cuántas habrá en la ciudad? Pensamos en las tentaciones inherentes a los puertos de mar, de que antes se habló... Sin embargo, ¿no habrá también, ¡hasta qué punto!, erotismo en el desierto? Debí recordarle al oficial del barco que la cultura árabe, de la media luna, ha sido siempre afrodisíaca, cultura de diván y de filtro, y que los harenes no son, precisamente, invención marinera... La estampa del austero camello suele llamar a engaño, digo yo.

Como fuere, apoyados en una escalinata de hierro próxima a la Via Maragliano, frente al anuncio de un desodorante infalible para las axilas —la muchacha del anuncio debe de ser germánica y en el fondo del cartel se percibe una panorámica de Estocolmo—, convenimos en que la pornografía en estos tiempos es tan planetaria como la ambición del dinero, como la atracción de las motos y del chicle, como los anticuarios con barbita de chivo, como la irreversible americanización... Los moralistas estimarían deseable sin duda, cultivar otras huertas, canalizar hacia otros lagos el vigor, descubrir anticonceptivos para el alma. Tal vez tengan razón. Todo parece indicar que nos estamos pasando. No obstante, es preciso reconocer que tampoco en ese aspecto hay nada nuevo entre los ombligos que se ofrecen al sol. La Biblia, que en ningún momento afirma que el amor carnal sea en sí mismo punible —«y vendrán a ser los dos una sola carne»—, arremete en cambio con brío, mucho más desabridamente que las leyes italianas, contra las anormalidades y el abuso. Los profetas del antiguo Israel así lo proclamaron con voz de trueno, y ahí están la trágica ruina de Sansón por su lascivia, los lamentos del impúdico rey David, la maculabilidad de Salomón... Todos ellos sufrieron a la postre más aún que aquel joven ateniense que tempranamente se mató desesperado a los pies de una estatua, la estatua de *La Fortuna*, porque la encontraba siempre insensible a sus abrazos. La realidad es ésta y el propio Jesús anatematizó: «Pero yo os digo que todo el que mira a una mujer deseándola, ya adulteró con ella en su corazón.» Y san Pablo escribió: «...pero el que fornica, peca contra su *propio* cuerpo.» E infinidad de observadores de la parábola del tiempo relacionan la caída de los imperios con la «corrupción sexual», entendiendo por corrupción la victoria de las apetencias y la molicie sobre los conceptos de renuncia y sobriedad. Corrupción que en nuestra era, a caballo de las nuevas sonoridades musicales, de los ritmos y de los colores sicodélicos, de la liberadora revolución en el vestir y de las marcas de cigarrillos que prometen delicias lindantes con la metafísica, va canalizándose con progresiva claridad hacia el unisexo. El Unisexo, que sin duda en Sicilia tropezará con serios obstáculos, pero del que ya habló Platón, afirmando que ello no era sino el retorno al principio del mundo, en el que los hombres eran a la vez machos y hembras...

El Mediterráneo es un hombre disfrazado de mar

Proseguimos nuestro itinerario por la plaza de la Catedral, el palacio del cardenal-arzobispo, la plaza Ferrari y los porches del teatro de la Ópera. Obtenemos nuevas confirmaciones sobre el tema que nos ocupa, centradas, esta vez, en el exhibicionismo de los enamorados —en algún lugar he leído que los novios de hoy en día han aprendido a fornicar pero no a amar—, y en las estadísticas, expuestas incluso en algunas farmacias, sobre el creciente número de drogadictos. Estadísticas, por cierto, rodeadas de esqueletos movibles, con el precio colgando, lo que nos hace pensar que no están ahí con intenciones macabras, sino simplemente en busca de posibles compradores, que muy bien podrían ser estudiantes de Medicina.

De pronto, inesperado cambio de decoración. Junto a una rutilante charcutería en la que se exhiben montañas de mantequilla y quesos de todas clases, se nos acerca un limpiabotas de ojos azules, con aspecto feliz, con expresión de alma pura, que se compromete a abrillantar nuestros zapatos sin dejar, entretanto, de tocar la armónica que sostiene entre los dientes... ¿Será posible?

Aceptamos el desafío y el limpiabotas se arrodilla a nuestros pies. Y a poco, no nos queda más remedio que rendirnos. Los sonidos de la armónica —¡una melodía de Paganini!— amueblan el aire, sin trampa ni cartón. Las manos del artista se ocupan exclusivamente en arrancar destellos cada vez más finos de nuestros zapatos, mientras sus mandíbulas trabajan a un ritmo incontenible, desplazando el instrumento de un lado a otro de la boca.

La imprevista hazaña nos hace olvidar los relatos bíblicos, a Mussolini y su despacho del Mappamondo, a los discos con susurros y gemidos e incluso la tendencia, más o menos universal, al unisexo.

Empieza a anochecer, pero no es tiempo aún de regresar al barco. «No temas nunca al instante, dice la voz de lo eterno.» Este aforismo de Tagore —él los llama «Pájaros perdidos»—, me recuerda que podemos continuar husmeando todavía un rato por el centro popular de la ciudad, que a esa hora rezumará vida por todos sus poros.

No me equivoco. El tiovivo de los neones gira y gira, en efecto, con frenesí, y los genoveses sacian su hambre y su sed en las cafeterías y otros establecimientos estomacales. Damas cincuentonas, de porte grave, se dirigen a las iglesias lamiendo helados. Abundan los guardias en las esquinas, pero su gesticulación y sus miradas coléricas se pierden en la inanidad. Los genoveses, por lo visto, quieren ser libres, pese a lo cual dan la impresión de concentrarse voluntariamente en los mismos lugares.

Advertimos que se cruzan con nosotros pandillas de muchachos con pantalones vaqueros y aire chulesco. Diríase que nos empujan a propósito, con ánimo de hacernos tambalear. Observo que mi mujer protege su bolso; y yo mismo, sin darme cuenta, me palpo la cartera y aprieto contra mi costado la máquina fotográfica...

Pronto me arrepiento de ello, pero las pandillas se suceden. Hay grupos que cantan, otros que se llaman a distancia mediante silbidos o utilizando un argot monosilábico de misterioso significado. Cada grupo lleva en medio una chica pálida, ojerosa, que no se sabe si está asustada o si es *el* jefe. Vuelvo a palparme la cartera, y el gesto me parece humillante para mí... y para la Génova histórica.

Regreso al «Karadeniz»

Ha llegado la hora. El *Karadeniz* nos espera. Nos cuesta Dios y ayuda encontrar un taxi. ¡Si pasara el que por la mañana nos llevó a lo alto de la ciudad, a Carignano, desde donde vimos olivares, infinidad de azoteas con palomares, repletas de cajas vacías y trastos, el Saccarello y allá abajo la Lanterna y los buques atracados en el puerto!

El Mediterráneo es un hombre disfrazado de mar

Por fin tenemos suerte y pronto nos apeamos frente a la *Stazione Marítima*. Entramos en ella y encontramos allí a varios «hippies» que llevan un letrero que dice: El Pireo. Ello nos hace suponer que formarán parte de la plantilla del barco. Sin embargo, no tienen prisa, al parecer. Están sentados en el suelo, en un rincón, sin molestar, hojeando periódicos. Su facha es virgiliana. Muy cerca están abiertas las taquillas donde los pasajeros cambian sus monedas. Ellos no cambian nada. Ellos no llevan siquiera cartera ni máquina fotográfica...

Tal vez experimentara una sensación de inferioridad, a no ser que, en el último instante, veo que todos ellos beben «Cocacola».

5

RUMBO A NÁPOLES

Suenan las sirenas del *Karadeniz* y éste se aparta de los muelles. Contemplamos la operación como si fuera la primera vez. Decimos adiós a los mástiles, a las grúas, a los buques que se quedan, a los maleteros, y quien dice adiós dice «es posible que nunca más volvamos a vernos». Génova, de noche, se asemeja a cualquier otra ciudad, pese a las lucecitas que trepan por las laderas y a que sabemos que los Apeninos la abrazan protegiéndola de los demonios y de las posibles combinaciones adversas de las cartas antiguas, pintadas.

Pronto navegamos rumbo a Nápoles.

El médico

Entramos en el comedor para cenar. Vemos a la mesa del capitán una cara inédita: es el médico que ha subido en Génova en sustitución del que murió de repente la primera noche y que yace todavía en la cámara frigorífica.

Hombre de aspecto estudioso el nuevo doctor, con gafas de montura sólida, nariz ornitológica y manos tan largas y finas que parecen prolongarse hasta los objetos lejanos. Viste traje gris y da la impresión de no haberse reído jamás.

La comida se compone, principalmente, de ingredientes naturales, sanos, con el clásico cordero turco (Kebac), además de arroz, verduras, legumbres, fruta y mucha zanahoria. Pasteles dulzones, abundando el cabello de ángel. Y muchas *olives*. El té es exquisito; el café... ¡ depende del concepto que cada cual tenga de la dinamita! Pocos pasajeros se acostumbran al poso negro y espeso que llena las tacitas hasta la mitad. En principio, uno no cree que un elemento líquido requiera ser masticado. Los camareros nos miran sonriendo, si bien uno de ellos tiene la amabilidad de contarnos que, según una muy vieja tradición, volcando dicho poso negro sobre un plato y observando luego las líneas o huellas que los grumos hayan dejado en la taza puede leerse el porvenir.

—¿Algo así como la quiromancia?

—¡ Oh, no, perdón...! Eso es mucho más seguro.

Al término de la cena el capitán se nos acerca y nos presenta al médico, el cual nos dice que a los que se marean no les recomienda que se pongan en la boca pedacitos de hielo, como es costumbre en otros barcos, sino que coman queso, pan tostado y aceitunas. *Olives, olives...* —insiste, sin perder un segundo su seriedad.

Nos gustaría leer su porvenir en las rayas que los posos de café han dejado en la taza que quedó sobre su mesa.

Sorpresas dialécticas

El salón-bar está abarrotado. No veo a nuestro amigo Marcel, que tiene la costumbre de acostarse temprano. De modo que tomo asiento y hojeo los periódicos que adquirí en Génova.

Ni una noticia de España. Me entero del golpe de Estado

ocurrido en Camboya —evoco con nostalgia mi visita a Phnom Penh y a los templos de Angkor—, y del suicidio, ciento por ciento italiano, de una *bambina* de trece años que se tiró de un sexto piso porque sus padres le recomendaban que frenara su volcánico amor por un *bambino* algo mayor que ella. Esas reacciones primarias, zoológicas, introducen ciertas dudas en mi cerebro. Ese tipo de acontecimiento invita a encender un pitillo y a contemplar el humo que se diluye mansamente o que se suicida en un intento de alcanzar el techo. Somos esclavos. Si la pasión nos domina, acortamos la vida; si carecemos de afectividad, la vida es un traje gris como el que lleva el doctor.

Pero hay noticias de otro carácter. Al parecer, se prepara en Chipre una concentración de «hippies» de todo el mundo. Por el momento, van filtrándose en la isla en pequeños grupos, pero se sospecha que el objetivo es reunirse unos cinco mil. ¿Por qué habrán elegido Chipre? Automáticamente pienso en los que llevamos a bordo. Sumarán una docena. Un par de ellos, franceses, me dijeron que se dirigían a Estambul, porque querían conocer la maravilla del paisaje del Bósforo y porque preferían las estilizadas agujas de los alminares de la capital turca a las chimeneas de las fábricas de Marsella, del Ruhr o de Chicago. Les objeté que los minaretes tenían, curiosamente, la misma forma que los cohetes espaciales y les hablé del conflicto árabe-israelí. Sonrieron, como los camareros del barco.

Mi mujer se ha acostado; yo, en cambio, no tengo sueño. Y puesto que el inglés solitario —por fin he conocido su nombre, se llama Mr. Raggley— ha bebido más de la cuenta y no me interesa el programa de la televisión, cuya imagen, además, nos llega con mucha deficiencia, decido salir en busca de los dos «hippies» franceses que me hablaron de Estambul.

Los encuentro leyendo en el salón de popa. Uno de ellos lee una biografía de Camilo Torres, el cura-guerrillero colombiano; el otro, poesías de Omar Kheyyam. Sin levantarse me presentan a su compañera, Giselle, una muchacha de edad ımprecisable y mirada virginal, cuya manera de fumar deiata —tal vez me equivoque— el uso de las drogas.

Inolvidable diálogo, mientras las máquinas ronronean y la noche avanza oscura y el mar lanza espumarajos de rabia contra los costillares del *Karadeniz*. Admiten que sí, que se van a Chipre y que si antes ocultaron su propósito fue porque ignoraban que mi curiosidad por su forma de existencia fuera auténtica.

—Compréndalo. Nadie nos toma en serio, excepto algunos intelectuales, algunos sacerdotes y alguna gente del pueblo, sencilla. Y es natural. Andamos muy mezclados y hay mucho copión por ahí, que se llama hippy porque camina descalzo y lleva un collar. También ocurre, ¿sabe usted?, que armamos poco ruido. Nuestra música preferida es la flauta; otra cosa sería si tocáramos marchas militares o nos hubiera dado por ocupar escaños en algún Parlamento. ¡Sí, sí, de acuerdo! Eso lo oímos constantemente: no tenemos ideas claras. ¿Y qué? ¿Las tiene usted? ¿Conoce usted a alguien que tenga ideas claras? Eso es cosa de fanáticos; sin contar con que cualquier idea puede ser rebatida por otra contraria, igualmente válida. Nosotros no estamos seguros ni siquiera de que el sol, que adoramos, nos esté dando la vida; a lo mejor resulta que mata. Por lo demás, ninguno de los tres que estamos aquí se cree filósofo. Hemos adoptado una postura y procuramos ser consecuentes, *voilà!*; es decir, preferimos los actos a cualquier discurso. Y es que, ¿sabe usted?, estamos asqueados de palabras, puesto que no hay manera de saber lo que significan. El otro día hablaba usted, con entusiasmo... digamos infantil, del Mediterráneo, de la cultura mediterránea. Y un amigo suyo llegó incluso a calificar a los nórdicos de bárbaros con bombas técnicas en la mano. ¿No le parece que ese sistema de catalogación es idiota? La historia de este mar que navegamos es tan bárbara como otra cualquiera. Guerras, unos cuantos nombres llamados ilustres y algunas obras bellas; pero, ¿y Nerón? ¿Y los esclavos y los eunucos? ¿Y el bueno de Galileo, que fue obligado a entonar el *mea culpa* y se quedó ciego? ¡Ah, la Santa Inquisición! Nosotros no queremos imponer nada a nadie, precisamente porque estimamos que todo es relativo, ¿comprende usted? Por lo demás, las informaciones que nos han llegado del pasado son burdas, porque son incompletas. Por ejemplo, apenas si se nos da el menor detalle de la vida de los millones y millones de criaturas humildes, anónimas, que vivieron antes que nosotros y que llevaron una existencia sin nada especial que señalar. Y sin embargo, eran seres humanos, ¿no? Y pisaron la tierra. De hecho, los historiadores y cronistas se han limitado a dejarnos un calendario onomástico, de relumbrón, con las correspondientes lápidas y fechas. Y si un tipo ilustre de ésos, o su familia, consiguió hipnotizar a un pueblo y llevarlo al matadero en defensa de cualquier ideal sacrosanto, tanto mejor. Giselle, nuestra compañera, estuvo hace poco en el sur de España. ¿Qué explicación puede tener que los cristianos colocaran su horrible *pastiche* particular en el interior de la mezquita de Córdoba? Usted se irá ahora a Grecia ¿no es así? ¿Sabe usted que los turcos convirtieron el Partenón en depósito de pólvora, depósito que un buen día estalló? Lo malo de las creencias es que no pueden discutirse, como no puede discutirse el café espeso... Al nacer nos colocan un catálogo en las narices, como nos colocan un chupete en la boca, y a pechar con él toda la vida. ¡Nosotros somos de París, figúrese! Para presumir, ¿no? Resultado: tenemos que postrarnos ante la Sorbona, llevar corbata e interesarnos por Monsieur Pompidou. De haber nacido en Uganda tocaríamos el tambor, nos interesaría el problema negro y nos pasaríamos el tiempo repartiendo folletos contra la discriminación. Todo eso es un cuento, ¿no le parece? ¡Oh, no, nada de pegarse un tiro! Sorprende que también usted saque esa conclusión. Lo de Sartre fue otra estafa civilizada, nada más. Simplemente, respetarlo todo, excepto la violencia, conseguir esa combinación del yo y el grupo e instalarse luego, sin prisa, donde a cada cual le plazca. ¡Bueno, bueno, el ecumenismo es deseable, siempre y cuando no consista en que unos cuantos tanques en manos de unas minorías le griten a la Humanidad: «¡Cuerpo a tierra!» Sí, sí, hay que establecer comunicación, pero a base de buena fe, compréndalo, y evitando los casos como el de esa *bambina* que se tiró por la ventana. Hay que conseguir un estado de conciencia, *c'est tout*. ¿Cómo? ¿Si pensamos conseguirlo en

Chipre? No, no, nada de eso... Suponiendo que tal concentración pueda celebrarse —siempre hace falta el permiso de las autoridades, incluso para hacer pis—, Chipre no sería para nosotros más que una estación de paso. Nos vamos al Nepal. ¡Oh, desde luego! En los Himalayas hay lamas y monjes que, según algunos camaradas, han conseguido un estado superior, basado, en gran parte, en ese tópico tan tópico que se llama autodominio. Sí, naturalmente, ésa es la incógnita... Acercarse, acercarse aunque sea un poco, como ellos lo han hecho, al conocimiento puro, no es fácil; nosotros todavía andamos con el chupete, o sea, somos esclavos de la afectividad, nos enamoramos y nos apegamos a las cosas. Realmente es chocante, una locura, diríamos, que se hable de eficacia, de sentido práctico, entendiendo por ello desear cada vez más objetos exteriores, producir cada día más artículos que pueden comprarse y venderse, mientras continuamos no teniendo más que un corazón y un estómago progresivamente dilatado. Ningún artículo del mercado puede compararse al pensamiento, y si usted no nos mintió al decir que es escritor debe admitirlo ¿no? Desde luego, desde luego. Muchos «hippies» se impacientan, querrían romper con todo eso en el plazo de unos días o en un año y entonces buscan la evasión a través de la droga. Nosotros mismos hemos caído en esa red. Se acabó. Mal asunto. Andamos en busca de otro sistema, si es que existe. Y si no, por lo menos no haremos la guerra ni tendremos a nuestras órdenes a cinco mil obreros con mono azul y el alma triste.

»¿Que lo bucólico es tan ingenuo como el aire acondicionado y que en la selva hay también lobos y víboras? ¡Aprenderemos a silbar! ¡Pse, no se ría usted! Quien sabe silbar es dueño del bosque; y, sobre todo, consigue amansar las fieras interiores. Por lo demás, la novedad de nuestro intento consiste en que no actuamos presionados por ningún dogma, ni por acato a ningún dios, ni siquiera con la pretensión de redimir el Universo. Los grandes lamas se abstienen de predicar, excepto a algún discípulo joven depositario de su doctrina. Uno de los más trágicos inventos de la época es el altavoz. ¡Ah, *bien sur*, sin ingenieros este barco no andaría! Allá ellos, con sus pizarras y su electrónica. El padre de Giselle colaboró en la perforación del túnel del Mont Blanc.

El Mediterráneo es un hombre disfrazado de mar

Se droga con whisky y se ha casado tres veces. ¿Tiene usted un pitillo? No sabemos en qué trabajaremos. Y por favor, no maltrate usted a la contemplación, que tampoco equivale a pasividad, como usted sabe. Contemplar es también un acto, y por ello las amas de cría que no prestaron atención no reconocen luego al niño que amamantaron. Básicamente importa lo que le dijimos hace un rato, suprimir el mayor número posible de necesidades. De aquellos famosos comerciantes genoveses no queda ni rastro, al parecer. ¿Erotismo? De momento, Giselle. ¿Si llegan hijos? Los llamaremos Buda, Jesús, Gandhi, Lutero King, sin distinción de sexos. Llamarse Atila, Borgia o Rotschild es un drama, ¿no cree usted? ¡Bien, basta por hoy! Ese Omar Kheyyam era un poeta formidable. ¿Sabe usted por qué lo leo? Porque me enteré de que su nombre, en persa, significa «fabricante de tiendas» y en cambio despreció la riqueza, y su gran obra fueron esos versos libres, impulsivos, serios y fatalistas. En cuanto a Camilo Torres, el cura guerrillero, sabemos poco de él... Veremos a ver el final del libro... ¡Por supuesto! Continuaremos la charla en otro momento, después de Nápoles. De Nápoles y Pompeya, no lo olvide usted... Los cataclismos tienen la ventaja de que, pasando el tiempo, fomentan el turismo. También se colocan allí lápidas y fechas y tonterías así. Y si encuentra usted una solución mental superior a la nuestra, nos avisa. Si la encuentra cuando ya estemos lejos, hable con algún banquero —porque, usted tendrá algún amigo banquero, ¿no?— y nos la envía por correo aéreo, por avión. Los aviones son hermosos porque tienen alas, lo que no puede decirse, *helàs!*, de los cañones, y tampoco de las máquinas de calcular...

Me voy a mi camarote. Me cruzo con el médico, serio como un dogma. No sé por qué, lo imagino con turbante. Hay gente mareada y el hombre recorre el barco recetando pan tostado, queso, *olives*... Echo un vistazo al mar, al mar Mediterráneo. Efectivamente, despierta en mí un entusiasmo infantil, pese a Nerón, a los esclavos, a los eunucos, a lo que le ocurrió a Galileo. En el firmamento hay estrellas. ¡Ay, antes de conversar con esos «hippies» las estrellas me parecían ideas claras!; ahora, no lo sé. Ahora sólo sé que estoy muerto de sueño, aunque ignoro lo que en puridad es el sueño e ignoro más aún lo que significa estar muerto.

6

NÁPOLES A LA VISTA

El nombre de Nápoles *(Neápolis)* evoca tantas cosas que no sabe uno a qué carta quedarse. Ha amanecido otro día soleado, lo que es de agradecer. La visibilidad en el golfo es excelente, con el Vesubio presidiendo. Diríase que el mar es azul, pero quién sabe. Nunca se sabe con certeza el color que en Nápoles tienen la tierra, el agua, los hombres, las mujeres. Los soldados norteamericanos que desembarcaron en la ciudad creyeron a pie juntillas que todo en Nápoles era color de rosa; en virtud de esa creencia nació una reata de *bambinos* y no hubo más remedio que ir salpicando de dólares el paisaje. Los napolitanos llegaron a vender a dichos soldados la calavera de san Pedro. ¡Alabado sea Dios! Morris West, en *Los hijos del sol,* ha dejado de todo ello un testimonio inolvidable.

Acodado en la baranda, veo acercarse la ciudad. El Vesubio se nos echa encima por momentos. Es lo que cuenta Pierre Deffontaines en su libro *El Mediterráneo. Medi-terráneo* —dice— significa «mar entre tierras», pero mejor sería llamarlo «mar entre montes». Tres cuartas partes de las costas mediterráneas son montañosas y la parte restante corresponde al desierto de Libia. «Navegando se ve la brutalidad de dichas montañas»; es cierto. Los hombres nacidos en las riberas de este mar somos hombres sin llanura, hombres que, en cierto modo, hemos nacido cercados, faltos de las grandes planicies de Londres, de Alemania del Norte, de Polonia, de Bélgica. Cuando surge un llano ubérrimo se apoderan de él los pintores, como ocurrió en el *Quattrocento* en Umbría y la sorpresa es tal que dicho llano aparece dibujado en el fondo de todos los cuadros. El Mediterráneo está situado tan «tierra adentro» que durante siglos sus habitantes creyeron que todo lo conocido se resumía en él. Más allá empezaba «la barbarie» —los «hippies» tienen razón—, y los otros mares, los mares lejanos, eran llamados «Mares Tenebrosos». De aquí que el ente Mediterráneo se haya considerado a sí mismo, durante largos períodos históricos, como el más terrícola de los seres y, en consecuencia, el más humano. Ha llegado a afirmarse que el Mediterráneo es algo así como «la pila bautismal de la civilización», en el sentido de que, siendo su ámbito tan reducido, ha brotado en él una cultura universal, en cuyas aguas lo mismo han mojado los dedos los paganos que los cristianos, los dioses mitológicos que el humilde labrador, Leonardo da Vinci y el Viejo Esopo, siempre concediendo supremacía a la persona, a la criatura dolorosamente nacida de vientre de madre.

De hecho, y ahí enfrente está Nápoles para recordármelo, el Mediterráneo es un microcosmos con mucho repliegue, un museo de volcanes de todo tipo y de nombres sonoros, un museo de islas, hundimientos y sumersiones, un museo de vientos —con un árbol específico y vertical para protegerse de ellos, el ciprés, y un dios, Eolo, al que pedir ayuda—, y uno de los lugares del mundo donde la tierra tiembla con más frecuencia: Calabria, Grecia, Asia Menor, Andalucía, el valle de Chelif, en Argelia... Claro, no podía ser de otro modo. En el Mediterráneo la tierra tiembla con frecuencia, aunque difícilmente llega a matar, porque sólo es grandioso en aquello que le conviene: la fantasía, la semántica, la regulación de las leyes, la racionalidad, el amor. Lo oceánico, parodia de infinito, se encuentra por el Índico, por el Pacífico, por el Ártico, por el Atlántico, con ciclones, glaciares, olas gigantes, bancos enormes de arenques, de sardinas, de caballas, cetáceos de color de plomo... En el Mediterráneo las mareas son raquíticas y la fauna marina es más bien menguada, debido a que su recurso alimenticio, la vegetación acuática, el plancton, está poco desarrollado ya que no se dan en sus aguas las grandes mezclas biológicas de las vastas extensiones de mar. «En el Mediterráneo todo está en maqueta o en modelo de laboratorio a la medida humana.» Ahora bien, hay que repetir lo dicho. En el Mediterráneo la tierra tiembla con frecuencia porque en él han temblado siempre mucho los espíritus, ansiosos de saber, y porque todo en él ha sido simiente, embrión. «Si cualquier hombre civilizado piensa hoy que la luna es pálida, el arroyo cristalino y la rosa frágil, es porque lo dijeron así hace siglos (en el Mediterráneo), unos hombres que se llamaron Virgilio, Horacio, Anacreonte.» Algunos de estos hombres fueron opulentos, como el Ariosto, otros conocieron la más prieta miseria, como el Tasso. Onassis puede comprar gobiernos; el Tasso se dirigió, en un soneto, a su gata y le pidió el brillo de sus ojos, ya que no tenía siquiera una vela para alumbrarse y escribir sus versos.

Los detractores del Mediterráneo —la *latinidad* está ahora en crisis—, han sido siempre muchos y muy varios. En la época de Hitler, el intelectual Rosenberg llegó a decir que el Mediterráneo era una cloaca. No hay que hacer caso. Las sombras son fugaces. El cinismo y el sentido del humor se impondrán de nuevo algún día, el Mediterráneo resucitará —eso espero—, y ahora que Nápoles está ya a mi vera me parece estar viendo a Pirandello saludando, en plan burlesco, al mundo, a base de agitar desde cualquier escenario alguno de sus extravagantes sombreros.

En los muelles de Nápoles hay mucho barullo y los napolitanos del *Karadeniz*, que ya en Génova hicieron su número, aquí parecen dispuestos a tirarse por la borda antes de que se cuelgue la correspondiente escalerilla. Varios de ellos, al reconocer a sus parientes, levantan los dedos meñique e índice como llamándoles cornudos. Es una manera de saludar. Sin embargo, hay colorido y se apodera del ambiente como un polen tropical, haciendo válida la sentencia según la cual en Nápoles la gente que discute parece que canta, mientras que la de Génova parece que riñe.

José María Gironella

Pompeya

La escala en Nápoles iba a ser corta. Había que optar
entre recorrer la ciudad, visitar Capri o desplazarse a Pompeya. Los pasajeros del *Karadeniz* se dividieron en tres grupos. Nuestro amigo inglés, Mr. Raggley, pese a cojear un
poquito, eligió Pompeya, pues cualquier isla que no fuera
británica le parecía sofisticada y sentía por Nápoles un profundo desprecio. La descripción que me hizo de la antigua
Neápolis, donde Virgilio compuso las *Geórgicas* con intención de estimular a la gente a retornar al campo, estuvo
plagada de tópicos al uso: ladronzuelos, asaltos a los turistas, frenesí vital, ropa puesta a secar en las callejuelas...
Saqué la impresión de que le irritaba mucho más la impudi-
bundez de la ropa puesta a secar que la posibilidad de que
le robaran el reloj. Mis argumentos en favor de los inefables napolitanos resultaron inútiles. Ni siquiera le interesó
la aguda observación que Ian Fleming, el autor de James
Bond, insertó en su libro *Ciudades excitantes*: «En Nápoles
me fueron ofrecidas postales indecorosas a las 9.38 de la mañana, lo que constituyó un récord en mis experiencias viajeras.» Nuestro amigo inglés se fue a Pompeya... ¡y en Pompeya le desaparecieron los prismáticos, con los que pretendía ver de cerca el mundo!

También nosotros nos decidimos por Pompeya. Recordá-
bamos la impresión que nos había producido la última visita
a las famosas ruinas, que realizamos en compañía de un diplomático ecuatoriano, una tarde otoñal, de cielo despejado,
que confería a las piedras y a la Historia un relieve casi
táctil. Apenas si veíamos entre los muros, o si sorprendíamos

en un recinto aislado, algún que otro salakof. Pompeya desierta, como asombrada aún por lo ocurrido aquel 24 de agosto del año 79 de nuestra Era, día en que «se oyó repentinamente un trueno espantoso, el sol se oscureció de súbito, partióse la cumbre del Vesubio, brotó fuego y humo de su cráter y una impetuosa lluvia y ríos de lava sepultaron la ciudad, así como también la de Herculano».

En esta ocasión quisimos comportarnos como turistas perfectos y nos inscribimos en un *tour* organizado, en autocar, a las órdenes de un guía de aspecto atildado y competente. Por supuesto, ignorábamos que millares de semejantes nuestros, que hasta entonces nos eran desconocidos, habían tenido la misma idea. Cuando nos dimos cuenta nos encontramos en la carretera, flanqueada por un paisaje similar al de la campiña mallorquina, formando caravana tras una interminable fila de autocares idénticos. El pandemónium era irrazonable, un atentado contra el normal desarrollo de las cosas. Por si fuera poco, esta vez quien enviaba chorros de fuego no era el Vesubio, era el sol, y los organizadores habían previsto una parada en un taller de camafeos y de orfebrería de coral, para que admiráramos la labor de los artesanos y les pagáramos en divisas. Nuestros compañeros eran en su mayoría norteamericanos, con abundancia de damas vestidas con colores opalinos y que daban grititos. El coral nos fatigó y salimos a la calle, donde un tendero de muebles estuvo a punto de convencernos de que lo mejor que podíamos llevarnos como recuerdo de nuestra breve estancia en Italia era un armario ropero.

Reemprendimos la marcha y llegamos a Pompeya. Nos apeamos del autocar, el guía nos dijo: «por aquí...», y nuestra sorpresa fue mayúscula. En vez de conducirnos hacia alguna de las calles antiquísimas propias del lugar, nos situó, de entrada, ante un puesto de bebidas refrescantes, saludando amistosamente a los camareros. Por fortuna, en dicho puesto abundan extraordinarias minifalderas de todas las naciones, que lamían helados y yo aproveché para sacar unas fotografías. A seguido, el guía nos acompañó a un tenderete rebosante de postales y cucharillas de plata. Entonces insinué mi deseo de echar un vistazo a las ruinas de Pompeya; pero el hombre, con expresivo ademán, me indicó que era pre-

ciso respetar el profundo interés que las damas norteamericanas demostraban por las cucharillas de plata y por enviar
precisamente desde allí postales a sus amistades. Tomé asiento en una piedra, quizá milenaria, y me dediqué a disparar a
placer mi tomavistas marca *Nikon*, lo que me valió una sonrisa de gratitud de un matrimonio japonés que en aquel instante pasaba montado en un campanilleante cochecito de caballos.

Por fin penetramos en el santuario arqueológico. Goethe
había escrito de él: «Es algo que deja atónito a cualquiera,
debido a su angostura y pequeñez...» No tuve más remedio
que aceptar la peregrina tesis del colosalista genio alemán.
Pompeya era angosta y pequeña para albergar a la multitud
que se había dado cita en el lugar. Todos nuestros esfuerzos
por ver entero el contorno de un fauno o de una columna,
por contemplar un fresco mural o por entrar en la «Casa de
Orfeo» fueron un fracaso. Empujones, codazos, *sorry*, máquinas fotográficas, nos zarandeaban como a peleles. Conseguimos vislumbrar, a distancia, el remate de un pórtico, el
Arco de Calígula y, más lejos aún, los mosaicos de un techo.
Los grupos —los *tours*— procuraban apiñarse, las voces de
los guías se confundían en varios idiomas, mientras sus se-
veros índices obligaban a las cabezas a volverse con inusitada
rapidez ora a un lado, ora a otro. Llegó un momento en que
los empujones eran de tal magnitud que tuvimos la certeza
de que nos encontraríamos todos en la «Casa del Cirujano»,
suponiendo que, dadas las circunstancias, la hubieran puesto
en funcionamiento; a no ser que una poderosa autoridad se
apiadara de nosotros y nos condujera en rebaño a visitar el
Anfiteatro, que en el plano figuraba situado al otro extremo,
y donde el grupo de artistas del barco, del *Karadeniz*, podría
darnos un recital. De otra parte, ocurría algo curioso: la
gente se caía con sorprendente facilidad. Las damas color
opalino resbalaban cada dos por tres y una vez en el suelo
adoptaban posturas carnalmente generosas. ¿Las piedras
pulidas por el paso de los siglos? Mil veces no. Las piedras
pulidas por los *tours* que aquella mañana nos habían precedido.

Algún estoico se las componía para tomar notas en una
agenda, lo que provocaba el jolgorio de todos los colegios y

orfelinatos italianos, cuyos componentes estaban también allí. De repente, reapareció nuestro guía, que se había esfumado por un espacio de tiempo indefinido y consiguió indicarnos en forma audible: «Signori, la visita ha terminado, podemos pasar al café-restaurante.»

Regreso

Regresamos a Nápoles, absurdamente obsesionados por la silueta del Vesubio y por el dato que nos había suministrado nuestro amigo inglés: El padre de Al Capone nació en Afragola, aldea situada a mitad de camino entre la ciudad y el volcán.

¿Qué ocurre, señores? Apurando las horas recorrimos el centro de la urbe, en coche y a pie, deteniéndonos con especial minuciosidad en las «Galerías de Umberto I», bajo cuyas bóvedas los mozalbetes silban con fantástica habilidad (regodeándose con el volumen de los ecos), y los hinchas del equipo del *Napoli* discuten acaloradamente la jugada frente al local de su Club. Ocurre, señores, lo que ya quedó esbozado al hablar de Génova: que todas las urbes de la tierra están siendo víctimas de la esquizofrenia del motor y que, por desgracia, el romántico Nápoles no es excepción. Plazas, avenidas, monumentos, iglesias, todo podría resumirse con una sola palabra: garaje. Nápoles es un garaje, como los son Barcelona, París, Tokio, Nueva York... El motor nos está oprimiendo como antaño nos oprimía la jurisprudencia feudal. El encanto de la cinematográfica ciudad italiana ha desaparecido, salvo en algunos barrios populares, donde las *mammas* y sus inevitables críos continúan dominando aún el terreno, la calle, y donde cuando pasa una moto aparatosa y roja haciendo temblar las paredes se oye en su honor un riquísimo vocabulario de interjecciones invocando a todos los demonios de la Gehenna.

El Nápoles que yo conocí, compuesto de nobles edificios, de cuquería y agudeza, de música apasionada y sentimental que dio la vuelta al mundo y estimuló la perpetuación de la especie, ha sido sepultado por la *macchina*. El hombre asfáltico ya no aspira a ser bípedo pensante, criatura que busca la vereda y lee en los árboles y en los arroyos o en el rostro de otra criatura; aspira a ser, como el taxista genovés, un «Alfa Romeo», un Romeo cuya Julieta pueda también llamarse «Fiat», «Mercedes» (Benz), «Seat», «Chevrolet».

Parece imposible que hayamos caído en trampa tan burda y que no se atisbe la menor solución. En la *Piazza* del Municipio, grotescamente adulterada por un hotel-rascacielos que lleva el nombre de «Palace Ambassadors» estuve a punto de morir bajo las ruedas de un camión. Y lo mismo me sucedió al intentar visitar el Museo de Capodimonte, del que recordaba un extraordinario cuadro de Botticcelli: *La Virgen del Niño y los Ángeles*. Niños y ángeles, cuadros y armonía, maravillosas obras arquitectónicas concebidas con amor, fachadas hechas para la contemplación y el silencio, teniendo en cuenta incluso la cíclica reverberación de los rayos de la Luna, han sido violentamente expulsados del tesoro espiritual de la comunidad. La criatura humana bebe gasolina y los semáforos han sustituido a las estrellas. Todos somos drogadictos de los tubos de escape. Pronto ya no necesitaremos de ese específico distintivo humano que es el dedo pulgar, pues el volante puede conducirse con los cuatro dedos restantes.

Lamento inútil, me consta, como el que lanzó nuestro amigo Marcel refiriéndose a la motorización de las góndolas de Venecia. Necesidad de admitir que la vida en Pompeya y Herculano antes de la erupción no debía ser tampoco paradisíaca, ya que la combinación del refinamiento de unos pocos y el primitivismo de los más tenía que ofrecer inevitablemente caracteres indignos, y la naturaleza indomada es tan brutal como un «Tiburón» francés con los frenos rotos. Sin embargo, estamos perdiendo la oportunidad de liberarnos de la milenaria suciedad, de la milenaria esclavitud, del hedor insoportable. Las ciudades son despóticas. Son modernos castillos de If, con abundancia de aluminio y cristal. Los cinturones de ronda suelen tener forma de corona, son como coro-

En el puerto de Barcelona, momentos antes de embarcar.

Inmigrantes turcos a bordo del *Karadeniz*.

A bordo, estudiantes
madrileños tomando apuntes.

Vista parcial de Marsella.

Marsella. Embarcadero para trasladarse al Château d'If.

Vista aérea del castillo de If.
Al fondo, Nuestra Señora de la Guardia.

Lápida conmemorativa de los 3.500 protestantes que sufrieron cautiverio en el castillo de If.

Alejandro Dumas, autor de *El conde de Montecristo*.

nas fúnebres destinadas a las víctimas que fatalmente caerán en ellos a diario, en número previsible con escaso margen de error. Las rayas de los pasos de cebra semejan las de los pijamas de los presos, disimulados por el colorido. Los pasos subterráneos nos sumergen en un silencio hosco y los pasos elevados, colgantes, nos convierten en siluetas de pim-pam-pum. No hay remedio contra la demografía febricitante y anónima. Las ciudades son aparcamientos para el cuerpo y para el alma.

Camino del puerto de Nápoles, del barco que nos aguardaba iluminado, al pasar delante del «Castel Nuovo», bellamente reconstruido en el siglo xv por Alfonso V de Aragón, las imágenes se me agolpaban en el cerebro. Nos acompañaban dos de los muchachos madrileños del *Karadeniz*, estudiantes, que habían optado por pasar la jornada en Capri. Evoqué el consejo de Virgilio en las *Geórgicas:* vuelta al campo. Los muchachos me dijeron: «En el campo hay ahora televisión, tractores y las avionetas fumigadoras matan indiscriminadamente la vida dañina y la vida útil.» Claro, claro, las máquinas seleccionan fácilmente los tamaños de los árboles y las lindes de los campos; difícilmente, las especies que se ocultan en ellos, su calidad.

Pero algo permanece intacto en él: la posibilidad de un cierto aislamiento. Con un poco de serenidad puede uno evitar enrolarse en un *tour.* Los *tours* son la versión vibratoria y aparentemente justificada de la rebelión de las masas. Nada puede hacerse. Todo el mundo tiene derecho a tomar un billete y asomarse al exterior. Todo el mundo tiene derecho a subirse a un autocar, a comprarse un camafeo en un taller de artesanos y a visitar, aunque sea a codazos, la indescriptible maravilla de Pompeya.

Diálogos y reflexiones en el camarote

En el *Karadeniz,* antes de que zarpe el barco, ya rumbo a El Pireo, me dedico a repasar los libros que me traje, que me acompañan siempre, siempre, y a reflexionar. Después del impuesto ajetreo respira uno casi tan sabiamente como un yogui. El silencio cobra una dimensión especial, y se hace tan necesario que siente uno el malsano deseo de que todo el mundo pierda la facultad de hablar, de que todo el mundo enmudezca. Todo el mundo, excepto los libros, claro. Y es que, el verbo en los libros, no entra por los oídos, no perturba la cenestesia del hombre físicamente agotado. Tengo para mí que algún día se inventará la imprenta silenciosa y entonces el elixir relajante será perfecto.

Lo primero que pienso, rindiendo tributo a la imagen, es que Vittorio de Sica tiene razón. Vittorio de Sica siempre tiene razón. Es un gran señor, experimentado y sensible, que con su inteligente retina ha sintetizado en el celuloide toda la ironía y todo el amor que en Italia han ocupado siempre un lugar de privilegio, desde el *Satiricón* hasta Indro Montanelli y los humoristas contemporáneos como Giovanni Mosca. En sus películas napolitanas ha dado la medida exacta, visceral, de lo que en Nápoles no cambiará jamás, ni siquiera bajo el huracán de la actual industrialización: la importancia de la palabra *cuore* (con su peculiar fonética, sin equivalencia posible); la guasonería como sistema dialéctico; el ingenio para sortear, chanceándose, las mayores dificultades; la vida de cada día monótona y sin recursos, pero enriquecida por la imaginación (hay gitanos que se creen faraones); y, por descontado, la superstición... Los napolitanos se guían por signos tan insólitos como la sal derramada, las tonalidades del vesubio y la forma de escupir de los mendigos. Por añadidura, defienden a ultranza la autonomía personal y al propio tiempo el espíritu de clan, y saben como nadie —sabiduría típicamente mediterránea— construir algo habitable con los materiales más modestos; etcétera.

En resumen, pan, amor y fantasía. Vittorio de Sica, combinando a Gina Lollobrigida y a Sofía Loren con los pescadores y los *carabinieri*, preconizó la supremacía de la belleza sobre la autoridad, de la vida sobre la norma, del *cuore* sobre el Derecho. Los curas que presenta Vittorio de Sica son todos, por definición, napolitanos. Son... curas que aman a la Virgen María por sobre todas las cosas y que saben, mejor que los miembros de la curia romana, que dicha Virgen María, cuando «esperaba» a Jesús, no era una matrona rubensiana sino una inocente «doncella» estremecida de no más de dieciséis años. Por eso procuran que en los hogares napolitanos las muchachas claven estampitas y enciendan lamparillas en su honor y que las prostitutas, en épocas bajas, le recen y le pidan protección. En Nápoles hay ahora rascacielos, pasos de cebra, camiones homicidas y el folklore es un reducto; no importa. Vittorio de Sica, notario-poeta por vocación, demostró con sus películas que no se puede juzgar por las apariencias y por una estancia de unas horas y que los napolitanos siguen charlando a placer *(chiacchierando)*, jugando a las cartas, como en las tabernas españolas, con espadas, copas, oros y bastos, históricamente insensibles a la «unidad italiana» y que entienden del Mediterráneo más que nadie. Incluso ha demostrado, entre bromas y veras, que si el pueblo napolitano siente inclinación a vivir al aire libre, en la calle, es porque sus interiores hogareños son inhabitables; que si pone la ropa a secar fuera no es para irritar a Mr. Raggley ni para inspirar a los acuarelistas, sino porque no tiene otra ropa de repuesto, porque necesita aquélla con urgencia; y que si en muchos de sus barrios se ven, a cualquier hora, más chiquillos que en otras partes, ello no se debe a caprichos demográficos sino sencillamente a que dichos chiquillos no pisan jamás la escuela... Se ha dicho de Goya que no pintó ojos, sino miradas; pienso que podría decirse de Vittorio de Sica que no filmó cuerpos, sino formas de ser.

Llama a la puerta del camarote y viene a vernos, ya sin el *Times* bajo el brazo, Mr. Raggley. Le gusta nuestra *suite*, cuyo diván es confortable. Cojea más que nunca, tal vez debido al whisky. ¡Se ha comprado un mechero de oro! Funciona con gas. La llamita azul lo fascina. Lo acciona una y otra vez y acaba encendiendo con él la pipa. Decididamente, los napolitanos siguen vendiendo oro... Mr. Raggley nos cuenta que al regreso de Pompeya intentó visitar un par de museos, el de cerámica «Duc de Martina» y el «Nacional de Arqueología», y que estaban cerrados. En un viaje anterior le ocurrió lo mismo. «¿No será que los museos napolitanos son una escandalosa mentira, que están vacíos?» Tuvo que contentarse con el *Aquarium*, pero a él los peces le tienen sin cuidado. También nos cuenta que los albañiles subidos a los andamios se mofaban de él al pasar, le tomaban el pelo. «No me parecería mal —añadió—, si no tuviera la sospecha de que luego, al llegar a sus casas, sus mujeres les pegan fenomenales palizas.»

Mr. Raggley se va y minutos después llama a la puerta nuestro amigo Marcel, de Aviñón... Por lo visto no quieren dejarnos con nuestros libros y con nuestros pensamientos. Marcel por fin se ha quitado la visera de cartón que estrenó en Génova y que ya parecía formar parte de su cabeza. También nos pide permiso para sentarse en el diván, y acto seguido enciende un pitillo... ¡con su mechero de yesca! Me pregunto si las diferencias abisales que existen entre él, francés, y Mr. Raggley no quedarán reflejadas a la perfección en sus respectivos mecheros.

Nos habla con entusiasmo de Nápoles, que califica de ciudad «mágica». Para empezar, y según la simbología, la palabra «volcán», tan unida a la ciudad, representa psicológicamente a las pasiones, «que estallan al término de un trabajo latente, contenido y oculto» y sin las cuales no se puede vivir. Por lo que respecta al Vesubio, se da la circunstancia de que su erupción se produjo precisamente un 24 de agosto, fecha que, en el calendario romano, era festivo, porque en ella los *manes* (diosecillos bienhechores de los difuntos, que de vez en cuando obtenían permiso para salir del infierno), retornaban a la luz, a la vida de los hombres.

Luego, además, en Nápoles hay ilusionistas e hipnotizadores a porrillo y eso para él, gran amante de lo invisible, es una bendición. A no ser porque tiene familia y la familia exige sentido común, se dedicaría por entero a la parapsicología. Por lo pronto, cree que llegará un día en que podrá fotografiarse el pasado —cosa que Vittorio de Sica no ha conseguido jamás—, y en que podrán grabarse miles de sonidos procedentes de otros mundos. Por supuesto, existen ya expertos en la materia, archivos inaccesibles, pero él se inclina a creer que el primer *boom* serio y que nadie podrá discutir se producirá precisamente en Nápoles. «Compréndanlo. En este territorio, la Campania, de pronto la existencia se vio interrumpida por bocanadas de fuego y mares de lava. Pompeya tenía por entonces unos veinte mil habitantes y se encontraba en plena campaña electoral, según demuestran los grafitos hallados en el revoque de las paredes. Forzosamente aquel cataclismo dejó en el espíritu de esas gentes, ya de por sí dotadas para el milagro, la adivinación, la telepatía y la mnemotecnia, una huella profunda, un tipo de receptividad especial para conectar con la ignorada significación de lo que llamamos muerte y de lo que consideramos el más allá.» Marcel añade que ya por aquel entonces los pompeyanos tenían sentido del humor y se dedicaban a la burla y a la sátira, como lo demuestran algunas de las inscripciones halladas, y gustaban de los elementos báquicos y de las mascarillas teatrales; en cuanto a la obscenidad, basta con visitar *El Lupanar*, con la glorificación reiterada de los órganos sexuales masculinos, con la contemplación del grupo de mármol que representa a un sátiro poseyendo a una cabra...

Sin embargo, Marcel nos informa de que no ha pasado el día en Pompeya sino en Herculano, la vecina ciudad que, por azar, fue descubierta antes que Pompeya, bajo una capa de veinte metros de toba. Por lo visto, su decisión debióse a haber leído en un periódico que en ciertas excavaciones efectuadas últimamente en Herculano se había encontrado una cruz. «¡Una cruz! ¿Se dan ustedes cuenta?» Dado que la devastadora erupción tuvo lugar el año 79 de nuestra Era, dicha cruz, «que no es un mero dibujo, como pueden verse otros en grafitos rupestres más antiguos aún, sino un *objeto corpó-*

reo», lo mismo puede significar que alguna avanzadilla del cristianismo había alcanzado ya Herculano en aquella época, como tratarse simplemente de una representación humana natural. Las gentes han diseñado siempre, de modo espontáneo, escaleras, círculos, animales... y cruces.

Informo a Marcel de que el escritor español Eugenio d'Ors, cuyo *Glosario* está sobre la mesa, se ocupó ya de esa cuestión, sin atreverse a opinar... «¡Naturalmente! —contesta Marcel—. Ese señor era un filósofo, si no estoy mal informado, y los filósofos no opinan jamás. Van siempre detrás de la zanahoria sin osar comérsela. Quienes opinamos, y a la luz del sol, somos los magos; y en este momento yo, mago nacido en Aviñón, opino solemnemente que esa *cruz corpórea* de Herculano fue elaborada por un humilde campesino que había "oído" a distancia la voz de san Pablo...»

Tal vez esté en lo cierto. ¿Por qué no? Marcel, satisfecho porque cree que con su versión nos ha hipnotizado, aplasta la colilla en el único cenicero de que disponemos, se levanta y después de hacernos saber que el sueño inalcanzado del conde Ciano hubiera sido recibir el nombramiento de emperador de Nápoles, nos saluda jocosamente a lo fascista y se va. Y yo me quedo de nuevo con mis pensamientos, un tanto enriquecidos, y con mis libros, al igual que mi mujer.

Las maniobras del *Karadeniz* prosiguen, la sirena suena por primera vez, y mi mujer me llama la atención. Está leyendo, como tantas veces, a Galdós. Lee *Recuerdos de Italia*. Según ella, los lee porque se quedó pasmada al enterarse de lo que Baroja escribió sobre Génova y sobre Roma, de su reacción —reacción típica de la mayoría de intelectuales españoles cuando se toman la molestia de cruzar la frontera—, y quiere saber si a Galdós le ocurrió algo parecido.

No ha tardado en saber la verdad y me pregunta si puedo escucharla un momento. Asiento con la cabeza y me lee en voz alta los párrafos finales de la descripción que Galdós hace de su subida al Vesubio, durante la cual sufrió torturas sin cuento, debido «al fatigoso avance por unos senderos en zigzag, pisando lavas ardientes, recibiendo a cada paso humaredas asfixiantes de vapores sulfúreos». Al llegar al borde del cráter el espectáculo le pareció horrendo. No lo resistió más que unos segundos, porque el calor lo ahogaba, al igual que a sus acompañantes. «Bajamos a tropezones, como autómatas, respirando azufre y doloridos de todo el cuerpo.» Poco después, unas damas inglesas le comunicaron que pensaban ir a Palermo y subir al Etna. «Yo, en inglés chapurreado —termina Galdós—, les di a entender que en cuestión de cráteres en actividad me he quedado satisfecho con uno, y gracias.»

Permanezco mirando al techo y las flores marchitas del jarrón, que continúan en él desde el día que embarcamos. Mi mujer sigue leyéndome otras impresiones de Galdós en Italia. Nápoles le interesó, ¡menos mal!, pero Roma lo aburrió, «con tanta catacumba y tanta ruina». En cuanto a Pompeya, su estancia fue en calidad de «visitante pasivo» y los pormenores que le contaron le parecieron tan prolijos que pidió «ser llevado a la playa para respirar el vivificante aire salino». Le hablaron de las descripciones de Plinio... «No quise ahondar en esta materia porque sentíame hastiado de andanzas por extrañas tierras y se apoderaba de mi espíritu el ansia de volver a Madrid.»

A una hora imprecisable de la noche el *Karadeniz* zarpa y reemprende su itinerario sobre las aguas. Pienso en la hermosa frase de Josep Pla: «El mar seria més bonic, si no fos la gent que es queda en terra.»

7

RUMBO A GRECIA

Placer de viajar... El barco continúa avanzando, ahora labrando las olas del mar Tirreno, en ruta hacia El Pireo, puerto de Atenas. Pronto cruzaremos el estrecho de Mesina y entraremos en el mar Jónico. Los nombres de estos mares, parcelas del Mediterráneo, producen encantamiento. Forman parte del árbol genealógico de nuestra cultura. Nos retrotraen a la niñez, cuando estudiábamos geografía y en los mapas pintábamos con colores fuertes los países que excitaban mayormente nuestra imaginación. Recuerdo el extraño placer con que escribía yo «Mar Adriático», «Mar Egeo», «Mar de Mármara»; en cambio, «Mar Negro» me atemorizaba, sin saber por qué, acaso porque por entonces ignoraba que estuvieron allí los genoveses. Sí, hay un ingrediente importante en la fonética. Las islas, por ejemplo. Existe una gran diferencia entre escuchar Tahití, Azores o Madagascar. Alguien ha escrito que en los nombres de las islas suele figurar la letra A. ¿Quién se lo aconsejaría a los que las bautizaron?: Creta, Mallorca, Curação, Hawai, Okinawa, Trinidad, Aruba... Tal vez las islas sean femeninas. Las islas, ya se sabe, son víctimas de acotamiento o cerco —las acota o cerca el mar—, como hasta ahora las mujeres se han visto abrahonadas por el elemento masculino. Pero algún día las islas se rebelarán contra los continentes (no sería la primera vez), pues de hecho constituyen idóneos portaaviones en la guerra perpetua en que estamos inmersos los habitantes del planeta.

Mundo anglosajón y mundo latino

Instalado en cubierta, y mientras contemplo la costa italiana que va desfilando con lentitud ante nuestros ojos, evoco los últimos acontecimientos: las sorpresas dialécticas que me proporcionaron los «hippies»; enterarme de que en Nápoles trabajó uno de mis pintores más queridos: Simone Martini; nuestra excursión apocalíptica a Pompeya; el hecho de que los hombres asfálticos de nuestra Era se nutran de gasolina y sean drogadictos de la publicidad y de los tubos de escape; oírle decir al camarero del salón-bar que un muchacho funambulista que forma parte de la *troupe* de artistas que nos acompaña, nació en Inglaterra de madre soltera, gracias a la fecundación artificial; es decir, gracias a una inyección de semen fresco suministrado en una clínica.

Brota a mi lado mi amigo Marcel, que esta mañana, además de la boina, exhibe bufanda de seda. Tiene buen aspecto, por lo que el momento me parece apropiado para recordarle su promesa —el tema me interesa sobremanera— de justificar a la manera cartesiana su fe en el fáustico porvenir de Italia. Marcel sonríe y se acaricia el lóbulo de la oreja derecha, inequívoca señal de que la pregunta le place y que, por tanto, está dispuesto a contestar. No obstante, al momento se nos acerca, renqueando, Mr. Raggley, el insigne británico que desprecia el «sur» y cualquier isla que no pertenezca a la Commonwealth. Hablamos de trivialidades, mientras observo a Mr. Raggley. Es alto y espigado y lo mismo podría ser competente arqueólogo que estrangulador de viudas. Fuma rubio y continúa accionando una y otra vez su más reciente juguete, el mechero de oro que adquirió en Nápoles.

Pienso que los barcos son aislamiento pero al propio tiempo promiscuidad. Sin embargo, a lo lejos asoma el litoral siciliano y ello me lleva a preguntarme si la llegada de Mr. Raggley no habrá sido providencial, si no me brindará la oportunidad de abordar con mayor amplitud la cuestión que me preocupa. En efecto, Marcel y Mr. Raggley representan dos posturas, dos etnias, dos tipos de mechero.

Los hechos me dan la razón. Azuzados por mis preguntas, los hombres que me flanquean se definen sin ambages, con precisión, aunque sin perder cierto tono deportivo e irónico que ameniza el coloquio. Marcel afirma que Italia no ha renunciado jamás a la genialidad, y que sobre todo desde la caída de Mussolini, no sólo ha vuelto a alumbrar en cadena talentos de primer orden, sino que ha pegado un salto tal que en la actualidad se halla en condiciones de realizar una hazaña quizá sin precedentes: exportar a la vez hombres, mercancías y capital. Por si fuera poco, resiste sin mayor quebranto los peligros que suponen las huelgas, el clero joven, Claudia Cardinale y la circunstancia de que uno de sus políticos más eminentes se llame Rumor.

La perorata de Marcel se ve cortada por la sonrisita de Mr. Raggley, en cuya opinión es difícil, encontrándose en la cubierta de un barco y a merced del viento, concentrarse lo suficiente para defender con dignidad cualquier tesis. Según él, Italia, desde el término de la Segunda Guerra Mundial, no ha hecho otra cosa que vivir de prestado; concretamente, de la ayuda de los anglosajones. Ayuda que, cuando se recibe en el plano individual, tiene un nombre muy concreto, italiano, precisamente. Como fuere, sin dicha ayuda la patria de Galileo Galilei —y de Claudia Cardinale— se encontraría en el mismo lastimoso estado en que se encuentra Pompeya. Lo cual, dicho sea de paso, es normal entre «las razas del sur», que sin duda tuvieron su momento, mucho antes de la civilización industrial, pero que luego declinaron lastimosamente.

El ping-pong prosigue, con variaciones en el marcador y ciertas concesiones mutuas. Marcel admite que, en efecto, en los últimos tiempos la raza anglosajona ha conseguido una superioridad operativa sobre los pueblos mediterráneos. Sin embargo, a su juicio, su dominio será fugaz, pues en su mecanismo fallan dos pivotes que considera fundamentales: el sentido de la dignidad humana y el sentido de la belleza. «En definitiva, Mr. Raggley, ¿cuál es la más perfecta creación de sus fábricas y laboratorios? La nevera. Y la nevera produce hielo y el hielo se derrite con extrema facilidad. Lo que ustedes conseguirán será hibernarnos a todos para que, al despertar, nos dediquemos al pragmatismo. El pragmatismo tiene sus ventajas, *hélàs!*, porque mejora las condiciones externas de vida y nos ahorra esfuerzo muscular. Hace rodar el dinero y calcula las proteínas que necesitamos. Pero al nacer nos coloca un número en la frente y vigila todos nuestros actos, como si la «General Motors» y Scotland Yard fueran más importantes que la abadía de Westminster o la sombra de un árbol. ¡Ah, no, el protagonista tiene que ser el hombre! El calor humano es, a la larga, más necesario que la electrónica. Nadie sabe cómo se llaman los grandes financieros de Wall Street, del mismo modo que nadie sabe cómo se llaman los jefes de la «mafia». Y las funerarias anglosajonas fabrican ya ataúdes con toda clase de comodidades, tal vez porque creen que, de esta manera, sus ocupantes, tan fríos a lo largo de la vida, ni siquiera se enterarán de que han muerto. Claro, ¡se han pasado tantos años desentendiéndose de la muerte de los demás! Eso se vio claro en las colonias. Antiguamente se llevaron la tajada del león, desde las materias primas hasta los obeliscos, dejando a cambio sólo unos cuantos faros, una excelente cartografía marítima y muchos campos de golf; ahora los amos del cotarro son los americanos, expansionistas y soberbios, que adoran la leche y la asimetría y que, a base de pactos redactados en un inglés pésimo, intercambian técnica por petróleo y sudor. ¿No cree usted, Mr. Raggley, que a la larga ha de ser peligroso despertar incesantemente sensaciones nuevas, vendiéndolas al contado, y entretanto subestimar a los débiles y carcajearse de las puestas de sol?»

Marcel preconiza que antes de que finalice el siglo el Mediterráneo volverá a imponerse, o por lo menos, a recobrar su prestigio. ¿Por qué? Porque Francia trabaja, trabaja como siempre lo ha hecho, y porque todavía está en condiciones de apreciar un buen libro y de saber si una *boullabaisse* está en su punto o no. Porque Italia, pese al caos aparente, consecuencia de haber puesto prodigios mecánicos a disposición de su arrolladora vitalidad, conseguirá canalizar esa energía hacia la fabulación, su virtud cardinal, y lo hará con la misma alegría y la misma gracia con que los *pappagalli* piropean y pellizcan a las chicas de buen ver. Sin contar con que, según los psicólogos, cada vez que una potencia extranjera ha conseguido imponerse a los italianos, éstos se han vengado mediante el exquisito ardid de conquistar a sus mujeres. En cuanto a España y Grecia, el asunto resulta más complicado, por razones políticas. Sin embargo, no puede olvidarse que España, país espasmódico por excelencia, puede en cualquier momento soltarse el pelo y dar la campanada; y tocante a Grecia, tampoco hay que olvidar que, todavía hoy, y pese al gobierno de los coroneles, cuando dos ciudadanos llegan a un acuerdo, cierran el trato diciendo «sinfonía», palabra indiscutiblemente más bella y profunda que la palabra *ockey*.

Mr. Raggley niega con la cabeza. El mundo ha dado un vuelco y el futuro ya no tiene nada que ver con las puestas de sol, ni con los espasmos, ni con la armonía de los Campos Elíseos o los oráculos de Delfos. Ha nacido un hombre nuevo, el cual, partiendo precisamente de la nevera y del pragmatismo ha descubierto que en una célula cerebral o en un átomo caben tanta poesía como en Botticcelli o el Partenón. Incluso como «ballet», es más cadencioso e intrigante el torpe movimiento de los cosmonautas en la cápsula que los portentosos saltos que Daguliev daba en los escenarios. Por supuesto, es cierto que el poder emborracha, que segrega soberbia y que la economía fuerte exige la búsqueda constante de sensaciones nuevas para lanzarlas al mercado; pero eso no implica necesariamente subestimar a los consumidores, ni considerarlos débiles. Precisamente los anglosajones cultivan con especial esmero el mercado de la juventud, que es la fuerza. Tampoco puede tacharse de indiferentes a las puestas de sol a los países que han creado la NASA y los mejores telescopios. Y elegir la nevera como símbolo del sentido de la higiene que los norteamericanos han aportado al mundo, no pasa de ser una broma provenzal, país donde él, Mr. Raggley, tuvo que comprarse botas altas de goma para poder entrar en los lavabos. No, no, el tema es tan complejo como la situación de un hombre que, de pronto, en una simétrica calle pompeyana, se queda sin prismáticos. La dignidad humana no debe convertirse en una especie de concepto abstracto, en algo para ser cantado en los libros y que fácilmente puede confundirse con un erróneo sentido del honor. La época de los duelos en el bosque de Bolonia pasó, y ahora es preferible nombrar Juzgados de paz y, si se trata de medir las fuerzas, hacerlo en natación o en halterofilia en las Olimpíadas. Por otra parte, los anglosajones han descubierto que donde ruedan las monedas se produce efectivamente un aumento de corrupción, pero sólo entre los de más arriba y los de más abajo, es decir, entre los que ganan inmensas fortunas en la Bolsa de Londres o en Las Vegas y entre los vagabundos borrachos de cualquier parte; pero, en compensación, una muy extensa capa de la sociedad se beneficia del reparto, participa de la pedrea, y tiene acceso a la Universidad y a los hospitales y se siente con ánimo de hacer valer sus derechos.

—¡Claro que las razas anglosajonas tienen sus defectos y que corren sus riesgos! —concluye Mr. Raggley—. ¡Qué duda cabe! Pero esto es la ley de este anfibio planeta, y no existen pruebas de que sus habitantes, de quienes se ha dicho que son obra de un aficionado, salieran de alguna fábrica británica o estadounidense. Sin embargo, y pese a todo, el mundo marcha hacia delante, como puede comprobarse en los puertos, y además conviene no perder de vista que muchas de las cosas que hoy nos parecen insólitas, crueles y pecaminosas, dentro de un par de décadas resultarán casi infantiles. ¡Ah, y permítame, Monsieur Marcel, dudar de la tesis según la cual los «meridionales» recobrarán su prestigio! Las gentes de estas costas están indefensas porque, como usted mismo admitió, continúan siendo básicamente pasionales y, en consecuencia, inestables.

Mr. Raggley guarda silencio y finalmente añade:

—Monsieur Marcel, ¿sabe lo que más admiro y agradezco de ustedes, de los hombres del Sur?

—No.

—Que compren nuestras patentes, que puedan dormir tantas horas y que sus escuálidas monedas nos ofrezcan, al cambio, tantas ventajas.

Marcel no se inmuta. Se cala un poco más la boina y se aprieta la bufanda de seda.

—Mr. Raggley, ¿sabe usted lo que más me divierte de ustedes, de los nórdicos?

—No.

—Que se crean superiores a los vietnamitas, que no hayan descubierto un remedio contra el infarto y que no sepan dialogar —usted es una excepción— sin un vaso de whisky en la mano...

Cotejamiento

El *Karadeniz* empieza a balancearse ostensiblemente —el mar se ha encrespado—, y nos retiramos a nuestros respectivos camarotes. Sólo resisten sobre cubierta los inmigrantes griegos y turcos y los apátridas. Su aspecto es de hombres derrotados. Forman grupos compactos y silenciosos, grupos cuya moneda es escuálida.

Yo me voy al salón-bar, en cuya mesa central la *troupe* juega al dominó, como de costumbre; en un rincón, un tipo erecto, como un árbol articulado, como un alfil, juega al ajedrez contra sí mismo. O es un maestro o se está echando un farol. De vez en cuando mira furtiva y viscosamente los muslos de una de las muchachas de la *troupe,* cuya minifalda, al sentarse, casi ha desaparecido. La muchacha, que tiene carne de color nocturno, es tersa e incitante. Al término de cada partida levanta los brazos como desperezándose, con un gesto de fatiga que se me antoja simulada. El ajedrecista se pone cada vez más nervioso. Tampoco el camarero turco, experto en leer el porvenir en las tazas de café, quita la vista de los muslos de la joven mujer. Todo un mundo de sensaciones primitivas se está apoderando del salón; por fortuna, alguien cuidó de tapar con una funda la jaula de los periquitos...

Me gustaría tener alguien con quien cambiar impresiones, con quien analizar sin prisa las versiones opuestas que acabo de oír en cubierta. Si mi mujer no se hubiera quedado leyendo en el camarote... Claro que su opinión sobre los ingleses y sobre los acólitos influidos por ellos ha sido siempre exageradamente adversa. Recuerdo que, durante nuestra estancia en Stratford, en la casa en que probablemente nació Shakespeare, comentó que nunca jamás había conocido un país en el que sus escritores fueran tan buenos pero tan distanciados de la mentalidad popular. Algo así como la conocida sentencia de «un genio y el yermo alrededor».

No me queda otro remedio que arreglármelas, como al finalizar nuestra jornada napolitana, con mis recuerdos, con los recuerdos de los libros leídos... y con mis pensamientos. Así lo hago, mentalmente flanqueado por el mechero de oro de Mr. Raggley y el mechero de yesca de Marcel, mientras la humareda y el olor a tabaco rubio van haciéndose en el salón cada vez más asfixiantes.

Hundido en mi butacón, algo deshilachado, lo primero que hago es cotejar el coloquio que acaban de sostener los dos hombres con los esquemas que anteayer esbozaron en mi honor Giselle y sus «hippies» franceses, camino de Chipre y del Nepal.

En realidad, tales hippies no estaban seguros de nada, por lo menos en un plano intelectual; por el contrario, Marcel y Mr. Raggley, cada cual desde su óptica, lo están de muchas cosas. ¿Por qué me siento de tal modo inclinado a darles la razón a los «hippies»? Sé que he convertido la duda en un culto, que ello ha ocurrido sin querer, que estoy a punto de pagarlo muy caro y que en definitiva tan inimaginable y absurdo resulta la nada como la infinitud; sin embargo, me consuelo pensando que la duda es algo, algo que muy bien podría ser el reconocimiento humilde de que lo único que le está permitido al hombre es medir las formas, medir los hechos. Como dijo el ensayista: «Es imposible ver el viento; sólo es posible ver que hace viento.»

Así, al pronto, considero que, precisamente en esos días, en que se está preparando en Osaka la magna exposición uni-

Rumbo a Génova.

Hippies en el *Karadeniz.*
(Foto Juan Iriarte.)

Puerto de Génova.

Hippies en Génova.
(Foto Juan Iriarte.)

Génova. Entrada al famoso
cementerio de Staglieno.

Panteón funerario.

Panteón funerario.

Catalina Campodonico, vendedora am-
bulante de Génova que se hizo construir, en vida, su estatua funeraria.

Rumbo a Nápoles.

Puerto de Nápoles.

versal, resulta injustificado y estéril oponer sistemáticamente
constantes históricas, raciales e incluso geográficas. El mar,
con sus zonas transparentes, debería de habernos convencido
a todos (pocos son los marinos que llevan gafas) de la zo-
penca miopía de los compartimientos estancos. Declarar que
el Mediterráneo quedó castrado para siempre se me antoja
aventurado y absurdo; y afirmar lo contrario, que resucitará esplendorosamente, en gracia a las positivas especies
que la latinidad guarda en conserva, lo mismo. Dada la mezcolanza étnica patente por doquier, empezando por la que
existe en este barco, el *Karadeniz*, y el progresivo incremento
de los matrimonios mixtos (en virtud de la intercomunicación), lo más probable es que la *sustancial semejanza* de los
hombres de toda la tierra se acreciente de día en día. Y en
cuanto a las posibilidades de ocupar el trono sagrado y regir
los destinos ajenos, también lo más previsible es que los bloques raciales o las alianzas estratégicas vayan pasándose cí-
clicamente la antorcha, como así ha sido desde el principio
de los tiempos.

Cierto que en esta edad de la producción, del aluminio y
del afán investigador, los anglosajones han despegado netamente (el área marxista presenta muchas incógnitas), y que
el fenómeno no lleva trazas de menguar; sin embargo, cualquier circunstancia ahora imprevisible puede modificar en
veinticuatro horas los términos del silogismo, tal y como
sucedió en Hiroshima. Otros imperios cayeron en barrena, y
creíanse el centro vitalicio de la creación. Sí, es una lástima
que entre los pasajeros del *Karadeniz*, aunque fuera enfundados en una jaula, como los periquitos, no haya representantes de las grandes dinastías chinas y egipcias, de los negros dravidios, de los Khmers, de los incas, los aztecas y los
mayas, etc. Sería deseable que, después de jugar con Marcel
y Mr. Raggley una partida de dominó, les contaran cómo desaparecieron sus robustas civilizaciones, bajo capas de olvido
mucho más profundas e irrecuperables que las termas, inscripciones y lupanares de Pompeya y Herculano.

No es de mi incumbencia —simple narrador, jamás filósofo—, analizar las causas del «desafío americano» (en ese
caso es preferible llamarlo desafío anglosajón), del que ya
dejé constancia al describir como pude el actual talante de

97

Génova, que tuve ocasión de observar mientras almorzaba, con cubiertos de plástico, en el primer piso de aquella *Tavola Calda*. Cuantas veces he caído en la trampa de teorizar, de instalarme en un ágora más o menos ateniense, me ha ocurrido lo que a Chesterton cuando intentaba dibujar un cuadrúpedo, sobre todo, una vaca: que siempre le salían mal las patas traseras... No obstante, y pese a la desaparición de tantas culturas milenarias, la actual americanización es un hecho que nos afecta radicalmente, que nos influye incluso en la dieta y en la manera de afeitarnos, como lo es que, pese a todo, en cuanto me descuido hago las veces de Marcel y me dedico a cantar con nostalgia el período *humanístico* de la latinidad.

¿Por qué obraré, o sentiré, de ese modo, si los «hippies» acertaron de plano al afirmar que el Mediterráneo ha sido un mar tan bárbaro como cualquier otro, y si en un famoso Congreso que se celebró en Viena con la específica finalidad de dilucidar lo que era el humanismo nadie consiguió dar de él una definición convincente, lo que vendría en apoyo de la sospecha de Mr. Raggley según la cual acaso detrás de ese vocablo tal vez no se esconda otra cosa que una abstracción narcisista y hueca?

Porque, ¿es cierto que los habitantes de este mar nos hemos preocupado por el *hombre* más que los demás? ¿Puedo hacer esta afirmación, por ejemplo, pensando en mi terruño natal, el Ampurdán? ¿Y las envidias, y los rencores, y las blasfemias, y el secreto e inconfesado placer ante la adversidad o desgracia de mucho prójimo, de muchos *próximos*? ¿Qué opina Vittorio de Sica sobre el particular? ¿Hemos amado realmente al *hombre* los latinos? Para lograr una visión objetiva es probable que necesitáramos tendernos largo tiempo en una cama, abiertos los ojos, como se cuenta que hizo Miguel Ángel para representarse *in mente* lo que luego sería la Capilla Sixtina.

Por de pronto, los países latinos no hemos conseguido jamás constituir una unidad. En eso lleva razón Baroja: «Los franceses desdeñan a los italianos y a los españoles; los italianos odian a los franceses y menosprecian a los españoles; a nosotros nos pasa lo mismo con relación a los franceses e italianos.» Más aún, si apuráramos un poquitín, es muy probable que pudiera decirse algo parecido respecto a lo que ocurre en el interior de cada uno de los tres países, a excepción, quizá, de Francia, cuyas extensas llanuras le han facilitado el que *La Marsellesa* y otros símbolos fueran aceptados en todo el territorio por unanimidad. En Italia y España, nada de eso. Milán no tiene nada que ver con Capri ni con Siracusa y si un siciliano se desplaza a Turín en el fondo se sorprende de que no le pidan el pasaporte. En cuanto a España, «un extranjero que no supiera el castellano y bajara en avión para estar en Lugo y en Zamora, y después en Alicante y Elche, no creería encontrarse en el mismo país». ¿Y es en verdad suficiente atribuirlo todo a la geografía, que «une o diversifica»? La geografía en los Estados Unidos de América es tan varia como las fichas de dominó que, con sorprendente habilidad, juegan y barajan, en la mesa central del salón-bar, los componentes de la *troupe*. Suiza, aplastada por picos montañosos, se dedica más a la Banca y la joyería que a la meditación; Bélgica es como una alfombra y a lo largo de los siglos ha levantado torres que pretenden alcanzar las estrellas. Naturalmente, los climas-límite son determinantes, y sería una necedad pedir los mismos reflejos a los habitantes de Alaska y a los habitantes de cualquier zona tropical.

Ahora bien, presiento que el adelanto obtenido por los anglosajones debe de tener otros motivos. Tal vez hayan sabido combinar más adecuadamente la vida humana y la vida animal; la afición a los motores y la afición a los caballos; la urbe y el campo; el estudio de Freud y el estudio de las Ciencias naturales; la toga y el aprendizaje de un oficio manual; los laboratorios asépticos y el cultivo del jardín; el desarrollo de la energía física, y no sólo para el deporte, sino para enfrentar al individuo con la dureza de la existencia; una educación basada en la necesidad de valerse por sí mismo y en previsión de las condiciones que indefectiblemente regirán en el futuro (muchos americanos se han alistado ya para los posibles *tours* que un día u otro irán a la Luna); etcétera.

Se trata también, ¡hasta qué punto!, de otra forma de ser. Los profesores americanos no ocultan jamás ante un alumno que ignoran una determinada cuestión. Los ingleses inventaron los fines de semana, que ya Taine definió al decir: «sólo puede compararse a la capacidad de trabajo de un inglés, su capacidad de descanso». El mundo anglosajón hace constantemente autocrítica —a los latinos nos injurian, nos *deshonoran* cada dos por tres—, y están tan seguros de la firmeza de sus instituciones que en las películas se mofan de su propio Ejército más que de cualquier otra cosa y en las tiendas de Londres han llegado a venderse papeles higiénicos con los colores de la bandera británica, sin que ocurriera nada, sin que por ello intervinieran los guardias ni temblara la corona de Su Majestad.

En la raíz de todo esto hierve, sin duda, la paradoja. En estos días he podido comprobar cómo Mr. Raggley escuchaba sin el menor parpadeo toda clase de burlas sobre la desmembración del Imperio inglés, en tanto que no soportaba que alguien exprimiera sobre el té unas gotas de limón. También le oí decir que era mucho más sencillo consagrarse a una obra pedagógica que cuidar de una muñeca, ya que para lo primero bastaba con ser profesor, en tanto que para lo segundo era preciso ser madre.

En definitiva, las escalas de valores son distintas. Acaso los latinos seamos exagerados. Por ejemplo, decimos que el buen pintor ha de amar la pintura, y el buen músico ha de amar la música; los anglosajones estiman que ya es buen pintor el que ama su oficio, su pericia, y buen músico el que ama sencillamente ser eso, ser músico. La literatura inglesa ha alcanzado en esas lides una calidad casi perfecta, no discutida por nadie, que yo sepa. Chesterton es uno de sus líderes más conspicuos, como él diría. Nadie ha amado a Inglaterra como él, y nadie tampoco la ha denigrado tanto, valiéndose para ello de sus incomparables juegos de palabras. «Se dice que los avaros del continente se levantan muy temprano; por desgracia suya, olvidan que los ladrones ingleses se levantan la víspera por la noche.» Hablando de los fantasmas de los castillos escribió: «Es la cordura la que hace que los locos parezcan interesantes; porque, un hombre que piensa ser un huevo pasado por agua no es para sí mismo más que eso, un huevo pasado por agua.» Chesterton luchó denodadamente contra el tópico, con el mismo entusiasmo con que el capitán del *Karadeniz* debe de estar luchando esta noche contra el viento *vorjas,* el fuerte viento que nos viene de Grecia. Por cierto, que la teoría de Chesterton era que los mediterráneos en realidad hemos amado poco el mar, precisamente porque se trata de un mar excesivamente fácil. Chesterton era un luchador. Había recibido la educación a que antes aludí, para enfrentarse, bien pertrechado, con la existencia. Una vez dijo que para calibrar debidamente la sabiduría de Dios cuando decidió crearnos con dos piernas bastaba con intentar sostenerse media hora seguida sobre un solo pie. Y su conversión al cristianismo —enorme conquista de la latinidad— es un portento de eliminaciones sucesivas, sutilmente descritas en su libro, poco conocido, *Enormes minucias.* «Mi primera religión fue puro Paganismo, el cual, entre hombres sinceros, suele describirse más brevemente como miedo supino. Luego sucedió un estado de ánimo completamente real, que carece de nombre exacto (algunos chiflados alemanes lo llaman Pesimismo), que consiste en verlo todo por el lado oscuro y en creerse que uno está situado más allá de la importancia de lo que está ocurriendo: es el Estoicismo. Y entonces, cosa curiosa, sobrevino un fuerte sentimiento contrario: que las cosas importaban en realidad muchísimo y que además había en ellas algo más que sentido trágico. Era un sentimiento, no de que la vida careciese de importancia, sino de que la vida era demasiado importante para no ser más que eso: vida. Me figuro que esto era el Cristianismo, descubrimiento que tuvo lugar precisamente en el momento en que nos estrellábamos contra un autobús.»

La decadencia de los latinos tal vez pueda achacarse a que empezamos a levantarnos más tarde que los ladrones (los piratas ingleses velaban en alta mar para robarnos las riquezas que transportaban nuestros barcos); a que, finalizado el período romántico, continuamos con un tipo de pedagogía, de enseñanza, eminentemente teórico, en vez de cuidar experimentalmente de las muñecas; a que fuimos incapaces de mantenernos media hora sobre una sola pierna... En resumidas cuentas, perdimos la originalidad, de suerte que ahora vivimos plagiando, y no sólo en el campo del arte. Ya ni siquiera nos pertenece el Mediterráneo y, excepto la Francia norteña, emigramos en masa hacia los países situados más arriba, en busca de monedas que ofrezcan una cierta solidez.

Cierto que, como dice Marañón —y también Marcel—, nuestra labor hecha ahí está generosamente repartida por el orbe entero, y que la latinidad ha sido, entre otras cosas, «el más eficaz intento de los hombres para entenderse, el mayor esfuerzo hecho jamás para unir la tradición al progreso, la jerarquía a la libertad, la utilidad a la belleza y la técnica rigurosa a la gracia de la creación». Cierto que le dimos muchos saberes al mundo, más decisivos que la *boullabaisse* y el pellizco a las mujeres; sin embargo, me temo que Mr. Raggley esté en lo cierto al afirmar que ahora vivimos horas bajas, que muchos de nuestros atávicos conceptos, «tarados por el catolicismo», según su expresión, merecen ser revisados, y que nada tendría de extraño que nuestra única posibilidad de salvación fuera el cruce con otras razas que se nos viene encima, la inevitable mezcla étnica a que aludió. Por lo pronto, el propio Picasso, hablando del revolucionario poeta Aragon, latino por excelencia, decía: «Aragon se ha sentado, con los pies calientes, en la butaca de la inquietud»; y Degas, aludiendo a esos «genios» nuestros que aseguran sentirse tan decepcionados que se retiran a un lugar apartado donde no puedan siquiera leer los periódicos, sentenció: «¡Otro solitario que se sabe de memoria el horario de los trenes!»

Tengamos calma, ya que el viento, el *vorjas*, impide que pueda tenerla el *Karadeniz*. Tengamos calma, me digo, ahora que la *troupe* se marchó ya del salón-bar, llevándose consigo los muslos nocturnos, boccaccianos, de la muchacha que jugaba al dominó, ahora que el camarero de la barra, sin duda gran tragador de bostezos, tiene la elegancia de no hacer el menor gesto que manifieste su deseo de que yo me marche también.

No saquemos conclusiones absolutas, de las que se reirían Huxley, Mark Twain y sus compatriotas. El tiempo dirá. La Historia anda ahora muy de prisa y en los sampanes de Camboya vi antenas de televisión. Norteamérica nos persuade hasta de que usemos cepillos de dientes eléctricos y la NASA, como dijo Mr. Raggley, nos ha robado la Luna, que antiguamente pertenecía a Tagore y a García Lorca. La juventud española, francesa e italiana se ha vendido a los Beatles, ¡qué le vamos a hacer! Nos queda un consuelo, inserto en el *Novísimo Glosario* dorsiano que tengo sobre la mesa —junto a media docena de flamantes manzanas— y que se refiere a la muerte y a la resurrección; a la muerte y a la resurrección del Justo, es decir, de los justos. ¡Oh, claro, eso le hubiera gustado a ese inmenso bloque de jalea inteligente que era Chesterton! En el *Novísimo Glosario* se dice que cuando murió Jesús, en el Gólgota, le acompañaron los prodigios de la Naturaleza, y que en cambio, cuando la resurrección, sólo lo acompañó «la tranquilidad». Me pregunto si la metáfora no será válida con relación a la actual muerte latina, que aparece acompañada de grandes prodigios anglosajones, y si no lo será también en el caso de que sobrevenga nuestra resurrección. Oh, sí, es perfectamente posible que la latinidad resucite algún día, y que lo haga a la chita callando, sin que los napolitanos que ya se fueron se abracen con delirio, sin que mi buen Papini haga siquiera una fugaz y rutilante aparición nocturna por las calles de su querida Florencia.

No escamoteemos un detalle, conocido por toda la gente de mar. El mechero de Mr. Raggley es muy valioso, porque es de marca, y de oro puro; pero cuando el viento sopla no hay manera de encenderlo —la llama se apaga—, lo cual le provoca suma irritación; en cambio, el mechero de yesca propiedad de Marcel, que no vale tres peniques, tanto más se enciende cuanto más viento hace... Tengamos calma, pues, e imitemos a los ciudadanos griegos: llamemos a los «contrarios», a las dos partes en liza, y pronunciemos al unísono la palabra «sinfonía».

8

EL PIREO A LA VISTA

Amanece, el mar se ha sosegado —se habrá tomado queso, pan y *olives*—, y veo que los griegos y los turcos, puesto que nos acercamos a sus tierras, pegan el oído a los transistores. Andan a la caza de emisoras que canten en sus lenguas una canción. Y en cuanto uno de ellos lo consigue llama a gritos a los demás y los demás lo rodean, escuchan, ¡y de improviso se enlazan por la cintura y rompen a bailar! A bailar frenéticamente, flexionando las rodillas y dando taconazos que resuenan hasta el fondo de las bodegas.

Vuelvo a acordarme de Giselle, de sus ojos virginales y del rictus de su boca, que delata el uso de las drogas. La muchacha me dijo que uno de los métodos para amansar las fieras interiores era silbar: silbar como los mozalbetes napolitanos en las acústicas galerías de «Umberto I». Observando a esos emigrantes que bailan, pienso que, en ocasiones, también la música ha de servir para ese menester. ¿El folklore, el apego al propio territorio, es un obstáculo para la deseable solidaridad humana? Que vengan los futurólogos, o Bertrand Russell, y nos den su opinión...

El *Karadeniz* parece insensible a esas cuestiones y se limita a cumplir con su tarea. Estamos ya en el mar Jónico, de un azul intenso. Nos acercamos a Zeus, a Apolo, a Platón, a san Pablo. El puerto de Atenas, El Pireo, nos aguarda. No muy lejos de aquel lugar, sobre la roca desnuda del Areópago, san Pablo se enfrentó con los filósofos estoicos y epicúreos y les dijo: «¡Atenienses! Veo que sois sobremanera religiosos, porque al pasar y contemplar los objetos de vuestro culto he hallado un altar en el cual está escrito: *Al Dios desconocido.* Pues éste que sin conocerle veneráis es el que yo os anuncio.»

El Pireo

El Pireo es para mí sólo una estación de paso, puesto que nuestro destino es Estambul. Pese a ello, el antiguo puerto militar griego, construido, junto con la ciudad y las murallas, en tiempos de Pericles, nos recibe con una luz blanca difícil de olvidar. Al atracar en el muelle que nos corresponde se produce como una explosión. Blanca la luz del sol que flota entre las instalaciones portuarias; blanco el conjunto de edificios (El Pireo suma ahora unos cuatrocientos mil habitantes) que nos separan de Atenas; blancas las posibilidades de evocación para quienes, como yo, se muestran cada día más interesados por la mitología —«la finalidad de los mitos es explicarlo todo»—, pero carecen de la formación necesaria para captar correctamente sus mensajes.

Cierto, me hubiera gustado acercarme a Grecia con un bagaje intelectual más rico, y, sobre todo, con algunas nociones filológicas y de simbología. No es así y debo conformarme. De suerte que lo que hago al llegar a El Pireo es emborracharme de blanco por fuera y por dentro; poco más. De otra parte, la presencia en el puerto de unas cuantas unidades de la flota norteamericana, algunos de cuyos tripulantes juegan al béisbol en la explanada que se extiende frente al *Karadeniz,* aleja mis pensamientos del discurso que no lejos de allí san Pablo dirigió a los atenienses y los centra en las actuales realidades estratégicas del Mediterráneo, a que hace poco hice mención, y a las realidades políticas del

El Mediterráneo es un hombre disfrazado de mar

país que, como casi todos los del *Mare Nostrum*, vive hipotecado. Entre los jugadores de béisbol abundan los negros, ágiles como gacelas. Al fondo de la explanada veo en fila, polvorientos y como olvidados, medio centenar de coches, todos iguales, marca «Volkswagen». Me pregunto si los coroneles, asentados en el gobierno un poco como el poeta Aragon en su butaca, fabricarán coches... ¡Si los armadores quisieran! Pero los armadores griegos prefieren el mar, negociar con el mar, ellos —y sus mujeres— sabrán por qué...

El puerto, en la zona en que hemos anclado, presenta movimiento escaso, con sólo algunas familias que esperan a los pasajeros de turno y, a la derecha, en batería, una flota de autocares de alegre facha. Me llaman la atención las carretillas de mano que presentan los mozos de los equipajes. Son carretillas de dos pisos, muy curiosas, en forma de sillones de paralítico, notoriamente funcionales. En los inicios de los trámites burocráticos reina a mi alrededor un silencio que podríamos calificar de exagerado.

Sin embargo, de súbito estalla en el puerto un clima de algarabía y de euforia. ¿Qué ha ocurrido? Ah, claro, son los ciento cuatro estudiantes madrileños, que por fin consiguen el necesario permiso para desembarcar. Han llegado felizmente a la meta, a las órdenes de su profesor de Historia del Arte. Todavía muerden los pasaportes, no se separan de sus bártulos, interrogan con impaciencia a los policías y a los sanitarios subidos a bordo en cumplimiento de su misión. En cuanto pueden bajar la pasarela y ponen pie en tierra —¡la Grecia de sus amores!—, cunden los abrazos. Y acto seguido van dirigiéndose a los autocares aparcados en batería... ¡Correcto! Paso del ecuador, viaje programado. Dichos autocares los llevarán a Atenas, a Fidias, a los templos admirados en los libros, a los museos, a la colina de Sounion, a las iglesias bizantinas, a la almendrilla de la historia muerta, que ahora revivirán.

Varios de los estudiantes habían congeniado conmigo a lo largo de la travesía y me saludan cordialmente con la mano antes de subir al estribo y ocupar los asientos que les corresponden. Un grupo de muchachas, de exquisita sensibilidad, con las que sostuve un largo diálogo referido al asunto del muchacho funambulista, nacido por obra y gracia de la fecundación artificial, retrasan hasta el último instante montar en el autocar que las espera y con la punta de los dedos me envían un beso. Puede que se trate de un beso protocolario; sin embargo, al tiempo que me conmueve me produce una insana envidia, porque no tengo la certeza de que esas mariposas locas, cuya edad media será de unos dieciocho años, valoren debidamente los privilegios que la vida les está ofreciendo. En efecto, recuerdo la época de mi infancia, durante la cual apenas si había posibilidad de salir de la aldea o de la propia ciudad. En su inmensa mayoría, las existencias discurrían en un radio de doscientos kilómetros. Me viene a las mientes el prestigio casi brujeril de que gozaban, en San Feliu de Guíxols, algunos fabricantes taponeros que de vez en cuando se iban a Londres. Los chiquillos los mirábamos como a semidioses y colocábamos imaginativamente en sus cabezas un bombín y mucha sabiduría. Y he aquí que ahora, gracias al declive, ¡ya era hora!, de tantos y tantos tabús, y a los avances de la organización social y de los medios de transporte, cada día es más frecuente que verdaderos mocosuelos, recién soltado el biberón, se suban a los aviones o recorran en barco litorales lejanos. Y que llegado el caso desembarquen en Grecia..., como quien lo hace en Tarragona, en Zarauz o en Marbella.

Los alrededores del puerto

Los autocares se ponen en marcha y desaparecen (sus ocupantes cantarán, es de suponer, cualquier romántica copla de la Tuna). Oímos por los altavoces que el barco zarpará dentro de cuatro horas. Quienes proseguimos viaje a Estambul disponemos, por tanto, de poco tiempo. No obs-

El Mediterráneo es un hombre disfrazado de mar

tante, es suficiente para pisar también —¡en mi caso, cincuenta y dos años de espera!— tierra griega. Así lo hacemos; y al pie de la escalerilla no puedo por menos que recordar unas palabras de Cocteau: «Siempre me conmueve y desazona una mancha de mi juventud: la de haberme burlado de Maurras porque abrazó una columna del Partenón.»

A sabiendas de que al regreso de nuestro periplo por Turquía permaneceremos en Grecia un par de semanas, frenamos nuestra curiosidad, limitándonos a dar una vuelta por los alrededores de la estación marítima. A nuestra derecha, ruinosas chabolas, con alambradas que bloquean el paso. (Alguien me dijo que en Grecia existen diversos campos de concentración, y que acaso obtenga el permiso necesario para visitarlos.) Detrás, un barrio comercial, con tiendas de *souvenirs* y muchos cabarets. Éstos, cerrados a esa hora mañanera, sólo ofrecen el desangelado e inevitable reclamo para los marineros: unas cuantas fotografías de *vedettes* casi desnudas.

En los quioscos de periódicos me llama la atención la abundancia de publicaciones eróticas, extranjeras en su mayoría. Y que en ellos se venda, además, chocolate, bisutería, rollos fotográficos y un sinfín de chucherías. Algunos disponen incluso de teléfono público, cuyos usuarios, para aislarse del ruido, tienen que hablar tapándose un oído y cerrando apretadamente los ojos. Ante semejante espectáculo tengo por muy oportuna la noticia acotada por Manuel Rabanal en su libro *Grecia viva*, que guardé en el camarote. Manuel Rabanal cuenta que en cierta ocasión leyó en una revistilla popular lo siguiente: «Las telefonistas de Atenas han tenido una idea original. Han ofrecido al ministro griego de Comunicaciones, con todos los respetos, un soberbio libro, encuadernado en piel, que reúne una colección de las expresiones de mal humor más frecuentemente empleadas por los abonados atenienses. Esta especie de *Diccionario de tacos...* contiene cerca de diez mil expresiones más o menos bárbaras, utilizadas por abonados nerviosos que no pueden aguantar las demoras que el exceso de servicio impone.» De pie ante los quioscos de periódicos, calculo que una cuarta parte lo menos de tales expresiones habrán sido recopiladas entre esos usuarios de El Pireo.

De pronto, ¡Joan Manuel Serrat! El único representante
de la Prensa española, una revista para féminas, con Joan
Manuel Serrat en la portada. En vano buscamos otra muestra de nuestras inquietudes espirituales. Más tarde, de vuelta al barco, descubriríamos en otro quiosco una fotografía
de Urtain.

Ese barrio de El Pireo carece de carácter. Yo diría que
es decepcionante en exceso. El taxista que nos acompañó por
Marsella exclamaría, tocándose la frente: Oh, la, la! Cierta
rigidez, cierta sensación de cautela, como si el tiempo se
hubiera detenido o la gente procurase pasar inadvertida. De
vez en cuando cruza lento un *jeep* repleto de soldados, y, en
cuanto desaparece, el tiempo se detiene todavía más. Nos
solazamos viendo cómo los tenderos griegos desgranan las
cuentas de sus clásicos «rosarios» —en el Líbano los había
visto con profusión—, que les sirven para ocuparles las manos, para serenar el espíritu... y para fumar menos. En los escaparates abundan las estatuillas, las vasijas corintias, los
iconos de calidad olotina, la cerámica, y sus propietarios admiten el regateo. Pero no llevamos apenas moneda local,
dracmas, y el tiempo apremia. Adquirimos uno de los cita-
dos «rosarios», de color verde, agradable al tacto, y nuestros
acompañantes se ríen. Queda claro, eso sí, que Mr. Raggley,
manejando libras esterlinas, podría arramblar con medio
comercio de El Pireo; a base de pesetas, es otro cantar.

Pasa un coche de la Policía haciendo sonar la sirena, y
ello me recuerda, no sé por qué, que cuando en Atenas se
declaraba la peste las gentes culpaban de ello al envenena-
miento de las aguas de El Pireo, que tardó mucho en disponer de las conducciones necesarias. Pasan vendedores de lotería y betuneros, y casualmente se cruzan con varios de los
«hippies» del *Karadeniz*. Unos y otros se miran como si perte-
neciesen a distintas galaxias. Realmente, son clanes insoli-
darios, que no se necesitan entre sí. Se nos acerca una mujer encorvada, que parece ir olfateando el suelo o andar
buscando en él los restos de su juventud. ¡Se empeña en leer-
nos las rayas de las manos! Gesticula mucho y no entendemos su jerga, aunque la imaginamos muy alejada de la elegancia socrática. Un intérprete voluntario, tal vez sefardí,
acude en nuestra ayuda y nos enteramos de que la mujer

se encuentra en condiciones excelentes para acertar en su pronóstico, puesto que tiempo ha que dejó de menstruar. Nos quedamos de una pieza. Ella continúa explicándose y por lo visto defiende la tesis de que una mujer con flujo de sangre está poseída por fuerzas negativas y no es apta para ese menester. El tema me absorbe y la mujer se excita más aún. El intérprete sigue escuchándola, sin olvidar ir pasando las cuentas de su «rosario», y a lo último nos informa de que, a su juicio, nos las habemos con una quiromántica nada vulgar. Parece enterada y asegura estar de acuerdo con antiguos decires griegos, a tenor de los cuales la sola presencia en el campo de las mujeres en sus *días críticos* «corrompía la leche, agriaba la nata, empañaba los cristales, secaba los trigales, engendraba culebras y producía la rabia en los perros».

Nos parecen muchas fuerzas negativas para un fenómeno natural. Conseguimos informarla de que preferimos ignorar nuestro porvenir... y le decimos adiós. La mujer no se enfada y tampoco el intérprete. ¡Tanto mejor! Ella vuelve a mirar al suelo, ya tranquila, olfateándolo y sigue su camino en dirección al puerto. Pienso que tal vez los jugadores norteamericanos de béisbol le hagan caso, y sobre todo los negros, le consulten cuándo y de qué forma y manera se resolverá en su país el conflicto racial, conflicto no apto para políticos y sociólogos mediocres, puesto que entre sus muchos intríngulis hay que valorar en grado sumo el del olor, el del olor de la piel, es decir, el de los «rechazos olfativos».

Hacia el estrecho de los Dardanelos

El barco abandona El Pireo, rumbo al estrecho de los Dardanelos, y el mar de Mármara. Acodado en la baranda contemplo el intenso azul de aquellas aguas que me llevan hacia las puertas de Asia: Turquía. Un interrogante me viene a la mente: ¿pertenece Turquía al tercer mundo? Difícil trazar fronteras. ¿Cuándo un pueblo empieza a estar integrado en lo que entendemos por civilización? De atenernos simplemente a la llamada *renta per cápita* (económica), la clasificación es más hacedera; pero ¿y la *renta per cápita* espiritual? ¿No hay países considerados *miserables* por la FAO, pero millonarios de tradición, sosiego y saber? ¿Y no hay otros rebosantes de riquezas, pero infradesarrollados en el plano de la sensibilidad? Cierto que lo primero que hay que hacer es llenar los estómagos; no obstante, las comunidades se componen, como los viñedos, como el Nilo o como la elegancia, de calidades al margen de las cotizaciones bancarias. Dicho de otro modo, hay muchas clases de «tercer mundo». Grecia, por ejemplo, que ya pronto se nos quedará atrás, y esa Turquía que nos aguarda —y que según noticias llegadas a bordo acaba de sufrir un horrendo terremoto—, se balancean entre una herencia gloriosa, un presente alicaído y un futuro incierto. Sufren, por tanto, de un amenazador interrogante en torno a su posible catalogación, en torno a la potestad de sus banderas.

Me canso de tanta especulación en el vacío y miro en torno. Y caigo en la cuenta de que en el barco no queda ningún «hippy», ni siquiera Giselle. Todos han desembarcado en El Pireo, atraídos por la magna concentración de Chipre. Experimento una suerte de mutilación. ¿Por qué no me dijeron «adiós», como los estudiantes madrileños? Claro, claro, conceden importancia mayor al conocimiento puro... No me engañaron al respecto. Se defienden de los reflejos afectivos, del apego a las personas. Forman, ¡cuánta discriminación!, otro tercer mundo.

El barco serpentea en torno a una cadena de islas cuyos nombres estimulan la fantasía, con alguna montaña coronada aún por la nieve, lo que ratifica la teoría de Deffontaines sobre el «mar entre tierras». Islas cuyo denominador común, aparte de la mitología, es la secular lucha de griegos y turcos... La isla de Lemnos, la de Samotracia, con ruinas de castillos y santuarios que fueron protagonistas directos y algunos de cuyos símbolos estatuarios pueden contemplarse en

El Mediterráneo es un hombre disfrazado de mar

el Louvre y otros museos occidentales. Al penetrar en los Dardanelos no puedo menos que evocar la legendaria figura de Lord Byron, demostrativa de que los literatos han sido con frecuencia quijotescos defensores de causas que les eran ajenas (a Cervantes le faltaba un brazo, Lord Byron nació con un pie deformado). Lord Byron se enamoró de la causa griega contra los turcos y trocó su vida licenciosa por la acción. «Dedicó a la empresa todo su esfuerzo, su dinero, vendió incluso su yate favorito y acondicionó su barco en el que zarpó para Grecia. Una vez allí, hizo lo posible para ayudar a los rebeldes griegos a organizar un Ejército y un plan. La dureza castrense, su organismo minado por los excesos de toda índole y la feroz dieta a que se sometía para conservar su presencia física arruinaron su salud de tal modo que halló la muerte después de rápida enfermedad. Su cuerpo fue llevado a Inglaterra y enterrado en el panteón familiar. Su corazón fue enterrado por los griegos en Missolonghi, lugar en que murió el poeta.»

Pero el *Karadeniz* avanza implacable, y Lord Byron se queda lejos, reducido a corazón. El mar de Mármara, así llamado por las canteras de mármol de la isla de Mármara que flota en sus aguas, acapara mi atención. Nos dirigimos a Estambul. Pasamos frente a Gallípoli, en cuyo cementerio yacen cinco mil soldados franco-británicos muertos del cólera durante la guerra de Crimea. ¿Será verdad que los afilados alminares de Estambul, la antigua Constantinopla, inspiraron la actual forma y silueta de los cohetes espaciales? Sería un detalle ecuménico, compensador, en parte, de la existencia de los muchos «tercer mundo» de que hemos hablado. Sería una prueba más de que en la tierra más impensada pueden fundirse, camino de la alta esfera, el afán de exploración y las plegarias de los hombres.

Marcel irrumpe a mi lado. Se conoce al dedillo la historia del cementerio de Gallípoli, debido a que todo lo que tenga vinculación con la muerte y el más allá le interesa. De no existir entre mi amigo y yo otras afinidades electivas, ésta bastaría. Le hablo del cementerio que visité en las afueras de Manila, el Cementerio Militar Americano, con dieci-

siete mil cruces blancas, sin nombre, en honor de los soldados aliados desaparecidos en la batalla del Pacífico, en la
última guerra mundial. «En el cementerio no hay un solo
cadáver —comento—; es decir, es un cementerio sin gusanos.» Él me informa de que el pintor Monet, por el que siente sincera admiración, manifestó reiteradamente que le gustaría ser arrojado al mar después de muerto... «En el fondo,
ser lanzado al mar es más poético e incluso más *vital* que
ser tapiado en un nicho, ¿no cree?» Le explico que en Portu-
gal, en la población de Nazaré, donde se celebra anualmente
la «Fiesta del mar», la jornada empieza con una misa por
el alma de todos los pescadores muertos en naufragio... «No
deja de ser un acto de buena voluntad, al que quién sabe si
algunos peces se unen, aunque no se enteren de ello los habitantes de Nazaré.» Marcel entonces me cuenta que en las
costas alemanas del mar del Norte existen varios cementerios destinados a náufragos desconocidos, pero que el más
antiguo y famoso es el llamado precisamente de los *Sinnom-*
bre, en la isla de Neuwerk, y cuya particularidad estriba en
que aparece y desaparece al ritmo de las mareas. Al parecer
fue fundado por un obispo griego misionero, allá por el siglo XIV, que al llegar a aquella región se enteró de la gran
cantidad de naufragios que en ella se producían, sin que
nadie se ocupara de los cadáveres. El obispo no cejó hasta
levantar allí un faro y dicho cementerio circular. «Nadie
puede calcular cuántos navegantes yacen en Neuwerk. Las
cruces *sinnombre* están presididas por otra mucho mayor,
de nueve metros de altura, a cuyos pies se halla una pirámide de piedra con una cifra grabada: 1319, año de la inauguración del cementerio. Cementerio sencillo, quieto, que no
tiene nada que ver con el de Génova que le encandiló a
usted...»

Continuamos hablando del mar, de la vida y de la muerte.
Lástima que Marcel no conociera a la quiromántica de El
Pireo. Me gustaría saber qué será de nuestro amigo, en cuyas
manos hay hendiduras que aparentan tener trescientos
años... Acordamos que los hombres que han hecho la guerra
o han visto largo tiempo el mar no son ya como los demás

hombres, que tienen otra mirada, a veces perdida en alguna lejanía imprecisable o en algún acontecimiento que les dejó una huella obsesiva.

Marcel asegura que en el mar subyace, en el desaprovechado vivero de las algas y otras materias, la gran despensa para el futuro de la Humanidad, para que desaparezcan de una vez los «tercer mundo» de la miseria. No puedo por menos que sonreír con cierto sarcasmo, dado que sus palabras me traen a la memoria el epitafio de un emigrante gallego que consiguió cruzar el Atlántico, como tantos otros, en busca de su despensa particular. El epitafio, a la orilla del agua salada, dice así:

> ¡Al fin he nacido!
> Hoy mi vida empieza.
> Treinta y tres años me tuvo en su vientre
> la pobreza.

9

ESTAMBUL

Varias veces he escrito que entre los más fuertes choques de grandiosidad y belleza que he recibido en mis viajes destacan la visión nocturna, desde el *Empire State*, de Nueva York; la llegada, también de noche, y por avión, a Tokio; la travesía del Mississippi, desde su desembocadura hasta Nueva Orleáns; la catedral de Colonia; Hong Kong; las puestas de sol de Manila; los templos de Angkor, en esa amada Camboya actualmente teñida de sangre... Bien, ahora he de añadir la llegada a Estambul.

La confluencia del mar de Mármara y el Bósforo, con las tres zonas de la urbe —las dos zonas europeas y la asiática—, separadas por las aguas y unidas por dos puentes y por los *ferry-boats*, es un prodigio de armonía en el que han participado, a partes iguales, la Naturaleza, las peripecias de la Historia y el espíritu del hombre.

La Naturaleza ha puesto el mar, la meandrosa línea de la costa, las colinas, las gaviotas y la sinfonía grisácea de la luz; las peripecias históricas han puesto las murallas, las fortalezas, los palacios como el célebre *Topkapi* y esa indescriptible aura que caracteriza a las poblaciones que han rebasado el milenio; el espíritu creador del hombre ha puesto las mezquitas —presididas por la de «Santa Sofía» y la «Azul», cuyas siluetas transportan a un mundo más allá de la reflexión—, los jardines, las casas colgantes, la pujante vida del puerto, el incesante toque de las sirenas...

La visión conjunta desde el barco produjo a bordo un apretado silencio. Hay que reconocer que el vehículo idóneo para expresar la admiración no es la palabra articulada: con frecuencia es el grito, la exclamación, el mirar arrobado, quizás, el llanto; y, en ocasiones excepcionales, el silencio. «Mudo de asombro», se dice. Por algo será. A medida que el *Karadeniz* iba acercándonos en panorámica los contornos de Estambul sentía en lo más hondo que cualquier comentario hubiera sido ridículo o sonado a blasfemia. En la existencia de cada cual se producen ciertos momentos de respeto en los que lo único que cabe es alzar de puntillas el alma. Así lo hice, quintuplicando los ojos hacia las cúpulas, hacia los minaretes, hacia el cielo, hacia el mar, hacia la tierra que allá lejos —a cuatrocientos kilómetros, en la región del terremoto, de Gediz— se había estremecido por dentro absorbiendo, condenando a la mudez definitiva, a casi dos mil cuerpos. Por espacio de unos minutos conseguí esa deseable y tan infrecuente concentración máxima. No me importaba indagar si todo aquello era real, una invención de Marco Polo o un mensaje de Solimán el Magnífico, que quería convencerme de que «Alá es Dios y Mahoma su profeta». Estambul y yo estábamos allí, mi alma de puntillas. Aquello era bello, visible y abierto y, de consiguiente, patrimonio de la Humanidad. Todos somos propietarios de pedazos de encantamientos. Puede acapararse el oro, pero no una sinfonía de grises ni un atardecer en la confluencia del Mármara y el Bósforo. Y en esos momentos da lo mismo ser marino o ser pastor. En la antigua Constantinopla comprendí una vez más que lo realmente hermoso es democrático y que Gandhi acertó al decir: «Sentado en el suelo y tejiendo a mano, el firmamento me pertenece.»

Llegada y «Hotel Hilton»

En la estación marítima de Estambul podía leerse, en tres idiomas: «Bien venidos a Turquía», como si los turcos supieran que nosotros dábamos por terminada allí nuestra singladura marítima y nos disponíamos a permanecer en el país por un tiempo indefinido.

El *Karadeniz* se acercó lentamente a los muelles, lo que aproveché para ir ya despidiéndome de aquel barco a bordo del cual me había columpiado alegremente durante unos cuantos días y unas cuantas noches: deberíamos aprender a no despedirnos tan rápidamente de las cosas. En el camarote no queda nada nuestro, excepto algunos frascos vacíos en la papelera, periódicos atrasados y, quizá, pedazos de espíritu. Mi mujer ha creído siempre que el espíritu se va quedando a trocitos, hecho pedazos, por dondequiera que se pasa. Es posible que así sea. Gómez de la Serna escribió (cito de memoria la greguería): «En las camas de los hoteles siempre me parece encontrar las piernas del huésped que me precedió.»

El mozo encargado de nuestro equipaje, con deslumbrante habilidad —y una sólida cuerda— trenzó nuestras cuatro maletas y las cargó sin esfuerzo aparente sobre sus espaldas. Al ver que tomábamos nuestros sacos de mano pareció escandalizarse y con su diestra, libre, nos los arrebató y echó a andar hacia la escalerilla, que bajó casi corriendo. Lo seguimos, acomplejados. Me acordé de los satíricos dibujos de Chumy Chumez, en los que se ve a un obrero llevando una tremenda piedra sobre los hombros y, detrás, a un opulento banquero fumando un cigarro habano. Nuestro amigo Marcel, de Aviñón, que se hospedaría, ¡cómo no!, en nuestro mismo hotel, procuró tranquilizarme: «En primer lugar, usted no es banquero, ni fuma cigarro habano. En segundo lugar, los turcos están acostumbrados a llevar mucho peso. ¡Ya lo verá usted, en los puentes "Gálata" y "Ataturk"! Algo increíble... Y es natural. Llevan el peso de un imperio que arrasó medio mundo, son esclavos de la gloriosa tiranía de muchos sultanes.»

Los trámites de pasaporte y aduana fueron rapidísimos y pronto un taxista de bigotes dalinianos, que no bajó bandera, nos llevó al hotel «Hilton», situado sobre un promontorio desde el que se domina buena parte del Estambul moderno, residencial (distrito de Beyoglu) y, al otro lado del Bósforo, el Estambul asiático (distrito de Usküdar). Trepando la cuesta flanqueamos el estadio de fútbol —vacío, el marcador señalando 0-0—, y poco después vimos en un muro una inscripción roja, gigantesca, que decía: «Abajo el imperialismo americano.» Ello significaba, soterradamente: «Abajo el hotel "Hilton".» Pero la mole de éste se erguía poderosa, segura y aséptica como un enorme panteón para seres vivos y daba la impresión de que para derribarla sería menester algo más contundente que unas cuantas letras rojas.

—¿Y el terremoto? —pregunté.

—¡Bueno! En la región de Gediz, a unos cuatrocientos kilómetros...

Los brillantes cristales del «Hilton» parecieron sonreír.

Compás de espera

Estamos de acuerdo. El «Hilton» es todo un mundo, que puede ocuparnos la velada entera, en espera de lanzarnos mañana al libre descubrimiento de la ciudad. Ese tipo de establecimiento constituye un magnífico palco de observación. En ese caso concreto, es una isla extranjera brotada en el corazón del magma turco. Camadas de turistas entran y salen sin cesar, algunos de ellos con aspecto fatigadísimo: son los que regresan de los *tours* organizados... Abundan los italianos y, por supuesto, los norteamericanos. Prácticamente, todo es norteamericano en el hotel, excepto algunos productos autóctonos que se venden en las galerías comerciales de la planta baja, los sellos de correo y los uniformes de algunas camareras.

Mi mujer, mientras cuelga los trajes y llena los armarios, comenta que la habitación es teóricamente confortable —hay radio con música occidental y música aborigen, a elegir—, pero carente de intimidad. Personalmente, me parece un quirófano. Aséptica como la fachada, con muebles fríos, lineales, sin cuadros en las paredes, sin persianas —al alba entrará la luz—, ¡y con aire acondicionado! El famoso aire acondicionado que oscila entre la temperatura bajo cero y la tropical, antesala del termómetro en la axila y del catarro sin remisión.

—Sin embargo, no hay lagartijas en el techo, como en Bangkok y en Calcuta, ni cucarachas, como en Ceilán y Egipto.

—Es verdad: Pero hay tantos signos y figuritas en el teléfono, que debe ser difícil llamar al botones y que no venga el fontanero.

Salimos al pasillo riéndonos y oímos gritar a una mujer brasileña: ha advertido, con pánico a todas luces razonable, que no hay en el piso —que no hay en ningún piso— escalera para bajar a pie. En caso de avería de los ascensores, pues, quedaríamos colgados, aislados. Aparece un empleado del hotel y haciéndole una reverencia se apresura a tranquilizarla: «*Please...* Estos ascensores no se estropean jamás.»

Bajamos al *hall*. Extraordinaria novedad: un «télex» suministra incensantemente, sin parar, las últimas noticias. Su traqueteo atrae en torno suyo a los huéspedes, que se detienen un momento, leen unas cuantas líneas y se convencen de que lejos de Estambul la vida prosigue...

Vemos un saloncito acogedor.

—¿Te apetecería tomar un té?

—*Sorry...* —corta una voz de barítono—. Aquí sólo servimos alcohol; el té, allá al fondo, en la cafetería...

La cafetería ha sido invadida por el último alud ingresado (damas sudamericanas, hispanogritantes) y hay que esperar turno. Desgrano, sonriente, las cuentas del rosario de ámbar que adquirí en El Pireo y que, en efecto, actúa de sedante y me ahorra encender muchos pitillos. Pero el servicio es lentísimo y desistimos. Al salir, y como de costumbre, me doy de narices contra una de las puertas de cristal.

Optamos por echar un vistazo a las tiendas que se alinean en torno al jardín interior, en una de las cuales destaca un maravilloso juego de ajedrez. Entramos en la librería y vemos *Il Corriere della Sera* y *Le Figaro* del día. ¿Por dónde andarán *La Vanguardia* y el *ABC*? Hojeamos las guías y los libros de arte: franceses. Hachette, Flammarion, Fayard... Las guías francesas son las mejores, sin discusión. Con perdón de los estudiantes madrileños, la cultura francesa no se da por vencida.

Compramos varios planos, *Les Guides Bleus* que hacen al caso y empezamos a devorar con avidez los datos indispensables. ¡Hay mucho que ver en Estambul! ¡Cuántos museos, cuánta riqueza arqueológica! Ya en el siglo xv la ciudad contaba con quinientas iglesias y trescientos monasterios. Por desgracia, las devastaciones, las guerras y los incendios se han sucedido en todo el territorio turco, como es de rigor. En efecto, Turquía es ahora un país concreto; sin embargo, desde sus primitivos habitantes, la tribu osmanlí, hasta la moderna República actual, se han librado en su suelo innumerables batallas bélicas e ideológicas y han tenido que habilitarse infinidad de cementerios.

Nuestro amigo Marcel regresa del exterior y consigue acercarse a nosotros. ¡Se ha comprado un gorro turco, aunque no se decide a colocárselo en la cabeza!

—¿Qué le parece todo esto? —y señalamos las columnas, la decoración, el «télex»...

—Lo que le dije a Mr. Raggley. Ideal para la hibernación; con algunos detalles prácticos, por supuesto...

—¿Y por ahí fuera, qué tal?

—¡Ah! Ése es otro cantar... ¡Mañana, a las mezquitas! —Y al tiempo que nos arranca de las manos *Le Figaro* añade—: Pero, cuidado con los taxistas... y con los gamberros.

«Los Carabelas»

Cenamos en el restaurante del último piso, desde donde la vista es fascinante. Comedor lujoso, alumbrado con candelabros, algo sombrío.

El Mediterráneo es un hombre disfrazado de mar

De pronto se apodera del aire un ritmo mejicano. Tres músicos con chaqueta dorada, acompañados a la guitarra, van recorriendo las mesas. Cantan *Guadalupana.* Sus voces y su ritmo son extraordinarios. Luego cantan una canción extraña: *Tata Dios.* El de la voz de falsete es muy joven, lleva gafas y su ancha sonrisa es más luminosa que los candelabros.

Al llegar junto a nosotros les preguntamos:

—¿Son ustedes de México?

—¡No, no! ¡Qué va...! Somos de Santander. ¿Y ustedes?

«Los Carabelas»... Feliz hallazgo. Habían de ayudarnos mucho en nuestro itinerario por Estambul.

10

PRIMERAS JORNADAS EN ESTAMBUL

La vida de la calle, el material humano circulante, la tómbola racial, ha sido siempre lo que más me ha atraído en mis andanzas viajeras. No se trata de un impulso afectivo (amor al prójimo), ni siquiera de interés generoso por los problemas individuales de los demás. Estoy muy lejos de la santidad. Yo diría que me avasalla una suerte de curiosidad intelectual, fundamentalmente egoísta: los hombres que me rodean, con los que hablo o a los que observo, que se cruzan en mi camino y que se abren ante mí como un abanico sorpresa o como una pantalla de cinemascope, son de mi propia condición. Me une a ellos un cordón umbilical, un gozne insustituible, que me lleva a encogerme de hombros o por el contrario, a la posibilidad de entendimiento.

Muy otra cosa me ocurre con el paisaje, con la piedra, con los monumentos. Súbitamente me desconecto de lo grandioso y los ojos se me van tras aquel cuerpo humilde escondido en un rincón. ¿El desierto? De acuerdo... ¿Dónde están los beduinos? *¡Allí están!* ¿La espléndida belleza de tal bóveda catedralicia? De acuerdo... ¿Dónde está la mujer solitaria que reza, dónde está el sacristán? *¡Allí están!* Mecanismos de preferencia —cada cual es cada cual—, cuyo secreto acaso pudiera encontrarse en lo injusto que me parece que lo inerte dure más que lo que está vivo. El hecho primario, elemental, de que un obelisco dure más que un emperador, de que una silla dure más que un hombre, de que lo más probable es que mi amigo Marcel muera antes que su mechero de yesca, me desazona, me enfrenta con la perplejidad y me provoca una reacción de rebeldía. Podría afirmarse que todo lo que no es inmortal me inspira, en el fondo, una infinita compasión. Por mi parte, empezaré a comprender la tierra, a estimarla lógica, el día en que los bosques dejen de convertirse en ataúdes, el día en que desaparezcan las calaveras.

—¿Estás de acuerdo?

Mi mujer contempla la riada humana de los barrios populares de Estambul.

—Lo estaría, a no ser que existe una palabra misteriosa y, a mi juicio, verdadera: trascendencia.

—¿Te refieres a la resurrección?

—Exacto.

—De los cuerpos, claro...

—Eso, lo mismo da...

Mosaico incomparable

Estambul, con cerca de dos millones de habitantes y la característica sensación de promiscuidad que empieza a experimentarse en el Mediterráneo oriental y no termina hasta el Japón, me ratifica que «el material humano circulante» sigue presionando mi espíritu muy por encima de todo lo demás. Caos penoso y fascinante. Estacionado en los muelles, a la llegada de los *ferry-boats;* en los mercados; en el moderno distrito de Beyoglu; en el puente «Gálata» más aún que en el «Ataturk»; en los bazares; en torno al antiguo Serrallo o al estadio, el desfile de siluetas, la diversidad de tipos, de rasgos faciales, de maneras de andar, resulta cautivador. Imposible adivinar si el próximo transeúnte será un turista occidental que ha dormido en el «Hilton», un kurdo auténtico, un descendiente armenio, caucásico, asirio, macedónico —¿por qué no?—, frigio e incluso hitita.

Si el Perú es actualmente el paraíso de los arqueólogos y los antropólogos del mundo entero, por el hallazgo de momias en perfecto estado y de cráneos trepanados hace cinco o diez mil años, Turquía no le anda a la zaga. No hace falta rastrear su protohistoria para darse cuenta de ello; basta con pasearse por Estambul y mirar. Doscientas setenta mezquitas e iglesias —catorce de ellas, reales—, más de mil alminares y agujas apuntando al cielo, a semejanza de los incontables cipreses que rodean la zona asiática, *Usküdar.* Los ojos tropiezan sin cesar con restos del imperio bizantino (mil años), del imperio cristiano (mil años), del imperio otomano (desde 1453). Pero el pasado de Turquía es mucho más aquelárrico que el contraste entre la mitología, los Evangelios y el Corán, y mucho más complejo que la psicología de los sultanes, los «pachás» y los eunucos. Prehistoria, persas, griegos, judíos, rusos, ¡españoles!, las más insospechadas aleaciones sanguíneas a consecuencia del retorno de los emigrantes que, debido a las conquistas, se habían dispersado hasta muy lejos. En puridad, la cristalización de cualquier pueblo ha exigido un proceso laborioso, digno de los mejores alquimistas de la Edad Media. La unificación de lo plural es empresa paciente, de siglos, sólo contabilizable por los eruditos y los relojes de arena. El caso de los Estados Unidos, que integra con inusitada rapidez a las gentes procedentes de todos los hemisferios, convirtiéndolas (exceptuando —ya se habló de ello— a las razas negras) en «perfectos ciudadanos norteamericanos», probablemente no tiene parangón y, quiérase o no, fuerza a meditar.

Las calles de Estambul son un mosaico de calidad comparable a los que se conservan en el monasterio de San Lucas el Venerable, en Grecia. Estambul debería seguir siendo, como antaño, la capital de la nación, y no Ankara, creación artificial (1923), que recuerda un poco la de Brasilia y que surgió a raíz del triunfo de la revolución nacionalista iniciada allí por el forjador de la actual República, Mustafá Kemal Ataturk. Estambul es enclave geográfico y, por tanto, lugar de cita (Istanbul significa, curiosamente, «vamos a la ciudad»). Con riquezas naturales y facilidades de comunicación. Lubricada por los mares y la constante afluencia de peregrinos de todo el territorio turco, con su indumentaria, su peinado, mujeres de rostro velado (la extirpación del velo no ha sido radical), sus mercancías y sus ritmos al bailar.

Estambul, por lo demás, ha renacido una y otra vez de las cenizas, por lo que representa idóneamente a Turquía, país en cuya región Este, fronteriza con el Irán y la URSS, se levanta precisamente la pirámide del monte Ararat (5.160 metros de altitud), en el que, según la tradición, se posó el símbolo de todo cuanto logra emparejarse y sobrevivir a cualquier forma de devastación o diluvio: el Arca de Noé.

La ciudad de las mil caras

Sentados en cualquier lugar, escuchando el griterío de los vendedores ambulantes; viendo pasar los carritos repletos de naranjas, nota amarilla y luminosa entre la niebla casi constante de la ciudad; envidiando a los limpiacristales de las fachadas, equilibristas comparables a los de Hong Kong; comprobando que, en efecto, hay ciudadanos turcos —y armenios—, de aspecto más bien débil pero que transportan a hombros cargas irracionales (barras de acero, ¡un piano!); observando a los aprendices de las tiendas que andan de un lado para otro ofreciendo diminutas y graciosas tazas de té a los clientes; asistiendo, en fin, a la gran fiesta de la vida que se agita y que hierve, dejamos pasar las horas y suscribimos la tesis secular de que Estambul es «la ciudad de las mil caras», expresión derivada de la leyenda según la cual uno de los sultanes tenía en su harén «mil bellezas distintas», cada una de ellas con su refinamiento —de tipo erótico— peculiar.

El impacto que recibimos a la llegada no se ha visto desmentido. Flota sobre Estambul una especie de desconcierto y anarquía (como el que suponían las famosas casas colgantes construidas en madera, cada vez menos numerosas gracias a que los frecuentes incendios han ido acabando con ellas), y al propio tiempo prevalece en el ambiente algo sóli-

Nápoles. Vista parcial.

Pompeya. El Foro. Al fondo, el Vesubio.

Ruinas de Pompeya. Horno y amoladeras de una panadería.

Ruinas de Pompeya. Lectura ritual.

El famoso mosaico
«El perro encadenado».

El Pireo. Los mozos del puerto, con sus graciosas y funcionales carretillas de dos pisos.

El tradicional «rosario». Las manos se entretienen desgranando las cuentas...

do, bien cimentado —un viejo refrán dice: «fuerte como un turco»—, del que nos damos cuenta a medida que el tiempo discurre y vamos archivando nuevas experiencias.

Pero, al pronto, prefiero detener la mirada sobre lo insólito, que surge a cada paso y en el momento más impensado, como le ocurrió a Blasco Ibáñez cuando, allá por 1906, visitó la ciudad, encontrándose con que vagaban por sus calles un número aproximado de ochenta mil perros...

Apenas si hay semáforos en Estambul. Al parecer, se hizo un intento; pero se necesitaban dos guardias junto a cada semáforo para que los automovilistas y los peatones obedecieran, y el presupuesto resultaba excesivo. Las mujeres parecen recatadas, resabios de la vigilancia a que durante siglos se vieron sometidas; pero en un club nocturno asistimos a la «danza del vientre» más desbocada e incitante que nos haya sido dado presenciar. Hay muchos taxis ostentosos, americanos, soberbios, que le cuestan al ingenuo forastero —si antes no concierta la tarifa— un ojo de la cara; los hay colectivos (dolmus), que van recogiendo a los pasajeros y que cuestan calderilla. La gente se descalza antes de entrar en las mezquitas; en la puerta es frecuente ver limpiabotas que recogen el calzado y lo abrillantan y se lo devuelven a los fieles cuando éstos salen, agenciándose con ello algunas liras. Hombres de toda edad se ganan la vida apostándose desde el amanecer en cualquier vía de mucho tráfico, con una simple báscula a los pies. Su clientela es abundante, pues los estambulenses, galancetes por temperamento —hay variedad de espejos y perfumes—, gustan de tomar el «baño turco» para liquidar grasa... y quieren saber lo que pesan. Los policías deambulan con seriedad casi excesiva; en cambio, los gamberros de que Marcel nos habló son tan procaces y lascivos que nos recuerdan a los que en Manila nos acosaban sin parar. El célebre «Cuerno de Oro» debe su nombre a su forma curva, rematada en punta y a las incontables riquezas que llegaban a él por mar; actualmente, es allí donde se concentran mayormente los mendigos... y las palomas. Entre las agencias de viajes hay una que se llama Boumerang porque llega hasta los puertos rusos del mar Negro y regresa. Entre los hospitales hay uno que se llama «La Paz» porque está especializado en enfermedades nerviosas.

129

Entre los hoteles no hay ninguno que se llame «Cama Turca», pero hay uno que se llama «Diván». Se ven muchos relojes en los escaparates de los anticuarios, en uno de los cuales una inscripción formula esta curiosa pregunta: «¿Por qué los relojes no tienen párpados?» Otro anticuario ofrece un grabado del Puente Gálata (antiguo barrio genovés), con un pergamino escrito que declara que la construcción de dicho puente fue ofrecida, en 1502, a Leonardo da Vinci y a Miguel Ángel dos o tres años después. En el jardín de la Universidad, que inicialmente se denominaba «Puerta del Conocimiento», se levanta la torre de Beyard, que servía de puesto de observación para detectar los incendios; a doscientos metros de esta torre encontramos a la venta, para nuestra colección de cerillas, una caja en forma de sandalia otomana y otra en forma de diminuto fuelle. En el barrio asiático de Kadikoy, el más antiguo de la ciudad, se descubrieron hace poco esqueletos y utensilios que datan de unos tres mil años antes de Cristo; sin embargo, es allí donde un tipo altísimo, cuyos hombros parecen dos azoteas, nos ofrece un muestrario de corbatas más modernas y boyantes aún que las que vimos relampaguear por las calles de Génova. Estambul es fanáticamente musulmana, pero el día festivo es el domingo y el calendario adoptado es el gregoriano. El imponente cementerio de Eyüp fue hace no más de cien años lugar de reposo para «seres vivientes», con pabellones en los que habitaban los grandes compositores de música clásica turca: Haci Arif Bey, Zekaî Dede, Efendi, etcétera, pabellones de nombres tan alados como «Pozo de ruiseñores», «Quiosco de Idris», «Pozo de la vida», «Campo de Aga», etcétera. Ah, sí, todo lo relacionado con la muerte forma parte de lo insólito en Estambul. En un *dolmus* alguien que habla una extraña jerga española nos cuenta que fue un niño turco el que se acercó llorando a su madre, porque veía derretirse el pedazo de hielo que llevaba en la mano: «¡Mamá, se está muriendo, se está muriendo...!»; e igualmente nos cuenta que siglos atrás, los ladrones de la ciudad, cuando tenían que morir oían tres golpes en el techo de su cuarto y veían cómo en las paredes iban apareciendo barrotes, barrotes en relieve, infranqueables, contra los que se estrellaban en su intento de huir. «¡Que viene el turco!», se ha gritado durante siglos en la Cristiandad; y sin embargo, en Estambul hay ahora gran respeto y tolerancia por todas las religiones, y todo el mundo coincide en que no hay otro idioma como el turco para expresar afecto y ternura.

«Las mil caras de Estambul...» ¡Claro que sí! Ya el antiguo Hipódromo, maravilloso, capaz para cuarenta mil espectadores, lo mismo se utilizaba para fastuosas ceremonias protocolarias que para ver desfilar a los prisioneros capturados. Y si Constantino eligió el sitio para fundar en él la capital del Imperio romano de Oriente, ello se debió a que lo impresionaron su situación estratégica, sus manantiales, bosques y pastos cercanos, y, sobre todo, porque a lo largo de la península halló, al igual que en Roma, siete colinas. Sobre estas siete colinas edificó la que llamó «Nueva Roma», más tarde bautizada, en su honor, Constantinopla.

No juzgar

«Los Carabelas», los tres músicos de Santander que actúan en el «Hilton», llevan mucho tiempo aquí y no se atreven a hacer afirmación alguna... Nos dicen que en Estambul les ocurre lo mismo que en España: cuando están a punto de emitir un juicio definitivo sobre esto o aquello, inevitablemente sucede algo que les obliga a replantearse la cuestión y, muy a menudo, a rectificar. Ya están acostumbrados a esa especie de broma, de suerte que no se hacen mala sangre. Se limitan a cantar su canción —por cierto, superlativamente— y a pasar cada semana por caja. Obraremos cuerdamente si nos abstenemos de juzgar. Juzgar, en Turquía, es sinónimo de cometer errores de bulto. Por lo demás, yo no soy el tipo de fotógrafo minutero, tan frecuente en el «Hilton» especialmente entre los periodistas que en dos días quieren comerse Bizancio y el resto, porque el diario o la pu-

blicación semanal que los envió les exige la entrega inmediata del original. Si mi intención es escribir algunas páginas
sobre la ciudad y el país, lo primero que debo hacer es com-
prarme unas muletas un tanto sólidas. Dicho de otro modo,
no basta con abrir de par en par los ojos, puesto que el ojo
es una maravilla natural muy limitada, sino que debemos elegir con mucho tino las fuentes de información. Porque, hay
cada embustero por ahí... Los turcos, menos, aunque están
muy escarmentados y viven a la defensiva; pero los armenios, los griegos, los sirios, los judíos... En fin, hemos dado
los suficientes tumbos por el mundo como para comprender su punto de vista. Y si en algún momento estimamos
que ellos pueden prestarnos un servicio o aclarar lo que sea,
allí los encontraremos, cada noche, en el último piso del
hotel, con sus guitarras, tocando *Guadalupana, Tata Dios*
y algún que otro pasodoble... ¡Ah, se les olvidaba! Si nos
quedamos sin moneda local, ellos pueden proporcionárnosla.
Luego, a nuestro regreso a España, enviamos a sus familias
el equivalente en pesetas y la operación sale redonda. Nosotros obtenemos un cambio más favorable y ellos se ahorran
los engorrosos trámites para sacar el dinero del país.

Los consejos de «Los Carabelas», tres muchachos rebosantes de amabilidad, no tienen desperdicio y decidimos seguir-
los al pie de la letra. Tal vez no estemos de acuerdo en que
el ojo sea una maravilla natural tan limitada, pero procuraremos adquirir muletas sólidas —visitar lo fundamental—, y
afinar el máximo en cuanto a las fuentes de información.
Por lo pronto, un oficial del *Karadeniz* nos dio excelentes re-
ferencias de una agencia de viajes muy próxima al hotel, al
frente de la cual opera, según nos dijo, una señora muy
nombrada, *madame* Nadia, que al parecer adivina en el acto
lo que interesa a cada cliente y que dispone de unos cuantos
guías muy competentes, que hablan idiomas y procuran no
bostezar. De otro lado, llevamos una tarjeta de presentación
para un misionero franciscano, el padre Pascual, que durante veinte años dirigió en Tierra Santa la «Casa de Nazaret»
y que lleva en Estambul mucho tiempo. ¡Ah, los misioneros!
Han sido siempre nuestra mejor conexión, revelándonos se-

El Mediterráneo es un hombre disfrazado de mar

cretos humanos... y divinos. Lo malo, en el caso del padre Pascual, es que, según se nos profetizó, nos acribillará a preguntas sobre Vitoria, su patria chica, por la que siente un afecto irrefrenable, y no tendremos más remedio que confesarle que no hemos estado en Vitoria jamás.

Bien, hecha la composición de lugar, mentalmente redactamos una lista de los sitios cuya visita resulta indispensable. Por descontado, hemos de poner pie en los templos más principales, en los Grandes Bazares, en el Serrallo, en el Museo de Arqueología y en otros diez o doce enclaves históricos que figuran en todas las guías. La experiencia nos ha demostrado que dondequiera que sea hay que hacer de turista perfecto (en París hay que subir a la torre Eiffel, en Egipto hay que montar en camello e ir a las Pirámides). También se impondrá una sesión de Lucha Libre estilo turco —los cuerpos de los contendientes untados con aceite— y, si hay posibilidad, asistir a algún concierto de música autóctona y a alguna demostración de folklore no sofisticado. Tampoco podemos obviar una gira por las «Islas de los Príncipes» —islas parecidas a las que pueblan las aguas de Hong Kong—, cada una de las cuales, como es de rigor, tiene su tradición o su argumento: ésta servía para la cremación de los perros en época de peste, en aquélla hay antiquísimas minas de malaquita, en la de más allá fue ahorcado Adnan Menderes, el político turco seguidor de Ataturk... Igualmente había que recorrer las orillas del Bósforo, hasta la embocadura del mar Negro, el único mar que atemorizaba mis sueños infantiles y que ha inspirado tantos poemas mentales como la tuberculosis de Chopin. Y, naturalmente, procuraremos trasladarnos a la región de Gediz, donde ha tenido lugar un segundo terremoto, del que todavía andan rescatando cadáveres... Ver partirse en dos la tierra es menos frecuente que ver partirse en dos la vida de un pueblo o el espíritu de un hombre.

—Les va a ser difícil realizar el viaje —nos dice un huésped del hotel—. Es muy improbable que encuentren en Estambul un taxista que quiera llevarlos allá.

—¿Superstición?

—Miedo.

—¿Son miedosos los turcos?

—¡Qué va! Pero saben lo que es un terremoto.

José María Gironella

Ataturk, Mustafá Kemal

Pasamos unas horas en la habitación del hotel, cada vez más idéntica a una pecera, enviando las consabidas postales y poniendo en orden las ideas, mientras en la radio escuchamos, a ratos música turca, a ratos música occidental.

Yo voy hojeando *Les Guides Bleus* que me procuré al llegar, y con especial atención leo un *Informe* escrito por un diplomático rumano, hombre un tanto obsesionado por la economía. Dicho informe es más bien optimista con respecto a la posibilidad de que Turquía prospere y se modernice de una vez por todas... El autor estimaría exagerado comparar el esfuerzo del país con el que realiza el Japón, por ejemplo; sin embargo, da por sentado que, al revés que la Grecia actual, «indolente y lacia», los turcos quieren industrializarse, y cita como ejemplo lo que ocurre en el propio Estambul, que no se contenta con la vida portuaria, con los fletes, con la intensa actividad comercial y con el respaldo que significan las minas de cromo y los millones de ovejas y cabras trashumantes de las altiplanicies, sino que trabaja, que produce, y que admite de buen grado la planificación y la influencia empresarial extranjera, especialmente norteamericana, alemana e italiana. «No se trata de malvender o hipotecar los recursos de la nación —aclara el autor—, sino de tener conciencia de que la economía moderna exige un mecanismo competitivo para el que Turquía no está preparada.»

El conjunto de los textos que leo, entre los que incluyo una serie de folletos que me han ofrecido «Los Carabelas», se muestran unánimes en ensalzar la figura de Ataturk, el «genio político» que dio el primer y decisivo paso hacia la occidentalización nacional, no sólo proclamando la República y aboliendo (1924) el califato, sino implantando reformas tales

El Mediterráneo es un hombre disfrazado de mar

como la monogamia, el alfabeto latino, el sistema occidental de pesos y medidas, la sustitución del fez por el sombrero, la supresión de las escuelas coránicas y de los tribunales religiosos, etc. Murió en 1938 y más tarde, en 1954, sus restos quedaron depositados en un mausoleo erigido en la más alta de los colinas de Ankara.

Ataturk, Mustafá Kemal... ¿Cómo saber si un hombre es un gran hombre? ¿Si un hombre es un genio o no lo es? Poco antes de emprender este viaje leí un intento de «reivindicación» de la figura de Nerón... y de Caín. Y también de Pilatos y de Hitler. ¿Fue un gran hombre Lenin? ¿Lo fueron Roosevelt y Churchill? ¿Qué significa «grandeza»? ¿Existe la grandeza del Mal?

Puesto que no puedo preguntárselo a Cristo, ni a Beethoven, ni a Pasteur, se lo preguntaré a «Los Carabelas»...

11

MEDITACIONES EN ESTAMBUL

Madame Nadia, propietaria de la agencia de viajes *Istanbul,* era lo que suele llamarse una fuerza de la naturaleza. Testa poderosa, cuello corto, busto opulento, miraba y accionaba con tanta energía, entre mapas, planos y tarifas, que eran muy pocos los turistas que osaban poner objeciones a los itinerarios que ella les proponía. Saqué la impresión de que, en su mayor parte, los clientes adquirían los *tickets* sin haber tenido tiempo de meditar. Salían de allí vacilantes, cohibidos, mirándose entre sí con cierto estupor. *Madame* Nadia, de pie detrás del mostrador, no daba opción a la réplica y si alguien dejaba traslucir que no estaba del todo decidido empezaba a hablarle en turco, en turco exclusivamente, sin parar. Era la gran reguladora del tráfico excursionista de la ciudad y el país. Si se le hubiera antojado enviar a todo el mundo a la cima del monte Ararat, en busca del Arca de Noé, todo el mundo hubiera emprendido resoplando el camino de la remota montaña.

Con nosotros no hubo problemas. Al enterarse de que nuestra intención era de disponer de un guía que hablara español y nos acompañara a Santa Sofía y a la Mezquita Azul, hizo tintinear sus brazaletes y nos presentó a una señorita de mucho estilo, turca, que estaba sentada a su lado y que se mostró dispuesta a complacernos en el acto.

Cerramos rápidamente el trato —si los servicios de la señorita resultaban satisfactorios ampliaríamos el contrato para las jornadas subsiguientes—, y salimos a la calle. *Madame*

Nadia había llamado por teléfono a un taxista, que no tardó ni cinco minutos en detenerse ante la puerta de la agencia.

En ese intervalo pudimos comprobar que Serim —así se llamaba la guía— tenía, no se sabe por qué, los ojos verdes y hablaba un español sorprendentemente correcto. Esto último permitía suponer que no era sefardí, pues habíamos conocido algunos y, aparte del acento, empleaban frases tales como «Si Dyos quere» y «semejantes nuvelas, cada día son dadas». Por lo demás, era evidente que Serim tenía gran sentido del humor, como lo demostró al soltarnos, de buenas a primeras, mientras daba órdenes al taxista y se cercioraba de que nos instalábamos cómodamente en la parte trasera del vehículo:

—La verdad es que antes de dedicarme a hacer de guía yo, que soy de Estambul, no había estado nunca ni en Santa Sofía ni en la Mezquita Azul. ¿Para qué, no les parece? ¡Ah, y no tengo más remedio que advertirles que llevo tres días con tortícolis! Me tocó un *tour* por el Bósforo... y ya ven, no puedo levantar la cabeza; es decir, no puedo mirar hacia arriba. Afortunadamente me sé de memoria todo lo que hay en las bóvedas, en las ventanas y frisos altos, etcétera; de modo que me bastará con ir señalándoselo con el dedo índice. ¡No, por favor, confíen en mí! No me equivocaré de mosaico, ni de efecto luminoso, ni de nada. Les garantizo la precisión que nos exige *madame* Nadia... Por otra parte, cuando no tengo tortícolis y acompaño a alguien, aunque levante la cabeza tampoco miro...

El taxista que nos tocó en suerte, muy de la confianza de Serim, al parecer, en vez de una estampa de San Cristóbal había incrustado en el parabrisas una postal de su equipo de fútbol preferido. Era parlanchín y saludaba a todos los guardias que encontrábamos al paso. Al sabernos españoles, Serim tardó bastante rato en conseguir colocar una sola palabra. Se lanzó a hablarnos, con entusiasmo otomano, de Kubala, de Di Stéfano, de Puskas... ¿Qué podía hacer yo para corresponder? Lo invité a fumar un *Ducados*... ¡Jamás pude imaginar lo que iba a ocurrir! El hombre, que había aceptado alegremente, encendió y a la segunda chupada dio un impresionante frenazo al «Chrysler» que conducía, mientras cerraba impotente los ojos, tosía sin remisión e iba pegando rít-

El Mediterráneo es un hombre disfrazado de mar

micos manotazos al volante. Por fin consiguió escupir el pitillo por la ventanilla, con lo que su tez recobró el color normal. Entonces se pidió a sí mismo permiso para sonreír de nuevo, nos pidió excusas... y reemprendió la marcha.

Serim, que había seguido sin rechistar todo aquel proceso, dejó caer los párpados y comentó:

—¡Ay, estos varones turcos de hoy! Sólo resisten el tabaco aromatizado...

Entretanto, se había producido tal embotellamiento que apuntamos la idea de que Estambul debía de ser la ciudad más motorizada del planeta, incluidas las ciudades italianas. Serim intentó negar con la cabeza, pero la tortícolis se lo impidió. Nos informó de que, precisamente, y pese a las apariencias, el parque automovilístico de la urbe era más bien menguado. No llegaba a las cien mil unidades, para una población de dos millones de habitantes. Lo que ocurría era que «todo tenía su secreto en Estambul». Respecto a la circulación rodada, resultaba que sólo podían utilizarse unas cuantas arterias principales. La topografía de la ciudad —las siete colinas que encandilaron a los romanos— convertía en inaccesibles muchas de las zonas, por lo que el tráfico forzosamente tenía que concentrarse en determinados sectores, muy concretos y de área reducida.

—Serim, eso de que todo tiene aquí su secreto, ¿vale también para los templos que vamos a visitar?

—¡Oh, claro! La belleza de los monumentos... la lleva uno dentro.

Santa Sofía

El elegante índice de Serim no se equivocó una sola vez. En cuanto la muchacha, señalando un lugar de una cúpula, decía: «El mosaico de los arcángeles», veíamos arcángeles.

En cuanto decía, señalando una galería alta (piso reservado para las mujeres): «Sesenta columnas de mármol, todas de distinto color», contábamos las columnas y había sesenta. En cuanto señalaba una inscripción y recitaba: «La paz sea con vosotros, yo soy la Luz del Mundo», consultábamos la monografía y la traducción era exacta.

Recorrimos minuciosamente, con tenacidad, las dos mezquitas más famosas de Estambul. El itinerario fue agotador. Imposible asimilar en una sola visita tanta riqueza acumulada, tantos símbolos, tantos detalles. Era evidente que deberíamos volver una y otra vez. Santa Sofía, una de las siete maravillas del mundo, tenía auténtica grandeza. Inicialmente templo cristiano —obra de Constantino, magnificada más tarde por Justiniano—, fue luego mezquita y actualmente era museo, lo que nos permitió entrar sin necesidad de quitarnos los zapatos. Su exterior nos había desencantado: cierto achatamiento, monotonía formal, cierta pesadez. El interior, en cambio, nos dejó literalmente sin aliento. El primer golpe de vista que dimos a la inmensa nave nos deslumbró, como acaso puede deslumbrar el firmamento la primera vez que uno lo mira a través de un telescopio. La gran cúpula, de 51 metros de altura, parecía colgar en una región de extraña ingravidez. Entre los mármoles, las columnas de pórfido, los contrafuertes y las ventanas se detenía el pensamiento, y el vacío, cruzado de luces, se llenaba de ecos. Mientras Serim, callada, se sonaba con disimulo, comprendimos sin esfuerzo por qué el pueblo llegó a decir que «un ángel le había mostrado en sueños los planos a Justiniano», y también que Mahomet II, al entrar, montado a caballo, en la basílica, exclamara: «¡Años te estuve codiciando, pero nunca te creí tan hermosa!»

Lo que ignorábamos era que el nombre, Santa Sofía, no tuviera nada que ver con dicha santa, ya que la primera basílica que originariamente Constantino levantó en el lugar, luego quemada por el populacho, se denominaba *Sancta Sophia* y era una invocación a la Sabiduría Divina. También ignorábamos muchos detalles del proceso de su definitiva construcción por Justiniano. «Diez mil obreros, dirigidos por cien maestros alarifes, trabajaron a la vez, a las órdenes de los dos mejores arquitectos griegos de la época, Antemio de Tralles e Isidoro de Mileto. Los materiales preciosos empleados (mármoles amarillos, pórfido rojo, jaspe verde, etcétera) fueron traídos de Atenas, de Roma, de Éfeso, de Baalbek, de Egipto, es decir, de templos y monumentos saqueados para la ocasión en todo el vasto Imperio de Oriente. A medida que se elevaban las columnas o se cerraban los arcos, los sacerdotes los bendecían e introducían entre la argamasa huesos de santos y otras reliquias. Los alfareros de Rodas hicieron ladrillos para la bóveda, cada uno de los cuales llevaba la siguiente inscripción: "Es Dios quien me ha fundado, y Dios me socorrerá." La suma que la obra le costó a Justiniano fue tan desorbitada, pese a la fácil aportación de los esclavos, que el emperador se vio obligado a exigir impuestos quiméricos para rematarla; pero al fin logró su propósito y el día de la inauguración pronunció, al entrar, su tan repetida frase: "¡Oh, Salomón, he conseguido superarte!" A partir de aquel momento, puede decirse que bajo las bóvedas de la basílica se ha desarrollado en síntesis buena parte de la Historia de Bizancio: interminables discusiones teológicas, coronación de emperadores, asesinatos de éstos entre sí, ceremonias de una suntuosidad difícilmente igualable. A la noche, los millares de lámparas y cirios encendidos, mientras nubes de incienso ascendían, arrancaban de los mosaicos trémolos y destellos casi hipnóticos, lo que explica las innumerables leyendas trenzadas en razón de ello, como la propagada por los mismísimos embajadores de Vladimiro de Rusia, que creyeron ver realmente que ángeles de color blanco descendían con lentitud de la cúpula. Los turcos, fieles a su rigor iconoclasta, a su fórmula religiosa que les prohíbe toda representación de figuras humanas, taparon en su día con capas de pintura esos rutilantes mosaicos, sobre cuyo fondo de oro destacaban los rostros de santos y emperadores. Por fortuna, Ataturk, en 1935, desconfesionalizó Santa Sofía, eliminó del templo su carácter religioso y lo convirtió en Museo, es decir, lo puso al servicio de la Humanidad, gracias a lo cual, entre otras muchas ventajas, han podido efectuarse en él reformas que garantizan su conservación.»

José María Gironella

Santa Sofía, y así nos lo confirma Serim, ha sido objeto de incesante controversia, como ocurre con San Pedro de Roma, el *Duomo* de Milán o el Taj-Mahal, de la India. A los racionalistas europeos del siglo XVIII la basílica los decepcionaba, por su falta de proporciones clásicas. Lamartine la describió como un producto de la corrupción y de la decadencia, afirmando que «le inspiraba terror, silencio y meditación sobre la inestabilidad de las obras humanas». En cambio, Procopio, en el siglo VI, estimó que el efecto de sus irradiaciones y luces cruzadas era único y científicamente inexplicable, y Teófilo Gautier no tuvo reparo en considerarla «la iglesia más perfecta que jamás había visto, superior incluso a las catedrales góticas».

Por mi parte, no puedo por menos que recordar que nuestro Blasco Ibáñez —¡oh, sí, el gran viajero mediterráneo!—, en su *Viaje a Oriente* no escatima tampoco los elogios a Santa Sofía y cuenta detalles muy agudos con motivo de la visita que efectuó a la basílica, con la inevitable ironía que su pluma destilaba en cuanto el tema rozaba de alguna manera la religión. Por ejemplo, habla de las «superfluidades digestivas» (excrementos) que dejaban caer desde lo alto de la bóveda los centenares de palomos que por entonces (1907) aleteaban allí, y que obligaban a los servidores de la mezquita a limpiar continuamente la fresca estera del pavimento, sobre la cual los fieles no sólo caminaban descalzos sino que luego se postraban en ella y la besaban...

Sin embargo, lo más curioso del relato de Blasco Ibáñez es la leyenda, también conocida por Serim, según la cual en el momento de entrar los turcos en la basílica, «haciendo rodar las cruces por el suelo, hundiendo sus sables en la muchedumbre cristiana (la matanza duró tres días)», un sacerdote que se encontraba celebrando la misa huyó del altar llevándose el sagrado cáliz y desapareció por una puertecilla que se cerró por sí sola, en el acto, milagrosamente, y que sólo volverá a abrirse el día en que Santa Sofía sea devuelta al culto de los cristianos y los turcos hayan sido expulsados del lugar, momento en que aquel sacerdote reaparecerá y podrá terminar su interrumpida misa.

El Mediterráneo es un hombre disfrazado de mar

«Esto lo sé —concluye Blasco Ibáñez— por mi guía Stellio, un honrado griego, verídico y creyente, que me acompaña
a todas partes, discurriendo el medio más rápido y seguro
para extraer el dinero de mis bolsillos. Los historiadores de
Santa Sofía dicen que esto es una leyenda; pero Stellio se ríe
de su ignorancia.»

A continuación visitamos la llamada Mezquita Azul, construida (de 1609 a 1616) por el joven sultán Ahmed, que pretendió superar con ella la magnificencia de Santa Sofía. El
encargado de la realización fue el arquitecto Mehmet Aga,
conocido por *Sedefkär* (artesano que trabaja el nácar). El
joven sultán se tomó tan a pecho ese reto a la Cristiandad y
a sí mismo que efectuó innumerables consultas antes de decidir el emplazamiento de la mezquita, su forma y su contenido. El día en que por fin todo quedó resuelto, aprobado
el último detalle de los planos, pidió quedarse solo en el
lugar e inclinándose hasta tocar el suelo removió un poco la
arena, al tiempo que clamaba: «¡Oh, mi Dios, acepta este
humilde homenaje de tu servidor!» Al día siguiente se ini-
ciaron las obras, que habían de durar siete años y se tiene
por cierto que el sultán Ahmed estaba tan impaciente por
verlas finalizadas que todos los viernes iba personalmente a
trabajar en medio de los obreros, anticipándose con ello a lo
que luego había de hacer el zar Pedro I en la ciudad de San
Petersburgo.

Es preciso admitir que la panorámica global que la Mezquita Azul ofrece desde fuera, desde el exterior, es realmente sobrecogedora y resiste también cualquier parangón: El Esco-
rial, el Templo de la Aurora, de Bangkok, la catedral de
Chartres... Los seis minaretes poligonales que la cuadran
son de una tal elegancia, se elevan con tales armonía y sua-
vidad, que el ánimo queda en suspenso. En realidad es ahí,
contemplando a distancia la Mezquita Azul, donde comprendo
de una vez por todas que el gran acierto de los arquitectos
musulmanes fue, en efecto, combinar la achatada y plomiza
forma esférica de las cúpulas con la ingrávida verticalidad de
los minaretes. Tal contraste es una ley, un dato sapiente como
que en el rostro humano haya dos ojos y una sola nariz.

Sin la adiposa esfericidad de las bóvedas, los afilados minaretes no darían la sensación de proponerse pinchar el cielo.

No obstante, y una vez cruzado el vestíbulo o antetemplo con la hermosa fuente de las abluciones en el centro —Mahoma impuso a sus fieles la higiene bucal, aconsejando incluso el uso de mondadientes—, fuente rodeada, ¡por supuesto!, de 26 columnas de granito con capiteles de mármol, el interior de la Mezquita nos produce cierta decepción. Una especie de frialdad, cuya causa no acertamos a fijar, dado que el juego de azules y verdes de los muros es verdaderamente prodigioso —todos los colores del arcoiris están allí representados—, y las 260 ventanas que rodean la franja superior incitan a toda suerte de sorpresas lumínicas. Por lo demás, Serim nos acompaña lo más cerca posible del palco imperial, explicándonos la filigrana que suponía que los sultanes pudiesen llegar a él a caballo, e igualmente nos indica que allá arriba, en el *minhar*, entre dos candelabros, se guarda un pedazo de piedra de la *Kaaba*, es decir, del mismísimo aerolito negro que intentan besar los peregrinos de La Meca, al llegar al santuario donde Mahoma está enterrado.

No conseguimos, pese a nuestro esfuerzo, el deseable recogimiento. Acaso el estado de ánimo nos juegue una mala pasada. Nos interesa, eso sí, saber que fue precisamente en esta mezquita donde, en 1826, se procedió con carácter oficial a la disolución de los jenízaros (los aguerridos soldados que constituían la guardia personal de palacio), los cuales, como siempre suele ocurrir entre los bastidores de la realeza, llegaron a alcanzar tal poder que más que protección significaban una constante amenaza para los sultanes. «Los jenízaros y sus familias, que sumaban treinta mil, fueron arrojados al Bósforo desde lo alto de las murallas, después de haber sido ametrallados. El sultán que llevó a cabo la operación se llamaba Mahmud.»

Salimos de la Mezquita Azul y respiramos hondo. ¡Otra vez el exterior! En los jardines, dos turcos de porte digno se saludan a la manera tradicional: al tiempo que se inclinan, se llevan la mano primero a la rodilla, luego al corazón y luego a la frente... Y terminado el rito permanecen erguidos, mirándose a los ojos con majestad y sonriendo.

Serim, ajena a nuestra reacción en el templo, continúa

Estación Marítima de Estambul. «Bienvenidos a Turquía».

Estambul. Vista parcial, desde los muelles.

Mezquita «Santa Sofía».

Interior de la mezquita «Santa Sofía».

explicándonos que, si bien es cierto que bajo la cúpula de Santa Sofía se han celebrado cuatro Concilios Ecuménicos, no lo es menos que, hasta el siglo pasado, las caravanas que salían para La Meca tenían su punto de partida en el vestíbulo de la Mezquita Azul...

¡La Meca! He aquí que este nombre ahora me espolea de forma imprevista. Un latigazo en la memoria. Uno de los misterios del cosmos de la media luna... Recuerdo que en Adén, antes de entrar en el Índico, coincidimos con un barco de peregrinos que se dirigían a Yidda, el puerto de Arabia, antesala del fin del viaje sagrado. El espectáculo nos deprimió lo indecible, pues nada, entre aquel bullicio de turbantes, chilabas, velos y babuchas, todo presidido por un color de piel semejante a la nicotina, tenía la menor relación con los consejos higiénicos del Profeta y las fuentes para las abluciones. El aspecto y el hedor de aquel barco peregrino más bien invitaba a relacionarlo con las «superfluidades digestivas» de los palomos de que habló Blasco Ibáñez al describir las bóvedas de Santa Sofía. La Meca... Cuna de Mahoma, que ha quedado aislada del mundo desde el año 630 de nuestra Era. Muchos de los viajeros curiosos, no musulmanes, que han intentado llegar a ella —disfrazados de romeros— han perecido en el camino, en manos de fanáticos o del verdugo, o bien han hecho por cuenta propia marcha atrás, vencidos por el insoportable calor o atemorizados por las dificultades.

Y, sin embargo, el latigazo que experimenté hace un instante tiene por base que la aventura siempre me atrajo de modo singular, y que lamento y me declaro culpable de no haber tenido hasta hoy los necesarios arrestos para llevarla a cabo.

Sí, en estos momentos, mientras Serim se aleja un tanto para sacarnos una fotografía y yo contemplo de nuevo —la luz ha cambiado— los seis alminares montando su eterna guardia coránica, siento con particular intensidad que me gustaría algún día desembarcar en Yidda, aunque sus calles aparezcan convertidas, sin metáfora, en una letrina y los camiones, los camellos y los burros procedentes de todo el territorio mahometano, le acosen a uno con ímpetu mucho más arrollador que aquel de que hicieron gala en Pompeya los turistas; y siento también que luego me gustaría, desde Yidda, recorrer los setenta y dos kilómetros (alrededor, el desierto) que la separan del «lugar más santo del Islam», del edificio que, según la tradición musulmana, es el más antiguo de la Tierra, puesto que en él «rezó Adán, desconsolado, después de su expulsión del Paraíso».

Ese lugar es La Meca y ese edificio es la mezquita de Beit Allah, el que contiene la *Kaaba,* enorme estructura cúbica «construida por el propio Abraham», una de cuyas aberturas permite contemplar la piedra por antonomasia, el aerolito negro, algunos de cuyos trozos se guardan en el *minhar* de la Mezquita Azul, y alrededor de la cual la fervorosa y doliente multitud da tradicionalmente siete vueltas, como yo, en mi infancia, el día del Viernes Santo, entraba y salía tres veces de las iglesias de Gerona para implorar la clemencia de ese Dios innombrable —para los judíos, Yahvé—, de ese Alguien que la Humanidad entera sabe que Es y Está pero que nadie sabe Dónde está ni Cómo es.

Los peregrinos de La Meca, después de dar esas siete vueltas, se trasladan a las afueras de la ciudad, al monte sagrado de Ararat, donde oró el propio Mahoma, y allí escuchan un sermón, allí sacrifican —si pueden— una oveja, allí lloran y, con frecuencia, allí mueren.

¡Oh, claro, los ancianos, los enfermos graves, los mendigos, los tullidos, los dementes! ¿Para qué seguir viviendo si el anhelo de toda la existencia se ha cumplido ya? ¿Para qué seguir viviendo si la flauta que uno aprendió a tocar desde niño ha sonado ya en el valle de lo eterno, junto a la piedra negra de la *Kaaba,* «traída por el arcángel San Gabriel después del diluvio universal»? «¡Hágase, Señor, tu Ira, tu Voluntad, así en la tierra como en el cielo!»

El Mediterráneo es un hombre disfrazado de mar

Diálogo con Serim

Nuestro recorrido, iniciado muy temprano —Serim procura siempre eludir el grueso de los *tours*— ha durado algo más de dos horas. Al oír que estamos dispuestos a visitar otro día, con más calma, las mezquitas, Serim parece alegrarse, experimentar un alivio y nos propone sentarnos en uno de los bancos de la cercana plaza de Atmeidán, convertida en jardín público, para tomarnos un descanso.

Así lo hacemos. Cerca de nosotros se yergue el obelisco de Teodosio, la antigua *Spina* del Hipódromo, en torno al cual tenían que correr las cuadrigas. El trueque ha sido radical. En cuestión de minutos nos asedian los limpiabotas, los vendedores de diapositivas, los que pretenden cambiarnos moneda local por dólares... Es la vida minúscula, brutalmente seccionada de la anterior grandeza. Bien, ¿por qué no? Respiramos hondo otra vez y nos disponemos a contemplar de buen talante esas estampas simples que nos rodean. Un viejo se ha quedado dormido leyendo el periódico. Un estudiante toma apuntes al carbón. Un muchacho hincha soplando, soplando cada vez más fuerte, una bolsa de plástico, costumbre típica de la ciudad, al parecer. Un gato corre a esconderse entre unas plantas, como queriendo fundirse con la especie vegetal...

Serim, viéndonos relajados, enciende un pitillo «aromatizado» y nos pregunta:

—¿Realmente —y su índice señala hacia el emplazamiento de las mezquitas— esas cosas significan algo para ustedes? ¿Quiero decir... algo importante?

Encogemos los hombros. No sabemos qué contestar. «La belleza de los monumentos... la lleva uno dentro», dijo la propia Serim. A fuer de sinceros, la mañana estambulense, la primera en que luce el sol, nos tiene embrujados.

—No lo sé. Son cosas que se recuerdan. —Marco una pausa y añado—: La memoria es un museo, ¿no es cierto, Serim?

Serim lanza una bocanada de humo. Está sorprendentemente seria.

—Pues a mí me entristece —añade—. Mi madre es médico. No hace nada más que hablarme de nuestro glorioso pasado. Y nuestro glorioso pasado ha sido terriblemente cruel...

—¡Bueno! De eso, no tienen ustedes la exclusiva —comenta mi mujer.

Advertimos que la muchacha mira con ironía el obelisco de Teodosio, traído de Egipto, de Karnak, no por un arcángel sino por reatas de esclavos. Leo su pensamiento e insisto:

—¿No le gustan a usted las hazañas inmortales?

—No.

—¿Ni que se pase a cuchillo a los adversarios?

—No.

—¿Y si se hace para salvarlos, es decir, en nombre de la religión?

Serim, pese a la tortícolis, consigue ladear expresivamente la cabeza.

—Peor todavía.

Guardamos silencio. En ese momento empiezan a llegar autocares repletos de turistas. ¡Un auténtico alud! Por lo visto, *madame* Nadia ha decidido que todo el hotel «Hilton» visite Santa Sofía y la Mezquita Azul.

Súbitamente, Serim se levanta. ¿Dónde está su cigarrillo? ¿Se habrá fumado con él su sentido del humor?

—Estoy fatigada de mármoles y de oro, ¿comprenden? Estoy fatigada de Justiniano y del joven Ahmed, y de repetir que de una de esas puertas salían hasta el siglo pasado las caravanas para La Meca... Me gustaría hablarles a los forasteros de otras cosas; enseñarles... otro Estambul.

—¿Cuál, por ejemplo?

—¡No sé! El de la juventud que estudia..., que detesta los harenes y que odia por igual nuestras victorias y nuestras derrotas. Incluida la de Lepanto...

El Mediterráneo es un hombre disfrazado de mar

Marcel

Nuestro amigo Marcel, en la cafetería del «Hilton», se pone de parte de Serim. Tampoco él se siente satisfecho del pasado histórico de su país natal, Aviñón. Se conoce al dedillo Estambul, puesto que se dedica a importar pelo de Angora, alfombras, sedas, etcétera, y viene aquí con frecuencia. Tiene muchas dudas sobre el porvenir de la ciudad y de Turquía en general, sin contar con que el arte «del camello y la cimitarra», como él lo llama, para resumirlo de alguna manera, le produce alergia, con ciertas excepciones como la Mezquita de Omeya, de Damasco, el Patio de los Leones, de Granada.

—¿Hay algo más repelente que el trono de la bella Roxelana, favorita de Solimán, o más absurdo que las pantuflas miniadas de un derviche, es decir, de un sacristán de mezquita? Esa gente sólo tenía buen oído, sabía hacer cantar el agua de las fuentes. ¡Ah! Y cuando visiten ustedes el *Totpaki*, no se pierdan la sala caligráfica. Con el permiso de Ataturk, los caracteres de la escritura arábiga se salvan también del naufragio.

—Desengáñense ustedes —continúa Marcel—. Esto es un quiero y no puedo. ¿Industrialización, dijo usted? Observen la cara de esas bellas camareras del hotel... El soma turco es campesino, como el soma de las eróticas suecas es la frigidez. ¿Aproximación a Occidente? Ustedes se sienten aquí forasteros; un tipo de Bagdad, en cambio, se siente en su casa. Por lo demás, los números cantan y no sólo en cuestiones de importación. De los treinta millones aproximados de turcos, sólo unos tres millones viven en esas dos puntas europeas, marcadas en el plano de Estambul y alrededores; el resto, veintisiete millones, vive en el continente asiático, co-

lindando con Siria, con Irak, con Armenia, con Georgia...
Ataturk hizo la gran revolución. *Chapeau bas.* Pero en el fondo era tan anárquico como sus antecesores, con la diferencia de que sabía que aquello no podía durar. Ataturk significa «padre de los turcos», no padre de los guatemaltecos. Reconozco que dio un gran paso expulsando al Califa, implantando el código civil suizo, prohibiendo reírse de los locos, prohibiendo la lectura del Corán, la poligamia y los harenes, y aconsejando la peluquería alemana y las bebidas inglesas; pero su nacionalismo era tan despótico que se hizo proclamar «Liberador de la Patria» y él mismo ordenó construir, en Ankara, una granja agrícola, de la que cuidaba personalmente. Aparte de que era un lujurioso, sin distinción de sexo, y que repudió a su segunda esposa, hija de un armador turco. No, no cuenten ustedes con Turquía para el resurgir del Mediterráneo de que les hablé. La «Media Luna» es la «Media Luna», el Islam es el Islam, y los viejos hablan todavía con entusiasmo de sus antiguos dominios, que abarcaban desde Viena al golfo Pérsico, y veneran a sus tatarabuelos que tuvieron cuarenta o cincuenta hijos. Para un seguro servidor, los seguidores del Profeta no dan a derechas, ni tampoco a izquierdas, desde hace siglos; ni la darán. Lo cual no significa que sus endémicos enemigos, los judíos, me encanten, anunque se tapen un ojo. Esa guía suya de la tortícolis acertó al hablarles de la crueldad, y deberían ustedes aconsejarle la emigración. Que emigre a Nápoles, a Marsella o a Madrid, lo mismo da. Estambul es precioso desde el barco, algunas tardes al ponerse el sol y tiene algunos rincones de las mil y una noches; pero huele. Huele a opio —en Turquía se cultiva mucho opio—, y a mendicidad. Y los niños van poco a la escuela. *Voilà!* Por lo demás, esto no es nuevo. En la época de esplendor de la ciudad, lo que los sultanes copiaron de los romanos fue la costumbre de la castración, para servirse de los eunucos y, por su cuenta, plagaron las calles de toda clase de mutilados. ¡Por favor, estoy hablando en serio! Preferían mutilar a los delincuentes a condenarlos a muerte, ya que sus teólogos afirmaban que la vida es de Dios. Los cegaban, les cortaban un brazo o una oreja, o los marcaban al fuego. Y así, al lado de Santa Sofía y del Palacio Imperial, los pobrecitos ofrecían un espectáculo de amenidad

escasa. ¿Les parezco pesimista? Nada de eso. Precisamente
he tenido hoy un día de suerte con las alfombras y me gustaría invitarlos a cenar arriba, donde «Los Carabelas» tocan
«España y olé». Lo que ocurre es que conozco Estambul...
¡Sigan paseando, preguntando y hablen con los arqueólogos
y los industriales que llevan aquí mucho tiempo, como algunos ingenieros de la «General Motors» que dirigen aquí sus
cadenas de montaje! Y ya me dirán.

Marcel pide un *americain cofee* (no puede con el café
turco) y se seca el sudor. Mi mujer permanece sentada como
una colegiala y yo pido otra taza de té.

—Querido Marcel —digo, después de una pausa—, estoy
abrumado. ¡No, no es por lo que usted se imagina! Es que...
en el fondo estoy de acuerdo con usted, pero me cuesta admitirlo. ¿Cómo aceptar que Ataturk fue sólo lo que usted ha
dicho? Casi en todas las fotografías suyas que hay por ahí
aparece vestido de smoking, bien afeitado y con una flor en
el ojal. Generalizar es malo. Usted es francés y no me des-
mentirá. ¿Conoce usted, por ejemplo, la poesía árabe? ¿Y sus
proverbios? Hay uno que dice: «El mejor juez es el que no
tiene deudas.» No contraigamos con Estambul, ni con Turquía, la terrible deuda de juzgar con frivolidad...

Marcel hace un gesto que significa: *d'accord*. Y viendo pasar una camarera del hotel, pequeña y desangelada, comenta:

—Pobrecita... Nació en el campo, en la zona asiática, ¡qué
le vamos a hacer!

12

EXPERIENCIAS EN ESTAMBUL

El huésped del hotel acertó. Ningún taxista quiere llevarnos a Gediz, donde tuvo lugar el terremoto. Un fotógrafo americano, que también se aloja en el «Hilton», está dispuesto a correr el riesgo y a pagar lo que le pidan: todo inútil. ¡Ni siquiera *madame* Nadia consigue resolvernos la cuestión! El temor a otra sacudida tiene más fuerza que un puñado de billetes. Por añadidura, se dice que el acceso a la región afectada sólo es posible por vía aérea; por carretera, la Policía y los soldados bloquean el paso, a no ser que se trate de autoridades, de ayuda oficial o de ambulancias de la Cruz Roja.

—¿Y por qué tiene usted tanto interés en ver aquello? —me pregunta Enrique, el más joven del conjunto «Los Carabelas».

—No lo sé.

—Ustedes los escritores, no lo pueden remediar: son un poco masoquistas.

—Quizá.

«Los Carabelas» son tres muchachos de arrolladora simpatía. Se nota a la legua que todo el mundo los quiere, sobre todo los clientes sudamericanos, que tienen ocasión de oír sus ritmos preferidos. Enrique, la voz de «falsete» del trío, se ha especializado en canciones mexicanas. Cara aniñada, siempre sonriente, contagia su alegría a la guitarra y al hotel. Es el intelectual del grupo. Había estudiado ocho años en el seminario de Monte Corbán (Santander). Fue allí, en el Coro Polifónico, donde descubrió su prodigiosa voz, actuando más tarde de solista en la *Schola Cantorum* de la Universidad de Comillas. Trocó las paredes eclesiales, levíticas, por el arte y los clubs nocturnos, y su irrefrenable anhelo en Estambul es encontrar libros en español. «¿No pueden ustedes prestarme algún libro en español?» En su honor renuncio a dos de los títulos que me traje en las maletas: *El origen de la vida* y *La gran aventura de la Humanidad.* Enrique los palpa como si fueran un tesoro del *Topkapi.* Le dejo con ellos pensando que el origen —y el fin— de la vida deben de interesar mucho a un hombre que estuvo ocho años en un seminario. Más aún que la «gran aventura» de la Humanidad. Sin embargo, no creo que en sus páginas encuentre satisfacción cumplida al interrogante. La respuesta a los por qués trascendentales, al igual que la belleza de los monumentos, suele uno llevarla dentro...

Serim

Serim, la guía más competente de la agencia *Istambul,* ya curada de su tortícolis, nos tomó cierto afecto, a lo que se ve, y a lo largo de las próximas jornadas tiene la gentileza de dedicarnos sus horas libres. Muchacha que no olvidaremos jamás, como nos ocurrió con la guía Ana, de Bangkok, y con Karin, la encargada de relaciones públicas del hotel «President», de Hong Kong. El éxito de los viajes depende a menudo de detalles de esa índole: la calidad del guía, el frío o el calor, la adaptación a los cambios de actitud, la resistencia a la fatiga. Pierre Loti, que tanto conocía Estambul, consideraba que una larga travesía puede frustrarse por no llevar gafas de sol o por no encontrar tabletas de aspirina.

La inefable Serim, que siempre usaba los más diminutos pañuelos que he visto en mi vida, nos suministró muchos datos que nos interesaron y nos llevó, en las horas adecuadas, a visitar los famosos Bazares, varios museos, un espontáneo

El Mediterráneo es un hombre disfrazado de mar

combate de lucha libre en un café suburbial (los contendientes con los cuerpos untados de aceite), y varios lugares de la ciudad en los que sesudos varones sentados ante prehistóricas máquinas de escribir y, por lo común, protegidos bajo paraguas, hacen su agosto gracias a la abundancia de analfabetos de primero y segundo grado. Por una cantidad muy variable escriben cartas de amor, rellenan formularios, redactan instancias, cursan denuncias, etcétera. Asistir al previo regateo es tan apasionante como los preliminares de la lucha libre; el éxtasis de las mujeres campesinas ante el tecleteo de la máquina recuerda ciertas expresiones que pueden verse en teatros, en Lourdes, o actualmente en Pekín.

Serim, que pese a la «crueldad» de la gloriosa época de los sultanes ama su tierra como una ola encrespada pero alegre puede amar el mar, se lamenta —coincidiendo con Marcel—, de que hayan sido precisamente los anglosajones quienes hayan invadido poco a poco parcelas de la tradición turca. Por ejemplo, la cocina. En la mayoría de los restaurantes, latas de conserva y platos insípidos imponen su ley. Para gustar de un menú clásico del país, semejante al que nos servían normalmente en el *Karadeniz*, es casi preferible entrar en un tabernucho barato, haciendo caso omiso de su color de ala de mosca, o en algún que otro establecimiento-reducto, generalmente situado a orillas del Bósforo. En cambio, en cuestión de bebidas, el «raki», parecido al anís, es habitual, así como el vino blanco de Izmir, ligero y tonificante. A Serim los *snack-bar* la horrorizan, prefiriendo con mucho los viejos cafés tranquilos y espaciosos —cafés que durante tanto tiempo, a lo largo del Mediterráneo, han hecho las veces de ágora, de columna vertebral—, en los que los hombres leen el periódico, juegan a las cartas o al «tric-trac» y, de vez en cuando, fuman sus pintorescas pipas: el narguilé (los aparatos de televisión son muy escasos en los lugares públicos).

—¿Y la higiene, Serim? Esos tabernuchos y esos cafés... huelen. Y en los embarcaderos del «Cuerno de Oro» la gente pesca en agua sucia, entre fruta podrida y basura.

—Sí, es cierto. Pero acaso sea preferible ese olor a que las cosas no huelan a nada absolutamente... ¡En fin! Preferiría que nos invadieran, como ocurre con los libros de arte y las monografías turísticas, Francia, Suiza... y ese alegre país de donde nos llega cada mañana *Il Corriere della Sera.*

Ésa es la cuestión. Serim lamenta que Turquía no haya tenido, como tampoco lo ha tenido Grecia, un Renacimiento al estilo italiano. ¿Por qué no se ha producido en su tierra un brote similar?

—Anoche hablé con el taxista que nos acompañó a Santa Sofía y que casi se muere al probar el pitillo español que usted le ofreció... De haber sido un hombre del Renacimiento, hoy les hubiera acompañado a ustedes a Gediz. Pero no. Ya no nos quedan más que los espléndidos paisajes, restos de folklore y restos de esculturas. Por cierto, ¿por qué será que a la mayoría de estatuas antiguas les faltan la cabeza o los brazos, raramente los pies? ¿Y es o no es cierto que la arquitectura debe aspirar a ser «música congelada»? Claro que si yo fuera un guía de verdad, sabría responder a esas preguntas... Pero no lo soy. Soy una mujer extraña, puesto que, muerta de nostalgias indefinibles, vivo feliz. ¿Cómo se explica esto, vamos a ver? Me gustan los hombres, pero me asusta el matrimonio. ¿Amor a la libertad? Soy esclava de las agencias de viajes... Con un padre médico y el título de enfermera en el bolsillo. Quizá la explicación sea sencilla: ja-ja. Sin embargo, a veces me pregunto si no me «pirraré» —¿se dice así?— por los idiomas. Me encantan los idiomas, porque he observado que cada uno de ellos me permite pensar de manera distinta... Así que hay varias Serim, no una sola. ¡Ay, los idiomas! También los anglosajones han invadido el nuestro. ¿Se han fijado ustedes? Hasta los niños dicen *money* y *sir.* Naturalmente, si tuviéramos nuestros propios centros de investigación y nuestra propia industria... Pero no hay más remedio que importar vocablos: «radyator», «motoru», «benzin», «otomobili», «banka», «bagaj», «bilet», «vapur»...

Serim era una compañera magnífica. El primer día, cuando nos despedimos de ella delante del hotel, le preguntamos precisamente cómo se decía, en turco, «le estamos muy agradecidos», y guardando en el bolsillo su diminuto pañuelo nos contestó: *Tessekür ederim...* Así, pues, para dar las gracias en Turquía no hace falta apelar a ningún idioma foráneo...

El «Gran Bazar»

El famoso «Gran Bazar» de Estambul constituyó una sorpresa más. No sé por qué, lo había imaginado como una especie de inmenso zoco marroquí, equiparable al de la plaza «Djemâa El Fna», de Marraquesh, es decir, al aire libre, y donde se mezclan toda clase de vendedores ambulantes, charlatanes, «tribus» llegadas de las montañas exhibiendo sus productos y sus habilidades, y ancianos leyendo versículos del Corán.

En vez de esto, nos encontramos con un fabuloso mercado cubierto, dividido en corredores o galerías muy bien iluminadas, y una interminable sucesión de tiendas limpias y de escaparatería moderna; o sea, con un centro perfectamente civilizado.

Nos informaron de que el número de dichas tiendas, contando las abiertas en el exterior, en los barrios adyacentes —donde abundan también los artesanos—, rebasa las cuatro mil. Repletas de clientes a lo largo de toda la jornada, el espectáculo es de un colorido impar. La cobertura actual del bazar data de fines del siglo pasado. El antiguo, destruido por un terremoto en 1894, era más bien el centro de venta de hierbas curativas, de especies aromáticas, de drogas, algunas de las cuales llevaban pintorescos nombres: «camisa de serpiente», «espuma de los mares», «lengua de asno», etcétera; también se aplicaban cataplasmas, y al respecto se hablaba de curaciones milagrosas ocurridas allí.

En la actualidad se vende en dichas tiendas todo lo imaginable. Muebles, lámparas de petróleo, tejidos, joyas de gran valor, pieles, artículos provenientes de todas las regiones de Turquía... Por supuesto, muchas antigüedades —sobre todo, griegas y romanas— elaboradas la víspera en el taller artesano más próximo. Abundan los samovares y las alhajas de oro con aleaciones de cobre, destacando al respecto la gama de brazaletes, debido a que las familias turcas continúan dotando a las novias del mayor número posible de ellos —signo de riqueza y de generosidad—, lo que Serim, a no ser que *madame* Nadia es muy brazaletera, calificaría de solemne estupidez... Tantos son los artículos en venta en el Gran Bazar que ha podido decirse «que un hombre puede entrar en él con las manos vacías y salir por el otro extremo con una esposa, una dote, todo lo necesario para el hogar y deudas para toda la vida».

Parte de los establecimientos están en manos de griegos y armenios; sin embargo, el mayor censo de propietarios de las tiendas y talleres corresponde a los judíos expulsados de España (1492), o sea, a los sefarditas o sefardíes (España para los judíos es *Sefarad*), de los que se calcula que residen en Estambul unos cuarenta mil. La característica de dichos comerciantes es la queja monótona y reiterada. Son plañideros por naturaleza y por esgrima mercantil. Siempre están al borde de la ruina y al mostrar la mercancía diríase que si uno la rechaza ellos y sus hijos morirán sin remedio. En el caso de los vendedores turcos, afirman una y otra vez que aquel que se decida a salvarles la vida comprándoles algo se verá recompensando por Alá con toda suerte de inesperados tesoros.

Tocante a los sefardíes, sacamos la impresión de que forman allá dentro un clan familiar, puesto que si pedimos algo en una tienda inadecuada sale disparado un dependiente hacia una tienda cercana y regresa al pronto con el producto solicitado. Así le ocurre a mi mujer, siempre dispuesta a adquirir algún obsequio para los amigos, pero, en esta ocasión, dispuesta, además, a encontrar varios ejemplares de un determinado tipo de dedal. El tendero de turno, que con sólo oírnos hablar en catalán adivinó que procedemos de la Península Ibérica, ha dicho: «un momentito», se ha ido y ha regresado al cabo con una cantidad de espléndidos dedales, muy superior a la cantidad de dedos de que mi mujer dispone.

—Serim... ¿puede tanta gente ganarse la vida ahí? ¿No es excesiva la competencia?

—¡Qué va! ¿No ve usted cómo está esto de clientes? Puedo asegurarle que hay siempre en Estambul millares de turistas dispuestos a comprar millares de chirimbolos carentes de utilidad. —Marca una pausa y añade—: Además, aparte de lo expuesto en los escaparates, se trafica aquí con otras muchas cosas...

—¿Con qué cosas, Serim? ¿O es mucho preguntar?

—¡No, no, no importa! Si desea usted hacer abortar a alguien...

—¡No me diga!

—Si desea usted que le acompañen a una sala de juego tapizada de rojo...

—¿No estará usted exagerando?

—¿Por qué iba a hacerlo? —Hace un guiño malicioso y prosigue—: Por algo más de lo que les han costado a ustedes esos dedales, podría conseguir que esta misma tarde asesinaran a su esposa...

—¿A mi esposa...? ¿Y a mí no...?

—Asesinarle a usted me costaría el precio de un samovar...

El Museo Arqueológico

Terminado ese extraño diálogo, que sin duda tendría continuidad, pues el tema nos apasionaba, Serim y mi mujer deciden acercarse al Mercado Griego, llamado «el palacio de los *gourmets*», donde al parecer los turcos convierten en verdadero arte la labor de amontonar las mercancías —frutas, verduras, quesos, huevos, etcétera—, lo que ya habíamos tenido ocasión de comprobar en las callejuelas próximas al Puente Gálata.

Automáticamente me declaro desertor (más de una hora

en el mejor de los Grandes Almacenes es algo superior a mis fuerzas), y decido visitar por mi cuenta el Museo Arqueológico.

El caso es que pronto tendría motivo sobrado para alegrarme de ello, pues dicha visita me brindó la oportunidad de vivir una curiosa experiencia de «introspección», que, por supuesto, encantaría a Marcel, siempre atento a los invisibles hilos que mueven los recovecos de nuestro cerebro.

Apenas si resistí diez minutos en el interior del Museo. Sarcófagos, estatuas (muchas de ellas, decapitadas o mancas), la Sala de Efebo, la Sala Arcaica, bajorrelieves, etcétera. De entrada me sedujo, sin saber por qué, el sarcófago de Alejandro Magno, y, sobre todo, el denominado «Mujeres en llanto», con dieciocho figuras de mujer, todas en distinta postura, llorando. También me llamaron la atención el Hermafrodita y una vitrina en la que se conserva una momia egipcia, probablemente de un general, que lleva un collar en el pecho.

De pronto, me ganó una tremenda fatiga, acompañada de una vaga sensación de mareo. No era la primera vez que aquello me sucedía en un museo arqueológico. Comprendí que toda insistencia sería inútil. Sin el estado de ánimo adecuado, todas las piedras hubieran empezado a parecerme idénticas y ni tan sólo hubiera tenido paciencia para consultar el catálogo o leer las inscripciones.

Irritado conmigo mismo, eché una mirada airada a un friso en el que un macedonio mataba a un persa y salí al jardín exterior, que se extiende entre dicho Museo y el del Antiguo Oriente. Jardín también con estatuas... pero alineadas al aire libre, en composición perfecta, con bancos para sentarse y sin otra finalidad —eso me pareció— que ensamblar artísticamente los mundos mineral y vegetal.

Remanso de paz. Ninguna mujer lloraba, ningún guerrero mataba a otro guerrero. Sentado en un banco de piedra, respiré acompasado, buscando la relajación. En el cielo se iniciaba el crepúsculo y en la explanada no se veía más que un coche inmóvil. Llegaban a mis oídos, con perfecta nitidez, los cantos de algunos pájaros.

La relajación no llegaba y la sensación de fatiga, aunque sin mareo, iba en aumento. Pensé que la jornada había sido dura... Que mi cuerpo había rebasado ya los cincuenta años —¡ridículo, comparado con la edad de los sarcófagos!— y que no estaba ya para semejantes trotes... Recordé la observación de Pierre Loti según la cual el encantamiento puede malograrse por cualquier nadería.

Pero estaba exhausto, hasta el punto de que la gabardina me pesaba como una losa y no tenía fuerzas ni para encender un pitillo. Entonces miré a la derecha: estatuas. Y luego a la izquierda: estatuas. Entré en una zona de sugestión. Todo estaba tan inmóvil, incluyendo el coche aparcado, que la realidad captable era que la vida y el mundo se habían detenido. Ni siquiera avanzaba el crepúsculo. ¡Si por lo menos hubiera aparecido, en la puerta del Museo, la silueta de un vigilante!

Poco después, me sentí petrificado. Sí, yo también era una estatua, sin inscripción al pie, sin identificar. Algún arqueólogo me había descubierto y me había sentado allí, junto a las demás, con mi gabardina puesta, para que escuchara eternamente el piar de los pájaros.

Ignoro el tiempo que transcurrió. Mi aspecto debía de ser el de un viejo; o el de un niño. De pronto, recobré las fuerzas. El riego sanguíneo se reactivaba y la memoria acudió a ayudarme: estaba a salvo. Yo era un turista como cualquier otro, casado, amigo de Serim, que había ido a Estambul en busca de sensaciones nuevas.

Me levanté e hinché el tórax, como un atleta. Y mientras me dirigía a la salida, en busca de un taxi, recordé unas palabras de Papini referidas a las imágenes y a su perpetuación: «El furor contra las imágenes, la iconoclastia, es un error semítico, que ha pasado a los musulmanes. Las tradiciones árabes cuentan que Mahoma, el día del juicio, dirá a los artistas: "¡Dad, pues, vida a estos seres que habéis representado y modelado con vuestras manos!" Y los pobres artistas se sentirán tan terriblemente confusos, que al no poder aceptar el desafío del profeta, serán precipitados al infierno.»

Papini, como siempre, tenía razón. Sentirse imagen estática, sentirse estatua, es demoníaco. Por suerte, en la misma puerta encontré un taxi en cuyo interior había un ser vivo, y camino del hotel me reí de mí mismo y de Alejandro Magno, mientras me fumaba el exquisito pitillo de la resurrección.

El padre Pascual

¿Qué puede hacer un hombre después de esto, después de haberse sentido piedra y haberse fumado el pitillo de la resurrección? Resurrección es palabra religiosa y, en el peor de los casos, mitológica. Y lo malo de los no-religiosos es que no creen en ella, con lo que su curva vital da para poco, resulta alicorta, lánguida y estoy por decir que carnavalesca. Sin resurrección, el cuerpo es una pluma sin sombrero, un disfraz inútil, una interjección, una broma. Por ello la muerte ha sido comparada al invierno. Existe incluso una descripción intemporal que pretende que en las heladas regiones del norte de Rusia los pueblos mueren el 27 de noviembre y resucitan el 27 de abril, «lo que es una manera muy cómoda de pasar el invierno». Sin el pitillo de la resurrección, que tanto complacía a san Pablo, la vida (el tabaco) es menos que Humo.

Sentada esta premisa, no tenemos más remedio que visitar al padre Pascual. ¡Ha llegado el momento! Es un misionero, ¿no es cierto? ¿Y hay algo más propio que visitar a un misionero «luego de haber resucitado»? Ya dije de él que era franciscano, de Vitoria, que fue durante veinte años superior de la «Casa de Nazaret», en Tierra Santa y que reside en Estambul desde hace mucho tiempo. Las señas que figuran en la tarjeta de recomendación que llevamos son las de un antiguo convento, situado en el barrio de Beyoglu. ¡Allá vamos, pues!

Debido a la tortuosidad de las callejuelas de este barrio,

nos pasamos media mañana buscando ese convento. Pero por fin, un chiquillo espabilado, al oír el nombre del padre Pascual abre alegremente los ojos y nos conduce hasta la puerta.

—¡Muchas gracias! ¡*Tessekür ederim...!*

Sí, claro, el padre Pascual... Ventajas de tener una fe, de no morirse cada invierno, de no creer siquiera que el invierno exista. Ventajas de llevar una tenaz e insobornable vida espiritual.

Rondando los setenta años, surcado de arrugas, pálido y con gafas de miope, al abrirnos la puerta y oír nuestro saludo exclama: «¿Españoles...? ¡Dios es bueno conmigo!» Y sonríe tan abiertamente, con tanta alegría y espontaneidad, que todo él se rejuvenece e ilumina.

—¡Pasen, pasen, por favor!

El convento es una vivienda incómoda, destartalada. El padre Pascual vive en él prácticamente solo, con un criado un tanto deforme que se encarga de traernos el té y un platito con unas galletas.

—Pero, ¿usted es Gironella? ¡Vaya por Dios! ¿Sabe usted dónde leí sus «cipreses»? ¡En Tiberíades! ¿Qué le parece? Bueno, a decir verdad, no lo leí entero, porque otro padre se llevó el libro y si te he visto no me acuerdo...

De Vitoria... Nos lo recuerda una y otra vez. Extravertido, con amor a los libros y a las plantas. «Luego verán el jardín... ¡Les gustará!» Patriota a machamartillo, cuando dice «España» parece dispuesto a levantarse y a gritar: ¡*firmes!*

—Pero, padre Pascual, ¿no cree usted que el concepto de patria, en un plazo más o menos corto será agua pasada?

—¡Tonterías! Conmigo no cuente para eso. Además, Jesús era un gran patriota. Primero vino a salvar a su pueblo, al pueblo de Israel...

—¡No irá usted a decirme que Jesús era un líder nacionalista! ¡Que era de los zelotas, por ejemplo!

—¡Hum! No me pillará usted los dedos, amigo. De eso estoy yo algo enterado. He dicho que era patriota y que vino a salvar, primero, al pueblo de Israel... Nada más.

La cordialidad del padre Pascual se zampa limpiamente cualquier contacto dialéctico. Es enérgico y humilde a la vez, extraña combinación. Nos recuerda al padre Zamora, que conocimos en una alejada zona de Formosa y que, solo en su parroquia, luchaba contra el viento de la región y la indiferencia de sus «feligreses chinos» y que, «en honor de su homónimo, el gran guardameta español, había detenido ya tres infartos de miocardio y estaba dispuesto a dar todavía mucha guerra».

Hablamos de muchas cosas con el padre Pascual, y el remate de cualquier tema era siempre optimista, porque todo lo conectaba con la providencia de Dios. «¿Crisis religiosa en la época actual? ¿Qué significaba la palabra crisis en el pensamiento de Dios? Era de suponer que no habíamos olvidado la promesa de las puertas... *Las puertas del infierno no prevalecerán...*» «¡Naturalmente que conocía a "Los Carabelas"! ¿Cómo iba él a ignorar a unos españoles que pasaban una temporada en Estambul? Por cierto que Enrique, el ex seminarista, el que cantó en Comillas, se las había arreglado para introducir en su repertorio rumbas que hablaban de Dios... ¡Tenía de "falsete" la voz pero no el alma!» «¿El terremoto...? ¡Vaya!; pregunta inevitable. Pues bien. Su perro, inteligente y fiel, lo presintió con diez o doce horas de antelación. Se puso a ladrar de un modo que él se dijo: aquí va a pasar algo... Y pasó. Grandiosidad de la Naturaleza, que tiene sus leyes y las obedece. ¿No era admirable que los animales tuvieran tal sensibilidad?»

—Una cosa quiero decirles, para que no se me olvide. Aquí, en esta habitación en que estamos, venía una vez al mes Juan XXIII, que como ustedes saben, fue nuncio apostólico en Turquía... Luego les enseñaré el sillón en que se sentaba. ¡Les gustará verlo! Presidía las reuniones del clero misionero. Y fue encontrándose aquí cuando recibió el telegrama trasladándolo de nuncio a París. Por cierto, que creyó que había un error, que se trataba de otro Roncalli, pues él no se consideraba preparado para habérselas con la Iglesia francesa, los diplomáticos y De Gaulle... Pero no, la Santa Sede sabía lo que se hacía y lo confirmó con otro telegrama: «No hay más Roncalli que usted.»

El tiempo se nos va volando, entre sonrisas, té y galletas. El padre Pascual nos repite cada dos por tres: «Pero, ¿vendrán ustedes a verme de nuevo, verdad? Bien, bien... entonces ya tendrán ocasión de contarme cosas de España.»

Le preguntamos, ¡cómo no!, por Estambul. Sonríe. No

está de acuerdo con muchos geógrafos, que consideran a la ciudad como «la mejor situada» del mundo. El mundo es muy grande y hermoso todo él. Pero, desde luego, es una maravilla y «su situación estratégica hubiera encantado al general Millán Astray»... Durante siglos, el mar de Mármara fue el paso obligado entre Europa y Asia y en sus muelles las flotas de Venecia y Génova recogían las mercancías de Oriente; hasta que los portugueses, ¡y los españoles!, descubrieron nuevas rutas, con lo que su importancia decreció. Pero, en fin, había algo mágico en el lugar. El Bósforo, por ejemplo... ¿Cómo? ¿Era posible que todavía no hubiéramos hecho la travesía del Bósforo? ¡Eso se merecía una penitencia de las que se aplicaban antes del Concilio! Andando, andando... No quería vernos otra vez si antes no habíamos recorrido el Bósforo, primero por carretera y luego tomando uno de los vaporcitos que hacían zigzag recogiendo a los pasajeros de los pueblos que había en ambas orillas... ¡Señor, señor, cuánta frivolidad! Tanto hotel «Hilton», tanto museo, tanto club nocturno y todavía no habíamos visitado el Bósforo... ¿Cómo calificar eso? ¿Dar la espalda al Creador? No, sería excesivo. De todos modos, para purgar la falta, antes de irnos teníamos que ver el jardín, con los árboles que él mismo había plantado, y luego arrodillarnos en la capilla y rezar el «yo pecador»...

—Padre Pascual... ¿y el sillón en que se sentaba Juan XXIII?

—¡Ah, claro! Bueno... Está ahí..., en una habitación un tanto revuelta. ¡Sí, desde luego! Bueno... ¡A lo mejor hay un poco de polvo! Pero no importa, se lo enseñaré. Y luego en la capilla yo también me arrodillaré y rezaré mi acto de contrición...

El hombre que lee el futuro

A la salida, nada más doblar la esquina, vemos al chiquillo que nos acompañó hasta la puerta del convento. Como tantos otros chiquillos de Estambul está soplando en una bolsa de plástico que se hincha, que se hincha más y más hasta convertirse en una especie de colchón enorme y de forma cambiante. Al parecer, el fenómeno es para él un milagro; y no yerra, claro. El aire es un milagro, y lo son los pulmones que lo expulsan, y lo es la mañana radiante, y lo es el plástico. Todo es un milagro *made in* padre Pascual.

El chiquillo, al vernos, deja en la acera la bolsa metamorfoseable y se nos acerca. Nos hace un saludo gracioso, llevándose primero la mano al corazón y luego a la frente. Sonríe. Y nos invita a que lo acompañemos cincuenta metros más arriba, donde, recostado en una pared mugrienta, hay un hombre de encrespada cabellera y ojos negros.

El hombre nos hace una reverencia y en una jerga desvinculada de cualquier semántica, pero perfectamente comprensible, mezcla de italiano y español, nos informa, con semblante feliz, de que el espabilado muchacho es el mayor de sus seis hijos, todos varones. Los ojuelos de nuestro pequeño guía titilan de gozo. Por lo visto deseaba que lo supiéramos respaldado, hijo de alguien, hijo de hombre.

Ese «alguien» nos cuenta que el padre Pascual quiere mucho al chiquillo y que éste ayuda a menudo al padre Pascual, incluso «en los oficios de la capilla», cuando el pobre criado, enfermo, que lo cuida, tiene que quedarse en cama o le da por vomitar todo lo que ha comido. En justa correspondencia, el padre Pascual le ha enseñado solfeo, jardinería y también a ser bueno.

El Mediterráneo es un hombre disfrazado de mar

El padre Pascual es un santo, lo que no puede decirse de todos los misioneros que hay en el barrio de Beyoglu... Los italianos, a veces... Pero no quiere criticar, porque si se entera el padre Pascual querría menos al chiquillo y eso sería *imperdonable.*

—¿Y usted, a qué se dedica?

—A *falsificare* imágenes *anticas,* para el *Grande Bazzare...*

—Conque... ¡ésas tenemos!

—Y también a *leggere* el futuro, por *moltos* métodos...

—¿Cómo?

—Sí, a *leggere* el futuro —y abre la palma de la mano.

Al advertir nuestra sonrisa suspicaz —recordamos a la vieja quiromántica de El Pireo—, se lleva, como anteriormente su hijo, la mano al corazón y después de asegurarnos que no se trata de un negocio nos repite que sus métodos para leer el futuro son *moltos...*

—¿Cuáles, por ejemplo?

Cabe decir que el monólogo que sigue nos apasiona. El hombre que tenemos delante, de encrespada cabellera y ojos tan negros como el aerolito negro de la *Kaaba,* es un mago que cualquier director de circo contrataría, y que en los mercados que se celebran en los pueblos del litoral mediterráneo acapararía sin duda la atención de la multitud. Se llama Talaat y nació allí mismo, al pie de aquella pared mugrienta, de una mujer que llevaba la cara tapada con un velo, a la que un *criminale* llegado de Persia engañó y abandonó en el «Puente Ataturk», dejándole sólo una botella de «raki» con unas cuantas rosquillas de ajonjolí y, en un dedo, un anillo de plata.

Talaat lee el porvenir por medio de los bastones. Toma un bastón, lo pela por un lado, lo lanza al aire y según caiga del lado pelado o del lado de la corteza intacta, el augurio es favorable o lo contrario. Lee el porvenir por medio del hierro candente, sobre el que coloca algunas pajuelas. Según los reflejos que despidan dichas pajuelas al quemarse, y según la mayor o menor intensidad del chisporroteo, puede predecir con exactitud si una mujer es estéril o no, e incluso si cometerá o no adulterio. Deja caer con lentitud tres perlas en una superficie de agua clara y según los círculos que en ella se formen sabe si tal sospechoso de haber cometido robo es inocente o culpable. Antes de un importante combate de lucha libre o de cualquier enfrentamiento competitivo, deposita en un plato las entrañas de algunos pescados y a tenor de la espontánea disposición que adoptan las vísceras y de la mezcla resultante de los colores profetiza quién será el vencedor. Entiende lo que anuncian los pájaros, sobre todo en otoño, cuando la luz agoniza detrás de las mezquitas, y con sólo frotar con hollín las uñas de los dedos de cualquiera de sus hijos y presentarlas al sol, las imágenes que los rayos de éste dibujan en las uñas constituyen para él un libro abierto en cuanto al comportamiento del muchacho. El incienso es otra de sus materias preferidas para la adivinación, ya que a veces se consume sin llama visible, en tanto que otras veces configura en el espacio siluetas y rostros conocidos, en cuyos rasgos parece marcado, con sobrecogedor relieve, el futuro de la persona. Aunque, últimamente, y pese a que el padre Pascual se mofa de él (lo que no le impide creer que los aullidos de los perros anuncian los terremotos), se dedica sobre todo a maniobrar con los imanes. Es ésta una muy antigua tradición turca, hasta el punto de que en muchas aldeas remotas, y entre los fieles musulmanes que no han podido ir nunca a La Meca, existe la creencia de que el sepulcro de Mahoma está allí colgado, suspendido en el aire, en virtud de la acción de dos imanes, uno colocado arriba y otro abajo. Él, Talaat, utiliza los imanes, no para fáciles experimentos magnéticos, sino para tasar los grados de amistad, de amor entre los cónyuges, de amor entre padres e hijos e incluso de fraternidad o rencor entre los pueblos; lo cual, a decir verdad, tampoco es nuevo, ya que hubo *padichás* que se abstuvieron de declarar la guerra a un país vecino por haber comprobado que los imanes atraían sin dificultad hacia sí (signo de armonía) el escudo labrado de dicho país...

Talaat, de pronto, se calla. Y sonríe como sólo él sabe hacerlo, y vuelve a llevarse la mano al corazón, esta vez por temor a haber abusado de nuestra curiosidad. Claro que ha estado escuchando, durante su charla, el canto de los pájaros, aparte de que no ha dejado un solo momento de observar los rictus de nuestras bocas; sin embargo, ignora si somos *signori* que creemos en esas cosas o creemos solamente en lo que los *rutinari* ojos pueden ver.

El Mediterráneo es un hombre disfrazado de mar

—Excusas, *per favore, molti* excusas...

—¡De ningún modo, querido amigo! —exclamo—. Estaríamos escuchándole hasta la puesta del sol. Todo lo que nos ha contado nos ha interesado sobremanera.

Una sonrisa de satisfacción cruza los labios de nuestro interlocutor, hombre nacido allí mismo, al pie de aquella pared mugrienta que enmarca su cabeza. Lo suponía. Lo supuso en seguida. Mejor dicho, empezó a tener la certeza de que aceptábamos como posibles sus fórmulas de predicción y todo el barullo que ello implica, en cuanto se dio cuenta de que yo había conocido muy de cerca algo que predispone favorablemente a admitir lo que en lenguaje vulgar se llama misterio: la melancolía.

—¿Lo he dicho *bene*...? ¿Se dice... melancolía?

Quedamos estupefactos.

—¡Sí, sí...! —acierto a balbucear—. Se dice... melancolía.

Nuestro amigo Talaat ha dejado de sonreír y me ha mirado un momento con extrema compasión. Por fin hace una reverencia y añade:

—Lo lamento, *signore*... Lo lamento...

Guardamos un tenso silencio, que es preciso romper. Mi mujer lo hace al cabo, preguntándole:

—Pero..., ¿qué entiende usted por melancolía, señor Talaaat? ¿Qué es, para usted, exactamente...?

Encoge los hombros. Su hijo permanece atento, aún sin comprender la mitad de lo que hablamos; la bolsa de plástico quedó deshinchada allá lejos, sobre la acera.

—La melancolía..., pues... no es cosa buena. Aquí la llamamos *il bagno* del diablo. ¡Oh, excusas, *molti* excusas...!

Lo miro con fijeza. Me gustaría frotarme con hollín las uñas y presentarlas al sol, o disponer de las entrañas de algunos pescados; pero no puedo ofrecerle otra cosa más que mi mirada y el timbre de mi voz...

—Sea usted más concreto, se lo ruego... ¿Qué significa *il bagno* del diablo?

Parece vacilar.

—Que il *signore* ha sufrido *molto*... Sin alivio *possibile*... —va marcando pausas entre las palabras—. *Molta tristezza*... Pero ahora está *vigorozzo*...

—Ya...

169

El silencio se ha impuesto de nuevo, y tengo la impresión de que a nuestro amigo le molesta personalizar. No obstante, insisto:

—Dígame una cosa, señor Talaat... —Le miro con más fijeza aún—. ¿Cree usted... que volveré a sufrir?

Encoge los hombros de nuevo, y súbitamente recobra su facha circense y abre los brazos como algunos clérigos al terminar un sermón.

—¡Yo no soy cristiano! ¡Y *adesso* no tengo bastones, ni incienso, ni imanes...! —pone la mano sobre la cabeza de su hijo y lo atrae hacia sí—: Será *migliore* que pregunte al *pater* Pascual...

13

EL BÓSFORO

Imposible desoír los consejos del padre Pascual: tenemos que conocer, sin tardanza, el Bósforo. Serim asiente con la cabeza y una vez más se presta a acompañarnos aprovechando su día libre.

También ella se muestra partidaria de hacer el trayecto de ida por carretera (por la orilla europea), contemplando sin prisa el paisaje, los pueblos, reviviendo al detalle las huellas con que el pasado ha ido salpicando el recorrido. «A mediodía podemos almorzar en cualquier restaurante, por ejemplo, en Calima, y por la tarde tomamos uno de los vaporcitos que hacen el regreso zigzagueando de una a otra orilla.»

La suerte es nuestra aliada. Luce un sol espléndido y el taxista, el de siempre, el amigo de Serim que se negó a llevarnos a Gediz, no parece acomplejado por su poquedad y está dicharachero como de costumbre. El hombre, que hoy, ante nuestra sorpresa, viste un llamativo caftán multicolor, se conoce de memoria la zona, ya que nació —¡el mismo año que yo!— en Zonguldak, es decir, en una aldea del mar Negro, en el que el Bósforo desemboca, mar «de enormes temporales, habitualmente de color gris o de barro y que por suministrar al Bósforo aguas poco saladas, contribuye a que la pesca en éste sea abundante y fácil».

Jornada inolvidable. El Bósforo es verdaderamente lo que nos dijo el padre Pascual: «una exhibición de magia que se permitió el Todopoderoso». Aquel río que parece mar, o aquel mar que de hecho es un río, de treinta kilómetros de longitud, con anchura variable (mínima, 900 metros, máxima, 4.000), contiene todos los elementos de encantamiento que un viajero puede desear. Es sinuoso y azul. La corriente suele ser rápida, violenta —¡hay un lugar denominado, *talaatianamente*, «la corriente del diablo»!—, con remansos de paz muy precisos que ofrecen al espíritu el necesario descanso. En alguna ocasión, al doblar un meandro o al mirar al Norte lejano y pensar que allí está Rusia, la misteriosa Rusia vigilante, uno no sabe si asiste a una película de Bergman, si vive un relato de Knut Hamsun —otro escritor enamorado de Estambul—, o si aparecerán de pronto, a bordo de un torpedero soviético, tranquilos y apacibles, los hermanos Karamazov. Serim nos dice que el Bósforo le inspiró a Chaikovski varias melodías. Podría ser cierto. También la climatología finlandesa, especialmente el viento, le inspiró a Sibelius acordes inmortales.

En cualquier caso, la emoción que nos procura la travesía, lo mismo la de la mañana, por carretera, que la de la tarde, con el vaporcito, es comparable a la que nos deparó la llegada a Estambul. Admitiendo como muy feliz la expresión de Schlegel: «el historiador es un profeta al revés», hemos de reconocer que Serim es para nosotros ese profeta. Cada jalón histórico tuvo su comentario exacto, lo que no sólo nos adecuó el ánimo sino que constituyó un torrente informativo de primer orden.

El Bósforo ha sido, efectivamente, como nos indicó el padre Pascual, el puente de paso secular de todos los ejércitos, pueblos y caravanas trashumantes que han ido de Occidente a Oriente y viceversa. Su fuerza centrífuga fue tal que los arqueólogos han encontrado monedas del Bósforo, fechadas cinco siglos a. de C., en la mismísima Mongolia... Al compás de los tiempos, quince civilizaciones distintas lo han invadido (fenicios, sirios, cruzados europeos, nómadas del Asia central, etcétera), por lo que se ha dicho que cada uno de sus habitantes puede ofrecer a la Policía quince huellas digitales distintas. Todo ello, en otra época, quedaba simbolizado por la presencia de dos estatuas en forma de mujeres hermosas, actualmente desaparecidas. Una de dichas estatuas tendía la mano hacia la orilla izquierda y la inscripción al pie decía: «Del Oeste vendrán quienes conquisten Constantinopla»; la otra, situada en la orilla derecha, señalaba un estercolero y decía: «Ahí los echaremos.»

Ese magma esquizofrénico, esa vacilación del alma entre la tradición oriental y la ideología occidental ha creado, según Serim, un tipo humano que, a pesar del paisaje idílico, no es feliz. Señalando con disimulo al taxista añade: «Nunca saben si ponerse túnica y encasquetarse el fez o presentarse con sombrero, camisa y corbata.» Le digo a Serim que algo parecido ocurre con el Japón...; ella, que hoy exhibe un precioso brazalete «que le ha prestado *madame* Nadia», contesta que no tiene nada que ver, que los japoneses han resuelto ser asiáticos por dentro y americanos por fuera, y que su capacidad camaleónica les ha permitido llevar a cabo sin mayor quebranto semejante operación. «Aquí la cuestión es más complicada. Turquía ha tenido su famoso imperio, al que, por su vastedad, se le dio incluso el ridículo nombre de "La Sublime Puerta". Y ese imperio se basaba en la todavía más ridícula convicción de que Alá es Dios y Mahoma su profeta. Los japoneses son ahora una potencia y pueden sentir cierta seguridad; el pueblo turco ha quedado reducido al triste papel de pariente pobre de no sabe quién. Cuando el mandato de Menderes, el que murió ahorcado, la consigna era la austeridad y el reforzamiento del Ejército y pasamos unos cuantos años sin poder tomar siquiera café; ahora se nos quiere convencer de que la solución está en la producción y el consumo y los auténticos creyentes tienen que refugiarse en las mezquitas humildes, de barrio, puesto que las más importantes —y ustedes lo saben bien—, hay que reservarlas para que las visiten los turistas...»

Serim, como suele hacer en esos casos, no quiere dramatizar y se refugia en el sentido del humor. Sonríe y enciende uno de sus pitillos hedonistas, mientras va dándonos los nombres de los pueblos que colorean las dos orillas del trayecto: Beylerbey, Cengelköy, Vanizöy, Kandili, Cubuklu... Como es lógico, cada uno de esos pueblos, al igual que los edificios religiosos que aparecen sin cesar, y que los jardines y las fuentes, tiene su realidad y su mito, su crónica y su leyenda. Sólo la fortaleza de Rumeli-Hasari, levantada en la embocadura del estrecho para controlar el tráfico de barcos hacia el mar Negro, daría tema suficiente para una semana de charla, pues fue allí donde Darío I el Grande contempló el paso de su ejército de elefantes y también fue allí donde, más tarde, embarcaron los cruzados europeos para pasar a Asia. En la actualidad, muchas de esas aldeas son lugares de veraneo, con construcciones modernas, como puede comprobarse, hoteles confortables y un cierto ambiente estimulante. Serim, en uno de sus prontos, que tanto la humanizan, nos confiesa que, puesta a resumir sus sueños personales, éstos serían tres: no volver a tener tortícolis, vivir un par de años en París con la garantía de no sentirse desplazada, y poseer, en uno de esos poblados costeros, una casita, un gato siamés y una pequeña barca motora pintada de blanco, con una franja horizontal de color azul turquí.

Obviamente, a medida que avanza el día advertimos que detallar los encantos del Bósforo —¡su nombre en turco es *Karadeniz Bogazi*, lo que nos trae gratos recuerdos!— sería tan difícil como convencer a nuestro amigo Marcel de que le vendiera a Mr. Raggley su mechero de yesca. Bizancio entero está allí, se huele y casi se palpa. Nos detenemos lo más posible en cada uno de los lugares que Serim estima de interés, como, por ejemplo, ante un puentecillo entre dos canales en el que está escrita la clásica salutación de muchos puentes turcos: «Güle, güle», o sea, «Viaje usted con la sonrisa en los labios». Así lo hacemos, enterándonos de que en Cubuklu, san Alejandro fundó, en el siglo XV, tres colegios de monjas amecetas que se turnaban día y noche para salmodiar sus alabanzas al Señor, y visitamos, muy cerca de la bahía de Beykoz, donde los Argonautas recalaron al regreso de su expedición en busca del vellocino de oro, el mausoleo de la sultana Rosa, museo al aire libre por cuanto los antiguos turcos concedían poderes carismáticos a la lluvia cayendo sobre los campos y los cuerpos vivos o muertos... También el sultán Murad I, que murió en el siglo XIII, quiso ser enterrado a cielo abierto, «para pasar la eternidad entre las flores de la Naturaleza y recibiendo las gotas bienhechoras».

De vez en cuando el taxista, que se llama Ismet, y que entre la proximidad de su terruño y las libaciones de «raki» se euforiza visiblemente, con su índice (quince huellas digitades) señala esto o aquello y habla con Serim. Inmediatamente después, ésta nos traduce sus palabras y así nos enteramos de que el clima del Bósforo es tan variable como «los sones de las flautas», hasta el extremo de que bien puede afirmarse que aquel mar-río, o río-mar, no tiene durante el año estaciones definidas, sino vientos. «Si el viento sopla del Nordeste, aunque sea verano es invierno; si sopla del Sudoeste, aunque sea invierno es verano.» Ismet, refiriéndose precisamente al sitio denominado «la corriente del diablo», en el que las aguas bajan con frenesí y entre remolinos que causan pavor, hace hincapié en lo difícil que ha resultado siempre navegar por el Bósforo. Naturalmente, con las motorizadas embarcaciones actuales —aproximadamente un millar de buques transoceánicos lo surcan mensualmente (casi tantos como los que contabiliza el canal de Panamá)—, salvar las corrientes no es ninguna proeza; pero en épocas anteriores, sí. Los ligeros caiques exigían por parte de los remeros un conocimiento perfecto y probado de los caprichos del agua, y algunos de ellos se hicieron célebres y merecieron grandes honores. Eran remeros, equilibristas y atletas todo a la vez, con un sentido empírico del peligro y una confianza ciega en la protección de Alá.

Sin embargo, como antes dijimos, es cierto que hay tramos tranquilos, con flora variada en las orillas —magnolias, moreras...—, en cuyos puntos de menor hondura antaño pasaban a nado incluso rebaños de bovinos y que ahora son el paraíso de los pescadores de caña. Vemos aquí y allá buena cantidad de ellos, a veces, cerca de viejos cafés, donde suelen celebrarse los festejos populares. Ismet asegura —así nos lo cuenta Serim—, que entre estos pescadores los hay que llevan un puñado de años sin haber cruzado el Bósforo y, por descontado, sin haber ido a Estambul. «Pero, ¡si el viaje puede hacerse en media hora!», comento. La respuesta de Ismet, luego de hacer sonar gozosamente su claxon, es brillante como las rayas verticales de su caftán: «No hay que olvidar —dice— que hace falta otra media hora para regresar.»

Alcanzamos el punto más alejado del Bósforo, Anadolu Kavagi, donde se yergue una imponente muralla con siete torres, restos, al parecer, de un castillo que, en 1350, los genoveses reconstruyeron: ¡Oh, claro, con permiso de Mr. Raggley, los italianos están presentes por doquier en la geografía universal!

Al pie de las murallas, estiércol... y toda clase de inmundicias. Con humildes puestos de venta de comestible y quioscos que sirven, en botellas policromas, como de pim-pam-pum, los tradicionales jarabes y sorbetes turcos. En torno de esas inmundicias y en medio de esos quioscos, perros. Muchos perros. Algunos, de aspecto potente; otros, de aspecto sarnoso. Lo menos seis de ellos están sentados en el suelo, en fila, sobre los cuartos traseros, mirando al dueño de un tenderete en el que cuelgan varios violentos pedazos de carne. Me acuerdo de la alusión que hace Blasco Ibáñez a los ochenta mil perros que en sus tiempos vagaban por Estambul y del viejo refrán turco nacido a raíz de tan insólito hecho: «Si mirando se aprendiese un oficio, todos los perros estambulenses serían carniceros.»

Visitamos el palacio de Bylerbey, en la orilla derecha. Fue levantado sobre el que edificara Mahmud II, y la sinfonía vegetal que lo rodea encandila el ánimo. El palacio, pese a su fama, nos fatiga, por exceso de suntuosidad. Mezclar muebles de todo estilo con todo estilo de pórticos y alfombras es una aberración. Hay un momento en que abrigo la sospecha de que los objetos se odian entre sí. De que los jarrones japoneses odian a los candelabros de Bohemia, y éstos a las porcelanas de Sèvres, y las porcelanas a los cristales de Venecia, aunque dichos cristales tengan forma de serpentina. Hay sillas en las que no se sienta nadie desde hace lustros... En las mesas no hay trabajo, en las camas no hay amor. En ocasiones uno comprende por qué, de pronto, «el pueblo» se apodera de los palacios.

Éste de Bylerbey tiene historia, hay que admitirlo. Napoleón prometió visitarlo y los preparativos para el recibimiento duraron ¡cuatro años!; por fin Napoleón se vio obligado a desistir y en su lugar llegó a Estambul, en 1869, la emperatriz Eugenia, en cuyo honor el sultán Abdul Aziz movilizó a los más expertos remeros del reino, que la condujeron hasta Bylerbey en su caique imperial, e hizo estallar en la noche los fuegos artificiales más fastuosos que se recordaban en el Bósforo. La emperatriz permaneció una temporada en el palacio y, no sé por qué, las habitaciones que ocupó, y que han

La famosa «Mezquita Azul».

Interior de la «Mezquita Azul».

Estambul, desde
el «Cuerno de Oro».

El puente de Gálata.

Ataturk, Mustafá Kemal, jefe triunfante de la revolución turca.

Estambul. Vida callejera.

Estambul. Abluciones antes de entrar en la Mezquita.

sido conservadas intactas, me incomodan más aún que el resto. No es la primera vez que me produce alergia la evocación del modo de vida de los «grandes» de este mundo.

Y no obstante, toda esa zona —Serim nos confirma el dato— ha sido marco de un incomparable y mareante cóctel de poesía, supersticiones y orgías. Mientras el pueblo se emborrachaba celebrando las buenas cosechas y escuchando las promesas «siempre felices» que los almocríes le hacían, especialmente en la noche de San Juan, los «grandes» representaban, al igual que en Estambul, «farsas satánicas», precisamente por Navidad, y, desde Heliogábalo, piezas teatrales «con adulterios al natural», así como desfiles de mujeres desnudas, elefantes y jirafas, al son de flautas, cítaras, tambores e incluso música de órgano.

Como siempre, la dinámica del agua ocupaba un lugar señero en esos despliegues. La alta sociedad otomana mimaba escrupulosamente los surtidores y las fuentes, y a semejanza de lo que ocurre ahora con la de Trevi o en los jameos de Lanzarote, brotaban en torno de ellas, y de las plantas, toda suerte de poéticas leyendas. Serim nos enseña un laurel «que tenía la propiedad de enloquecer a quien cogiera una de sus ramas» y cerca de él nos indica un canalillo de agua verdosa, «cuyo murmullo curaba la tristeza de los pájaros».

Por lo demás, Serim estima que la fascinación ejercida por esos parajes se debe, entre otros motivos, a que reúnen en su área las cinco condiciones que, desde tiempo inmemorial, los musulmanes han considerado indispensables para levantar una ciudad o para convertir en habitable una franja de tierra: *Agua corriente. Suelo fértil para la siembra. Un bosque cercano del que obtener leña. Murallas sólidas. Y un jefe capaz de mantener la paz y la seguridad de los caminos...*

Hablamos con Serim... de religión. De hecho, nuestra guía ha sido poco explícita sobre el particular. ¿Qué ocurrió en esos palacios, en las orillas de este mar, a tenor de los cambios de amo que sufrieron?

Serim sonríe. No quiere tratar del islamismo, porque

177

el asunto la pone nerviosa. Prefiere referirse a las supersticiones cristianas «venidas de Occidente con los cruzados». Dichas supersticiones, en el Bósforo, alcanzaron un grado comparado con el cual la baraja premonitoria que nos exhibió «nuestro amigo Talaat» era una pura filfa.

A modo de ejemplo nos cita de memoria una serie de datos insertos en una crónica titulada «Conquista de Constantinopla», fechada en 1204 y cuyo autor fue un cruzado de sonoro nombre: Robert de Clari. El tal cruzado, como quien no quiere la cosa, da por cierto que al llegar al Bósforo y penetrar en un palacio llamado *Bucoleon* —«palacio que tal vez fuera el precursor del Bylerbey»—, descubrió, en la capilla, «entre otras muchas reliquias que era imposible enumerar», varios vestidos de la Virgen María; la cabeza del Bautista; dos fragmentos de la Vera-Cruz; el hierro de la lanza que atravesó el costado de Cristo; un frasco de cristal conteniendo gran cantidad de la sangre que Cristo derramó; la corona que ciñó su frente, hecha de «juncos marinos»...; ¡y, como colofón, una carta autógrafa que el mismísimo Jesús dirigió a María Magdalena!

Serim concluye:

—Comprenderán ustedes que, después de esto, me resulta más fácil hablar de eunucos que de religión...

Rumeli-Hisari

Mientras, ya de regreso, nuestro vaporcito —Ismet, el taxista, se volvió a Estambul por carretera— nos acerca a la fortaleza de Rumeli-Hisari, «levantada en la embocadura del estrecho para controlar el tráfico de barcos hacia el mar Negro», vemos pasar una pequeña flota rusa, con la hoz y el martillo en sus banderas. Los marinos que hay en cubierta nos saludan con buen humor; los pasajeros del vaporcito les correspondemos de la misma manera, a excepción de una patrulla de soldados turcos, uniformados, que se vuelven ostensiblemente de espaldas y miran para otro lado.

La escena no nos pilla de improviso, primero porque Serim nos había puesto en antecedentes y luego porque en varios de los libros consultados se trata con detalle esa cuestión.

Rusia ha sido el más pertinaz enemigo de Turquía, debido precisamente a que su única salida meridional al mar —al Mediterráneo— es el Bósforo y son los Dardanelos. Los rusos han pretendido siempre dominar esa salida, adueñarse de ella. En el transcurso de ocho generaciones han combatido nada menos que trece veces para lograr tal objetivo; pero los turcos se han resistido siempre con éxito. El momento más peligroso ocurrió acaso al término de la Segunda Guerra Mundial. El *Kremlin,* los jefazos de esos marinos que acaban de saludarnos con buen humor, envió un ultimátum al Ejército turco; y éste replicó: «Tendréis que matarnos a todos.»

Es la tradición. La lucha hubiera sido desigual; pero el *Kremlin* no se atrevió. Y es que los rusos conocen sobradamente las características del *asker* (soldado turco). Se vuelve de espaldas al cruzarse con ellos en una travesía pacífica; pero, en guerra, es indomable como la fe del padre Pascual. Los soldados turcos no tienen por consigna «matar o morir», ya que la muerte en combate equivale para ellos a capitulación. Antes de morir sienten el deber de haber matado lo menos a diez enemigos, como se desprende de la frase que recitan al jurar bandera: «Sé que no tengo el derecho de morir sin antes haber confiado esta bandera a otro camarada.» Estamos muy lejos de los *kamikaze* y de los legionarios. Es una manera de ser. Ya Napoleón advirtió: «Hay que abstenerse de encolerizar a un turco»; a lo que un oficial *(asker)* replicó: «Tal advertencia es injusta... Precisamente nosotros somos muy generosos para con los enemigos..., una vez que los hemos aniquilado.»

Pero el barco ruso ha desaparecido rumbo al mar Negro —los soviéticos, y también los americanos, se limitan ahora a pagar muchos espías en Estambul—, y nosotros hemos llegado al pie de Rumeli-Hisari.

Serim nos recuerda que la construcción, considerada en principio como arquetipo de ciudadela militar, se debe a Mohamed II el Conquistador, «que erigió aquellos muros en el increíble tiempo de noventa y dos días, a base, como siempre, de la utilización de millares y millares de esclavos y de la ayuda de los grandes visires para el transporte del material». Más tarde, y a semejanza de lo que ocurrió con el castillo de If, en Marsella, la ciudadela sirvió de prisión.

Eterna cantinela, que justifica que incluso en el palacio de Bylerbey, en uno de los salones femeninos, viéramos hermosos espejos colocados de tal suerte que sirvieran para advertir si algún enemigo se acercaba por detrás, a traición. En las mazmorras de Rumeli-Husari fueron encarcelados *pachás* caídos en desgracia, los primeros jenízaros que despertaron sospecha, mujeres de vida alegre que hablaban demasiado, representantes extranjeros y toda clase de súbditos declarados culpables. Las ejecuciones oficiales eran dadas a conocer a la población de Estambul por medio de cañonazos; si bien es cierto que éstos servían igualmente para anunciar las ceremonias solemnes o el paso del soberano en su caique imperial.

Pero he aquí que, para rematar la paradoja, actualmente Rumeli-Hisari es zona idílica, gracias a los árboles y jardines plantados por Selim III y, sobre todo, a la restauración total efectuada en 1953. Rumeli-Hisari es hoy cita obligada de los turistas. Y puesto que nosotros formamos parte de esa grey, Serim, apenas apeados del vaporcito, nos obliga a trepar por las escaleras que antiguamente utilizaban los centinelas y los prisioneros.

Nos cruzamos, ¡por supuesto!, con otros huéspedes del «Hilton» y con huéspedes de todos los hoteles de Estambul. Y es en vano que Serim, al pasar junto a una hilera de tumbas levantadas en honor de héroes patrios, arrugue el ceño y tire el pitillo al suelo y lo aplaste con el pie. La Historia es imparable, un sardónico camaleón. La propia Serim se ve obligada a suministrarnos detalles al respecto. En una plaza, en la que antaño se levantaba la mezquita, vemos a unos obreros trabajando, acondicionándola sin duda para repre-

El Mediterráneo es un hombre disfrazado de mar

sentaciones teatrales. «En esta plaza —nos cuenta Serim— tenían antes lugar las "farsas satánicas" de que les hablé; ahora, ya lo ven. Se acerca el verano y en verano se ofrece aquí a los turistas un vasto repertorio de obras clásicas —ironías de Molière, versos de Shakespeare...—, en un ambiente floral y cálido y entre decoraciones feéricas que la emperatriz Eugenia hubiera aprobado con entusiasmo.»

—Serim, ¿no le parece eso mejor que oír los gritos de los condenados a muerte y el anuncio oficial por medio de cañonazos?

—Sí, claro... —Reflexiona un momento y añade—: Pero una vez que se me ocurrió venir, me tocó oír, precisamente, aquello del ser o no ser...

Regreso a Estambul

Regresamos a Estambul, prieta de gente como un estadio a tope o como una feria en hora punta. Parecemos tres pigmeos obedeciendo la orden del poeta: «Seguid el millón de pies de la multitud...»

Llegados al «Cuerno de Oro», Serim se para y me dice:

—¿Sabe usted lo que he estado pensando todo el día?

—No lo sé.

—Que es usted un hombre afortunado, pues tiene una admirable capacidad para gozar del presente, del instante que pasa.

Guardo un silencio.

—¿Y usted no, Serim?

—No. Por desgracia, no lo consigo jamás...

Dicho esto, consulta su reloj y nos avisa que se le ha hecho tarde. ¿Quién —o qué— la esperará? Ve acercarse un taxi repleto (un *dolmus*) y se despide apresuradamente de nosotros.

Intentamos retenerla, pero es inútil. La ha ganado un extraño frenesí.

—¡Hasta mañana! ¡Adiós...!

—¡Hasta mañana, Serim! ¡Y muchas gracias...!

Nos quedamos sin nuestra guía, y echamos a andar un buen trecho, pegados de nuevo al gentío.

Hasta que, de pronto, nos damos cuenta de que el sol se está poniendo detrás de las mezquitas...

¡Qué descubrimiento! El crepúsculo había trastocado por completo el aspecto original de aquellos templos. Supuse que era un problema de luz y de color, que el sol, al sentirse morir al otro lado, quería hacerlo con una mezcla incopiable de grandeza y humildad. Las mezquitas tenían grandeza porque el sol-agonía les enviaba chorros de oro; y al propio tiempo cobraban humildad (recogimiento) porque sus siluetas se recortaban contra el cielo con toques violáceos, como de mortaja.

Olvidé por completo que era un pigmeo entre el millón de pies de la multitud; olvidé por completo que los rusos habían querido adueñarse repetidas veces del Bósforo y de los Dardanelos y que la fortaleza de Rumeli-Hisari fue construida en noventa y dos días. Me encontraba solo frente a las mezquitas transfiguradas, frente al fin de aquella jornada en la que, como cualquier periodista a sueldo, me había comido todo el pretérito de Bizancio y con mi tomavistas había filmado poblados modernos a orillas del mar y canalillos de agua que curaban la tristeza de los pájaros.

A cada segundo que pasaba, las mezquitas eran más hermosas. Me di cuenta de que otros forasteros advertían el fenómeno y se detenían, como nosotros lo habíamos hecho, recostándose en alguna baranda o manteniéndose de pie en el bordillo de la acera. El semblante de tales forasteros era grave, en ciertos casos, alelado. Sus ojos se habían convertido en prismáticos. Algunos hacían un vago gesto en el aire como queriendo ahuyentar a las palomas que no cesaban de revolotear por entre las cúpulas y los alminares, obstaculizando de algún modo la plenitud de la visión.

Tuve que reconocer que Estambul, como el rostro de las

parturientas, como la selva y los barcos y como el más insignificante objeto, tenía su propia hora. La hora propia de las mezquitas de la ciudad era la que estábamos viviendo. No sólo Santa Sofía era santa (y Sabia) y la Mezquita Azul era azul, sino que las demás mezquitas que se erguían aquí y allá e incluso otros edificios que en pleno día se nos habían antojado mediocres, aparecían en aquellos instantes nimbados de una gracia singular, como si alguien hubiese guillotinado por las buenas el menor conato de fealdad.

Aquello no tenía nada que ver con lo que me ocurriera a la salida del Museo Arqueológico. Más bien se trataba de lo contrario. Yo no era una estatua, sino un ser sensibilizado al máximo, acaso a punto de llorar. Y asistía, relamiéndome el alma, a la tierna conexión que existe entre el crepúsculo y la noche. Cierto, súbitamente se había hecho de noche, aunque el pálpito de la luz continuase derramando temblores. Y entonces comprendí. Me acordé de la noche entendida como vientre, como huevo, como misterio de fertilidad. Me acordé de la opinión de los griegos: «La noche y las tinieblas preceden a la formación de todas las cosas.»

En la noche estambulense se estaba formando un orden de belleza que únicamente la noche puede dar. Estuve a punto de suscribir la tesis chestertoniana según la cual «todas las grandes ciudades deben de haber sido construidas de noche», según la cual «quizá la arquitectura sea en realidad un arte nocturno, como el arte de los fuegos artificiales». Chesterton, siempre a mi vera, siempre presente, alineó (probablemente, de noche) estas palabras: «Toda arquitectura es gran arquitectura después de ponerse el sol.»

Pero, ¿por qué me embelesaban precisamente las mezquitas? Claro, claro, las primitivas cúpulas se identificaban con el concepto de bóveda celeste, y la eclosión que se había producido en mi cerebro, al margen de las tontadas que escribiera el cruzado Robert de Clari, era una eclosión religiosa. Yo me sentía, dentro de la noche, en su vientre y en su huevo, cerca de Dios. Tenía la sensación de que con un poco de esfuerzo hubiera podido pegar un salto y colarme a través de cualquier ventana hasta *el interior* de las mezquitas. Noche, Dios, cerebro, cúpula identificada con la bóveda celeste...; pero ¿y los minaretes? Representaban mi plegaria, eran lo agudo, lo ascendente, la única posibilidad de pinchar el firmamento sin ser cosmonauta ni remedar la absurda osadía de la torre de Babel.

Mi mujer se había sentado sobre una caja de frutas vacía y contemplaba todo aquello con el codo en la rodilla y la mano en el mentón.

—¿Qué piensas?

—Nada.

Lógico. Los orientales han analizado minuciosamente ese estado un poco más allá del acto de pensar. En el Vietnam lo llaman «fusión con la Naturaleza», situándolo incluso por encima del conocimiento puro que los «hippies» del *Karadeniz* confiaban encontrar en el Nepal. Por ello, en el Vietnam, ningún arquitecto clásico se atrevería a levantar un templo, una pagoda, una casa, cuya altitud rebasara la de los árboles circundantes. Primero la Naturaleza, primero la noche, primero la vegetación libre; el artista viene después. Ahí radica también su grandeza y su humildad. Hay que saber esconderse para que Dios nos sorprenda como a niños un tanto asustados. Los templos levantados sobre las colinas obedecen con frecuencia, impensadamente, a un farisaico impulso de soberbia. De hecho, en los momentos de crucial intimidad, buscamos una capilla recóndita, un oratorio silencioso, para rezar. De hecho, fueron las cavernas y las grutas naturales las que inspiraron los interiores arquitectónicos donde el hombre podía guarecerse y vivir, al modo como la idea de la cabaña hecha de ramas fue tomada de los habitáculos cónicos que se construyen los castores. Por ello los rascacielos serán siempre grotescos hasta en su misma denominación. Lo que un alminar —o una aguja gótica— pretende es trepar hacia el cielo, jamás rascarlo (rascacielos).

Por lo demás, la finalidad de la arquitectura es animar lo inanimado, dar vida a las piedras, redimir la materia. La noche, en efecto, la ayuda en ese menester. Por lo menos, la noche en Estambul. Aunque Serim, fatigada, se haya marchado quién sabe dónde, entristecida por no sentirse capaz de gozar, como yo, del presente, del instante que pasa...

14

EL PALACIO DEL SERRALLO

En las calles de Estambul abundan los carteles representando el rostro de una bella muchacha rubia y, al lado, la palabra «puro». Esta misma palabra puede leerse de continuo en los innumerables bancos alineados en los jardines públicos, en las plazas y parterres de la ciudad. La primera vez que, en una de esas plazas, vi a un hombre solitario sentado junto a la palabra «puro» pensé: «¡Por fin! Por fin he encontrado al hombre "puro" que, desde la última guerra —¿cuál es la última?—, andaba buscando.» Luego me enteré de que se trataba del anuncio de una marca de jabón. Entonces prescindí del hombre sentado en el banco y contemplé de nuevo el cartel con la muchacha rubia. La imagen del jabón que ésta anunciaba se me antojó deslizante y me llevó en volandas a recordar una extraña confesión de Nikos Kazantzaki, que tan cerca vivió de estos lugares: «Me complazco en pensar que mi sangre no es enteramente griega y que desciendo un poco de los beduinos.»

Este tipo de confesión espasmódica, un tanto brutal, es el que ocupa mi pensamiento mientras, por causa de la lluvia, he tenido que refugiarme en el restaurante del *Topkapi* (Palacio del Serrallo, ahora convertido en Museo), con ocasión de mi segunda visita al lugar.

Sentado junto al ventanal, desde el que veo llorar el cielo sobre la vía del tren, las murallas y los barcos que cruzan lentamente la bahía, me pregunto qué hada malhechora pretende impedir que un inofensivo turista como yo se entere de lo que fue y es realmente el *Topkapi.*

José María Gironella

En mi primera visita, las condiciones atmosféricas eran favorables, pero coincidí con cincuenta autocares y con todos los niños de todos los colegios de Estambul. El eterno fantasma de los *tours* me persiguió hasta este lejano rincón. Me encontré aprisionado en la sala caligráfica, la de los manuscritos miniados y la escritura arábiga que me había recomendado Marcel, y cuando conseguí salir al exterior, al patio en el que se levantan las horribles chimeneas de las cocinas imperiales —en las que podían prepararse, en caso de festejos solemnes, hasta quince mil menús diarios—, me encontré igualmente acosado por el alud gregario, con la anecdótica sorpresa de que los niños de los colegios iban entrando en fila india a visitar la llamada «Sala de la Circuncisión». Busqué afanosamente, por entre avenidas y jardines, la salida del Museo y no conseguí sino ver por todas partes flechas que indicaban: W.C. Por fin, un vigilante, con bigote en forma de acento circunflejo, se apiadó de mí y con exquisita corrección me acompañó a la puerta principal (Puerta de la Salud), ayudándome incluso a recuperar la máquina fotográfica y el tomavistas, que, a cambio de una chapa metálica, hube de depositar a la entrada.

A la tercera va la vencida. Cumplióse la ley. Mi mujer y yo, acompañados por Serim, fuimos al «Serrallo» y pasamos en él casi una jornada entera. Ni muchedumbre, ni colegios, ni lluvia —la característica humedad de Estambul, eso sí—, pudimos recorrerlo a placer. Debo decir que el conjunto responde realmente a su fama. Sería prolijo detallar todo cuanto puede verse en ese Palacio levantado sobre la acrópolis de la antigua Bizancio, probablemente el mejor mirador de la ciudad. Desde una de las colecciones de porcelanas más importantes del mundo (más de 10.000 piezas), pasando por el Santuario, que «conserva intacto el *Manto del Profeta*, un diente suyo, pelos de su barba, ¡una carta autógrafa!, etc., y la mencionada «Sala de la Circuncisión» (donde en verano eran circuncidados, entre diversiones y ceremonias, los príncipes), cada edificio y cada vitrina es un perfecto exponente de la tan debatida fastuosidad del imperio otomano que, como todos los imperios, decayó erosionado por el tiempo y también por causa de esa misma corruptora fastuosidad.

Sí, una vez más, en el Serrallo, que no significa harén,

sino *palacio*, compruebo lo que repetidas veces he escrito en el transcurso de este viaje: que debajo de cada trono aguardan su turno los gusanos.

Con frecuencia, ello resulta cierto inclusive estructuralmente: cuanto más vertical se producirá la caída, más alto y suntuoso ha sido construido el panteón. Faraones, emperadores, dictadores, conscientes de su finitud, procuran eternizarse de alguna manera y tienden a levantarse ya en vida una tumba que perpetúe su memoria. Que yo sepa, tal fenómeno no se da ni entre los grandes sabios ni entre los grandes creadores o artistas (recordemos que Monet deseaba que su cadáver fuera echado al mar). El poder emborracha, no así el saber. Nadie se imagina a Mozart, a Einstein, ¡a Fleming!, perdiendo el tiempo construyéndose sitiales de oro o su propio mausoleo, aun cuando hubieran dispuesto de los medios necesarios para hacerlo.

Las armas, las joyas y las vestiduras de los sultanes

Pasaré por alto, pues, la enumeración de tantas y tantas «obras únicas» contenidas en el *Topkapi*, y centraré mi atención en el desencanto que me produjo que estuvieran cerrados, por reformas, precisamente el Harén y la Biblioteca, y en las sensaciones que experimenté en tres de las salas más conspicuas del palacio: la de Armas, la del Tesoro y la de las Vestiduras de los Sultanes.

En la de Armas, me invadió una invencible incomodidad. Aparte de que prefiero una espiga o un ruiseñor al más hercúleo tanque o al más viril cañón, ¿a santo de qué aquellos fusiles gigantescos, ornados de coral y turquesas? ¿Por qué aquellos sables, aquellas dagas, aquellos puñales, aquellos cascos «de valor incalculable»? Es preciso reconocer que la belleza formal de muchos de esos instrumentos de agresión es en verdad extraordinaria, en especial la de los arcos, carcaj y flechas; pero ¿para qué, repito? ¿Cuántas cabezas cortaron —y no sólo «cabezas de turco»— aquellas espadas, cuántas vidas truncaron aquellos mosquetones? ¿Y en nombre de qué, de quién? En las cocinas Imperiales, quince mil menús diarios; allí, lo necesario para protagonizar, tal vez, jornadas de quince mil muertos... Por supuesto, uno de esos muertos fue, ¡la ley del *boomerang*!, un joven soberano llamado Osmán II. Por supuesto, la Sala se me antojó una medalla conmemorativa de la Degollación de los Inocentes...

En cuanto a la Sala del Tesoro, sucedió algo inesperado. Me encontré en ella absolutamente solo, pues mi mujer y Serim permanecieron un rato fuera, en el mirador, contemplando el mar de Mármara. Solo... rodeado de vitrinas de «Las *cinco* mil y una noches». Solo, rodeado por todas partes de piedras preciosas, de joyas, de objetos de cristal de roca, de servicios de mesa con incrustaciones alucinantes, de maravillosos cofres, artículos de escritorio y rosarios, de un versículo del Corán primorosamente trazado con brillantes, etc. Todo ello presidido por un robusto elefante placado de oro y montado sobre una caja de música; por el «Kandjar» (la esmeralda del «Kandjar» sirvió de tema para la película *Topkapi*); por un diamante tallado de 86 quilates, una de cuyas esmeraldas en bruto pesa ¡tres mil seiscientos veinte gramos!; por el célebre trono de Ismaíl (25.000 piedras preciosas), en el que es probable que se sentara el propio Tamerlán y que fue traído de la India por Selim I...

Esta vez no experimenté incomodidad, como en la Sala de Armas; más bien noté cómo poco a poco iba invadiéndome la náusea (al igual que en el palacio Bylerbey), mezclada con un impreciso sentimiento de culpabilidad. ¿A santo de qué —de nuevo, la pregunta— aquel despilfarro, aquella locura suntuosa e irremediablemente inútil? ¿Y quién decretó que aquellas «piedras» tenían el valor que se les atribuía? En realidad, nunca acerté a comprender del todo la atracción que ejercen las joyas. Siempre me ha parecido que tras ella se oculta un

El Mediterráneo es un hombre disfrazado de mar

mecanismo psíquico muy primario, compuesto de coquetería, fetichismo, vanidad ofensiva y demás atributos similares. Como fuere, en aquella Sala del Tesoro mi perplejidad alcanzó el extremo límite, por cuanto, a mi ver, no hay trasero humano que necesite, para posarse, un asiento ornado con 25.000 piedras preciosas, ni cuello que se merezca un collar aderezado con 5.000 rubíes, ni profeta al que quepa obsequiar con un elefante musical chapado en oro.

¿Eran otros tiempos...? De ningún modo, y por ello mi sentimiento de culpabilidad. La sociedad opulenta, de la que formo parte, continúa la pintoresca y suicida tradición..., y por otro lado el yate en que Kruschev se paseaba por el mar Negro podría figurar perfectamente en el Museo *Topkapi*. Otra oleada de concupiscencia ornamental, joyera, se abate sobre la colectividad. Sólo se salvan algunos ascetas voluntarios (religiosos; «hippies» auténticos; hombres con fe en la supremacía de la vida interior), y los millones y millones de seres carentes de lo indispensable y de los que ya se dice que pertenecen a otra dimensión: el tercer mundo. Los restantes bípedos continuamos aspirando a parecernos lo más posible a un pavo real.

En el momento en que esos pensamientos empezaban a abrumarme con exceso, observé dos cosas. La primera, que el guardián de la Sala vigilaba con atención mis movimientos, mis manos metidas en los bolsillos de la gabardina... ¡Curiosa situación, a fe! La segunda, que justo delante de mí se alzaba una pieza de la que Serim me había hablado con entusiasmo: «La Cuna de Oro.» El caso es que mi estado de ánimo sufrió una alteración. La cuna era de una hermosura impar —¿a qué príncipe le cantaron en ella una nana otomana?—, bordada con hilos áureos y cargada con esmeraldas y rubíes en forma de flores. ¡Cuna de Oro! Pensé que la popular expresión —«nacer en cuna de oro»— tenía allí su manifestación más plástica. Que un bebé tuvo la desgracia de ser depositado allí... Miré al guardián, cuyo aspecto era tan raquítico que sin duda el hombre acababa de ser extraído (gracias al turismo) del tercer mundo. Entonces me acordé de Buda, que nació en «cuna regia» y que supo renunciar a ella e irse al desierto a meditar, en busca de riquezas y fulgores más trascendentales, como, por ejemplo, esta sentencia que brotó de sus labios al borde de la muerte: «El que haya comprendido, juzga idéntico el valor de la arena y el oro. El cielo y la palma de su mano son idénticos a sus ojos.»

Las vestiduras de gala de los sultanes se alineaban en la galería superior de una espaciosa sala. Serim nos dio su palabra de que dichas vestiduras eran auténticas, «lo que no podía garantizarse del *Manto del Profeta*».

Colocadas en el interior de enormes vitrinas, el hieratismo de las túnicas sin cabeza (puestas sobre maniquíes de madera), coronadas por enormes turbantes, me produjo, como las joyas del Tesoro, una invencible desazón.

Las fajas eran de seda y todas exhibían puñales o dagas con granos de pedrería. La forma de los turbantes me recordó, no sé por qué, la de las calabazas: calabazas locas con un penacho encima. En cuanto a las túnicas, eran como disfraces de un anacrónico Monte de Piedad, de una magnificencia y pesadez grimosas. Me pregunté qué aspecto podían ofrecer aquellos semidioses enfundados en semejante indumentaria y abrigué la sospecha de que sus movimientos serían premiosos, de una torpeza extrema. También me pregunté qué opinaría al respecto el filósofo chino Lin Yutang, quien juzga antinatural el modo de vestir de los occidentales porque en vez de ocultar la forma simiesca del cuerpo humano la pone de manifiesto. Bien, es posible que, en cierto sentido, Lin Yutang tenga razón; sin embargo, es obvio que las vestiduras de gala de los sultanes, al igual que las usadas por los grandes jerarcas eclesiásticos, no aportan ningún remedio a la situación.

Naturalmente, seguro que tales atuendos impresionaban al pueblo, que era lo que se trataba de demostrar. De hecho, en esas vitrinas se encierra el secreto de la autoridad turca, desde Mohamed II, que conquistó Constantinopla, hasta Mahmud, que murió en 1838. Ahora bien, no pude por menos que esforzarme en imaginar cómo debieron de ser las cabezas, los rostros de los sultanes, sustituidos allí por maniquíes. Por fortuna, Serim atinó con el remedio oportuno: la sala de los *Retratos*, cuya colección virtualmente era completa.

La experiencia resultó singular. ¡Las cabezas de los sultanes! Excitante alineación. Rostros de larga barba, tez morena, nariz picuda y ojos que despedían balazos y rezumaban sensualidad. Rostros varios, como debe ser, algunos reflejando el gozo de mandar, otros tocados por cierto halo de tristeza y de fatiga prematura.

Claro, claro, no ha de ser fácil resistir por mucho tiempo el caudillaje de un ejército y de millones de súbditos, y al propio tiempo tener la obligación de satisfacer a un harén. A los sultanes jóvenes debía de faltarles ecuanimidad, a los maduros, la ilusión necesaria para proseguir ensanchando sus dominios. Dura tarea la de saber que bastaba con levantar la mano, arrugar el ceño o pronunciar una sílaba «para que centenares de galeras aparejasen en el Cuerno de Oro y miles y miles de arqueros negros y de jinetes turcos emprendiesen la marcha hacia las riberas del Danubio, queriendo llegar conquistadores a sus fuentes». No sé por qué, las túnicas —y los nombres, y los rostros— de los sultanes jóvenes me causaron más pena que las de los mayores. A los veinte años ¿qué se puede hacer? La sangre hierve y hay que brincar generosamente, ¡y con libertad!, por los caminos, por entre las hierbas, a la caza de mariposas voluntarias. Si te colocan una coraza y una daga dictan sentencia contra tu corazón. A los cincuenta años, en cambio, es distinto. «La noche de la vida trae consigo su propia lámpara.» Y a los ochenta... ¡qué más da!

Esas vitrinas con las vestiduras de los sultanes eran féretros maquillados. Serim nos contó que los músicos que tocaban en los harenes solían ser ciegos. Los sultanes les habían hecho arrancar los ojos para que no vieran a las mujeres. También nos contó que la mayoría de los soberanos no podían librarse del fantasma de la soledad. En el fondo, tal vez sintieran como si todos sus mandatarios, todos sus confidentes y todos sus súbditos estuviesen ya muertos y ellos fueran los únicos supervivientes en la tierra, en su imperio, en el «Serrallo» de Estambul.

Pero ahora ya no corrían ese peligro. Ahí estaban, en las vitrinas, cronológicamente ordenados, haciéndose compañía, formando la gran tertulia de los penachos, de los turbantes, de los rubíes y las barbas, ciegos como los músicos de los harenes, sordos como los artilleros novatos, mudos como los espías a los que cortaban la lengua.

En cuanto al guardián de turno cerraba la Sala, ¿qué harían? Alguien pretende que una noche al año recobran la vida y se desafían a sablazos, y que el vencedor pega un grito audible desde los confines del Irán hasta Marruecos; yo me incliné a creer que no hay tal. Lo más probable es que se miren unos a otros y que, aprovechando la experiencia adquirida en el más allá, y «habiendo comprendido que el oro y la arena tienen el mismo valor», aguarden tranquilamente el alba jugando una amistosa partida de naipes o de «tric-trac».

Los eunucos

Serim lamentó tanto como yo que la «Puerta del Harén» estuviera cerrada, pues en su interior están situadas las habitaciones que antaño ocuparon los eunucos, tema sobre el que la habíamos interrogado con insistencia. Convinimos en que lo mejor sería trasladarnos a la cafetería del «Hilton», donde podría informarnos sin prisa sobre el particular.

Tuvimos la suerte de encontrar disponible una mesa acogedora, aislada en un rincón, y que ninguna de las noticias que proseguía suministrando el «télex» del hotel provocase, como en otras ocasiones, un alboroto mayor entre los huéspedes.

Cabe señalar que nuestra guía adoptó, en el transcurso de la conversación, el tono de humor que le era habitual. Demostró estar bien documentada y contestó con precisión a todas nuestras preguntas. Su versión podría resumirse de ese modo:

—Todo eso de los eunucos es triste y ácido, ¿no les parece? Pero yo no me pirro por las sentencias budistas y por lo tanto no intentaré sentar cátedra. Mi padre, debido a su profesión de médico, no puede oír hablar del asunto. Es una de las pocas cosas que le desagradan de nuestro glorioso pasa-

Plaza del Hipódromo. En primer término, el Obelisco de Teodosio, traído de Egipto, del templo de Karnak.

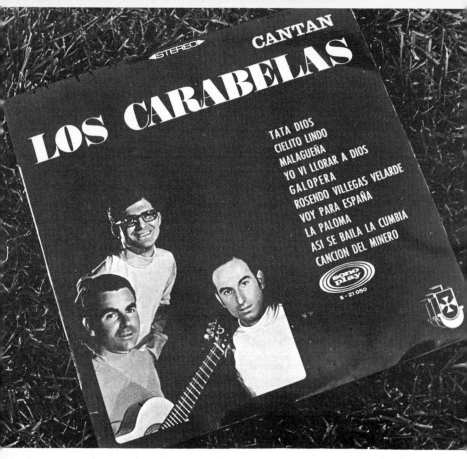

Estambul. «Los Carabelas», trío musical de Santander, que actúa en el «Hotel Hilton».

Típico instrumento turco.

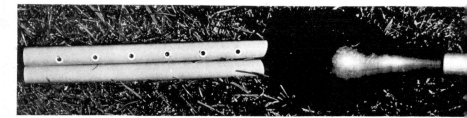

Museo Topkapi. — Carroza de Sultán.

Puñales del profeta Mahoma.

Cajita de música «El Elefante de Oro»;
joya de la orfebrería turca.

Ojo de mujer en el antiguo Islam.

Peregrinación a La Meca. Más allá de esta piedra, los no musulmanes no pueden pasar.

do... Y sólo le consuela pensar que, desde Ataturk, en Turquía ya no castramos a nadie, lo que no puede decirse de otros países de la órbita musulmana, y que tampoco existe el derecho de pernada, como en determinadas naciones de América que ustedes conquistaron... Como fuere, y para ir al grano, les diré que el sistema empezó a funcionar quién sabe dónde, quizás en Persia. Aunque parece ser que a algún que otro emperador cristiano el truquito le gustó y contrató también a eunucos para que cuidaran, sin riesgo alguno, de las respetables damas de la Corte. Pero, en fin, ciñéndome a lo ocurrido en mi área racial, o sea, a los eunucos de los harenes, la cosa estaba clara. Los tratantes de esclavos buscaban por ahí mujeres bonitas, y al mismo tiempo varones jóvenes a los que llevar al sacrificio. Al parecer, los de piel blanca resultaban peligrosos, pues algunas de las concubinas, privadas de toda compañía masculina a excepción de la de su amo y señor, acababan tomándoles demasiado afecto. Entonces nuestros astutos *pachás* optaron por utilizar sólo eunucos de raza negra, cuanto más feos, mejor. ¡Mi padre afirma que consiguieron ejemplares auténticamente repugnantes! Sin embargo, la vida es compleja. Los eunucos, algunos de ellos muy inteligentes, llegaron a tener, como los jenízaros, mucho poder e influencia, e incluso a ocupar cargos importantes, hasta el extremo de que el eunuco del harén imperial, para darles un ejemplo, podía ostentar el título de Alteza, sólo reservado al Gran Visir. Por lo demás, podía influir en la elección de las «favoritas», con las secuelas que ustedes pueden imaginar, y también permitir, por dinero o por oscuros resentimientos, que entraran en el harén otros hombres aparte del sultán... ¡Figúrense! De aquí nacieron las intrigas de toda suerte, incluidas las intrigas políticas. Naturalmente, los eunucos pasaban con suma facilidad, de dominar el cotarro, a ser encarcelados o apuñalados por la espalda, como sin duda habrán visto ustedes en algunas películas. Claro que las películas lo simplifican todo, cuando la verdad es que la historia de los harenes —harén significa, en árabe, «cosa sagrada»— es apasionante, y, en cierto modo, de una sutileza extrema... Lo malo es que también yo he de simplificar, a menos que prefieran ustedes agotar hasta el fondo el tema, renunciando con ello a ver Estambul. Bien, el caso es que muchos eunucos ignoraban hasta su procedencia exacta, pues habían sido comprados o raptados siendo muy niños, en su mayoría, en África. Y que algunos, según se diera, recibían una excelente educación, que les permitía, por ejemplo, administrar la fortuna de las odaliscas a las que servían, o vigilar a los soldados de infantería guardianes del Serrallo. Naturalmente, las costumbres variaban según el sultán de turno. Por ejemplo, el último que tuvimos, Abdul Hamid, poseía trescientas mujeres —todas muy gruesas— y una vez disparó a bocajarro contra un eunuco porque éste se rascó una rodilla sin antes pedir permiso. Y lo curioso es que era casi impotente, lo contrario de otro sultán, Ibrahim, que por lo visto era un superdotado y se pasó siete años sin abandonar la Sala del *Topkapi* en la que ustedes no han podido entrar. Ahora bien, al margen de esas amenidades, la verdad es que, como les dije al empezar, el asunto es sumamente desagradable. ¡Lo cual no significa que los eunucos, que tenían la voz aflautada pero al propio tiempo la casi garantía de no quedarse calvos, se sintieran forzosamente desgraciados...! Los había muy ocurrentes y dichosos, y que hacían de bufones. Ello se demostró precisamente cuando Ataturk, con su revolución, acabó, ¡al cabo de tantos siglos!, con los harenes y emancipó lo que pudo a la mujer. La consecuencia inmediata fue que los eunucos pasaron a ser, diríamos, obreros en paro, y que entre los centenares que había muchos confesaron sentir honda nostalgia de su juventud. Más aún, tenían conciencia de clase, por lo que en el año 1955 organizaron un congreso, el célebre Congreso de los Eunucos, ¡a raíz del cual se constituyeron en asociación legal! El argumento era válido. Puesto que el sultán representaba al Estado y ellos habían servido al sultán, su profesión era tan digna como, pongamos por caso, la de los diplomáticos... ¡Oh, claro! Por supuesto, consiguieron poca cosa. Pero sí algo parecido a un seguro de vejez... Yo recuerdo a uno de ellos que siendo yo muy niña visitaba a mi padre. «¿Sabe usted? —le decía—. ¿Total, que no podía tener hijos? ¡Bah! Mamaba otras ventajillas... Mis padres estaban al corriente y por ello no se opusieron a que me castraran. Y yo se lo agradecí. Claro que, ni ellos ni yo podíamos prever que un día vendría Ataturk con sus extrañas teorías, y que todo esto acabaría de mala manera...»

El Mediterráneo es un hombre disfrazado de mar

Serim se calló, en el momento justo en que entraba en la cafetería nuestro amigo Marcel.

—¿Qué tal? —preguntó. Y observando la seriedad de nuestros semblantes añadió—: ¿Ocurre algo malo? —Marcó una pausa—. ¿Malas noticias de España? —Marcó otra pausa—. ¿El asunto de Camboya...?

Serim sonrió.

—Nada de eso, tranquilícese... —y al tiempo que lo invitaba a sentarse concluyó—: Estábamos hablando, como si estuviéramos en una fina tertulia parisiense, de las ventajas de la esterilidad...

15

MODOS DE VIAJAR

Hay muchas maneras de viajar, como hay muchas maneras de quedarse en casa. ¿Cuánto tiempo es preciso estar en un país, en una ciudad, para poder opinar con cierto rigor? Supongo que nadie lo sabe con exactitud. Lo más probable es que dependa de la capacidad de observación y también del grado de transparencia del pedazo de mundo que se visita. Por supuesto, cualquier avispado lector de libros de viajes habrá podido comprobar que, a menudo, la «primera impresión» de un escritor de talento le ha iluminado más que el estudio exhaustivo de un escribano mediocre, o de un paciente recopilador de datos y fechas que se haya pasado en el lugar años y años. El conde de Keyserling, partidario de la intuición más que de la inteligencia, tiene atisbos geniales acerca de territorios y cosas que sólo vio un instante. Algo parecido podría decirse de Julio Camba. Julio Camba, de un solo trazo de humor, definía a veces un carácter racial, un sistema peculiar de vida, un clima. Por ejemplo, definió cabriolescamente el clima inhóspito de Londres diciendo que todas las ciudades «huelen» a algo concreto, determinado, pero que era imposible saber a qué olía Londres, por la sencilla razón de que el forastero nada más llegar allí pillaba un catarro tremebundo, perdiendo con ello todas sus posibilidades olfativas.

Tales reflexiones vienen a cuento para esclarecer lo que, de pronto, nos ocurrió en Estambul. En cuanto empezamos a familiarizarnos con el «olor» del país advertimos que su Historia, sus costumbres, sus hombres, sus monumentos, todo lo que nos contaba Serim..., nos interesaba tanto, que permanecer allí ocho o diez días más no iba a resolvernos la cuestión. Lo mejor que podíamos hacer era proseguir viaje (a Grecia) y regresar a Turquía en otra ocasión, para una estancia mucho más prolongada. Marchándonos, nos llevaríamos por lo menos el *flash* instantáneo, que siempre cabe valorar, sin caer en la trampa de atiborrarnos de imágenes aceleradas, sinónimo de guirigay, de desconcierto. ¡No, Turquía era una experiencia muy seria! Por tanto, fuera... La excursión «turística» habitual (un día, o sólo unas horas) a Éfeso, tras las huellas de san Pablo, no tenía sentido. Lo mismo podía decirse con respecto a Esmirna, a Bursa, a las mesetas de Anatolia... ¿Y cómo ir, con la lengua fuera, a la frontera del Este y recorrer la cordillera en la que se yergue el monte Ararat? Imposible encontrar, a golpe de cronómetro, como era nuestro deseo, los restos del Arca de Noé...

—¿Qué opina usted, padre Pascual?

El inefable padre Pascual, el optimista misionero franciscano, patriota, amigo de las plantas y de los libros, que vivía prácticamente solo en un antiguo convento de Beyoglü (Ataturk, además de prohibir los harenes, prohibió que los religiosos vivieran en comunidad), al oír nuestra pregunta sonrió abiertamente y se levantó. A menudo daba la impresión de que su vitalidad lo llevaba a preferir hablar de pie.

—¡Imagínense! Ocho días más no son nada... El nuncio Roncalli se pasó en Turquía once años y al marcharse dijo que no la conocía aún... No, ustedes son demasiado serios para andar por aquí con el calendario a la vista. Eso han de dejarlo ustedes para los clientes del «Hilton», y perdonen la manera de señalar... Así que opino que llevan razón. Un garbeo por las Islas de los Príncipes, porque el paisaje es un primor, una última ojeada a Estambul, ¡y a Grecia se ha dicho! Procurando, eso sí, que los nombres que allí oirán —Zeus, Apolo, Pericles, etc.— no se les suban a la cabeza... —y al decir esto soltó una carcajada, mientras sus ojos titilaban con picardía tras las gafas de miope.

—Padre Pascual —le dije, viendo que su característica euforia iba en aumento—, ¿permite que le diga que parece usted feliz ante la idea de que nos larguemos cuanto antes?

El misionero tuvo una mueca cómica y acto seguido negó con la cabeza, al tiempo que se acercaba a un transistor colocado a su derecha, junto a una imagen de la Virgen.

—¡No se trata de eso! —y volvió a sonreír—. Lo que ocurre es que estoy contento porque esta mañana, gracias a ese chisme —y señaló el transistor—, he podido captar dos estupendas noticias de España...

—¿Ah, sí? ¿Qué ha ocurrido?

—¡Menuda! Primero, el Atlético de Bilbao, en cabeza de la Liga; segundo, anoche Urtain le pegó al alemán ese la paliza del siglo y se proclamó campeón de Europa...

Árabes y judíos

El padre Pascual, aparte de su innata simpatía, tenía la ventaja de haberse pasado media vida en una sociedad plural, conviviendo con personas de ideologías muy diversas. Fanático de «su» verdad, pero de ningún modo sectario. El criado que lo atendía, físicamente deforme, dominaba cinco idiomas... En razón de todo ello, el misionero de Vitoria hablaba con sumo respeto de todos los pueblos, de todas las razas, de todas las religiones. Estaba inmunizado contra las torres de marfil. No era extraño, pues, que hiciéramos buenas migas, pues una de las cosas que se aprende en los viajes, a menos de circular con los ojos vendados, es que en todas partes hay razones válidas para justificar una creencia, una actitud.

Por si fuera poco, estaba informado, aunque, no gustándole criticar, a veces escurría el bulto. Desde su despacho veíamos ondear una bandera turca —fondo rojo con una media luna blanca y una estrella de cinco puntas, también blanca—, y le pregunté por el origen de aquellos signos.

—¡Oh! Según la leyenda —y las leyendas son siempre mentira y verdad—, la luz de la media luna, de la luna creciente, salvó a Bizancio del ataque de Filipo de Macedonia. En cuanto a la estrella, su luz blanca simboliza la estrella matutina del Corán.

—¿Le interesa a usted el Corán, padre Pascual?

—¡Claro! ¿Por qué me pregunta eso? Dios habla a todo el mundo, y a cada cual de la manera más conveniente... ¿Conoce usted aquel versículo que dice: «A los ojos de Dios, el más piadoso es el más digno»? Es del Corán. A mi juicio, no está mal...

—¿Cree usted, padre Pascual, que Dios habla también a los judíos?

—Pero, ¿qué tipo de esgrima es ésa? Bien, bien, comprendo... Quiere usted atraparme. ¡No lo conseguirá! Acuérdese de lo que le dije: Israel, pueblo elegido... ¿Dónde nació Cristo, vamos a ver?

—Yo no me refería al judaísmo histórico... Concretamente, le pregunto su opinión sobre los judíos de ahora.

—¡Hum! Déjeme tocar madera... ¿Qué es lo que quiere usted saber?

—Si son fuertes.

—¿Fuertes? Mucho. Muchísimo... Más de lo que usted se imagina.

—¿Debo entender que son más fuertes de lo que se imaginan los árabes?

—¡Vaya! La esgrima otra vez... Mire usted... La guerra es siempre una calamidad. Sin embargo, todos los que vivimos aquí sabíamos que ese conflicto iba a llegar. Al fundarse el Estado de Israel dijimos: ¡Tate!, no van a desperdiciar la ocasión... Y le repito que son fuertes. Cierto que los árabes son muchos más y que les rodean por todas partes; pero están divididos...

—Eso es verdad. Y también lo es que en última instancia todo depende de las grandes potencias. Sin embargo, ¿no puede perjudicarle a Dayan el llevar un ojo tapado?

—¡Bueno! También llevaba un ojo tapado Millán Astray... y ya vio usted qué bien se las compuso.

Me gustaba sorprender al padre Pascual. De modo que di un giro inesperado al diálogo y le pregunté si era partidario de que los americanos se retirasen de Asia.

—¿Oiga? ¿Cree usted que yo soy Salomón? —El misionero, que se había sentado, volvió a levantarse—. Eso nos llevaría muy lejos... Y lo cierto es que yo no soy partidario de nada. Tengo mis inclinaciones, ¡no faltaría más!; pero me las aguanto.

—¿Y cómo lo hace, si puede saberse?

—Pues... muy sencillo. Me siento ahí, al lado de la ventana, y contemplo los árboles que planté... Y cuando estoy a punto de enorgullecerme, cojo los Evangelios y le echo un vistazo al Sermón de la Montaña...

Constantinopla y Roma

El misionero nos cuenta cosas interesantes del pasado de Turquía. Es un santo varón, con un perro que detecta los terremotos... No soporta la idea de la injusticia social. El tercer mundo, que se conoce a fondo, le duele tanto como vivir lejos del país vasco. Confía en que llegará un día en que la historia no será un catálogo de matanzas, despotismo y esclavitud. Afirma que, hasta el presente, el hombre se ha dejado engañar por el Maligno, por las concupiscencias, sin comprender que «el otro» es, ni más ni menos, el hermano. Lo que yo le dije un día, que las crónicas antiguas, con muy raras excepciones, no son más que el resumen de la vida de los poderosos, es una santa verdad, y una verdad que le ha costado muy cara al mundo. Ya sería hora de que tuvieran no sólo voto, sino también voz, los millones y millones de seres humildes, que también amaban, que tenían manos y pies, que adoraban la media luna, el sol, la estrella de Belén o el fuego. Por ello no le sorprende en absoluto que yo sintiera tanta incomodidad en la Sala de Armas del *Topkapi*. Un puñal es un espectáculo atroz. El poder es sanguinario, y de ahí que Cristo repitiera una y otra vez: «Mi reino no es de este mundo.» Ahora bien, a él, franciscano por la gracia de Dios, no le dolían prendas, y en tanto que cristiano tenía el deber de entonar el *mea culpa.* No, Roma no fue siempre el faro que debía iluminar la tierra. Por ejemplo, los cruzados entraron varias veces a sangre y fuego en aquellos territorios. Y al margen de eso, tan complejo, incluso cuando se adueñaron de Turquía y fundaron Constantinopla, cometieron errores de bulto, que habían de culminar con el cisma entre católicos y ortodoxos, que todavía hoy perdura. El fenómeno era singular. Por un lado, gracias a tal conquista Rusia se incorporó a la Cristiandad, lo cual no fue moco de pavo, como los seguidores de Marx y Lenin descubrirían algún día, si es que no lo estaban ya descubriendo...; por otro lado, Constantinopla no fue el éxito que pudo haber sido. En efecto, la ciudad quedaba a mitad de camino para los peregrinos que iban a Jerusalén, que por entonces eran multitud. Eso era positivo; sin embargo, el campanazo de esos peregrinos anunciaba precisamente que la nueva doctrina procedente de Roma protegía a los menesterosos... La idea era tan inédita, tan opuesta a lo que hasta entonces se había oído y practicado aquí, que pronto acudieron a la capital, esperanzados, los mendigos y los enfermos, todos aquellos que sufrían hambre y sed, lo mismo si vivían cerca que si vivían lejos... Y ahí se perdió, como otras veces, la oportunidad. Algo se hizo en su favor; pero, en fin... Hubo que edificarles apresuradamente viviendas, si es que podían llamarse así, eligiéndose para ello esas calles estrechas y lóbregas que nosotros habíamos podido ver —cuatro metros de anchura, decía el decreto—, y en las que respirar suponía ya una proeza. Naturalmente, muy cerca de esas viviendas se levantaban los palacios... En resumen, se cometieron abusos sin cuento, hasta que aquella muchedumbre harapienta cobró conciencia de su fuerza y se rebeló, reduciendo a cenizas todo cuanto pudo, empezando por las iglesias. Y la danza continuó, con los consabidos altibajos, entre los pudientes y los ofendidos. ¿Por qué Dios permitía todo aquello? Para respetar la libertad del hombre, que es lo más sagrado. No obstante, ¡parecería cuerdo haber aprendido la lección! Y no era así. Ahora mismo, la Iglesia continuaba dejándose coaccionar por lo temporal y desviándose a menudo de la postura correcta... Ahí tenía, entremezclado con sus libros de leyendas vascas, el Nuevo Catecismo Holandés. Y estaba la cuestión de la colegialidad. Y la del clero sudamericano. Y la cuestión del celibato. En el fondo, todo ese alud, desde la Casa de Nazaret, donde él estuvo veinte años, e incluso desde Turquía, era previsible... En Turquía el noventa y ocho por ciento de la población era musulmana y convivir con ella forzaba a meditar. Claro es, no se trataba de sustituir la Casa de Pedro, ¡hasta aquí hemos llegado!, por la Kasba, de La Meca, y tampoco por el Muro de las Lamentaciones; pero sí se trataba de ejercitar la humildad sincera y la comprensión. Era preciso ser optimista y tender puentes: tender un largo puente como el que tenía en proyecto el Gobierno turco, destinado a unir por primera vez, ¡ya era hora!, el Estambul europeo con el Estambul asiático...

El padre Pascual no ha cesado de intercalar sonrisas aun en medio de sus confesiones dramáticas. Lo he escuchado embobado. Luego proseguimos la charla, repasando sus afirmaciones. Hago hincapié en una de ellas, que me interesa de modo especial: la del celibato.

—¿Qué opina usted, padre Pascual, sobre la cuestión?

—¡Je! ¿Qué voy a opinar? Eso no es problema para un franciscano como yo. Los religiosos, y los que quieran mantenerse célibes, adelante. Pleito resuelto. Los demás, a elegir. ¿Por qué no? Lo que pasa es que incluso entre el clero occidental falta información. En la Iglesia católica oriental —insisto, en la católica, no en la ortodoxa—, eso funciona desde hace mucho tiempo: antes de ordenarse se pregunta a los futuros sacerdotes si quieren casarse. En caso afirmativo, se casan y reciben luego las órdenes. Lo que no está permitido es lo contrario, casarse después de haber sido ordenados. Y tampoco está permitido que los casados sean nombrados obispos.

Asiento con la cabeza.

—¿Y quiénes forman, padre, la Iglesia católica oriental?

—¡Pues, mucha gente! ¿Cómo es posible que no esté enterado? Los griegos-católicos, los sirios-católicos, los armenos —no armenios— católicos, los copto-católicos, los maronitas, que están en el Líbano y que en siglo XII se integraron a Roma... ¿Comprende usted? ¿Por qué no, pues? ¿Por qué no dar también esas facilidades? ¡Que no cuenten con el padre Pascual para ponerle pegas al asunto!

Guardo un silencio. Querría exprimir al máximo al santo

varón que tengo delante.

—Padre Pascual... —prosigo—, ha aludido usted, de pasada, a un tema que yo considero muy grave: el marxismoleninismo. ¿No cree usted que lo que está sucediendo en Rusia —mejor dicho, en la Unión Soviética— es muy serio?

El padre Pascual no se inmuta tampoco excesivamente.

—¡Claro que lo es! Todo lo que suponga propagar e imponer el ateísmo es serio. Y en la Unión Soviética lo están imponiendo, y existen ya militantes jóvenes, e incluso jóvenes corrientes, que prefieren adorar a Lenin a adorar a Jesús... ¡Ah, pero se lo dije a usted el primer día, y se lo he dado a entender hoy!: no podrán. El día menos pensado se caerán fulminados, como ese alemán en manos de Urtain... Se puede vivir sin Lenin —yo soy un ejemplo de ello—, pero no se puede vivir sin Dios. El ateísmo tiene el inconveniente de que a la larga resulta aburrido, por lo que sus pontífices y sus órdenes de predicadores tienen que empezar a prometer más cosas aún que las que nosotros les prometemos a los creyentes... ¡Sacrifiquemos varias generaciones y, al final, el paraíso! Miau... La gente es muy desconfiada... Tratándose de un paraíso terrenal, la gente, cuando le dé por ahí, exigirá cobrar al contado. Y entonces se acabó lo que se daba.

En el «Hilton»

De regreso al «Hilton», nos enteramos de que Marcel se marcha al día siguiente para Marsella; y de que Serim —¡con qué fuerza nos estrecha la mano!— se ve obligada también a despedirse, ya que asuntos familiares requieren su presencia en Konya; y de que el fotógrafo americano que quería irse a Gediz... ha leído no sé qué en el «télex» del hotel y ha salido disparado rumbo a Camboya.

Es evidente que se ha iniciado la dispersión. Últimos días

de Estambul. Las nubes impiden ver si en el cielo sobre el Bósforo hay una media luna, luna llena o solamente estrellas, estrellas cuya luz ya ha muerto, como ciertas ideas del medievo.

Subimos al restaurante del último piso. Allá están «Los Carabelas», con sus canciones nostálgicas, con sus guitarras. Aguardamos a que se tomen un descanso para poder charlar con ellos, como de costumbre. No les gusta que se vaya Marcel, con quien han hecho buenas migas —«siempre hablándonos de *lo invisible* pero nos lo encontrábamos por todas partes»—, no les gusta que nos vayamos nosotros.

—Estamos tan familiarizados con esto —comenta Enrique, mirando las mesas de alrededor, repletas de clientes—, que a veces olvidamos que es un hotel...

Siempre nos cuentan algo interesante sobre la música, tan ligada a su vocación y a su vida. El folklore les interesa en grado sumo, porque consideran que, sean cuales sean las deformaciones que haya sufrido, jamás dejará de representar de algún modo el sentir popular. «El folklore es un altavoz, ¿comprenden? Puede no funcionar perfectamente, pero, ¿qué haríamos sin él?» «La prueba está en que, aquí donde nos ven, nosotros machacamos materialmente los ritmos sudamericanos, por la sencilla razón de que nacimos en Santander; sin embargo, los clientes de aquellos países nos aplauden a rabiar y es raro que no se les caiga alguna lagrimita...»

—¿Y el folklore turco?

—¡Huy! Es muy difícil... Tortuoso, complicado... Como las callejuelas del viejo Beyoglu. A nosotros nos parece monótono, pero a los que han cruzado Anatolia en camello, o han dormido noches enteras en el desierto...

Víctor, guitarra acompañamiento y voz contralto, compositor de flamenco, comparte sin reservas la teoría de ciertos musicólogos, que estiman que los sonidos populares suelen guardar una relación directa con la orografía y el paisaje de los pueblos. Podría citarnos ejemplos mil, aparte del de Anatolia y el desierto. En las canciones asturianas hay siempre un trasfondo de verdes profundos, con un poco de niebla, y de mineros en pleno esfuerzo. La «hula» hawaiana, que a él le emociona de manera especial, casi describe el avance de las canoas... No cree que necesite argumentos el folklore tirolés. Sus voces dan saltos. Si viéramos una partitura tirolesa advertiríamos en las notas del pentagrama los altibajos de los Alpes. En las canciones de llanura, en cambio, los intervalos son menores y la melodía es más tranquila...

—Eso está muy bien, Víctor, eso está muy bien...

Ernesto, punteo y voz grave del trío, cambia bruscamente de tema —como un grito tirolés— y le pregunta a mi mujer:

—¿A que no sabe usted lo que en algunas regiones turcas se dicen, en plan de piropo, los enamorados?

—Pues, no sé...

—Eres «mi hígado», «eres mi pulmón»...

—¡No bromee!

—¡Hablo en serio! ¡Se lo prometo!

Enrique, el ex seminarista, zanja el pleito.

—¿Por qué no? Después de todo, en España las madres les dicen a sus hijos: «¡ay, te mataría...!», lo cual es menos poético aún.

Los llaman para reanudar su actuación. Nos prometen que, antes de marcharnos, nos dedicarán un disco. Un minuto después ocupan su lugar y la trepidante melodía «Así se baila la rumba» enloquece el comedor.

16

LAS «ISLAS DE LOS PRÍNCIPES» ...Y ADIÓS A TURQUÍA

Nuestra despedida del paisaje de Turquía consiste en una excursión a las «Islas de los Príncipes», archipiélago situado en el mar de Mármara, a veinte kilómetros al sudeste de Estambul.

—¿Por qué llevan el nombre de «Islas de los Príncipes»?

—Porque sirvieron de lugar de recreo —o de destierro y reclusión— a los príncipes bizantinos del Bajo Imperio. Antaño eran también llamadas «Islas de los Sacerdotes», debido a los muchos conventos allí construidos.

En un folleto que me proporcionó el padre Pascual encuentro una serie de datos sobre dichas islas, cuya situación nos recuerda a las que rodean a Hong Kong. Una vez más compruebo que la Historia es igual en todas partes. El estamento militar, la nobleza y el estamento clerical han poblado durante siglos los mares y las tierras de nuestro planeta. La «rebelión de las masas», como fenómeno generalizado, es reciente.

Dos de las mencionadas islas, Kinali y Yassi, podrían servir de modelo o síntesis. Sobre un fondo de bosques ubérrimos y de acantilados de piedra rojiza, primero albergaron fortalezas castrenses; luego, algunos emperadores deportaron allí a sus hijos, o éstos a sus padres; por último, mientras en Kinali los armenios consagraban un templo a San Jorge (también en todas partes hay dragones), en Yassi se elevaba hacia el cielo la iglesia de «Los Cuarenta Mártires», lo que nos trajo el recuerdo de la que preside la famosa colina de los jesuitas en Nagasaki.

Todo ello fue repitiéndose, avanzando en ciclos parejos,

hasta producirse hace poco el *stop* de la masa rebelde: los turistas y los pescadores. Cierto, en ninguna de las dos islas queda hoy rastro de uniformes, de hábitos, de vestidos aristocráticos. La indumentaria de los turistas es varia y anárquica; los pescadores, simplemente, si llueve llevan impermeable, si hace sol van en mangas de camisa.

Jornada agradable, con el vaporcito anguileando por entre el archipiélago, y estancia obligada en la más importante de las islas, Büyük Ada, repleta de viñedos y olivos, tan paradisíaca y alejada del mundanal bullicio que el convento que se yergue en la cumbre de la colina más próxima se llama «de la Transfiguración».

Apenas desembarcados en Büyük Ada —un guía de aspecto severo nos acompaña—, subimos una pequeña cuesta y desembocamos en una plaza en la que nos aguardan unos típicos carruajes dotados de parasol, con sus correspondientes borricos. Éstos, enganchados en fila a lo largo de una barra horizontal, son la viva estampa del fatalismo de los cuadrúpedos, cuya rebelión acaso se produzca también algún día.

El guía nos ofrece una opción para circunvalar la isla: el carruaje o el lomo de un borrico. Optamos por aquél. La elección es unánime, de suerte que en pocos minutos se forma una caravana. En nuestro carruaje se sientan tres muchachos sudamericanos, parte de un grupo que ha seguido en Israel un cursillo de colectivización agraria. En el último momento le hacemos un hueco a un tipo solitario, con salakof y barba rubia. Parece tímido y no hace más que repetir: *pardon, pardon...* Sin embargo, no tardamos en descubrir que habla cinco idiomas y que entiende mucho de árboles, de islas, de cuadrúpedos, de mar...

—¿Es usted inglés?

—No, húngaro... *Pardon.*

Mi mujer me sopla al oído que muy bien podría ser uno de los «incontables espías» que hay en Estambul, según nos informó Serim. Yo más bien opino que se trata de uno de los muchos catedráticos alemanes que han sido contratados por el Gobierno turco para impartir enseñanza en las facultades universitarias de la capital.

La Meca. Peregrinos **rezando ante** la *Kaaba*.

Clásica estampa marinera en el Bósforo.

El Bósforo. Estación marítima en la orilla asiática.

El Bósforo. Regreso a Estambul...

<u>COSTUMBRES ÁULICAS</u>. – Los reyes y jalifas musulmanes tenían señales con las cuales daban a entender que la audiencia se había terminado.

Harún Arraschid decía: "Loado sea Dios."
Al Huáceq se pasaba la mano derecha por los bigotes.
Abdul Málak decía: "Con permiso."
Al Uálid tiraba un almohadón al pie del trono.
Omar Al Jattab decía: "Es hora de la oración."
Osmán decía: "El poder es de Dios."
Mohawía: "Ya es muy de noche."
Késroe: "Que Dios recree vuestros ojos."
Kibaz, el persa, levantaba la cabeza al cielo.
Sabur: "Basta por hoy."
Quischasef se restregaba los ojos.

Del libro *Sabiduría
Árabe* de F. J. Guraieb.

En las «Islas de los Príncipes». Carrozas para los turistas.

Grecia. Vista panorámica de Atenas.

El Mediterráneo es un hombre disfrazado de mar

¡Bien, todo perfecto! De vez en cuando el guía pega un salto y aparece en el estribo de nuestro carruaje —la caravana se compone de una media docena—, y cuida de suministrarnos algunos detalles. Gracias a él nos enteramos de que las nueve islas que, incluyendo Büyük Ada, componen el archipiélago, podrían bonitamente trocar el nombre de «Islas de los Príncipes» por el de «Islas de los Piratas», ya que durante largos períodos de tiempo éstos las utilizaron como base para sus correrías.

—Sobre todo, aquélla... —interviene inesperadamente el caballero del salakof y la barba rubia, señalando a lo lejos el islote de Heybeli. Luego añade, como hablando para sí—: La mayoría de los piratas eran de Creta.

Pronto descubrimos que la vegetación, en algunos sectores, es feraz, con abundancia de pinos. Tan feraz, que éstos descienden en cascada hasta el mar, hasta tocar el agua, lo que nos trae a la memoria las hermosas calas de la Costa Brava. A trechos, la tierra es roja. El bosque huele a resinas. Un vaho denso, grisáceo, a lo lejos: son minas de hierro. Un edificio abandonado: fue convento de mujeres. El guía nos ha dicho asimismo que Büyük Ada, en el momento oportuno, estalla en un pródigo reparto de magnolias y claveles.

Los tres muchachos sudamericanos, al pronto permanecen callados. Diríase que hay cierta desconfianza en su mirar. Sólo de vez en cuando, y por turnos, reaccionan y a la vista de algo que les choca exclaman: «¡Qué lindo!», «¡qué bárbaro!», «¡qué chulo!». No consigo tener la certeza de que lo que desfila ante nuestros ojos les interesa de veras. Imprevistamente, uno de ellos alude al Bósforo y afirma que lo que más le gustó de la travesía que allí efectuaron fueron los campos de golf... «¡Qué lindo!»

—Pero..., ustedes son técnicos agrarios, ¿verdad?

—Sí... ¿Le molestamos, señor?

La caravana se detiene en un mirador natural desde el que se divisa la mar grande y, con notable relieve, la combada silueta de *Yalova-les-Bains*, donde, al parecer, manan sin cesar, desde mucho antes de la invención del reloj, cinco fuentes de aguas termales que curan el reumatismo y embellecen la piel. Presto atención a los borricos que tiran de nuestras carrozas, y concluyo que una cura de aguas en *Yalova-les-Bains* les sentaría de maravilla.

Cerca del mirador, la inevitable cantina. El precio que hemos pagado por el recorrido incluye (ticket verde) el refresco, que nos tomamos con delectación. La mujer que nos sirve es un ejemplar morfológico digno de figurar en cualquier enciclopedia sobre las féminas del Asia Menor. Talla mediana, corpulenta, gorda de caderas, piernas sólidas. Viste enteramente de negro y de su rostro destacan los ojos, como de azabache, pero, sobre todo, la prominente nariz. Muchas veces hemos comentado con Marcel que las narices turcas se merecen capítulo aparte. Son apéndices monstruosos, pegotes, residuos trompoides de alguna raza primigenia. Las hay que parecen hinchadas por los muchachos previamente entrenados con las bolsas de plástico. El desfile de narices por el Puente Gálata, por ejemplo, puede llegar a convertirse, para un extranjero, en una pesadilla mucho más obsesiva aún que la cantinela de las ancianas que, delante de las mezquitas, venden mijo para las palomas.

En ese momento exacto (refresco-ticket-verde), el personaje del salakof, que tímidamente nos ha suplicado que le llamemos *Frédéric*, suelta amarras y se lanza a una exhibición. Sea espía o catedrático, yo diría que es un hombre que lo sabe todo, a excepción del misterio de las narices del Asia Menor. Nos dice que la existencia en Turquía de millares de mujeres de senos opulentos y caderas gordas como las que presenta la dueña de la cantina, se debe a que, desde siempre, los varones turcos las han preferido así. La grasa, para los turcos, constituye un elemento erótico, siempre y cuando sea dura y tersa. Para complacerles, las mujeres están habituadas a comer mucho, fundamentalmente a base de harina, lo que, como es lógico, dilata en exceso sus estómagos. Ataturk consiguió quitar muchos velos pero no disminuir el tamaño de los traseros. Las odaliscas, que desde niñas se preparaban para formar parte de los harenes, se conocían todo eso al dedillo y combinaban sabiamente el comer con el «baño turco», que estimulaba el metabolismo de modo muy diferente al baño de vapor, con lo que a la postre obtenían el resultado apetecido. Si en tiempos la mujer de la cantina hubiera sido odalisca, o ahora hubiera querido bailar la «Danza del Vientre» en un cabaret o participar en un pase de modelos de los que organizaba el «Hilton», habría conservado sus carnes, pero, además, habría maquillado sus oscurísimos ojos con sombras azuladas —utilizando el *kohol*—, y se hubiera perfumado el cuerpo a la antigua usanza: es decir, a base de cierto jugo que segrega una glándula de la cabra almizclada (el almizcle), emulsionado con aceite de almendras amargas.

¡Oh, ciertamente, nada había sido escrito sobre los métodos de excitación! En su país, por ejemplo, Hungría, lo que enloquecía a los hombres era oler de una manera natural, aunque en profundidad, el sudor de las axilas de la mujer; claro que, eso —con *pardon*—, debía de ocurrir en todas partes.

Contemplamos la vegetación que nos rodea. *Frédéric* también entiende de eso y afirma que la emoción más fuerte que ha registrado en sus viajes fue sobrevolar en una avioneta un tanto asmática la selva brasileña. Allí se dio cuenta de que el hombre nunca ha sido, ni será nunca, el rey de la creación. «Idéntica sensación experimenté una vez que me encontré cara a cara con un rinoceronte.»

Los pinos que nuestra vista alcanza son, en su opinión, muy jóvenes. Por eso se acercan al agua, porque a los jóvenes, anfibios por naturaleza, les gusta bañarse, en el mar a ser posible. Los árboles más viejos del mundo los ha visto en California. Uno de ellos cuenta, según cálculos de los expertos, siete mil años de antigüedad, y contra toda lógica, puesto que los reyes —y los sultanes— suelen durar poco, ha sido bautizado con el nombre de «monarca caído». También le sorprendió ver, en México, en Oaxaca, un ciprés cuyo tronco mide 73 metros de diámetro. «No sé si alguna mujer turca —y mira hacia la dueña de la cantina— habrá conseguido jamás una cintura de tal amplitud.»

Eureka! Uno de los sudamericanos, muchacho del Perú, que ha estado escuchando con mal disimulada indolencia, ¡aporta un dato que *Frédéric* desconocía!: a los árabes les gustan los árboles bajos, cortos, porque estiman que dan más sombra, y en una determinada época se dedicaron a maquillarlos como hacían consigo mismas las odaliscas. Por ejemplo, a los plátanos los platearon; y tal vez de ahí provenga la palabra: la palabra *plátano*.

Reemprendemos la marcha, ahora cuesta abajo. Los borricos se lanzan al trote, lo que da idea de que son más fuertes de lo que aparentan. Entre los miembros que viajan en los otros carruajes he reconocido a varias damas norteamericanas que se alojan en el «Hilton»; Marcel, viéndolas siempre felices, estaba dispuesto a apostar mil dólares (en moneda francesa) a que eran estafadoras legales, es decir, viudas dotadas de varias pensiones a la vez.

Aquí, en ese alto en el camino de Büyük Ada, han sido fieles a la tradición. Han fotografiado todas y cada una de las hojas de los árboles, pero no han visto un solo pino, tal vez porque ignoraban que eran pinos muy jóvenes. Han fotografiado desde ángulos muy diversos los acantilados y el romper de las olas, pero no han visto el mar, acaso, como hubiera dicho Mr. Raggley, porque no era un mar anglosajón. En cambio, se han reído hasta el delirio y se han puesto a brincar como quinceañeras enamoradas, porque un conejo asustado ha cruzado en zigzag la carretera.

Büyük Ada es una isla. El vaivén del carruaje no le impide a *Frédéric* complacer mi petición: le he pedido que me hable un poco de islas, tema que siempre me apasionó.

Lo primero que nos dice es que él, personalmente, las odia: *oh, pardon...* En el fondo, odia todo lo que es limitado (y las islas lo son), lo que equivale a decir que odia a Dios, cuya limitación consiste en que no puede dejar de ser Todopoderoso.

Luego nos cuenta que en el Amazonas —el peruano vuelve a escuchar con indolencia—, hay una isla, Marajó, mayor que

El Mediterráneo es un hombre disfrazado de mar

Suiza. ¿Y Australia, es una isla o no lo es? ¿Y por qué los españoles no desciframos de una vez, en las islas Canarias, el enigma de los guanches? Tampoco se explica por qué las islas polinesias evocan, por regla general, la felicidad. Será por las novelas de Somerset Maugham y por el sonido de los ukeleles. Él estuvo en Tahití, donde pisó el mismo lugar desde el cual el extravagante aventurero James Cook, el 3 de junio de 1709, vio el planeta Venus pasando delante del sol. Los tahitianos le dieron mucha pena, porque a cambio de la civilización blanca asimilaron la tuberculosis y el vicio de la bebida. Gauguin, pintor mediocre, cometió un grave error abandonando Francia, familia y amigos, yéndose a vivir a Tahití. Las islas sólo se merecen un *tour* de un día de duración, al trote que marquen esos irremplazables representantes de la cultura mediterránea que son los borricos; a las islas sólo deben ir los que aspiran a morir cuanto antes, que es lo que hacen en su territorio —2.781 islas— los japoneses.

—¡Qué bárbaro! —exclama el peruano—. ¡Qué chulo!

Los tres infinitos

El trayecto es largo y almorzamos muy tarde, ya en el embarcadero donde nos aguarda el vaporcito que nos devolverá a Estambul.

Frédéric se ha cansado de charlar y se sienta solo en una mesa aparte. Sin el salakof se convierte en otro ser, su barba rubia parece postiza. Se le ocurre pedir *spaghetti;* el camarero le hace una reverencia y le sirve el menú preparado para todos (ticket rojo), muy semejante al que solíamos tomar en el *Karadeniz:* arroz y legumbres, cordero turco (*kebac*), pasteles de cabello de ángel... ¡y café!

Nosotros nos sentamos con los sudamericanos y entablamos con el grupo un diálogo cordial.

José María Gironella

Me interesa conocer la impresión que sus componentes se han llevado de su estancia en Israel —cursillos de larga duración—, y he aquí que se produce lo inesperado: división radical de opiniones. La mitad se muestran entusiasmados y afirman que la organización judía es «prácticamente perfecta» y apunta hacia el futuro. «Han hecho un milagro. Sus esquemas de socialización han encontrado el punto exacto. Hemos aprendido mucho.» La otra mitad estima sin ambages que se las han habido con una estafa monumental. «Al principio, también agachamos la cabeza. Pero luego vimos que todo era fachada, y que la fachada tenía un nombre: Dólar. Sin los cheques americanos, Israel no sólo habría ya perdido la guerra, sino también la paz. Aquello es artificial, y además se engañan unos a otros. Producir cualquier cosa les cuesta mucha plata, una fortuna. A la larga, un fracaso morrocotudo.»

Me abstengo de emitir cualquier juicio, limitándome a reflexionar sobre la pluriformidad de las reacciones humanas, a la vez que me viene a las mientes la cáustica frase de Letamendi: «Nunca he podido comprender de qué industria vivirían los israelitas, cuando vivían juntos.»

Otra comprobación que le obliga a uno a rascarse la cabeza: lo difícil que resulta obtener información indiscutible. En la práctica, todo deviene materia opinable, y lo que a un hombre como *Frédéric* —¡se ha zampado de un sorbo el espeso café!— se le antoja ridículo, al guía que nos acompaña lo tumba de admiración.

Pensando, por ejemplo, en el recuerdo que me llevaré de Turquía, ¿qué puedo decir? ¿Sería igual, en resumen sería el mismo, de no haber conocido a Serim, a Madame Nadia, al padre Pascual, al señor Talaat, a «Los Carabelas»...? ¿O de haber hecho el viaje en pleno invierno? ¿O de haberme alojado en una pensión barata en vez de hacerlo en el «Hilton»?

Andamos por el mundo condicionados por los genes, por nuestras adhesiones y alergias, por mecanismos de educación, por circunstancias que van desde la meteorología hasta el olor del almizcle. Actualmente se habla de tres infinitos que nos rodean sin cesar: lo infinitamente pequeño, lo infinitamente grande y lo infinitamente complejo. Lo complejo es la causa de la relatividad. Catorce muchachos proceden-

El Mediterráneo es un hombre disfrazado de mar

tes de México, Chile, el Perú, Ecuador y Argentina ven las mismas cosas y unos descubren la estafa y otros la piedra filosofal. Los estudiantes madrileños del *Karadeniz* le colgaron a Marsella el sambenito de detestable; a mí me encantó. El señor Talaat, pese a sus posibilidades agoreras, me aconsejó que el problema de mi melancolía se lo planteara al padre Pascual; el padre Pascual no puede imaginar tan sólo la culebra que se oculta tras esa palabra, porque es un tipo de Dios —del Dios Ilimitado— sin noches oscuras, porque es un hombre de risa fácil, amigo de los pájaros, que no ha sido todavía expulsado del paraíso terrenal.

Consigo sacar a los sudamericanos del sopor en que de pronto los ha sumido la digestión del *kebac*. A nuestra izquierda, las damas americanas, las damas de la fachada del dólar, continúan paladeando su viudez.

—¿Visitaron ustedes el *Topkapi*?
—Desde luego.
—¿Qué les pareció?
—¡Interesantísimo! ¡Chulo!
—¿Algo les llamó especialmente la atención?
Uno de los mejicanos:
—Sí. Las vestiduras de los sultanes. Y la Sala de Armas...
Uno de los chilenos, que se dispone a recorrer Europa en veinte días declara:
—La Sala del Tesoro... ¡Lindas joyas!
Chulo mosaico el mundo, múltiples vestiduras, bárbara pluriformidad...

Regreso

Antes de embarcar en el vaporcito que nos devolverá a Estambul adquirimos, delante de la «Escuela Naval», una graciosa cesta hecha con ramas de pino, aderezada con jazmines. El guía nos ha dicho que, durante la travesía, hay que ir tirando al agua, uno a uno, los jazmines, ya que ello trae suerte. La idea tiene tal éxito entre los que formamos la expedición que apenas nos separamos del muelle el mar de Mármara empieza a recibir, con indiferencia casi irritante, una enamorada lluvia de jazmines. *Frédéric* es el único que no participa de la ceremonia, limitándose a contemplar el espectáculo y a sonreír.

De nuevo Estambul se nos ofrece allá, cada vez más cerca, desde el mar. Sí, es un prodigio. Las islas principescas van quedando atrás. ¿No aparecerán de un momento a otro los inefables trovadores italianos, los trasatlánticos *Michelangelo* y *Giulio Cesare*? Imposible describir silábicamente la panorámica de Estambul. Algún genio de la pintura, quizás. Algún genio de la música. Los músicos han conseguido describir incluso una tempestad. Pero ese crepúsculo que se nos echa encima lleva dentro un feto místico, aparejamiento difícil, embrollado, por cuanto el feto está por debajo del hombre (del artista) y la mística por encima.

Balance incompleto

Llegamos al hotel. Mañana, con el alba, nos recogerá un autocar para conducirnos al aeropuerto. ¡Rumbo a Grecia! Queremos apurar las últimas gotas de Turquía y conectamos la radio, que desgrana notas melancólicas, notas que parecen signos que de repente cruzan el aire diciendo «adiós».

Antes de hacer el equipaje salimos a la terraza. Las luces de los barcos que surcan la bahía más que las estrellas del cielo. ¿El cielo? Me pregunto si el avión que nos llevará —líneas aéreas *Olympic*— sobrevolará Atenas antes de tomar tierra. Sospecho que no. En cualquier caso, nos sentiremos, es de suponer, pequeños pájaros mitológicos.

El Mediterráneo es un hombre disfrazado de mar

Entramos en la habitación y descolgamos las maletas. Sus bocas abiertas son fauces que se tragan ropa, libros, medicinas, *souvenirs*... A última hora hemos comprado una hermosa pipa turca (narguilé), que nos recordará a los hombres de los viejos cafés fumándose su vida residual, sus últimas circunvoluciones cerebrales. Marcel, antes de marcharse, nos obsequió con un libro francés de «Magia», ilustrado, divulgador de trucos para sacar palomas de los sombreros, para hacer desaparecer bastones, para jugar con cubiletes embrujados, etcétera (en la nota adjunta nos dice volterianamente que los Papas que residieron en Aviñón usaban de trucos similares para impresionar a los beatones de la época). Por su parte, el padre Pascual nos entregó varios ejemplares de *La Vera Luz* y *Salom*, dos de las publicaciones que, en papel tosco y con tinta barata, imprimen los sefardíes de Estambul. Y con una estupenda edición de las «Cartas a sus familiares», de Juan XXIII.

En el momento de cerrar la primera maleta intento hacer un recuento de nuestras experiencias en Turquía. Imposible. Falta distancia. Se agolpan imágenes inconexas. Los alminares de las mezquitas danzan a mi alrededor, con los fieles alineados a sus pies, en las fuentes próximas, lavándose, purificándose. No sé por qué, veo reiteradamente la cara de un limpiabotas que ha estado asediándome cerca del hotel ofreciéndome diapositivas obscenas. Y veo a los muchachos que, en el Puente Gálata, se ganan unas liras mediante una báscula en la que se pesan los transeúntes. Y a un tipo estrafalario que, cerca del Gran Bazar, vendía navajas extraordinariamente eficaces para hacer un corte en los cristales de los escaparates de las tiendas... También recuerdo a Ismet, el taxista, hablándome de Kubala, de Di Stéfano, de Puskas y a punto de asfixiarse al probar el «Ducados» que le ofrecí; y nuestro crucero por el Bósforo —el canónigo Carlos Cardó escribió, sibilinamente, que «el mar Negro debe su nombre al color de su corazón»—; y los innumerables carteles con una bella muchacha rubia anunciando jabón marca «puro». Todo revuelto, un popurrí mental, con cierta sensación de peso excesivo.

Inesperadamente, los gatos. Millares de gatos me contemplaban (hay millares de gatos en Estambul, que, a lo que se ve, han desplazado a los perros). ¿Por qué los habrá? Porque hay ratas, claro.

Millones de ratas. En el «Cuerno de Oro» vi una media docena, monstruosas. En todos los puertos —y no sólo en los del tercer mundo— hay ratas; en todas las cloacas; en todos los estercoleros; en el pecho de muchos hombres y de muchas mujeres. Los gatos y las ratas forman parte de nuestro cosmos colectivo y de la terrible lucha planetaria por la supervivencia.

Veo a mi mujer colocar con cuidado las cajas de cerillas que enriquecerán nuestra colección. Asocio las cerillas con las llamas, las llamas con los incendios, los incendios con la política. ¡Qué extraño! Apenas si me he ocupado de política —de la política presente— durante mi estancia aquí. ¿Qué facha ofrece el actual Gobierno turco? ¿A dónde se dirige? ¿Cuál es su «bloque» de preferencia? ¿Qué ocurrirá? Sorprendente inhibición la mía. Acaso sea la primera vez que ello me sucede en mis viajes. ¿Qué motivo habrá? ¡Bien, no es cuestión de comerse las uñas! Al fin y al cabo, la política es aleatoria, cambiante como la moda, el máximo exponente de «la infinita relatividad». Tal vez haya sido mejor ocupar el tiempo en valores menos trompetarios, pero más duraderos.

Subimos un momento al restaurante de arriba, a despedirnos de «Los Carabelas». En cuanto nos ven entrar lanzan al aire, en honor nuestro, una canción griega, que los clientes corean. Luego se nos acercan y cumpliendo su promesa nos entregan uno de sus discos, dedicado. No resisten a la tentación de hablar de España, como siempre, y gracias a ello nos enteramos de algo que nadie, ni siquiera Serim, nos había dicho aún: que en Estambul, a principios de siglo hubo un intento para implantar las corridas de toros...

Enrique es el encargado de facilitarnos los detalles pertinentes, que escuchó de boca de un viejo empleado del hotel. Ello ocurrió en 1910. Una empresa construyó una plaza (de madera) ¡capaz para treinta mil espectadores! Se celebró la corrida inaugural, con los espadas Frutitos, Negret y *Chico de la Camila,* que se guardaron muy mucho de matar a los bichos, pues la Prensa había tachado previamente de bárbaro el espectáculo (los turcos aman mucho a los animales, «borricos incluidos»). El fracaso fue total, la idea no prosperó.

—Me alegro —comento—. A mí tampoco me gustan las corridas de toros.

Nos damos, no sin emoción, el último apretón de manos. «¡Adiós, Carabelas!» Nos acompañan hasta la puerta de los ascensores, robots técnicos que, efectivamente, no fallan jamás. Y regresamos a nuestra habitación, dispuestos a descansar.

No consigo conciliar el sueño. Última noche en Estambul. Reitero mi propósito de volver a Turquía, de la que sólo hemos cruzado el umbral. Me invade una emoción un poco ácida, semejante a la que experimenté hace años al abandonar el Líbano. Ambos países son «puertas de Oriente»; el uno, famoso por sus cedros, el otro, por sus cipreses. ¿Cuándo esas puertas desaparecerán y el paso será libre entre el Este y el Oeste? ¿Cuándo los políticos —y los intelectuales, y las jerarquías religiosas— comprenderán que el mutuo desconocimiento, que la enemistad recíproca son caldo apropiado para la perpetuación del suicida clan tribal? Me temo que el camino va a ser largo y jalonado de trampas, minas, alambradas, como la lucha en plena selva. En la era de la intercomunicación —una hora escasa de Estambul a Atenas—, Asia no es para los occidentales otra cosa más que la realidad japonesa; que el mito de Mao Tsé-tung (intercambiable, como sus consignas y pensamientos); que el acné del Vietnam; que las vacas sagradas de la India... Y Occidente no es para los orientales, sino la tecnología convertida en anhelo de confort y en capacidad de destrucción (Nagasaki e Hiroshima), excepción hecha de la feliz aventura de la Luna y sus grandes espacios.

No puedo por menos de evocar la figura de Juan XXIII. Fue a la vez, simultáneamente, nuncio de Turquía y de Grecia: preámbulo de su deseo de unión. El 3 de enero de 1943 escribió a sus hermanas Ancila y María una carta, fechada en Estambul, en la que puede leerse este párrafo definidor:

«Mi viaje de vuelta de Atenas a Estambul también me fue bien. San José me protege. Fijaos que en Atenas no podría tomar la línea aérea con destino a Salónica y Sofía, porque arriba había nubes agitadas y tempestuosas. Nos dirigimos hacia Belgrado. Pero he aquí que cuando me creía a medio vuelo de Belgrado descendimos. ¿Dónde? En Sofía. ¡San José bendito! Yo le invoco siempre y siempre me ayuda. Desde Sofía me vine a Estambul en tren. Llegué a tiempo de celebrar la Navidad. Las solemnidades de la iglesia fueron bellísimas, con mucho trabajo para mí, pero también con grandes consuelos pastorales. Fuera, sin embargo, entre las familias, incluso en las familias de los ricos, ¡oh, cuántas angustias! Pensad que la gente que tiene como 5 paga unos impuestos como de 500, y la que posee un millón paga unas tasas equivalente a dos. No hago comentarios. Pero sufro con quien sufre y ni siquiera puedo hablar.»

1943... Guerra mundial. Desconocimiento mutuo, enemistades recíprocas. Las chispas alcanzaron Estambul, incidiendo sobre los impuestos, sobre la angustia y vulnerando incluso la Navidad. Juan XXIII, en Atenas, no podía echar a volar porque «arriba había nubes agitadas y tempestuosas».

Me olvido del Buen Papa Juan y los párpados, ¡por fin!, empiezan a cerrarse (el alba está próxima). Recuerdo al grupo sudamericano: «¿le molestamos, señor?» No, nada me molesta. Hay sueños dulces como la miel. Éste es uno de ellos, debido, lo más seguro, a que la jornada ha sido agotadora. ¡Tantas islas, tantos príncipes deportados, tantas opiniones dispares, tantos recuerdos inconexos (ukeleles tahitianos, alminares, gatos...), tantas maletas!

Sueño que despierto y que me encuentro ya en Grecia, tuteando a los dioses, a los oráculos, retratándome con el Partenón al fondo para más tarde presumir ante las amistades.

17

RUMBO A ATENAS

Diríase que en el aeropuerto de Estambul, excesivamente pequeño, se han dado cita todos los habitantes de Turquía. A lo primero pienso que han acudido a despedirnos; luego, que han decidido emigrar; luego, que se trata de una manifestación contestataria contra los secuestros aéreos.

Entretanto, el personal burocrático no denota la menor prisa. Cuando nos toca el turno y colocamos las maletas en la báscula, nos despedimos de ellas con cierto sentimiento de inseguridad. «Buena suerte», murmuramos por los bajines. Una vez en la sala de espera —«Tráfico Internacional»—, comprobamos que en las pistas la organización es mejor. Pero el alud de gente continúa, es como una inundación. Veo un grupo de gitanas con pañuelos en la cabeza y falda rumbera, maravilla de color. Llevan bultos, niños y forman corro en torno a una jaula con pájaros. Intento filmarlas, pero dos de ellas se apartan del grupo, se me acercan y me pegan tal empujón que pierdo el equilibrio; por fortuna, dos tipos caucasianos, de gran bigote, me sostienen y luego se echan a reír. Les doy las gracias. Pero el alud de gente prosigue, y pronto la sala de espera semeja un campo de concentración.

Bien, la aventura turca ha terminado. A la hora exacta los altavoces nos llaman y subimos al avión. Las azafatas griegas sonríen. La mañana es luminosa como si el mundo fuera domingo. Poco después despegamos. «¡Hasta la vista, Estambul...!»

Encuentro inesperado

En la bolsa de mano que he dejado en el suelo veo los ejemplares del semanario sefardí *La Vera Luz*, que nos regaló el padre Pascual. Me pica la curiosidad y tomo uno de ellos. El titular, tipográficamente muy primario dice: *Los israelianos selebraron la memoria de los seis millones de judíos matados por los nazis.* No me da tiempo a leer nada más. Ni siquiera puedo saborear la pintoresca ortografía del titular citado. Un hombre de tez blanca y gafas de intelectual, que ocupa uno de los asientos delanteros, inesperadamente se incorpora, se vuelve hacia nosotros, y en un castellano bastante correcto nos pide permiso para formularnos una pregunta: desea saber si somos españoles. Asentimos y el hombre sonríe. Lo supuso en seguida, en cuanto nos oyó hablar (conocía un poco el catalán); y luego, al verme leer *La Vera Luz*, ya apenas le cupieron dudas. ¡Bien! Está encantado de poder saludar a dos españoles. Él es sefardí y se dedica a la importación. Ha estado en tres ocasiones en España, aunque su hijo mayor actualmente estudia en París. España es una maravilla, especialmente, Toledo. ¡Huy, había olvidado presentarse! Su apellido es Chávez. ¿Nos gusta viajar en avión? ¿La colonia judía es muy numerosa en Barcelona? ¿Cuántos días hemos permanecido en Turquía? ¡Oh, tenemos que perdonarle! Es un charlatán empedernido, sobre todo cuando tiene la «grande fortuna» de tropezar con españoles. ¡Grecia nos encantará! En Atenas hay también muchos sefardíes, descendientes precisamente de catalanes y aragoneses... Los de Estambul, en cambio, en su mayoría proceden de las «altas planas» de Castilla. ¡Sí, tenemos que perdonarle! Está muy contento y nos desea buen viaje.

La tez blanca —en primer plano— del hombre desaparece

de nuestra vista. Tardamos un poco en reaccionar. Es evidente que, en esas latitudes, resulta difícil sustraerse al problema israelí. Hundido en mi asiento echo un vistazo a otro titular del semanario que en los últimos minutos había utilizado como abanico: *Lunes último, a las oras 12 la selebrasión del 22 en aniversario de la endependencia de Israel.* Recuerdo haber leído en algún texto de Indro Montanelli que el pueblo griego contemporáneo es básicamente mercantil. ¿Contribuiría a ello la presencia allí de los sefardíes descendientes de catalanes...? *Chi lo sa!* Por supuesto, todo el mundo coincide en que los judíos expulsados de España en 1492 (tal vez hasta un millón), se adueñaron muy pronto del comercio en los Balcanes y Próximo Oriente, sin dejarlo ya de la mano. Ahora bien, ¿sería sincero el entusiasmo del señor Chávez por nuestro país? En ese caso, ¿por qué su hijo primogénito estudiaba en la capital de Francia? ¿Y por qué, si se dedicaba a la importación, tenía aspecto (y léxico) de intelectual? Igualmente recuerdo haber leído en alguna parte que el vocablo hebreo *Sefarad* (España), significa también «término», o sea, *Finis Terrae;* lo que concuerda con el hecho de que para los griegos de antaño España era el Occidente, las «Hespérides» cuyo jardín describe, poéticamente, en «La Atlántida», Jacinto Verdaguer.

Pero ¿a santo de qué esos escarceos etimológicos y raciales, si por el ventanuco del avión asomarán de un momento a otro las primeras islas de la geografía griega? El mar vasto, color cobalto, que se extiende abajo, tiene ya la «incomparable nitidez» cantada —¿por qué *cantar?*— por propios y extraños (yo soy un extraño). Se presiente que en cuanto aparezca una forma, un contorno, amueblando el vacío paisaje, sus líneas adquirirán aquella rotundidad y fijeza que acaso influyeran en la seguridad de trazo de los inmortales artistas helénicos.

¡No ha habido error! A poco brotan en la gran sabana azul unos islotes áridos, deshabitados, con leves manchas arbóreas. Tanto se recortan en el mar, que éste parece quedarse prisionero. El agua verde de las orillas y la espuma ingenuamente loca lo convierten en un mar táctil, asequible, casi familiar (dejo de sentirme extraño). Los islotes adquieren primacía, su presencia es invasora y como virginal. Y a medida que otros le suceden, como una erupción de urticaria en la piel, el avión va perdiendo altura y el horizonte deja de ser «infinito» y recobra su original sentido de «límite». Sólo la luminosidad hecha domingo que nos acompaña desde Estambul y que ha ido en aumento, mantiene intacta su grandeza.

Confieso que la humildad del espectáculo me consuela. Tengo el presentimiento de que Grecia será una realidad a la medida del hombre y que podremos ser fieles al consejo del padre Pascual; «Procuren que los nombres que allí oirán —Zeus, Apolo, Pericles...— no se les suban a la cabeza.»

—¡Atenas! —exclama inesperadamente el señor Chávez, volviéndose de nuevo hacia nosotros y señalándonos una tierra lejana...

Pegamos todavía más la nariz al ventanuco.

—¿Ya...? Muchas gracias...

En efecto, tierra firme. Casas blancas, azoteas, pequeñas huertas. Allá al fondo, enormes montañas.

—Si los señores quieren disculparme otra vez... ¡Oh, sí, mil perdones! ¿En qué hotel se alojarán?

Atenas

El aeropuerto de Atenas, limpio, tranquilo y funcional, nos causa una impresión agradable. Dos pasajeros de nuestro avión, franceses, comentan: «Esto es ya Europa.» ¿Por qué simplificar tanto? Muy dentro de Asia, en su vientre más profundo, hay también aeropuertos limpios y funcionales: Bangkok, Hong Kong, Taipei, etcétera.

Camino de la capital, el autocar de las líneas aéreas *Olympic* —¡nuestro equipaje se ha salvado!— bordea la costa, suave, sin sobresaltos. Abundan los bañistas y los practicantes de la pesca submarina, con sus horribles escafandras de

Atenas. Panorámica
de la Acrópolis.

Subiendo
a la Acrópolis.

El Partenón.

La Acrópolis. Perspectiva del Erecteión.

Lord Byron, defensor
de la causa griega.

El coronel Papadopoulos,
jefe del Gobierno griego.

Atenas. El Arco de Adriano.

Atenas. Los limpiabotas atenienses trabajan sentados.
El cliente está de pie. La caja y los utensilios suelen
ser filigranas de artesanía.

Caja de cerillas griega para nuestra colección.

Caja de cerillas italiana puesta a la venta a raíz del Concilio Vaticano II...

Típico instrumento musical griego: el «Boutzouki».

marciano. A la derecha, villas de recreo, formando áreas cuadriculadas, de tiralíneas. Todo modesto, un tanto sedentario, con cafés de plaza de pueblo y vegetación poco arrogante. En una curva, el autocar aminora la marcha y puedo vislumbrar en el interior de una tienda un retrato del joven rey emigrado, Constantino.

Nos acercamos al centro de la ciudad y ésta continúa siendo horizontal. Pensando en que la pueblan unos dos millones de habitantes, deduzco que su extensión debe de ser enorme (la llanura del Ática, claro). Me sorprende no ver por ningún lado, por entre algún resquicio sin edificar, la silueta de la Acrópolis. Imaginaba que el Partenón se levantaría automáticamente ante nuestros ojos, presidiendo nuestra entrada en la capital. Salvo error, y a juzgar por la actitud de los demás ocupantes del autocar, sospecho que ésta es la obsesión general, exceptuando a dos azafatas que, sentadas al lado del conductor, se han quedado profundamente dormidas.

No, no vemos el Partenón, y es muy posible que deba alegrarme de ello. Que sea mejor acercarme a él con mi curiosidad intacta, como se acerca a las fábulas un niño. Trepar hacia el monumento «como vestido de novia», según expresión hermafrodita, entre genial y risible, de Jean Cocteau.

La circulación se hace más densa, pero el punteo sedentario prevalece. Me pregunto si no habrá siempre un trasfondo de inmovilidad, de parálisis, en los lugares en que la agitación ha sido mucha y que el tiempo ha erosionado (en todo caso, debería olvidarme de nuestra visita a Pompeya). En lo alto de un enorme camión que maniobra para entrar reculando en un garaje, vemos a unos cuantos obreros pasándose de mano en mano, con lentitud y fruición, una jarra de agua.

¡Plaza de la Constitución! El centro dinámico de la Atenas contemporánea. *Terminus.* Nos apeamos y la pregunta es instantánea: «¿Dónde está Grecia?» Aparte de un palacio oficial —¿el Congreso?—, que parece un quiste alemán, el resto es un burda parodia de cualquier pecera norteamericana. Hoteles, oficinas, fachadas de cristal, rigidez, coches a porrillo. El mayor letrero de «Coca-Cola» que he visto en mi vida.

—¿Te das cuenta?

—Claro.

¡Bien! Acaso la Grecia que andamos buscando esté representada por los limpiabotas que vemos sentados en la acera; por los quioscos de Prensa (idénticos a los de El Pireo), en los que se vende chocolate, «rosarios», vasos corintios, estatuillas y periódicos italianos; por los vendedores de lotería, la mano asida a un palo del que cuelgan los billetes; por la escultórica cabeza del taxista que nos acompaña al «Olympic Hotel», en el que tenemos reservada habitación...

Claro, claro, lo autóctono, lo peculiar, lo griego, habrá que buscarlo en los detalles (todo lo antiguo es reliquia). Es un problema monográfico. Norteamérica se está apoderando de las «visiones globales», de las panorámicas del mundo. De todo ello se habló largo y tendido en el *Karadeniz*... Sí, es muy probable que tengamos que aceptar el pronóstico de Marcel, según el cual, de no producirse el resurgir de la «civilización del olivo», es decir, del latido mental mediterráneo, el globo terráqueo terminará siendo una nevera.

Sueño que soy una hormiga

El «Olympic Hotel» está muy cerca, a un tiro de piedra, frente a una espléndida iglesia ortodoxa, en cuya puerta un pope grave bendice a Dios tomando el sol.

Hotel opuesto al «Hilton», de tipo familiar, «a la medida del hombre». Los recepcionistas hablan francés e italiano, lo que es de agradecer. Un *hall* acogedor, un bar con un camarero inmóvil y una bellísima muchacha negra con abalorios hippies que le dan aspecto de diosa. Un mostrador-agencia de viajes, con planos, guías y tarifas de excursiones. Al fondo, a la derecha, una escalera con *posters* macabros en la pared: desciende a un sótano que, según leemos en una flecha indicadora, por la noche se convierte en *boîte* psicodélica.

La habitación que ocupamos es exterior y está situada en el segundo piso. Por la calle pasa un línea de trolebuses. Cada trolebús produce unas vibraciones que teóricamente han de hacer tintinear los objetos.

—Eso es molesto.

—No te preocupes. El baño queda aislado. Ya me las arreglaré.

Bajo la ducha, tengo la impresión de sacudirme, hasta nuevo aviso, los recuerdos de Estambul. Estamos hambrientos, por lo que poco después bajamos al comedor, limpio y tranquilo. El *maître*, ya mayor, se acerca y nos saluda en español. En las mesas vecinas, turistas canadienses, italianos, ¡japoneses! Un grupo de japoneses, sinónimo de sonrisas y de máquinas fotográficas.

Apenas si nos damos cuenta de lo que comemos. Estamos exhaustos, muertos de sueño. Personalmente, la imagen que más me seduce es la de las dos azafatas durmiendo profundamente en los asientos delanteros del autocar.

Acordamos dormir la siesta, una siesta larga, que nos devuelva la capacidad para sostenernos en pie. Luego adquiriremos unas cuantas dracmas y saldremos disparados al exterior. ¿Hacia dónde? No lo sabemos. Por donde nos dicte el corazón. Es bueno, en los viajes, improvisar. Quién sabe si en la cima del sueño no oiremos la voz ilustrada que nos indique el itinerario más conveniente.

Sueño que soy una hormiga, una hormiga negra, que corre y corre por la inmensa llanura de Atenas dispuesta a ganar la medalla de oro del maratón.

18

LA ACRÓPOLIS... Y OTRAS COSAS

Sospecho que la única descripción válida que cabe hacer de la Acrópolis ateniense es ésta: «Si pueden, vayan ustedes a verla.» Y juro por los dioses —incluida Atenea, la diosa de la propia ciudad de Atenas—, que no se trata de una frase de evasión o escamoteo; simplemente, se trata de un dictamen de impotencia. Lo cual, por supuesto, plantea singulares problemas a quienquiera que tenga por oficio escribir. En efecto, se pasa uno la vida garabateando palabras con el propósito de fijar o combinar determinados hechos (o signos o pensamientos), y de pronto se encuentra ante «algo» para lo cual las palabras carecen de eficacia. Entonces, ¿qué reacción tener? Primero, saludar —a ser posible, quitándose el sombrero— y largarse. Luego, leer las palabras que con respecto a ese «algo» los demás se hayan atrevido a alinear sobre un papel. Por último, y en el caso de que ese «algo» sea un conjunto de formas, de exterioridades, admitir que el sorprendente aforismo: «Lo más profundo que hay en el hombre es la piel», puede contener una profunda verdad».

Todo eso tuve ocasión de hacer con motivo de nuestra primera visita a la Acrópolis, que se prolongó hasta muy tarde, y de nuestro regreso directo al hotel.

Después de la reparadora siesta, que ni siquiera el incesante paso de los trolebuses consiguió interrumpir, decidimos cumplir con el rito, o sea, prescindir de cualquier voz ilustrada que hubiéramos podido oír durante el sueño y de cualquier otro atractivo que pudiera ofrecernos Atenas, y subir a pie al sagrado montículo de mis veneraciones infantiles, que no quedaba excesivamente lejos del «Olympic Hotel».

En menos de un cuarto de hora vencimos la agradable y ondulada cuesta que sitúa al forastero enfrente mismo de los Propileos, es decir, del tramo empinado y resbaladizo (y de la puerta) que da acceso a la Acrópolis, a la explanada en la que se yerguen la avanzadilla de Atenas Niké, el Erecteion y, sobre todo, el Partenón... Atrás habíamos dejado los autocares, colocados en batería, de los turistas de turno, el alegre mercadillo de los tenderetes de *souvenirs* y un número imprecisable de árboles más o menos nobles, que si no tenían siete mil años de antigüedad como aquel, californiano, de que el misterioso *Frédéric* nos habló, sí lograban que el espíritu presintiera la inminencia de lo Grandioso.

¡La Acrópolis! ¡Qué decir, qué clamar! No llevaba sombrero, pero me lo quité lo mismo. El conjunto era único. Uno de los pocos gritos de majestad, de seguridad en las propias fuerzas, que las criaturas humanas han podido lanzar en medio del burdo silencio a que suelen estar condenadas. Me pasé un tiempo indefinido contemplando el Partenón, cuyas columnas, ligeramente combadas y de color de piel de camello, dibujaban la más nervuda manifestación plástica de armonía y equilibrio que me había sido dado saborear en toda mi vida (la luz cambiaba de continuo y de continuo brotaban nuevos e insospechados destellos). ¿Sus arquitectos se llamaron Ictinos y Calícrates, y su estilo era dórico? ¡Qué más da! Luego nos acercamos al Erection, con sus cuatro fachadas y, sosteniendo el techo, en vez de pilastras, seis cariátides, seis hermosas mujeres con túnica hasta los pies. El templo era de una elegancia impar, con la sutil ingravidez de toda corporeidad que de algún modo pregone la paz —junto al templo, un olivo— o implore la protección de lo Alto. Luego retrocedimos hasta la avanzadilla de Atenea Niké, la *niké* de «La Victoria» (sin alas, para que no abandonara la ciudad), «santuario» pequeño y alegre, como colgado sobre el abismo. Mi cabeza no cesaba de volverse de un lado para otro y todas las siluetas se abalanzaban sobre mí y al propio tiempo se

El Mediterráneo es un hombre disfrazado de mar

fugaban quién sabe hacia dónde. Hasta que, de pronto, prestando atención a cuanto abarcaban mis ojos, me di cuenta de que lo que nos rodeaba era, exactamente, un cementerio. En efecto, todo a nuestro alrededor aparecía mutilado y, en cierta manera, muerto. Al propio Partenón le faltaba lo nuclear, el ombligo, es decir, la estatua de Atenas, la «Virgen Invicta» que Fidias realizó en oro y marfil (los ojos, piedras preciosas); los demás templos, incompletos; arrasado el adoratorio de Dionisos; pilastras decapitadas; piedras abandonadas, esparcidas con chocante incoherencia por el montículo; muchas de las figuras, ausentes, desaparecidas o repartidas por los museos. En resumen, aquel grito de majestad, aquella gran victoria sobre la inanidad de una colina humilde en un humilde rincón del Mediterráneo, había sido despedazado por el vandálico carro de combate de la Historia.

Y, sin embargo, lo Grandioso estaba ahí, lo que resultaba doblemente admirable. Los ecos de la Grecia clásica se percibían con claridad, acaso porque había empezado a soplar la tramontana, lo que nos indujo de pronto a saltar de mirador en mirador, viendo Atenas a nuestros pies, las montañas y el mar (al fondo, Salamina), respirando auténticamente el aire de mi tierra natal, el Ampurdán, que no sólo despejaba con rotundidad el cielo, de donde proceden gran parte de los temores, sino que burilaba más que nunca los contornos de los santuarios arquitectónicos que se erguían en torno a nosotros.

Volvimos a contemplar el Partenón, nos acercamos de nuevo a las cariátides, dimos vista al Ágora, quieta en la hondonada (donde discutían los filósofos, donde se acuñaron buen número de las palabras que ahora utilizamos), resistimos el asedio de los fotógrafos minuteros que querían perpetuar aquel momento nuestro y ganarse unas dracmas, ¡vimos al grupo de japoneses del hotel!, nos sentamos en una piedra a resguardo del viento, y de improviso, sin saber por qué, me invadió una densa, una invencible sensación de tristeza.

¿Qué ocurría? ¿Por qué el cerebro nos jugará tan malas pasadas? ¡Mi obligación era estar alegre! Acababa de paladear —al cabo de cincuenta y dos años de espera— una de las emociones más reales, más genuinas de mi peregrinar por el mundo, y he aquí que me atenazaba una congoja extraña.

¿Por qué no estallaba de júbilo mi ser? Todo inútil. Me pesaba la cabeza y los pies me dolían como si hubiera subido descalzo al Everest. Y me preguntaba por qué los japoneses sonreían, disparando sin cesar sus máquinas fotográficas y por qué un grupo de muchachas pecosas, vistiendo blusa azul, escuchaban embobadas las explicaciones de un profesor que no hacía más que señalar aquí y allá con el índice. Ni siquiera estimaba comprensible que un hombre de aspecto fatigado, que llevaba monóculo y se había sentado a nuestra vera, hojeara rutinariamente el periódico.

Me puse a silabear el aforismo según el cual lo más profundo que hay en el hombre es la piel, a silabearlo para mis adentros una y otra vez, mientras con un mechero de yesca idéntico al de Marcel encendía distraídamente un pitillo por el lado del filtro (lo que ocurre a menudo), y dejaba vagar la mirada por el espacio vacío como buscando en él una satisfactoria explicación a mi inhabitual estado de ánimo.

Explicación que, huelga decirlo, no tardé en encontrar, o por lo menos eso me pareció. Cierto, de repente di en pensar que acaso todo fuera de lo más sencillo: nos entristece aquello que nos excede. Así nos ocurre con el desierto; con una fiesta que se prolonga demasiado; con los momentos que preceden a un eclipse; cuando nos invade, con punzante evidencia, el amor.

La Acrópolis, el paisaje, el sudor de los siglos, esa Grecia creadora de la que Occidente, de punta a cabo, continúa siendo una colonia, la proximidad del lugar donde san Pablo pronunció su discurso al «Dios desconocido», desbordaban mi capacidad receptiva. ¿No era eso bastante para justificar mi dolorido estupor?

Por lo demás, tal vez hubiese contribuido a mi desplome ese vandálico despedazamiento perpetrado por los espasmos de la Historia. Sí, tal vez hubiese yo deseado que aquella montaña continuara siendo lo que antaño fue, a juzgar por los planos que mi mujer tenía en la mano: un conjunto increíblemente calculado por Pericles, un todo tan perfecto como un mapa astronómico, como un cuerpo humano en estado de salud y de gracia. Sin que los cristianos, en un momento determinado, la hubieran convertido en altar para sus ceremonias. Sin que más tarde los venecianos la convirtieran en almacén de pólvora, lo que había de originar una explosión catastrófica. Sin que un tal Lord Englin, compatriota de Mr. Raggley, hubiera entrado a saco en aquellos edificios llevándose a Inglaterra buen número de esculturas, incluida una de las cariátides del Erecteion... Que no se hubiera producido otro cambio más que el de la pátina del tiempo sobando los mármoles, mármoles que los artesanos de la época renunciaron a pulir excesivamente, a fin de que el polvillo de los diminutos cristales retuviera la luz.

Ahora bien, ¿podía estar yo seguro de que, de permanecer intacta, la Acrópolis habría conservado aquel encantamiento rural, silvestre, que era ahora su más claro hechizo, al modo como, en Estambul, quienes humanizaban las solemnes mezquitas eran precisamente las bandadas de chiquillos y de palomas que ronroneaban y hacían travesuras a su alrededor? ¿Sería más hermoso el Partenón de haber preservado los colores o pinturas que, según los textos, cubrían vastas zonas de sus plafones? Tales manchas iconográficas ¿no habrían roto, indefectiblemente, su fuerza sobria, su unidad? ¿No había yo vivido la experiencia negativa de otros colosales monumentos acabados, «respetados» (en Roma, la pulquérrima basílica de San Pedro), que me habían entristecido en la misma medida, y precisamente por su frialdad?

Bien, todo aquello resultaba paradójico, un tanto excesivo y bordeando el ridículo. Y pese a estar sentados a resguardo del viento, el pitillo, que por fin había logrado encender, se había extinguido por sí solo en un santiamén.

—¿Qué te ocurre?

—No lo sé.

—Estás pálido...

—Es posible.

—Estás triste...

—Creo que sí.

—¿Quieres que nos vayamos?

—¡No! ¿Por qué?

Regreso al hotel

Por fin decidimos dar por terminada nuestra primera visita a la Acrópolis (sin duda volveremos aquí muy a menudo), y nos dirigimos a la salida.

Lo mismo que al llegar, nos damos cuenta de que los resbalones de los turistas que suben y bajan por primera vez el empinado y desgastado tramo de mármol de los Propileos constituyen una nota irresistiblemente cómica. La gente pierde el equilibrio, y con frecuencia se cae. Ello altera positivamente mi estado de ánimo, sobre todo porque yo mismo, de sopetón, me encuentro sentado en el suelo, rodeado de compasivas sonrisas. ¿Y el hombre del monóculo, nuestro fatigado vecino que leía con rutina el periódico? Se cae también.

Es tarde. Pasamos delante de la taquilla —excepto los días festivos hay que pagar entrada—, y el encargado está recogiendo ya sus bártulos. Un poco más abajo, vemos también cerrados los tenderetes de *souvenirs*. En el recodo de la carretera donde estaba aparcada la flota de autocares apenas si quedan un par de ellos, aguardando a los rezagados. Los árboles más o menos nobles que montan la guardia a uno y otro lado de la carretera, que se adentran por el llano y trepan por los oteros más próximos, reciben ahora una luz oblicua, ligeramente incendiada por un sol morado y rojo que ha entrado en coma. Un taxi se nos acerca lentamente y montamos en él.

—Al «Olympic Hotel», por favor...

Sin subir siquiera a la habitación, tomamos asiento en una mesa recoleta del bar. La bellísima muchacha negra con abalorios hippies continúa allí, como una diosa, lamiendo un helado. En un rincón, media docena de italianos, impecablemente vestidos, hablan de negocios, con vasos de whisky en la mano. Gesticulan animadamente, pero sin levantar la voz. El camarero está inmóvil en la barra, frente a un diminuto tablero de ajedrez, intentando sin duda resolver un problema inserto en una revista que tiene al lado.

Lo llamamos, nos sirve un té, y mientras mi mujer se entretiene limándose las uñas y luego escribiendo postales, yo hojeo una serie de folletos y guías referidos a los monumentos que acabamos de visitar.

Por descontado, me entero de muchas cosas, aunque no encuentro ningún texto que contenga una definición válida, concluyente, sobre la Acrópolis, sobre la «roca sagrada» y sus construcciones. Todo es aproximativo y, con frecuencia, contradictorio. Los poetas —«los novios de las palabras»— pecan de énfasis, de exageración; los eruditos, como siempre, ejercen de sepultureros y amontonan nombres, fechas, datos inútiles, como si el genio de Fidias y sus colaboradores pudiera reducirse a un balance estadístico similar al de una campaña de venta de electrodomésticos.

Pese a todo, no pierdo el tiempo, ni mucho menos. Me entero de que Partenón proviene de *Te parthenon*, que significa «de las vírgenes», aludiendo con ello a la estancia que en el templo ocupaban las sacerdotisas de Atenea. Asimismo me entero de que Fidias no estaba jamás contento de su obra, por lo que, en uno de los frisos de dicho templo, se autorretrató «bajo, calvo y melancólico», poco favorecido, en fin; lo contrario de lo que hiciera el famoso hombre de caballete y pincel, Zeuxis, que habiendo pintado un racimo de uvas con tal realismo que una bandada de pájaros se echó encima de ellas para picotearlas, les dijo a los médicos: «Comprended que si caigo enfermo vuestra obligación será curarme, ya que el arte no resistiría el golpe de mi muerte.» Por más que, una mención recogida por el historiador Samivel —crítico ilustre, pese a su nombre de masaje para después del afeitado—, me sacude de un modo especial: la reiterada peregrinación de hombres ciegos que, a través del tiempo, han subido a la Acrópolis a palpar las columnas de sus edificios. En efecto, a tal extremo ha llegado la fama de perfección y belleza de dichas columnas, que ha sido creencia común que los ojos no eran indispensables para gozar de ellas, que con el tacto bastaba. En consecuencia, y al igual que sucede con las mujeres hermosas, también los ciegos se les han acercado para acariciarlas, para reseguir con los dedos sus líneas, dando luego fe de haber experimentado una auténtica sensación de placer estético.

¡ Oh, sí, cuántas preguntas me formulo en la mesa recoleta del bar, en tanto los italianos siguen hablando de negocios y el camarero, a juzgar por su repertorio de muecas, no consigue solucionar su problema de ajedrez!

¿Por qué, por ejemplo, se ha hablado siempre mucho más de la historia de los «hombres» griegos, de su saber y de sus obras, que de la historia de Grecia como pueblo, nación o Estado? Indro Montanelli responde con claridad a esta cuestión: a diferencia de lo que ocurrió en Roma, los artistas, los filósofos y los poetas griegos han contado más que sus legisladores y sus caudillos. La huella dejada por Sócrates ha sido más profunda que la dejada por Temístocles. Lo mismo cabe decir de Sófocles con respecto a Epaminondas. Los «creadores» griegos alcanzaron tal grado de intuición y de capacidad profética que, mucho antes que Julio Verne y otros precursores, imaginaron incluso la conquista de la luna, a través de un libro titulado *Historia verídica*, cuyo autor, Luciano de Samosata, vivió en el siglo II después de Cristo.

Ello me recuerda una vez más una paradoja de Chesterton, refiriéndose al reproche que en su tiempo se les formulaba a los poetas ingleses, en el sentido de que no debían de dar gran importancia a la Naturaleza, puesto que no 'la describían mucho. «La deducción es válida sólo a medias —apostilla Chesterton—. Cierto que nuestros poetas han preferido escribir sobre grandes hombres que sobre grandes montañas, pero se han sentado en las grandes montañas para escribir.»

Los hombres griegos de talla gigante hicieron algo parecido, sentados en el paisaje circundante de la Acrópolis o trabajando en los talleres de la ciudad, entonces pequeña, en la que ahora estamos tomando un té con limón.

El Mediterráneo es un hombre disfrazado de mar

Como es de rigor, mi mujer, limadas ya sus uñas y escritas sus postales, ha hojeado también algunos textos que nos entregaron en recepción y ha hecho igualmente ciertos descubrimientos de interés. El término griego *xenos* significa a la vez «extranjero» y «huésped». Ahora comprendemos toda la sutileza que puede esconderse tras la manera como nos saludó y atendió el *maître* en el comedor, a la hora del almuerzo. El término «cicerones», aplicado a los guías e intérpretes, tiene su origen en el hecho de que los expertos que en la antigüedad acompañaban a los viajeros romanos que acudían a Grecia, «hablaban con la elocuencia de Cicerón». En la Acrópolis, cada noche tiene lugar un espectáculo llamado «Luz y Sonido», durante el cual se recitan diálogos clásicos, que los altavoces emiten, mientras la montaña sagrada se ilumina fantásticamente. El abanico de excursiones posibles, a precios bastante moderados (con base en Atenas), es amplio: desde cruceros por todas las islas del mar Egeo, hasta viajes en autocar a Delfos, a Corinto, a Micenas, a Cnosos, a Rodas...

—¿Sabes lo que te digo? Grecia me está gustando.

—También a mí.

—¿Y la tristeza?

—Se fue con la tramontana, rumbo a Estambul...

En la «boîte» psicodélica

Después de cenar bajamos a la «boîte» psicodélica situada en el sótano, cuyos *posters* macabros vimos en la pared, al llegar al hotel.

Una «boîte» como otra cualquiera, con luces parpadeantes y música sincopada, ensordecedora. Jóvenes de ambos sexos, ¡vistiendo jerseys de universidades americanas!, se mueven con mejor o peor estilo, intentando seguir el ritmo, mientras chascan los dedos y mascan chicle.

La orquesta, el conjunto *beatlesiano,* ocupa un estrado al fondo del local. El «batería» lleva una melena tan descomunal que a su lado la de Liszt resultaría enana. El vocalista, altísimo y afeminado, se empeña en cantar en inglés. Lo flanquean tres guitarristas tripudos, de facha siciliana, que le dan al instrumento eléctrico con una tenacidad y una monotonía dignas de mejor causa. De tarde en tarde se hace la oscuridad y entonces brotan a nuestro alrededor esqueletos fosforescentes, manejando con rapidez la guadaña. ¿Qué buscaría con ello el decorador de la «boîte»? La mitología griega entiende la muerte como hija de la noche y hermana del sueño, pero cabe suponer que la cosa es más trivial. Un truco efectista, poco más, digno de las barracas terroríficas de las ferias o de las pretensiones agoreras del inefable señor Talaat, amigo del padre Pascual, ciudadano del barrio de Beyoglü.

En un momento determinado todo se detiene: formas y sonidos. Se van los esqueletos —hay que admitir que incluso la muerte se muere—, se apaga el parpadeo de los focos semafóricos y una luz blanca, suave, que desciende del techo, se apodera del local. Nos invade una paz exquisita. Los músicos saludan... y salen por el foro. Los jóvenes que bailaban se van a sus divanes, aburridos, al parecer. Y es entonces cuando nos damos cuenta de que el pianista es ciego. En efecto, el pianista es el único que ha permanecido en el tablado de la orquesta, sentado en su taburete. No lleva gafas negras, pero sus párpados caídos y su hieratismo delatan su ceguera.

Está tranquilo, busca palpando un vaso de agua preparado en un ángulo del piano, lo bebe con lentitud, lo deposita de nuevo en su sitio y luego se queda quieto, con las manos reposando sobre las rodillas. Juraríamos que sonríe. Es la viva estampa de la beatitud.

—¡Exactamente igual que el pianista del «Hotel Oriental», de Bangkok!

—Eso estaba yo pensando.

¡Ciego! Claro, claro... Las yemas de sus dedos se posarán con precisión sobre las teclas, blancas o negras, lo mismo da. Y al hacerlo experimentará sin duda «una auténtica sensación de placer estético».

Seguro que el muchacho, que continúa sonriendo, sonriendo para sí, ajeno a sus compañeros, a los jerseys americanos y a los esqueletos muertos, habrá subido en más de una ocasión a la Acrópolis y habrá acariciado los mármoles pentélicos de las columnas, y con sus dedos largos, elegantes, habrá reseguido morosamente la «armonía» de sus líneas, rindiendo homenaje a quienes supieron crear, al igual que el inventor del piano, un rango de belleza para gozar del cual ser vidente no resulta indispensable.

19

VIDA EN ATENAS

Nuestro «cicerone» en Atenas tenía que ser el señor Stratigopoulos, un ex abogado de la ciudad, ya jubilado, al que conocimos el pasado otoño, incidentalmente, en el monasterio de Montserrat.

El contacto que tuvimos fue de lo más cordial, pese a que se tomó un poco a broma que el pueblo catalán venerase a una Virgen de color más bien negro, y le prometimos formalment devolverle algún día la visita. Nos dio sus señas, le habíamos escrito poco antes de embarcar en el *Karadeniz*, y también desde Estambul, anunciándole nuestro inminente viaje a Grecia, por todo lo cual, desde el «Olympic Hotel», le llamamos por teléfono.

—No está. Regresará dentro de tres días.

Ésa ha sido la respuesta de la sirvienta, según versión de uno de los recepcionistas, que ha hecho las veces de intérprete.

¡Bueno, no pasa nada! Esperaremos. Y mientras, como tantas otras veces, decidimos lanzarnos por cuenta propia al descubrimiento de la calle, pertrechados con los consabidos planos e informes, además del indispensable tercer ojo en la frente.

Tres días intensos. Robándole horas al sueño. ¿Cómo resistir la tentación? La Atenas pedestre, cotidiana, ofrecía, a nuestro juicio, mucho más interés que el que le adjudican buen número de cronistas y viajeros. Tal vez sea un problema de sintonización, o de sensibilidad. Tal vez nosotros vayamos poniendo cierta carga subjetiva, emocionalmente favorable, muy personal, a cada esquina, a cada ciprés, a cada rostro. Tal vez el zapatero remendón, muy próximo al hotel, al que acudí la primera mañana para que me claveteara un tacón de goma que se me rompió al resbalar y caerme grotescamente en los Propileos, me ganara sin remedio en cuanto, al verme entrar, me llamó, en vez de «señor» o «caballero», *kyrie*...

¡Kyrie! La palabra me retrotrajo a mis cánticos y plegarias de la niñez, y a partir de ese momento me sentí predispuesto a recorrer Atenas poco menos que de rodillas.

Sí, reitero mi discrepancia con cuantos afirman que la capital griega actual es «la Acrópolis y los museos», y nada más.

Cierto que cabría esperar mayor grandeza en una ciudad que en cuestión de medio siglo alumbró —milagro irrepetible— unas docenas de cerebros que cambiaron el destino de los hombres. Cierto también que la urbe peca un tanto de monotonía; sin embargo, la verdad es que hay en ella algo que nos colma, que nos chifla. Mi mujer, por descontado, se encuentra aquí como el pez en el agua. En pocas ocasiones, a lo largo de nuestros viajes, la había visto reaccionar con tal entusiasmo. Haciendo memoria, sólo consigo encontrar equivalente en nuestro recorrido por las islas del Caribe (especialmente, Curaçao), en Hong Kong, en Camboya, en Marraquesh, a los pies del Gran Atlas... Tocante a Europa, creo que únicamente podría citar Heidelberg y, obviamente, París.

Es posible que contribuya a ello, además de la mencionada sintonización, siempre imprevisible, la facilidad con que se ha familiarizado con el idioma griego; lo contrario de lo que a mí me sucede, que no puedo con él. La ortografía, sin ir más lejos, a ella, le encanta, incluso desde un punto de vista figurativo, lineal; a mí me marea. ¡Esas mayúsculas triangulares! ¡Y que muchas de las letras del alfabeto sean idénticas a las nuestras pero con significado distinto y distinta pronunciación!

—Pero, ¿es posible que no entiendas lo que pone ahí, en esa valla?

—Ni idea.

—¡Metamorfosis!

—¿Metamorfosis en un sitio donde están en obras?

El Mediterráneo es un hombre disfrazado de mar

—Ahí está la gracia... Hacer obras es metamorfosear. Eso es el griego... ¿O ya no te acuerdas del «xenos»?

—Sí, mujer. Significa, por partida doble, «extranjero» y «huésped».

—Sinfonía.

—¿Cómo?

—Que has acertado, que «estamos de acuerdo»...

Familiarizarse con el idioma es básico (para comprender un país, una psicología, una ciudad). Y mi mujer tiene razón. El idioma griego proporciona constantes sorpresas al hombre mediterráneo, que al topar con él ahonda de un modo realista y también mágico en el por qué del lenguaje que ha manejado desde que nació, o sea, en la mismísima raíz de su forma de pensar y ser. Y se aclaran conceptos y se adquiere precisión. Aceptado, aceptado. Sí, es bello enterarse de que en Atenas «diario» se pronuncia *efemérides*, y que *suma* se pronuncia *logaritmo*, y que «carta» es *epistoli* (y «carta de amor», *erotiki epistoli*).

—¿Así que tú y yo nos hemos escrito muchas *erotiki epistoli*?

—Exacto, mi querido *kyrie*...

Atenas nos apasiona, ésa es la verdad. La blancura de sus fachadas; las pequeñas iglesias bizantinas, prodigios de picardía; la nula afectación de la gente —¿indiferencia?, ¿estoicismo?—, que se traduce en cálida amistad en cuanto requerimos sus servicios (no son pedigüeños); los vendedores de pistachos y jazmines; la limpieza, limpieza insólita, patente por doquier, excepto en algunos barrios con juventud bullanguera que, sobre todo de noche —plaza Omonia...—, se empeña en imitar a ciertas pandillas de las películas americanas; los chiquillos que llevan en el platillo de una balanza las diminutas tazas de café (dos sorbos) y el gran vaso de agua ritual; los nombres corrientes de las personas —Calíope, Clío, Melpómene— que por sí solos evocan mundos remotos (en una pastelería la dependiente, nalguda y rechoncha, ¡se llama Terpsícore!); la majestuosa presencia, aquí y allá, de los popes, muchos de ellos con los cabellos largos recogidos sobre la nuca en una especie de moño y a quienes algunos

243

transeúntes se acercan para besarles la mano...

Tenemos la impresión, eso sí, de que indudablemente nos las habemos con ciudadanos amantes del comercio. ¡Los anticuarios del Gran Bazar estambulense no pueden compararse con los que aquí maniobran astutamente en su covachuela instalada cerca del Ágora, paralelamente a la vía del tren! Dios sabe la cantidad de «inapreciables reliquias» que habrán vendido: túnicas de Platón, sandalias de Esquilo, vasijas utilizadas por Zenón y por Eurípides, calderos hallados en el hogar de Píndaro, joyas que ornaban la anatomía de las hetairas... Según Terpsícore, que habla copiosamente y con la que hemos hecho buenas migas, en El Pireo hay un tipo que llegó de Samos y que consiguió venderle a un australiano nada menos que los manuscritos de las fábulas de Esopo.

Pero, aparte de esto, el comercio abunda, y se ven almacenes y escaparates de cierta calidad, si bien con algunas peculiaridades como, por ejemplo, la de que haya muchas más tiendas de ropa masculina que de ropa femenina... ¿Serán reminiscencias del culto prioritario a la belleza varonil? Dichos establecimientos, lo mismo que las agencias y que buen número de los mejores hoteles, se concentran en gran parte en torno a la plaza de la Constitución, algo así como los Campos Elíseos de la ciudad, aunque se ve también muy transitada la calle del Estadio y se acumulan muchos baratillos y buhonerías en la calle de Hermes. De otro lado, se multiplican los quioscos de Prensa idénticos a los de El Pireo, y los teléfonos públicos instalados en muchos de ellos continúan pareciéndonos funcionales. Tan funcionales como las *vedettes* casi desnudas —italianas, alemanas...— que se exhiben generosamente en las portadas de las revistas extranjeras.

Deambulando al azar, privilegio a nuestro alcance, se da uno de narices con detalles chocantes, como es de rigor. Los collares de piedras azules que llevan en el cuello los niños, para preservarse «del mal de ojo», lo mismo que en el campo se hace, según noticias, con las mulas y los caballos; los fieles, en las iglesias, persignándose por triplicado, acorde con la liturgia ortodoxa; las madres peinando a sus hijos al sol —gloriosa y arcádica ceremonia mediterránea—, mientras les cantan, mejor o peor, melopeas de raigambre asiática, en las que es posible oír los característicos semitonos y cuartos de tono. ¿Y por qué un mozo del hotel habrá palidecido ante el gesto mío, espontáneo, de levantar la mano y separar los dedos para indicarle el número «cinco»?; por la misma razón que induce a los niños a colgarse collares de piedras azules: en la Grecia antigua ello significaba «hacer mal de ojo»...

Capítulo aparte merecen los bares, en los que es muy raro que haya televisor —lo que resulta de agradecer—, y los restaurantes. Los restaurantes de lujo disponen comúnmente de una curiosa institución: la de «bodeguero», hombre experto en vinos, que cuida de aconsejaros, no sin cierto empaque, inclinándose habitualmente por los famosos vinos *retsinatos*, es decir, los clásicos vinos griegos elaborados a base de mezclar el zumo de uvas con el acre sabor de la resina de los pinos, mezcla que al pronto repele pero a la que luego se toma afición. Asimismo resulta curioso que el *maître*, en muchos de esos restaurantes, juzgue natural que el cliente pida permiso para entrar en la cocina y escoger allí mismo el plato que mejor le apetezca. Una prueba más del sentido doméstico, familiar, de la organización comunitaria del pueblo griego. La comida griega nos sienta muy bien. Sobria y suculenta a la vez. Muchas especialidades —albóndigas de carne, salchichas a la brasa, cordero a la «palikare», etc.—, se sirven sobre hojas de parra. Son muy frecuentes el arroz «pilaf» y los macarrones. En cuanto a los pescados —salmonetes, doradas...—, son presentados asimismo sobre un lecho de hierbas aromáticas y con salsas diversas. Mención especial merecen los postres, en muchos de los cuales se emplea la miel, una de las riquezas del país. Los griegos son golosos. Nosotros pedimos a menudo pastel de almendras machacadas *(baklava)* y pastel de nueces y miel *(karidopita)*. Mi mujer suele añadir una ración de queso de cabra elaborado en los montes del Peloponeso. Se lo aconsejó el *maître* del «Olympic Hotel», que, según nos contó, es oriundo de aquella región y precisamente hijo de pastor...

Pero es la verdad que la egregia institución de Atenas continúa siendo el café..., pese al comando americano que suponen los *snack-bar*. No el tipo de café lujoso y aparente, repleto de turistas, que puede verse en la Plaza de la Constitución, sino el sempiterno café «pueblerino», espacioso y tranquilo, donde se hace tertulia, se juega a cualquier niñada y se pasan las horas saboreando el fino tabaco de Tracia y contemplando el lento desfile de la gente y de la vida.

Esos cafés tienen un aire inmutable, de eternidad. Dan la impresión de que están ahí desde siempre, que han sobrevivido a todas las invasiones y que resistirán a las venideras. Los hombres que componen su clientela, que los «habitan», acaso sean también siempre los mismos. Las posturas que adoptan revelan una total familiaridad. Son hombres maduros, de clasificación étnica fácil —atenienses de pro—, que lo mismo permanecen mudos horas y horas repasando las cuentas del clásico «rosario» —veinte granos, rematados por una borla de seda—, como parlotean y chismorrean sin fatiga, gesticulando a la napolitana, atentos a la vertiente irónica de las cosas. Los hay que matan la tarde entera ante un vaso de limonada o granadina; los hay fieles al vaso de agua, o a los microscópicos sorbitos de café. Raros son los que toman alcohol. El alcohol comporta ciertos peligros retóricos en los que no quieren caer. Prefieren mantener clara la cabeza para ir destilando comentarios incisivos, maliciosos, semejantes a los que formulaban los espectadores en las comedias de Aristófanes. Algunos de estos hombres nos han mirado, aprovechando nuestro paso tardón delante de ellos, con una socarronería que nos ha hecho enrojecer. Oh, sí, de improviso uno se siente ridículo frente a quien está de vuelta de todas las apetencias, frente a quien jamás ha de palparse los bolsillos para comprobar si conserva el pasaporte y la tarjeta del *Dinner's Club*, ni ha de entrar en una agencia de viajes en busca de algo —lejano— que pueda proporcionar sensaciones nuevas.

—¿En qué pensarán?

—Eso no tiene importancia. Viven, y con ello les basta.

—¿Crees que echan de menos una Atenas triunfalista?

—De ningún modo. Hacen lo posible para que continúe siendo una aldea.

—¿Qué opinarán de los aviones?

—Su antepasado Luciano de Samosata los había inventado antes que los técnicos occidentales.

—¿Serían más felices en Nueva York, en Tokio o en Barcelona?

El Mediterráneo es un hombre disfrazado de mar

—Antes preferirían morir.

—¿Aman a sus mujeres e hijos?

—Con toda el alma. Y tienen una cantidad de alma bastante considerable.

—¿Cuál es su máximo placer?

—La siesta. Todos hacen, cada día, una larga siesta...

—¿Entonces, la producción...?

—Producen esos viejos cafés... ¡qué más quieres!

—¿Conocen la depresión?

—¡Hum! Algún caso habrá. Pero se salvan charlando, chanceándose unos de otros y del mundo entero.

—¿Cómo juzgarán a Onassis y a los coroneles que gobiernan el país?

—No los juzgan. Saben que los juzgará el calendario, tan implacable como el canto del gallo.

Se salvan charlando, chanceándose unos de otros y del mundo entero... Hay que evocar la sentencia de Fenelón: «En Atenas todo dependía del pueblo y el pueblo dependía de la palabra.»

Hacen lo posible para que Atenas continúe siendo una aldea...

¿Lo consiguen? A medias, claro está. Teniendo en cuenta que, en 1822, Atenas era un mínimo poblado de dos mil habitantes, hay que reconocer que ha crecido, y que ha crecido vertiginosamente. Por desgracia —y seguro que los cáusticos varones de los cafés han tocado una y mil veces el tema—, el director de orquesta de dicho crecimiento fue el príncipe Otón de Baviera, que en 1833 fue proclamado rey de Grecia y que salpicó la ciudad de todos esos inmuebles de tan dudoso gusto que ahora nos salen constantemente al paso.

¿Entonces, la producción...?

Sí, claro, a los coroneles que gobiernan (hipotecados por Norteamérica) y a los varios Onassis con que cuenta el país, los juzgará el calendario, y con ellos a todos los ambiciosos. Ya lo escribió Ramón Gómez de la Serna en una de sus «gollerías»: «*La Historia de los loros* está por escribir, cuando sería tan interesante como *La Historia de los Reyes*», ya que los reyes se consideran los loros de Dios, habida cuenta de que se consideran sus representantes.

No obstante, Atenas —y ello plantea algunos problemas— da una cierta sensación de nivel de vida carniseco, pobre. Viniendo de Turquía, donde por encima de la penuria económica subsisten cierta robustez y cierto frenesí, la ciudad da la impresión de vivir una etapa letárgica, de bloqueo, que no tiene nada que ver con la renuncia ascética perceptible en esos cafés. Nos preguntamos si ello no se deberá precisamente a la postura de «los coroneles», al sistema político por ellos adoptado, el cual, según informes, tiende por encima de todo a mantener «el orden público» y a evitar por todos los medios que proliferen los escarceos dialécticos.

Curiosa evolución, por supuesto, en esa urbe que exaltó la libertad de pensamiento y de expresión, el respeto al hombre «como medida de todas las cosas», y en la que se fraguó, con efectos que en algunos lugares todavía perduran, el bendito sentimiento de la democracia.

La siesta. Todos hacen, cada día, una larga siesta...

De acuerdo. Sin embargo, he aquí que por estas fechas nos acercamos al 21 de abril, aniversario precisamente de la consolidación del golpe militar. Ello implica que, al margen de los ascetas y de los bares sin televisor, la ciudad se está llenando de carteles de propaganda, aunque ninguno tan enorme como el Coca-Cola de la plaza de la Constitución. Las radios emiten torrentes de palabras, que a veces los taxistas cortan en seco, con expresivo ademán. Las efigies de los monarcas exiliados son, es cierto, visibles en muchos establecimientos, pero es también cierto que la forma como el rey Constantino llevó a cabo su «intento revolucionario» merece unánimemente la calificación de ingenua.

Tres días intensos, desde luego, en espera de la llegada de nuestro presunto «cicerone», el señor Stratigopoulos, a quien conocimos en Montserrat.

Visitamos el Museo Etnológico, donde podemos contemplar numerosos objetos relacionados con la revolución griega de 1821 contra la dominación turca —tenemos un recuerdo para Serim...—, gesta que ha inspirado ¡más de seis mil canciones populares! (las guerras se convierten en canción). Vemos el casco y las armas del héroe nacional, Kololrotonis, y el lecho en que murió el gran loco enamorado de esa gesta de independencia, Lord Byron, el primer hombre que cruzó a nado (pese a su cojera) el estrecho de los Dardanelos.

En dicho museo no se repite, por fortuna, aquella mi petrificación sufrida en el de Estambul. Posiblemente tenga que agradecérselo a las muchas ninfas y nereidas expuestas en él, las cuales, al igual que los dioses, las cabalgatas de efebos, etcétera, se nos antojan casi viejos conocidos, lo que demuestra que nuestra integración en el ambiente ha sido más veloz de lo que cabía esperar.

También nos interesa sobremanera el Estadio, capaz para sesenta mil espectadores, donde, en 1896, tuvieron lugar los primeros Juegos Olímpicos modernos, y que fue levantado sobre las ruinas del que Licurgo construyera en el siglo IV antes de Cristo. Su emplazamiento es espléndido, en la falda de la colina de Ardittos, y desde las gradas norte la perspectiva que ofrece la Acrópolis al ponerse el sol es pirotécnica, una llamarada neroniana.

En otro terreno de experiencias, también nos interesan los merenderos del barrio burgués del Falero, donde la vida discurre pintoresca, marisquera y sin estridencias, con tablados de músicos ambulantes (tan gratos a Papini), familias endomingadas, los niños jugueteando con molinillos de papel que giran aceleradamente, echando candorosas chispas.

Y de pronto, cruzado el bellísimo Arco de Adriano, la paz... La paz en el parque del Zapeion.

Paz de ancianos en los bancos, inmóviles como los pinos y los algarrobos en un día sin viento. Paz de flores rutilantes pero tiesas, como si careciesen de fibra viva, como si fuesen de plástico. Paz del Palacio Real, que visto del exterior parece deshabitado. Árboles de un verde intenso, a cuya sombra se ven popes de pie, erguidos como barbudos centinelas que velasen por la moral y las buenas costumbres. Parejas de enamorados, también con seis mil canciones a punta de labio. Paz aletargada por algo que no es el sol, y que de algún modo me recuerda la que reinaba en los tristemente abandonados parques de Budapest... La única nota discordante y activa, los puntapiés reiterados, agresivos, furiosos, que los chiquillos pegan a las palomas y que tengo ocasión de filmar a placer, bien que sin sacar de la anécdota —en honor del padre Pascual— la mínima conclusión.

Los turistas, con su indómita vestimenta, puntean esa existencia al aire libre. Así, al primer golpe, diríase que los hay por millares; luego se comprueba el espejismo. Ocurre lo de siempre, que todos se concentran en los mismos lugares, especialmente en los establecimientos céntricos de bebida y en los comercios de *souvenirs*, en los que resulta inevitable adquirir un «bouzouki» (la clásica bandolina griega), un «bouzouki»-miniatura, de cuyo interior brota la melodía de «Los niños del El Pireo».

Cuando la encargada del mostrador-agencia de viajes del hotel nos informa de que Grecia no recibe al año más allá de millón y medio de visitantes extranjeros, nos quedamos de una pieza. Ni que decir tiene que ello es achacable a la escasez de hoteles y a la falta de la consabida «promoción» publicitaria; pero también a la falta de curiosidad del mundo occidental por determinadas expresiones de cultura, y, paralelamente, a la imposibilidad de los habitantes de las cercanas naciones del Este de salir de sus fronteras.

La raza

—¿Y la raza? ¡Ay!, la raza parece haber venido a menos...
De revivir los viejos filósofos atenienses, partidarios, sin apenas excepción, de la limitación de la descendencia (era corriente el abandono de los recién nacidos), a buen seguro
habrían dado mucho trabajo a sus coetáneas y famosas coma-
dronas, sumamente diestras en la práctica del aborto.

Excepto algunas cabezas «escultóricas» como la del taxista que a nuestra llegada a Atenas nos condujo al hotel;
excepto algunas modelos profesionales que hemos visto posar, precisamente en las gradas del Estadio, con una distinción y un donaire dignos de una genealogía que rindió culto
casi idolátrico a la Estética; excepto algunos popes de soberbia facha, entre ellos, el celebrante mayor de la misa ortodoxa a la que hemos asistido esta mañana, etc., el aspecto
físico, común, de los griegos actuales, lo mismo el de los
varones que el de las hembras, es más bien feble, quebrado,
enclenque. Tono menor. Cuerpos muy parecidos a los de los
inmigrantes que viajaban con nosotros en el *Karadeniz*.

Claro que, ¿fue alguna vez el pueblo de Atenas esbelto y
arrogante, como podría deducirse de las figuras cristalizadas
en los monumentos? Cierto que la ciudad, en un momento determinado, concedió suma importancia a los gimnasios y al
deporte, y que los jóvenes eran adiestrados en las filas de los
efeboi (juventud militar); pero el pueblo...

El historiador Will Durant, analizando esta cuestión, afirma que, si bien es indudable que los griegos admiraban mucho más que otros pueblos la belleza, ello no significa que la
encarnasen en sí mismos. Hay una cita de Homero que apunta
un tanto en esa dirección: «La belleza cubierta por un ligero velo seduce más que la desnudez completa.» De hecho, es

corriente que los Estados y las civilizaciones —lo mismo que los individuos— alardeen, mitifiquen y se desvivan por presentarse ante el mundo y ante esa brumosa realidad llamada Futuro, no como son en verdad, sino como desearían ser (España alardea continuamente de religión y se ha mostrado dispuesta a imponerla por la fuerza, cuando, a mi juicio, los españoles formamos una de las comunidades menos sustancialmente religiosas de la tierra).

La belleza ha sido cantada por Grecia no sólo en semitonos y cuartos de tono, sino con potencia de tenor italiano en una ópera cualquiera ofrecida en las Termas de Caracalla. Todos sabemos lo que significa «apolíneo» y ha sido hartamente divulgada la sentencia aristotélica según la cual la hermosura vale más que una carta de recomendación. Sin embargo, siempre acecha un traidor al lado de un deseo. Los helenizantes admiten de buen grado que los griegos alcanzaron el cenit en sus obras de creación, desde la más arcaica cerámica hasta el apoteosis de el *Discóbolo*, pero se abstienen de aseverar que la raza griega fuese apolínea, que el cuerpo del *Discóbolo* representase el del ciudadano medio, el del varón que deambulaba por las plazas, que comía aceitunas negras y dientes de ajo, que pastoreaba como, en el Peloponeso, el padre del *maître* de nuestro hotel.

Lo cual, verosímilmente, debía de significar una especie de tortura latente (el traidor que acecha) para los alérgicos a la fealdad, tortura similar a la que experimentan los sibaritas que, por una u otra razón, se ven obligados a ser frugales, o a la que hundiría en el infierno a los narcisistas si de repente desapareciesen de la tierra todos los espejos.

«Juro por todos los dioses —dice un personaje de Jenofonte— que no daría la Belleza por todo el poder del rey de Persia.» ¿Qué remedio podría haberse inventado dicho personaje frente a la cotidiana presencia de lo Deforme? Como en tantas otras ocasiones, Platón enfocó el asunto desde un ángulo más firme, más vasto, con mayores posibilidades de permanencia: Platón, hablando de la belleza, no estableció cánones externos sino que dijo de ella que era «el resplandor de la verdad».

No exageramos, por tanto, al calificar la raza actual ateniense, tan alejada del arquetipo anatómico exhibido en los museos como nuestra amiga la pastelera Terpsícore, «nalguda y rechoncha», pueda estarlo de Afrodita. Lo más probable es que los griegos hayan sido, más o menos, así siempre. Los campesinos eran pobres, incluso en las etapas de mayor esplendor nacional, dado que el ochenta por ciento de su territorio, aunque por entonces hubiera más bosque y fuera algo más tupida la vegetación, era impropio para el cultivo, a causa de las montañas rocosas, de los desniveles brutales, de la escasez de caminos; las diabólicas y pertinaces dificultades de la naturaleza en el Mediterráneo, sobre las que se habló hasta la fatiga a bordo del *Karadeniz...*

Visita diaria

Ni que decir tiene que no hemos dejado un solo día de subir a la Acrópolis, buscando un hueco para ello en nuestro vagabundear. A la Acrópolis podría irse a diario durante años y años, como algunos habitantes del Ganges se bañan cada mañana en el río, sin correr el riesgo de aburrirse con «lo ya visto», sin dejar de encontrar en cada visita una perspectiva inédita, un nuevo asombro lumínico, un detalle en el que no habíamos reparado, una atmósfera distinta a todas las respiradas con anterioridad, como si un aliento superior, un Espíritu, oculto entre las piedras o vigilante desde el cielo, fuera renovando cada noche los atributos de la montaña.

Lo curioso es que tanto más nos gusta cuanto más claramente descubrimos que nada fue dejado al azar por sus constructores, ni siquiera lo que podría considerarse como «imperfección». En el Partenón, por ejemplo, las curvaturas de las columnas y sus diferencias de grosor fueron calculadas para impedir que las inevitables ilusiones ópticas dañaran desde algún ángulo próximo o lejano el equilibrio del conjunto. Tratábase, por tanto, de una prerrectificación. Alarde único de maridaje entre la geometría, el misterio y las veleidades del ojo humano, todo a la vez. Los realizadores de la Acrópolis fueron titanes disfrazados de artista, dementes que simulaban que tenían que comer y beber como los demás. Trabajaban con minuciosidad de alfarero. Dominaban la materia como los derviches el Corán. Creaban con prudencia, con humildad y también con pasión ilimitada. Conocían la exclamación de Knut Hamsun ante un atardecer en el mar Negro: «Tengo la evidencia de que no hay nada tan bello como lo que hace Dios», y se juramentaron para acercarse a Él lo más posible.

Y sin embargo, por mi parte no he podido evitar, en ninguna de las visitas, sentirme traspasado de pronto por una ráfaga de tristeza idéntica a la que me ganó la primera vez. Ni siquiera el restaurado Odeón de Herodes Ático, anfiteatro al pie de la montaña, en el que actualmente, en verano, se dan conciertos y representaciones teatrales para cinco mil personas, me redimió de la cabalística sensación de encontrarme en un cementerio.

—Pero, ¡si siempre hay gente, y no sólo turistas! ¿No ves aquella familia? Son griegos, los están retratando, y se ríen que no pueden más.

—¿Tú crees? A mí me parece que todo el mundo se fue de aquí hace muchísimo tiempo...

20

EL SEÑOR STRATIGOPOULOS

Ha llegado el señor Stratigopoulos. Encontramos el recado en el hotel y nos precipitamos a llamarlo por teléfono.

—¡Cómo! ¿Ya están ustedes aquí...? ¡Vengan inmediatamente!

—Vamos para allá.

—¿Saben dónde vivo?

—Tenemos su tarjeta.

—¡Almorzarán conmigo! Sin excusas.

—Perfecto.

—Tengo un *retsinato* que les ayudará a perdonar las porquerías que habrán comido por ahí...

Su voz es la voz que oímos en Montserrat. Un poco cascada, pero agradable. Nos ha dado la sensación de que estaba de buen humor, en plena forma.

Tomamos un taxi y minutos después nos apeamos delante de la casa de nuestro anfitrión, situada muy cerca del edificio en que residió Schliemann, el célebre arqueólogo alemán que descubrió el emplazamiento de Troya y excavó, con extraordinaria eficacia, Micenas.

Nos abre la puerta la sirvienta, muchacha joven, ¡de muy buen ver!, que es la persona que cuida del señor Stratigopoulos, soltero por convicción y por fidelidad a sus principios. «Aquí donde me ven —nos había dicho—, soy partidario de no hacer daño a nadie intencionadamente. Con lo cascarrabias que soy, cualquier mujer que se hubiera casado conmigo, a los dos años como máximo hubiera puesto fin a su vida, zampándose lejía o tomándose barbitúricos, según su nivel cultural. Por otra parte, se lo he repetido a ustedes muchas veces: soy acérrimo partidario de la libertad.»

La sirvienta, que nos dedicó una exquisita reverencia, apenas si tiene tiempo de pronunciar media docena de palabras, en griego, desde luego, que por lo visto es el único idioma que conoce. Al instante asoma al final del pasillo el señor Stratigopoulos.

—¡Amigos, amigos míos...! ¡Pasen, por favor! Les doy la bienvenida en nombre de Atenas...

En efecto, el señor Stratigopoulos tiene un aspecto estupendo, y así se lo manifestamos, lo que, por las trazas, halaga sus oídos. Su casa, al primer golpe de vista, responde sin la menor duda a su personalidad. Es amplia, con libros por todas partes, muchos iconos y una espléndida colección de relojes de pared. Es una casa viva. Nuestro amigo la ha «vivido» a lo largo de los setenta y tres años que figuran en su pasaporte, y, por supuesto, en los pliegues de su rostro.

Mientras, obedeciendo a sus órdenes, tomamos asiento en su despacho, presidido por un antiguo grabado que representa Atenas en ruinas (quizás, a raíz de la victoriosa lucha contra los turcos), observo detenidamente a ese hombre que tanto nos impresionó cuando le conocimos en España. Más bien bajo, más bien tripudo, lleva unas gafas enormes, que a no ser porque una agradable sonrisa alegra constantemente su boca, le darían cierto aspecto de búho. Muy inteligente y muy sagaz (para él no reza la resignación mental que hemos creído detectar en la población media ateniense), advierte al instante mi insolvente curiosidad y corta diciendo:

—Aprovéchese, amigo, aprovéchese... Yo, claro, no puedo pagarle en la misma moneda, porque mis inclinaciones temperamentales me aconsejan ocuparme casi exclusivamente de Madame... —y al decir esto suelta una carcajada, mirando a mi mujer, y acto seguido saca del bolsillo un pequeño estuche de cuero y toma, como de costumbre, una pulgarada de rapé.

La sirvienta nos trae un sobrio aperitivo —«raki», ¡y aceitunas negras!— y la conversación emprende su rumbo, un rumbo de toma y daca que se prolongaría a lo largo del almuerzo y hasta mucho después.

Es preciso declarar que hacemos muy buenas migas con el señor Stratigopoulos. Se trata de un erudito ameno, lo que

Delfos. Ruinas del templo de Apolo.

Delfos. El Teatro y el templo de Apolo.

Regreso a Atenas desde
Delfos.
Iglesia de San Lucas.

Canal de Corinto. Longi-
tud, 6,345 kilómetros.

Navegando por el canal de Corinto.

El «Diolkos», en el istmo de Corinto. Antes de abrirse el canal, los barcos eran transportados por esta ruta deslizante.

Corinto. Iglesia de San Pablo.

no es dado encontrar todos los días, y con un sentido del humor difícilmente superable, cruzado de pronto por connotaciones un tanto patéticas. Fascinante combinación. Su gran pasión, aparte de la jurisprudencia —de la que se ocupó por espacio de cincuenta años— y los relojes de pared, es la geología. De ahí que le conociéramos precisamente en Montserrat. Parece bastante claro que desde «el golpe de los coroneles» se encuentra con dificultades, pero lo cierto es que elude en lo posible hablar de política, sobre todo después de haber escuchado, ya en España, mi tajante opinión con respecto a los Estados totalitarios.

Bien, todo discurre de la mejor manera. Como es de rigor, tenemos que contarle, y lo hacemos a grandes rasgos, nuestras experiencias desde que aterrizamos en su país. No está del todo conforme con el itinerario que hemos seguido, pero comprende que para un forastero lo más difícil es precisamente eso, saber esquivar lo anecdótico. También él, en Barcelona, cometió errores de bulto: por ejemplo, perdió una tarde entera en el «Pueblo Español», lo que provocó en su psique —por cierto, que la antigua palabra griega *psykhé*, además de «alma» significa «mariposa»—, una desorientación total.

—Si España es tan diversa como se desprende de los espléndidos dioramas reunidos allí, despídanse ustedes de cualquier tipo de *unidad nacional* por lo menos hasta el año tres mil de esta que llamamos nuestra era. Claro que tal vez cupiera una solución, y perdonen la sugerencia: complicarlo todavía más, y dejarse invadir tranquilamente por algún pueblo más vigoroso, más compacto, que no habría de ser forzosamente galo o vikingo; podría ser, pongamos por caso, Andorra —y el señor Stratigopoulos suelta una carcajada, invitándonos a que le coreemos sin reservas, mientras se toma otra pulgarada de rapé y se saca de la manga un precioso «rosario» amarillo, de ámbar, y empieza a desgranar voluptuosamente sus cuentas...

Nos reímos con él. ¿Por qué no? De otro lado, en un ecléctico, juega limpio. En efecto, a lo largo del almuerzo queda fijo que tampoco le duelen prendas al juzgar a Grecia, que es el tema que mayormente nos interesa. Y que tampoco le duelen al juzgar a quienes, siendo extranjeros, han escrito —y se cuentan por millares— sobre Grecia, desde Chateaubriand y el absurdo Byron (doblemente cojo porque además de cojo era Lord), pasando por el inteligente y sarcástico Indro Montanelli, hasta llegar al historiador francés Samivel, en cuyos libros sucumbe, el pobre, a todos los tópicos imaginables, tal vez porque el apellido que lleva encima podría muy bien corresponder a una marca de masaje para después del afeitado.

Como fuere, el señor Stratigopoulos está de acuerdo en que se ha mitificado increíblemente la historia de su país, razón por la cual se había reído tanto leyendo ciertas afirmaciones de Napoleón, quien pretendió conocer la verdad griega, con resultados comparables a los que obtuvo su discípulo, Adolfo Hitler, presunto conocedor de la verdad aria.

—Sí, conforme, aquí fundamos la democracia, es decir, el gobierno del pueblo, de los ciudadanos. Pero ¿quién era considerado «ciudadano» en Atenas? Por supuesto, las mujeres, no; tampoco los extranjeros; tampoco los esclavos. ¿Sabían ustedes que en la época de Pericles sólo el catorce por ciento del censo tenía derecho al voto? ¡Uf!, el gran Pericles... Un genio, ¡desde luego!, pero, ante todo, un financiero, un ambicioso comerciante... ¡y un soberbio! Claro que el concepto de democracia ahí está, ¿no les parece? Yo creo que, resumiendo todo ese tinglado, los únicos que han contado cosas verdaderamente interesantes sobre mi país han sido los arqueólogos... ¡Pero los arqueólogos tienen una pega! : ninguna de las cosas que cuentan son verdad.

Nuestro anfitrión es así. Gusta de argumentar por banda. Por regla general, expone caricaturescamente una tesis, hasta que, de súbito, la vuelve del revés, sin inmutarse por ello y sin dejar de ir controlando la marcha de los relojes de pared que están al alcance de su visión. Se conoce a fondo la historia del Mediterráneo, y por lo mismo lamenta que al hablar de él la gente acostumbre ensalzar exclusivamente su costa septentrional, nórdica, olvidando que la costa africana, también mediterránea, ha aportado al progreso humano nada menos que civilizaciones tales como las de El Cairo y Alejandría, las de Cartago (antes y después de

Roma), las derivadas del Islam, etcétera. Por eso a él le interesa primordialmente la geología, porque es una ciencia que demuestra lo arduo que resulta entender de convulsiones, de erosiones y, sobre todo, de «estratificación». Sí, hurgando en la tierra se descubre que después de un estrato viene otro, y luego otro todavía más profundo... De ahí que los geólogos sepan más que nadie que la historia no comenzó ni en Sumer... ni en Grecia. ¡Que la historia no tiene principio, por la misma razón que no tendrá fin!

Aprovechamos el inciso para recordarle a nuestro interlocutor lo que hemos leído y oído con respecto a la influencia decisiva que suelen tener para los pueblos la geología (de que acaba de hablarnos), la situación geográfica, la climatología, etcétera. «Si la historia de Grecia ha sido la que ha sido, se deberá a esos condicionamientos, ¿no es cierto?»

El señor Stratigopoulos lista su rostro con una ancha sonrisa.

—Sé a lo que se refieren ustedes... ¡Verán! No seré yo quien niegue que es muy distinto nacer y desarrollarse entre icebergs que nacer y desarrollarse entre palmeras. Todo lo que han mencionado ustedes influye, ¡qué duda cabe!; ahora bien, no hasta el punto de sacar de ello las peregrinas conclusiones que sacan los aficionados a la ruleta. De atenerme a dichas conclusiones, yo no me encontraría ahora con ustedes, tomando este horrible café, sino recluido en algún lugar, probablemente en el monte Athos, reflexionando con los monjes sobre la irremediable sumisión del hombre a los fenómenos naturales, y, por supuesto, privado de la inmortal, pero eficaz ayuda de mi joven sirvienta... ¡La pertinaz pobreza del pueblo griego! En esas inmensas librerías que me rodean y cuya finalidad principal es asfixiarme al menor descuido, encontraríamos, sobre el particular, textos para todos los gustos. Según algunos, efectivamente han sido las abruptas y estériles montañas de Grecia las que, en un momento determinado, se convirtieron en el acicate que necesitaban los poderosos para lanzarse a un desarrollo propio de gigantes; otros opinan que el culto griego a la inteligencia se debe a la nitidez de su cielo y de su mar; otros consideran que la mitología, de acceso difícil pero que no es moco de pavo, nació gracias a los vientos; y no faltan quienes colocan a las islas en el centro intemporal de nuestra aventura, por cuanto las islas suponen —me gustaría que mi cita fuera exacta, literal— «la cópula perfecta entre la tierra y el agua»... ¡Tonterías! En otros territorios de configuración similar, con islas, vientos, montes escarpados y cielo azul, las cosas han discurrido de modo bien distinto. Sin olvidar que una misma raza, permanentemente instalada en un mismo suelo, tan pronto ha levantado un imperio como se ha venido abajo de forma estrepitosa. Por todas estas razones, mis queridos amigos, mi teoría está clara: no existen teorías válidas, ni siquiera, naturalmente, esta que les expongo. Por lo demás, ¿no les parece risible que los sabihondos ni tan sólo se hayan puesto de acuerdo sobre si el mar separa o es lazo de unión? ¿Y que en un pueblo tan pagano como éste exista un lugar, Mykonos, con tantas capillas como días tiene el año? Imposible deslindar lo que es historia y lo que es leyenda. Por ejemplo, yo nunca he creído que el vencedor de los Juegos Olímpicos sólo obtuviera como premio un ánfora de aceite fino. ¡Algo más le darían, supongo, alguna excitante propina!; un gallo tal vez, ya que por entonces los gallos actuaban como reloj y se cotizaban mucho, o tal vez le concedieran el uso en exclusiva de un par de hermosos efebos, que se cotizaban todavía más. Por favor, mis queridos amigos, hagamos marcha atrás, ya que quiero contestar sin equívocos a su pregunta: la historia de Grecia ha sido la que ha sido..., porque era necesario que se cumpliese la voluntad de los dioses. Lo cual no presupone, ya me comprenden, que los dioses existan en realidad; personalmente, yo más bien me inclinaría a creer lo contrario...

El señor Stratigopoulos, no cabe la menor duda, está en plena forma. A partir de esa abundante parrafada saltamos de un tema a otro como si fuéramos moscardones, ya que a nuestro anfitrión la «coherencia», si se prolonga demasiado, le aburre.

Una alusión a nuestra estancia en Turquía resulta obligada. Él conoce el país. No porque le atraiga fumar el narguilé, ni porque se pirre por los alminares y la media luna, ni porque la pulposidad de las mujeres turcas le excita la imaginación. Simplemente, es un país vecino, y con los vecinos hay que ser cortés.

Por añadidura, y debido al ejercicio de su profesión, tuvo que luchar durante años por una causa cuya existencia apenas nadie conoce: la causa de las múltiples damas de la nobleza otomana, entre ellas, algunas princesas, que en su día fueron desposeídas de sus bienes y expulsadas, y que en un momento determinado, desde París, Londres, ¡y desde Atenas!, decidieron reclamar por vía legal su patrimonio, todo cuanto pudiera pertenecerles. El asunto ofrecía un indudable atractivo jurídico, y él aceptó encargarse de él. En consecuencia, tuvo que hacer multitud de viajes a Estambul y, sobre todo, a Angora, que así se llamaba antes Ankara, la actual capital. ¡Oh, claro, muy interesante! Todavía le dio tiempo a montarse en los tranvías sexualmente discriminatorios, es decir, con compartimientos para hombres y otros para mujeres, y los eunucos ejerciendo de cobradores. Qué cosas, ¿verdad? Los celos del hombre turco sólo admitían comparación con los celos... del hombre griego. Claro que, gracias a Ataturk, muchos tabúes habían desaparecido, hasta el extremo de que él asistió, allá por el año 1958, a la elección, en Estambul, de *Miss Europa*, ¡con participación autóctona!, lo que en otros tiempos era inimaginable.

Naturalmente, el tema de Turquía podía enfocarse, como cualquier otro, en plan de choteo y en plan serio. En plan de choteo, podía contarnos el insulto que le dedicaron una vez, a raíz de una absurda discusión callejera, cerca del Puente de Gálata: «¡Me eres tan indiferente como la espalda de tu madre!», le dijeron. Luego se enteró de que dicho insulto era allí corriente. ¿Nos habían dedicado a nosotros alguna alusión a la espalda de nuestras madres...? ¿No? Tanto mejor... Resultaba poco divertido. En cambio, en plan serio, todo tomaba otro cariz. Ridiculizar a los sultanes y a los califas por sus extravagancias, y por las mamarrachadas con que se cubrían la cabeza y el cuerpo era demasiado fácil. La verdad es que los hubo dotados de una personalidad perfectamente comparable a la de los más conspicuos soberanos de Occidente. La habilidad de los califas, por ejemplo, consistente en reunir en su misma persona el título de jefe supremo religioso y el título de emperador, fue una operación estratégica de primer orden. Y poner en duda su sentido de la grandeza era tan absurdo como negar que las condiciones acústicas que ofrecía Delfos —lugar que teníamos que visitar cuanto antes— eran ideales para que la gente creyese en los oráculos. ¡Sí, sí, todo lo atañente al Islam invitaba a cavilar pausadamente! El islamismo era una fe tiránica, y cualquier fe tiránica tenía siempre su lado grotesco y ciego y su lado realista y catalizador, afirmación que en boca de un escéptico como él había que valorar doblemente.

El mundo musulmán, el día menos pensado, el día que encontrara un nuevo jefe de talla, no sólo pondría en un brete a sus eternos rivales, los judíos, ahora superiores, sino al mundo entero, del mismo modo que las princesas otomanas habían puesto en un brete a la jurisprudencia internacional.

Por otra parte, Mahoma fue un profeta de muchas cachas. Suponía que habíamos visto su manto en el *Topkapi*... Pues bien, en medio de su complicada legislación, el tipo, cansado de buscar oasis en el desierto, prometió que «todos los justos» tendrían, en el séptimo cielo, tantas mujeres como deseasen... y que tales mujeres serían vírgenes e intactas. Él no tenía noticia de que ningún otro profeta hubiera prometido nada tan concreto, tan seductor, tan a la medida del hombre. Resumiendo lo dicho, él cambiaría gustoso toda su biblioteca helénica y toda su formación por ser turco y creer a pie juntillas en esa promesa de Mahoma...

Luego hablamos del Mediterráneo. Abordamos el tan mencionado tema del reto anglosajón. Esta vez nos escucha, permite que nos desahoguemos, mientras la sirvienta va trayéndonos, según costumbres, diminutas raciones (sorbitos) de café, de un café que el señor Stratigopoulos ha calificado de «horrible», término que nosotros juzgamos exagerado.

Nuestro amigo, que ama el mar Mediterráneo «por sobre todas las cosas» —asegura que le hubiera gustado ser buzo para empaparse de él, para confundirse con él—, admite que tal reto existe, y además sin remisión, por lo menos a corto plazo. Norteamérica ha industrializado el cerebro humano y todos los pueblos aspiran a imitar sus maneras, su actitud. Pronto la palabra *psykhé* ya no significará ni alma ni mariposa; significará máquina, estructura, mercado, financiación. Las consecuencias saltan a la vista: las muchachas griegas han empezado a ceñirse pantalones tejanos... Y los muchachos que componen la orquesta de nuestro hotel, pese a no haber salido nunca de su área natal, la plaza Omonia, cada noche se enfundan, en la *boîte* del sótano —supone que estamos enterados de ello— jerseys de las universidades de Cleveland y de Oklahoma...

Lo más grave del caso es que se trata de un tipo de invasión inédito en la Historia: la invasión de unos bárbaros que rebosan de conocimientos y que incluso cuando matan lo hacen con métodos de una calidad científica admirable.

Para el Mediterráneo, huelga decirlo, la amenaza es total. Lo mismo con respecto a sus habitantes que a la existencia del propio mar. Los hombres mediterráneos que emigran hacia el Norte, donde el arte se hace chimenea y la computadora se cotiza más que la educación de la sensibilidad, en el mejor de los casos caen en la paranoia. Algunos ganan mucho dinero, lo que les permite pagarse un ataúd absolutamente confortable.

Y en cuanto a la existencia del mar Mediterráneo propiamente dicho, es de esperar que los oficiales del barco turco que nos llevó a Estambul nos pondrían al corriente. Todos los grandes ríos de la Europa central, franja tan hipotecada por Norteamérica como el Cuerno de Oro o el puerto de El Pireo, vierten a diario en el que nosotros llamamos *Mare Nostrum* —mar, como es sabido, casi cerrado, cuyas aguas apenas si se renuevan— toneladas de residuos de sus fábricas, convirtiéndolo en un estercolero, en laboratorio excremental. A lo que hay que añadir la incesante contaminación de los petroleros que lo cruzan y que van dejando, en cada puerto, sus mortíferas huellas digitales.

—Sí, amigos, ésa es la situación. ¿Y todo ello en nombre de qué? En nombre de una vida mejor para los ciudadanos que nazcan en el siglo XXI...

Final inesperado

El tiempo pasa de prisa, la luz que viene de fuera ha menguado y ello nos aconseja abreviar.

—Nos marchamos, señor Stratigopoulos... Pero antes me permitirá que le haga una última pregunta.

—¿Cuál?

—¿A qué se debe su afición a coleccionar relojes de pared?

El «rosario» de cuentas amarillas se mueve con rapidez en la mano de nuestro amigo. Éste se repantiga en su sillón y contesta:

—La explicación es sencilla. Reloj es sinónimo de tiempo, y la palabra tiempo es la más enigmática que existe, puesto que nos enfrenta con esa imperdonable trampa —imperdonable porque no tiene fin— que se llama eternidad.

Nuestro asombro es mayúsculo. Nunca hubiéramos supuesto que ese flanco trascendental formara parte del repertorio de preocupaciones del escéptico señor Stratigopoulos.

—Señor Stratigopoulos..., ¿debemos entender que, de alguna manera, es usted hombre religioso?

Nuestro amigo sonríe como es habitual en él.

—¡Bueno! La religión es una teoría, ¿no? Y el paganismo ¿no es una religión? Cualquier definición de Dios es un riesgo inútil. En definitiva, Dios va vestido de sí mismo, y se acabó.

—¿Dios vestido de sí mismo? ¡Caramba! Eso está bien. Suena a filósofo griego...

—Pues se equivoca usted. Eso es una frase de un compatriota suyo que se llamaba Quevedo...

21

RUMBO A DELFOS

Ha llegado el momento de salir de Atenas, de lanzarnos a la aventura extraurbana. En Turquía cometimos el error de dejarnos absorber con exceso por el sortilegio de Estambul; en Grecia estamos a tiempo de rectificar. Los libros y folletos que tenemos en la mano son tantálicos, amén de los consejos que nos ha dado al respecto el señor Stratigopoulos.

Ahora bien, ¿por dónde empezar? Éste es el país de las maravillas. En el mapa de excursiones que hay en la pared del mostrador adjunto a recepción, podemos leer nombres imánticos, que por sí solos galvanizan nuestra curiosidad: Corinto, Olimpia, Micenas, Termópilas, Esparta, Corfú, Ítaca... De otro lado, cada cual arrima el ascua a su sardina. El camarero del bar del hotel, que sigue resolviendo problemas de ajedrez en su diminuto tablero, nació en Epidauro y su opinión es tajante:

—Epidauro, señores... No lo duden. El teatro helénico más perfecto que se conoce. Dejando caer una moneda en el círculo desde el que hablaban los actores, el sonido se oye desde la grada más alejada. ¡Epidauro, repito! Yo soy de allí y todavía no me lo explico...

Por su parte, el *maître* del comedor querría enviarnos, como es lógico, a su terruño, al Peloponeso, donde se cultivan las mejores pasas del mundo y donde está enclavada Laconia, región de gente tan discreta y callada que el adjetivo «lacónico» ha pasado a ser sinónimo de conciso, de breve. «Yo creo que fue en Laconia —nos dice, sonriendo— donde se inventó el telegrama.»

En cambio, el encargado de la tienda fotográfica donde

nos suministran el material que necesitamos se inclina por Creta, de donde procede su familia.

—La isla es única. Viene siendo habitada, sin interrupción, desde hace seis mil años. Además, para ustedes, los españoles, tiene algo especial: uno de los símbolos religiosos de Creta es el toro...

Decidimos operar por etapas. Atenas será nuestra base, el punto de regreso al término de cada excursión. La primera que haremos será la de Delfos, homenajeando con ello la indicación que nos hizo el señor Stratigopoulos.

La señorita encargada de los *tours* —representante, en el hotel, de una de las dos grandes agencias de viajes de la capital— nos facilita todos los datos que nos hacen falta. Lo más cómodo sería alquilar un taxi, pero la tarifa es prohibitiva. No debemos temerle a la palabra *tours*: Grecia no es Italia, no existe el menor peligro de encontrarnos con el alud humano que, según explicamos a la señorita, malogró escandalosamente nuestra visita a Pompeya. Por otra parte, ¡Delfos es tan inmenso! «Hay sitio para todos, ¿comprende?» En cuanto al servicio, garantía absoluta. Autocar confortable, guía experto, excelente hotel. La excursión puede hacerse, o bien de dos días de duración, o bien de ida y vuelta en el mismo día. Por supuesto, ella nos recomienda la de dos días. «Para ver Delfos con calma, un solo día es un error. Yo no se lo aconsejo a nadie.»

—De acuerdo. Dos días. ¿Podemos ir mañana?

—Sí. Hay plazas libres.

—¿De dónde sale el autocar?

—¡Oh!, no se preocupen. Les recogerán aquí mismo, en el hotel. Pero tendrán que madrugar un poco. El autocar suele pasar a las siete y media...

—¿Y el desayuno?

—El servicio empieza a las seis.

—Perfecto. ¿Puede darnos los tickets?

Lo ideal hubiera sido que nos acompañase el propio señor Stratigopoulos, pero estos días anda ocupado. En cambio, nos prometió llevarnos, la semana próxima, al templo de Sounion, que a su juicio es uno de los más bellos y mejor emplazados de todo el litoral.

Nos acostamos temprano. Las instrucciones que figuran en el folleto son muy concretas. El viaje dura unas cuatro horas, de suerte que la llegada al «recinto sagrado», al templo de Apolo, suele coincidir con el mediodía. El *maître*, a la hora de la cena nos ha dicho: «En Grecia esos detalles tienen su importancia.»

Dormimos plácidamente —mi mujer, Dios sabe por qué, sueña que subimos en teleférico al Sinaí—, y a las siete y cuarto estamos ya en el vestíbulo, prestos para la aventura.

Bien, otros huéspedes del hotel han tenido la misma idea: la familia japonesa en pleno —seis en total—, ¡y la bellísima muchacha negra, que sigue pareciendo una diosa! Por primera vez se digna mirarnos y dedicarnos una sonrisa. Los japoneses andan tan atareados con sus tomavistas y demás chismes que el vestíbulo les resulta pequeño y salen todos a la acera a esperar el autocar. El benjamín, chiquillo patizambo, que no acaba de crecer, lleva en la mano izquierda una armónica, ¡y en la mano derecha una lupa! ¿Qué idea tendrá del tamaño de los dioses griegos?

El autocar se detiene delante del hotel a las ocho en punto. Subimos ordenadamente, y mientras la azafata o guía nos señala, hacia el fondo, las plazas que nos corresponden, se produce la primera sorpresa: oímos una voz masculina que, en un catalán perfecto, comenta: *Hem tingut sort* (Hemos tenido suerte).

Miramos y vemos a una pareja bastante más joven que nosotros, que ocupan los dos mejores asientos, los que gozan de una mejor visibilidad: los situados inmediatamente detrás del conductor. ¡Ah, la inquieta Cataluña...! ¿Quiénes serán?

Nuestros asientos, por el contrario, coinciden con una de las ruedas traseras. Bueno, ¡qué más da! El vehículo, ya completo, se pone en marcha. Por lo visto, el «Olympic Hotel» es el último de la operación de recogida de los inscritos al *tour*.

José María Gironella

Al pasar por la plaza de la Constitución, la «guía» o azafata, micrófono en mano, se presenta a sí misma en varios idiomas, incluido el español: «Me llamo María.» Y acto seguido añade: «Nuestro conductor se llama Nicolás.»

Cruzamos varias calles con rapidez vertiginosa y María nos indica al paso los nombres de los edificios destacados: la Biblioteca Nacional, la Universidad, etcétera. Ante la Academia, nos obliga a volver la cabeza para que contemplemos las hieráticas figuras de Sócrates y Platón, los cuales dan la impresión de haber conseguido su anhelo más ferviente: la perenne impasibilidad.

Pronto nos encontramos en plena carretera. *Eureka!* Los cristales del autocar facilitan la visión. Sin embargo, me ocurre lo de siempre en esos lances: desearía «conocer» a los acompañantes que nos han tocado en suerte, pero de la mayoría de ellos sólo puedo ver la nuca, que, en términos generales, es ciento por ciento inexpresiva. Pese a ello, es evidente que componemos una mini-ONU, en la que no faltan, aparte de la pareja catalana, un matrimonio francés, ambos con gafas de sol, varias damas floreadas y estivales, con visera y agenda con bolígrafo (probablemente, inglesas), tres tipazos rubios, un tanto elefantiásicos, con muchos tickets, muchos planos y sólidos prismáticos (probablemente, alemanes); etcétera.

La guía va facilitándonos informes de interés. Aquella mancha blancuzca que se ve en la montaña corresponde a las canteras de mármol pentélico con el que se construyó el Partenón. Aquella extensión azulada, apenas perceptible, es el lago artificial de Maratón, que suministra, desde 1931, el agua a Atenas. Por cierto, ¿sabemos, los señores pasajeros, el porqué de la costumbre griega de beber tanta agua? La explicación es sencilla: antiguamente, el pueblo griego divinizó las fuentes, creyó que los manantiales procedían del Olimpo. Por ese motivo, confirió al agua propiedades milagrosas. Tal superstición no se ha extinguido aún del todo. A ello cabe añadir que, ciertamente, las aguas griegas tienen sabores muy distintos unos de otros, por lo que existen relevantes catadores de aguas —Nicolás, el conductor, es uno de

268

ellos—, como en Francia y en España existen renombrados catadores de vinos...

Nadie se atreve a hacer ningún comentario. Cuando la guía se calla, el silencio en el autocar es total. Un punto de sobrecogimiento ronda por entre los respaldos y los asientos. ¡Y nadie fuma! Sin razón que lo justifique, en el vehículo reina un clima extrañamente solemne, parecido al que se produce en un avión en los minutos del despegue.

Olivos, cipreses, almendros... De pronto, a nuestra izquierda, las colinas de las Musas, «a cuyos pies se produce mucha miel». A seguido, allá al fondo, el monte Parnaso, nevado en las cumbres. «El monte Parnaso cambia constantemente de color, fue el refugio elegido por los griegos cuando la dominación turca, y en invierno es muy frecuentado por los esquiadores.»

María, la azafata, es joven, tranquila, extremadamente cordial. Habla con precisión, sin énfasis. A intervalos frunce el ceño, como si algo la preocupase. Uno de nuestros vecinos, pelirrojo, lleva un magnetófono en las rodillas y de vez en cuando lo acaricia. El chiquillo japonés, a menudo se levanta y nos va mirando a todos con su lupa.

—¿Estás bien?

—Feliz. ¿Y tú?

—Fatal.

—¿Fatal...? ¿Qué te ocurre?

Mi mujer se ha puesto también gafas de sol.

—Nada. Que dos días tan sólo nos sabrán a poco...

El viaje continúa, lo que nos permite comprobar que, en efecto, el monte Parnaso cambia constantemente de color... Una mancha rojo-violeta que se ve allá arriba, en la ladera, corresponde a unas minas de bauxita, explotadas en la actualidad por una compañía francesa.

Me pregunto por qué le llamarán «monte». De hecho, se trata de un macizo colosal, mejor dicho, de una cordillera, cuyo pico más alto —así consta en la guía que llevamos— se eleva a 2.459 metros. Por lo demás, no es sólo un paraíso para los esquiadores, sino también para los etnólogos, los botánicos, los poetas y los pintores. María nos ilustra sobre él particular. «Mantegna y Rafael se inspiraron en esas cumbres para pintar dos obras inmortales; todos los poetas del mundo han pensado en las Musas; Parnaso era el nombre de un héroe, hijo de padre "mortal"y al que se atribuye el invento de la adivinación por medio de las aves; en toda la montaña brotan sin cesar millares de especies de hierbas olorosas y medicinales... El monte Parnaso es todo eso... y mucho más.»

¡Ah, he aquí que de pronto se termina de golpe el silencio tumbal del autocar! María nos anuncia que faltan dos kilómetros tan sólo para llegar a un parador, en el que descansaremos un cuarto de hora, y donde podremos tomar un tentempié y comprar algunas cosillas.

Brota un «¡oh!» unánime, jubiloso, de gratitud, y a renglón seguido, como obedeciendo a una consigna, todo el mundo rompe a hablar.

Imposible calcular el número de idiomas utilizados. Imposible asimismo fijar la calidad de las voces. Las tres damas floreadas forman una especie de coro de vibración pajaril. Uno de los alemanes podría confundirse, sorprendentemente, con un oboe. La pareja francesa recuerda el sonido rasgado de ciertos instrumentos de cuerda. Nuestro vecino, el del magnetófono en las rodillas, dispone de una profunda voz de saxofón menopáusico.

El parador es tomado al asalto, empezando por las *toilettes*, y allí, en el mostrador, entre bocadillos, café con leche, naranjadas y vendedoras que nos ofrecen artesanía barata, entramos en contacto con la pareja catalana que nos acompaña en la excursión y a la que habíamos oído decir: *Hem tingut sort.*

Al escuchar el apellido Gironella, la señora parpadea y me mira con signo interrogante.

—Por favor —insinúo—, en un lugar como éste no me hable usted de cipreses que creen en Dios...

El matrimonio marca una pausa y acto seguido, con absoluta espontaneidad, sonríen y se presentan a su vez, estrechándonos la mano.

Son barceloneses, Carles Tomás y María Ángeles, son

El Mediterráneo es un hombre disfrazado de mar

muy aficionados a los viajes y la curiosidad les asoma a flor de piel. A los pocos minutos nos damos cuenta, recíprocamente, de que tenemos mucho en común, al margen del idioma. Hacen gala de un humor excelente. Llevan en Grecia más días que nosotros y han realizado ya varias excursiones por el mar Egeo, por las islas. Su negocio son los tejidos: una red de tiendas en Barcelona. Su pasión, la montaña. El Pirineo catalán se lo conocen palmo a palmo, al igual que el aragonés. Carles Tomás es uno de los más calificados pioneros de la ascensión colectiva anual al pico *Matagalls*. Son tan agradables y discretos que dirigiéndonos al Parnaso le agradecemos el obsequio que su héroe, «hijo de padre mortal», acaba de hacernos.

Inesperadamente, Carles Tomás se saca de la pechera dos impresionantes vegueros y me ofrece uno de ellos. Declino la oferta —todavía me queda algún «Ducados»—, pero su gesto me anima a proponerles el tuteo, que aceptan encantados.

El guirigay a nuestro alrededor es enorme y María Ángeles comenta que la lupa del chiquillo japonés la tiene obsesionada.

—Es natural, mujer —comenta Carles—. ¿No ves que en su país la gente es tan pequeñita?

Nuestro buen humor va en aumento, y alcanza la eclosión en el instante en que yo hago brotar en mi mano el «rosario» de cuentas verdes que adquirí en El Pireo. ¡Resulta que Carles Tomás adquirió otro idéntico! Nos lo muestra y los cuatro soltamos al unísono una emotiva carcajada.

Feliz encuentro. Todo ha salido a pedir de boca. Se nos ocurren mil comentarios; pero el cuarto de hora de «parada» se ha agotado, y la inefable María da unas palmadas anunciándonos que debemos regresar al autocar:

—Lástima que nuestros asientos estén tan separados...

—No importa. Nos veremos luego.

Nuevo apretón de manos, *fins ara*, y el humo del veguero de Carles Tomás se pierde, como tantas otras cosas, en el cielo azul.

José María Gironella

Hacia el recinto sagrado

Continuamos ascendiendo en zigzag por la carretera, flanqueada por acantilados de una majestad más allá de las palabras y jalonadas de trecho en trecho por capillitas-miniatura, semejantes a nuestras estaciones de *Via Crucis*, que nos llaman mucho la atención. Son capillitas rústicas, erigidas al borde de las cunetas por los propios campesinos, que las enjalbegan o pintan con colores muy vivos y en cuyo interior depositan estampas y otros objetos de devoción, flores silvestres y exvotos, sin que falte nunca, no sabemos por qué, una botellita con aceite.

La caravana hacia Delfos es impresionante. Otros muchos autocares nos preceden y los vemos allá arriba, trepando la ladera del Parnaso. Al doblar las curvas semejan ágiles orugas, que cuando se cruzan con los motoristas (de tráfico, o policía) que recorren la zona, tienen que arrimarse tanto que dan la sensación de que se caerán al precipicio. Por supuesto, el hecho de que al cabo de tantos siglos, una mañana cualquiera, el peregrinaje hacia Delfos continúe tan activo y nutrido ofrece un desusado tema de meditación.

María, nuestro lazarillo, a la que el refrigerio ha estimulado notoriamente y que juguetea con el micrófono como un bebé con el chupete, empieza a prepararnos para la llegada «al recinto sagrado».

Nos dice que dicho recinto, como la Acrópolis ateniense, Olimpia y tantos otros lugares, ha sido devastado por el tiempo, por la Historia, por el fuego. No quedan más que vestigios, no queda «sino un dedo meñique del inusitado culto que los griegos rindieron a Apolo, uno de cuyos atributos era ser dios de la luz». Sin embargo, ya lo veíamos, en Delfos era relativamente fácil situarse. En primer lugar, porque la

272

San Pablo.

Corinto. «Tribuna» desde la cual
san Pablo hablaba a los corintios.

Templo de Sounion, en el cabo Sounion.

Contemplando la armonía
del templo de Sounion.
(Foto Juan Iriarte.)

Reproducción
de dicho templo.

El Peloponeso. Parador de Castania.

ago Stynfalos, a los
ies del parador de
Castania.

Panorámica del anfiteatro de Epidauro,
de extraordinarias condiciones acústicas.

grandeza del paisaje hablaba por sí sola, con escasas posibilidades de escapar a su encantamiento, sobre todo cuando, al amanecer, bandadas de águilas pistoneaban el aire; en segundo lugar, porque la imaginación tenía dónde apoyarse. Efectivamente, los señores pasajeros podríamos, con muy poco esfuerzo, completar en nuestra mente el número de columnas que antaño tuvo el templo (no quedaban más que seis, cinco de ellas, mutiladas); oír las pisadas de la multitud que subía la «Vía Sacra»; admirar los fabulosos tesoros que, a raíz de cualquier catástrofe, todos los Estados de Grecia solían enviar al santuario para su reconstrucción, lo cual no impedía que, para adueñarse de él, librasen entre sí duras batallas; colocar donde nos pluguiere las innumerables estatuas que lo adornaban, de las cuales sólo Nerón destruyó quinientas... «Delfos, en fin, ha sido llamado, como el dios Hermes, tres veces grande, y puedo garantizarles a ustedes que es el único *tour* que a mí, personalmente, no me cansa nunca; y me atrevo a decirles que lo mismo le ocurre a nuestro conductor, Nicolás...»

María sonríe, y el conductor levanta ostensiblemente una mano en señal de aprobación.

Sensaciones contrapuestas

A la hora prevista, mediodía, llegamos al pie del «santuario», muy próximo al pueblo (Delphi). Los autocares que nos han precedido están ya aparcados en el recodo de la carretera, aparcados en batería, como dispuestos a disparar contra nosotros.

Sin embargo, apenas nos apeamos hemos de reconocer que María no mintió: en Delfos es fácil «situarse». La magnificencia del paraje es tal que el ánimo queda en suspenso; y es tal su vastedad que la presencia de unas decenas de turistas no molestan en absoluto. Por el contrario, su miscelánica indumentaria, sus casquetes y sus camisolas, iluminan la «Vía Sacra», y, más arriba, las columnas del templo. Son como alegres insectos que estuviesen allí para colorear «el dedo meñique» que resta del gigantesco y antiguo esplendor. Carles Tomás y María Ángeles se reúnen con nosotros, cámara en ristre, y juntos nos incorporamos al grupo para iniciar la ascensión, bajo un sol de injusticia y procurando situarnos lo más cerca posible de nuestra azafata. A pocos metros, la muchacha negra del hotel, solitaria y más bella que nunca, anda como sin tocar el suelo y parece hipnotizada.

¿Qué decir? Una vez más, la palabra se revela inútil para describir las sensaciones contrapuestas que, al llegar al altozano, nos pueblan por dentro. Por un lado, efectivamente, aquello era una hecatombe comparable a la que rodea el Partenón; por otro lado, hubiéramos jurado que dicha hecatombe formaba parte de una tragedia simulada, que aquellos restos de piedras eran capaces en cualquier momento de juntarse unos con otros para volver a ser lo que fueron. Me sentí transportado, doy fe. Y recordé un trallazo poético leído en alguna parte: «la mariposa se enamora de aquello que da miedo al tigre».

Allí estaba la roca de la *Sibila*, inconmovible como un buen soneto; allí estaba el Pórtico de los Atenienses, bastante bien conservado, sobre el que revoloteaban palomas que sin duda iban naciendo del mismo aire; allí estaba el rectángulo que cobijó la caverna desde cuyo *adyton* la pitonisa Pitia hablaba a los consultantes; por todas partes inscripciones, que María nos iba traduciendo; cuesta arriba, el Teatro, bastante intacto, cuyos 5.000 espectadores tenían orden de no gritar para que el retumbo de los ecos no resquebrajara el suelo ni despertara a los enemigos, ya muertos, de los actores; más arriba aún, el Estadio, escenario de los Juegos Pitios, construido con rocas calcáreas del propio Parnaso.

¡Sí, la imaginación tiene dónde apoyarse! De añadidura, María, con gafas negras y además exacto, recompone en nuestro honor aquel rompecabezas arquitectónico, hasta lograr lo anteriormente apuntado: que «aquellas piedras vuelvan a ser lo que fueron». Llega un momento en que yo «veo» perfectamente los sacrificios (de preferencia, toros, cabras y jabalíes) que hombres y mujeres llegados de toda Grecia ejecutaban ante el altar; y el «Caballo de Troya» y la «Esfinge de Naxos», animal heráldico que marcaba el sitio en que Apolo (en persona) mató con sus flechas al dragón Pitón, exterminador de toda criatura viva; llego incluso a «oler» los extraños gases que emanaban de la tierra, de las grietas (y también del mar cercano), y que las pitonisas aspiraban para ponerse en trance, al tiempo que mascaban hojas de laurel.

María, sin duda estimulada por la atención que le prestamos, de pronto levanta su airosa cabeza y consigue que alcancemos a «ver» a las bacantes que en la cima del Parnaso bailaban, de noche, danzas salvajes en honor de Dionisos, la cabellera suelta, convencida de que en aquel estado de «locura sagrada» su alma podía liberarse y penetrar en regiones etéreas, superiores...

—Como ustedes apreciarán —concluye nuestra azafata, dando un súbito giro a su relato—, todo cuanto acabo de explicarles tiene una semejanza muy directa con lo que ocurre en el mundo de hoy... Los gobernantes continúan matando dragones, los fieles fanáticos continúan ofreciendo sacrificios, respiramos extraños gases, y la juventud, con bailes y ritos que el instinto les dicta, persiguen alcanzar también esa «locura sagrada» que mareaba a las bacantes... Han cambiado los nombres, poca cosa más. ¡Ah, se me olvidaba! Lean ustedes, por favor, en ese muro, las dos más importantes sentencias dictadas por los siete sabios de Grecia... Una dice, sencillamente: «No hay que excederse»; la otra, «Conócete a ti mismo». ¡Sí, todo un programa! Y ahora, si ustedes quieren, podemos empezar a bajar y visitar el Museo...

José María Gironella

Los oráculos

Carles Tomás, que había estado filmando con insolente impunidad a todo el grupo y que, como buen excursionista, subía y bajaba alegremente los repechos y se encaramaba siempre a la roca mejor situada, tiene un capricho: saber en qué consistían con exactitud los oráculos. Viendo que la mayoría de nuestros acompañantes iniciaban el descenso a paso muy lento, fatigados e indefensos bajo el sol, se dirige a María y le formula su ruego. María se muestra dispuesta. Asiente con la cabeza y le dice: «Sentémonos ahí.» Carles Tomás nos hace una seña y nos acercamos; y acto seguido, al pie de una columna que marca una sombra transversal, nos da una explicación, cuyo resumen, por desgracia demasiado sintético, podría ser éste:

«Los oráculos, lo mismo los de Delfos que los de los otros lugares, tenían por principal objeto mediar entre las fuerzas celestes y los hombres. Ahora bien, no se limitaban, como suele creerse, a profetizar. Los sacerdotes encargados de interpretar las palabras, a menudo incoherentes, de la Pitonisa, eran por lo general varones dotados de gran experiencia y profundos conocedores de la naturaleza humana. De modo que acostumbraban aconsejar con sensatez, a dirigir rectamente las conciencias. Las gentes sencillas, después de haberse purificado en las cercanas fuentes de Castalia, les preguntaban "si la cosecha del año sería buena o mala, si debían comprar un esclavo, si casarse o no". Cuando reinaba el hambre y la peste, lo que ocurría a menudo, y los que acudían al oráculo eran los representantes de pueblos y ciudades que necesitaban saber qué pretendían con ello los dioses ("hágase, Señor, tu voluntad"), los sacerdotes procuraban congelar los malos presagios y abrir un camino a la esperanza. En definitiva, los oráculos, pese a sus altibajos, a sus trampas, cumplían con una valiosa misión, pues en aquellos tiempos las leyes naturales causaban pavor. En asuntos políticos, ¡ay, la cosa viene de antiguo!, a veces se dejaban sobornar, o solían vaticinar de acuerdo con el interés o el deseo de los fuertes; pero era indudable que contribuyeron eficazmente, en innumerables ocasiones, a evitar guerras, a reconciliar enemigos, y, sobre todo, a que fuera un hecho real la tan deseable unidad helénica. Sí, aquellas mujeres que se sentaban sobre un trípode y que mascaban hojas de laurel, gracias a los sacerdotes prestaron notables servicios a Grecia, y, de rebote, a la Humanidad.»

Carles Tomás mueve repetidamente la cabeza y dice: «Muchas gracias.»

Hacia el pueblo

Delfos, dos de la tarde. El sol quema. Estamos exhaustos y hambrientos. Pasan, entre las montañas, dos helicópteros y el ruido es ensordecedor, como si se tratase de aviones de reacción. María, nuestro lazarillo —¿de dónde sacará las fuerzas?—, nos dice que ello se debe a lo de siempre, a las condiciones acústicas del lugar, a los ecos. Es posible. Veo una lagartija que se esconde en un matorral. Carles Tomás intenta filmarla, y en ese momento la bella muchacha negra que nos acompaña lanza un grito y, asustada, pega un salto y se planta a nuestro lado. Entonces advertimos que el precioso broche que lleva prendido en la blusa es una lagartija... (lagartija de oro, que parece recostarse dulcemente en su corazón).

El Museo es perfecto, con mucha luz y cada pieza aislada de las demás. Con todo, decidimos echarle sólo una ojeada y visitarlo de nuevo por la tarde, después del consabido descanso. Los inscritos en el *tour* que regresa a Atenas al término del almuerzo no tienen más remedio que recorrerlo ahora, aun a riesgo de confundir la cabeza de Dionisos con la del viejo Sócrates y de pasar al galope por delante del *Omfalos*, es decir, por delante de la piedra que, en forma de huevo —¿principio femenino?— representó para los griegos el ombligo, el centro del mundo, lo cual bien se merece unos cuantos minutos de lenta reflexión...

Así que buscamos una sombra y esperamos. Y en efecto, a poco los componentes del grupo que ha de regresar a Atenas salen del Museo, sudorosos, con deplorable palidez marcada en el semblante. El matrimonio francés está que echa chispas; las damas floreadas, en cambio, a lo que se ve han tenido tiempo suficiente para enamorarse de «El Auriga» y ello, a juzgar por sus risitas, las ha compensado con creces.

María se nos acerca y nos dice, en tono de complicidad:

—Hala, al autocar...

22

EL ORÁCULO HABLA PARA NOSOTROS

Nicolás, al volante de su fiel vehículo, en un abrir y cerrar de ojos nos lleva al poblado de Delfos y nos deposita en el hotel «Amalia», donde tenemos reservada habitación.

Hotel moderno, construido con pilastras de cemento. Nos duchamos y diez minutos después estamos en el comedor, situado en la planta baja. Compartimos la mesa con Carles y María Ángeles, y mientras devoramos cuanto nos ponen delante —y bebemos el consabido *retsinato* y un par de copiosos vasos de agua—, vamos recobrando energías y empezamos a comentar los incidentes de la jornada. A María Ángeles le ha dado tiempo de ver el jardín del hotel, en cuyo centro, al parecer, hay una sorprendente escultura vanguardista.

—Yo no entiendo gran cosa, pero para mí que es un ventilador... —opina.

—Pues sal a buscarlo y tráetelo en seguida —sugiere Carles.

Esto lo dice porque la atmósfera que nos envuelve se hace cada vez más asfixiante. No sólo el número de comensales dobla la capacidad normal del comedor sino que, además, las cocinas deben de estar muy cerca. Total, que renunciamos a tomar café y sin pérdida de tiempo subimos a nuestras respectivas habitaciones, contiguas y situadas en el segundo piso.

Nuestro propósito es dormir la siesta, despedirnos de María y gozar luego, sin prisas, en soledad, de los tesoros del Museo —empezando por «El Auriga»—, del templo de Marmaria, visible en la vaguada, y de los cambios de luz que con el crepúsculo se producirán sin duda allá abajo, en la mágica llanura de Crisa.

El gran miedo

Nos acostamos. Las camas son muy bajas, a ras de suelo. El techo es blanco y una enorme cortina cubre la puerta de cristal que comunica con la terraza. El grifo del lavabo gotea, pero no importa: pronto caemos en un profundo sueño.

Y entonces ocurre lo «absolutamente imprevisible». Un estruendo terrible, seco —¡boom!—, nos despierta, como si hubiera estallado un petardo en la misma habitación. Sobresaltados, nos sentamos en la cama. Miro a mi mujer. «¿Qué sucede?» Otros dos estruendos le siguen —¡booom...!, ¡booom...!—, mucho más fuertes que el anterior, infinitamente más fuertes que el que provocaron los dos helicópteros, que hubiesen provocado auténticos aviones de reacción. Abiertos de par en par los ojos, permanecemos expectantes. De pronto, una detonación tan terrorífica, tan brutal, que nos sitúa ante el hecho consumado: el fragor no viene de «arriba» sino de «abajo», de la tierra, de las entrañas de la tierra...

«¡Un terremoto!» Inútil dudar. Nuevos estampidos y el suelo y las paredes comienzan a temblar. El techo parece desplazarse. «¡Dios mío!» Pego un salto y mi primera intención es dirigirme a la puerta que da a la terraza, abrirla y salir. Pero veo a mi mujer de pie en el centro de la habitación, las manos separadas, la tez espectral. A cada segundo que pasa las paredes crujen más y más y la impresión es que de un momento a otro el techo se hundirá. «¡Un terremoto!» Los ¡booom...! se suceden y nuestra sensación es de impotencia absoluta. Sin saber cómo nos encontramos abrazados entre las dos camas, una de las cuales se ha estrellado contra la pared. Cada estampido es más horrible y diríase que marcan los segundos que faltan para el final, para el definitivo e irremediable final de nuestras vidas.

No hay tiempo ni siquiera para so!lozar. Nuestro abrazo es cada vez más fuerte, como si quisiéramos penetrar de ese modo en la Gran Nebulosa que nos espera... Hasta que, súbitamente, se hace como un inmenso vacío y sobreviene un silencio total, un silencio preñado de incógnitas y tan profundo como el aquelarre que lo precedió.

Las paredes se han quedado quietas. No nos atrevemos a mirar. El techo ya no se bambolea. Pero no sabemos si aquello se repetirá. Aguardamos un poco más y por fin brota en nuestro interior un hilo de esperanza. ¡Silencio! El silencio más «infinito» que hemos vivido a lo largo de nuestra existencia.

Oímos gritos en el exterior. Entonces nos decidimos y salimos a la terraza. El fantástico paisaje de Delfos está allí, luminoso e intacto, como si nada hubiese ocurrido. Vemos una reata de cocineros que salen corriendo al jardín, con sus blancos gorros en la cabeza. No comprendemos. Algunos levantan los brazos, otros se detienen y se vuelven para contemplar la fachada del hotel. Se oye una voz terminante: «¡Pronto! ¡Abajo...!»

Nos vestimos apresuradamente. Vemos en el suelo la lámpara de la mesilla de noche. Ya en el pasillo, topamos con Carles y María Ángeles, que también acaban de salir de su habitación. Nos hacen un gesto incomprensible y se dirigen corriendo hacia la escalera, que está allá al fondo. Echamos también a correr, les damos alcance y todos juntos bajamos saltando los peldaños hasta llegar abajo, al vestíbulo del hotel.

Aquello es un pandemónium y la única imagen concreta que veo es la familia japonesa, quieta y compacta junto a una cristalera que da al jardín.

Advertimos que mucha gente ha salido a la carretera, si bien el grupo más numeroso se ha arremolinado en torno al mostrador de recepción, inquiriendo del personal del hotel no se sabe qué. Los rostros están crispados y las voces se confunden. ¡Si pudiéramos saber...!

Al tiempo que Carles, que parece tranquilo, que ni siquiera ha perdido el rosa de las mejillas, se acerca también al mostrador, María Ángeles exclama: «¡Qué espanto!» Carles regresa al punto y nos dice que lo que la gente inquiere es si se producirá un segundo temblor.

—¿Cómo? ¿Un segundo temblor...?

—Claro...

Entonces se impone sobre el resto de las voces la del gerente del hotel, hombre alto y grave, que se ha subido encima del mostrador. Habla con calma, sus ademanes son sosegados. Nos informa de que «todo ha pasado», que ha sido un movimiento sísmico en toda la región, pero que ni tan sólo se ha cortado la comunicación telefónica...

—¿Será posible...?

¡Aparece nuestra azafata, María! La abordamos... ¡y sonríe!, aunque levemente. Nos asegura que lo que acaba de comunicarnos el gerente es cierto, y que «aquello» es corriente en Delfos, aunque no tan fuerte, desde luego. Ha sido una excepción. Pero no es probable que se repita.

—¡Tranquilícense! Todo ha pasado...

Uno de los conserjes, que en recepción no se aparta un momento del teléfono, informa a su vez que el epicentro del movimiento sísmico ha sido precisamente Delfos y que no hay noticia de que haya ocasionado víctimas. Algunos techos medio en ruinas se han derrumbado, pero los edificios construidos, como el del hotel, con pilastras de cemento, pueden resistir temblores mucho más fuertes...

Al cabo de unos minutos todos empezamos a reaccionar, aunque la incontenible alegría por el hecho de sobrevivir se ve atenuada por el miedo retrospectivo y por el temor latente a que, pese a todo, se produzca una segunda sacudida.

Sin embargo, el tiempo pasa y las paredes no tiemblan... Y el sol, fuera, se derrama sobre el valle como un canto a las vidas que no se han truncado.

Un cuarto de hora después la confianza ha renacido. Un italiano corpulento y un tanto ebrio se sube a una silla, ¡y pide champaña...! Una señora con visera en la frente ha tenido un corte de digestión y se ha desmayado. Vemos en un rincón a la bella muchacha negra encendiendo nerviosamente un pitillo... y yo me pregunto por qué aquella lagartija se escondió en el matorral.

El Mediterráneo es un hombre disfrazado de mar

María Ángeles, que ha recobrado su color normal, se quita las gafas negras y nos dice sonriendo:

—¿No se habrán caído las últimas seis columnas del templo de Apolo...?

Reflexiones inevitables

Todo ha pasado... Eso no figuraba en los folletos con que nos obsequió en Atenas la señorita encargada de los viajes, pero la experiencia se lo vale, ¿no es así? Ahora el júbilo se ha adueñado definitivamente del hotel «Amalia» y hay quien propone organizar, a la noche, un baile.

—Carles, ¿me das uno de tus cigarros puros?

—¡Hombre! Ya era hora...

Sentados en el jardín, cerca de la escultura vanguardista que, en efecto, es el calco exacto de un ventilador, dialogamos largamente. De forma incoherente, por supuesto. Tan pronto contamos chistes como evocamos otros terremotos, por ejemplo, el que tuvo lugar en Turquía poco antes de nuestra llegada. Tan pronto hablamos de los hijos de Carles y María Ángeles —se acuerdan de ellos de una manera especial—, como de la muerte. Yo, naturalmente, pienso en la muerte. La he visto muy cerca, a un centímetro de mí y a un centímetro de ese otro yo que es mi mujer. Una vez más me repito por dentro que la muerte es una injusticia, que la muerte es la injusticia.

—Eso tenía que ocurrirnos en Delfos, ¿verdad?

—Sí, desde luego...

Desde luego. En Delfos, en la roca de la *Sibila*, antaño se adoraba a la Madre Tierra. Por tanto, el *Omfalos* podría simbolizar, en vez del ombligo del mundo, el fin del mundo. Me digo que morir en un terremoto, como ha sido el caso de tantos seres, morir tragado por la tierra que se abre, es un

283

sarcasmo. ¡Cuánta prisa muestra a veces la tierra para convertirse ella misma en sepulturero! ¡Cuánta hambre para resorber por cuenta propia aquello que un día alumbró!

—Qué bien se está aquí...

—Sí, qué bien se está...

Allá en lo alto, el Parnaso permanece indiferente. La nieve lo disfraza de niño ingenuo. Algunos cipreses se mueven: es el viento. Estoy dispuesto a aceptar lo que tantas veces se ha dicho: que la mitología responde a la realidad, que todo cuanto se narra de los dioses es la réplica sublimada, poetizada, de lo que acá abajo nos ocurre a los hombres: luchas, ambiciones, fracasos, sueño, incestos, duelos, «qué bien se está aquí», elixires que curan —en Grecia, el agua—, elixires que matan. Estoy dispuesto a aceptar que tampoco los dioses son inmortales.

¡Ay, he aquí que nuestro vecino del autocar está desesperado porque se le ha estropeado el magnetófono! ¿Qué pretendía grabar, registrar? ¿El fragor de la Madre Tierra?

—Carles, ¿sabes de qué murió el estoico Zenón?

—No...

—Cuando cumplió los cien años se destrozó un dedo; y dirigiéndose a la tierra le dijo: «Ya voy, ¿para qué me llamas?» Y se mató.

Carles se levanta y corta en seco.

—¿Por qué no hacemos una cosa? Alquilamos un taxi entre todos y nos bajamos a Itea...

—¿Itea? ¿Dónde está eso?

—Itea es ese pueblecito que se ve allá abajo, después de los olivares, a la orilla del mar...

—De acuerdo. Vamos...

El Mediterráneo es un hombre disfrazado de mar

Final con samovar y ermitaño

El taxista nos repite también: «Todo ha pasado, todo ha pasado.» Bajamos lentamente, serpenteando la carretera, hacia la llanura de Crisa. Nos detenemos un momento frente a una capillita-miniatura para ver los exvotos que hay dentro y el taxista se santigua. Más adelante, en un recodo, se alza una iglesia bizantina, con un pope al lado rodeado de gallinas. La vida campestre nos invade, ¡así son las cosas!, con visos de perennidad... Pronto los olivos, apretados, densísimos, oscurecen la ruta. Son como viejos filósofos que retaran a cualquier tipo de cataclismo; cuando salimos de nuevo a la luz, a la alegría del sol, ya en el paseo marítimo de Itea, recobramos el don de la palabra.

Itea es un remanso. En los bancos próximos al agua hay viejos pescadores sentados, mozalbetes trazando con un bastón signos en el suelo, y vemos flamantes bicicletas apoyadas en los árboles. María Ángeles ha visto en uno de esos árboles una mancha negra que le ha llamado la atención. Nos hace una señal y nos acercamos: es una esquela, con el texto ya impreso, excepto el nombre del difunto, escrito a mano. Por lo visto en Itea y aledaños es costumbre hacerlo así, tener ya impresas las esquelas, con lo cual, llegado el caso, no hay más que escribir en ellas el nombre de turno e ir pegándolas por los árboles y en las paredes de las casas.

Contemplamos el mar, algo agitado. Lanza espumarajos contra los muelles, muelles que se extienden casi a ras de agua, lo mismo que los pontones. ¿Por qué esos calambres del mar? ¿Habrá notado también la sacudida? ¿Será aquello el coletazo residual?

Hay neblina tras las montañas por donde se pone el sol. Itea, nuestros rostros, Delfos, el mundo, asiste a un crepúsculo hermoso pero gris. Carles corta en seco una vez más y me dice que en una tienda ha visto un espléndido samovar.

—¿No querías comprar un samovar?

—Sí.

—Pues allí lo tienes...

Nos dirigimos a la tienda y me quedo con él. Es auténtico, es precioso. Y mientras me lo envuelven, me siento inmerso de golpe en el meollo de la literatura rusa, es decir, de la literatura con ínfulas mesiánicas, como los oráculos.

El taxista, que se ha quedado en el paseo jugando una partida con los viejos pescadores, nos hace saber que no tiene prisa ninguna por regresar a Delfos. Nosotros tampoco. De modo que nos sentamos en uno de los cafés situados cara al mar, dispuestos a no movernos hasta que el sol esté del todo muerto. Viene el camarero y nos sirve un mejunje agradable, con ligero sabor a menta.

Las montañas van adquiriendo ahora tonos azulados. No se atreven a ennegrecerse, pese a la esquela del árbol, acaso porque en Delfos no ha habido motivo para vestirse de luto. Observo que Carles contempla con arrobo la ondulación de la cordillera que, allá lejos, se desploma con mansedumbre hasta el mar.

—La montaña te atrae, ¿no es eso?

—No lo puedo remediar.

Entonces nos dice que comparten su opinión «muy ilustres varones». En nuestra patria chica, por ejemplo, Maragall. «Maragall ha escrito sobre las montañas cosas que María Ángeles y yo nos hemos aprendido de memoria.»

—¿Qué cosas?

—¡Hum! Yo sirvo para descubrir Itea y samovares, pero no para recitar.

Y sin embargo, le obligamos a ello. Y Carles accede, al fin. Va soltándonos fragmentos —prosa, no versos—, como las bombillas del paseo, que acaban de encenderse, sueltan chispazos de luz.

¿Se sabe de santos penitentes, anacoretas o ermitaños junto al mar? No creo; yo, al menos, no sé.

Los marineros suelen ir siempre en compañía, y fácilmen-

El Mediterráneo es un hombre disfrazado de mar

te pueden ser tomados por otros; pero la luz de un ermitaño sólo se puede confundir con las estrellas. Debe ser por esto que los hombres que viven solos en la montaña infunden no sé qué misterioso respeto.

Pero ¿hase visto jamás una ciudad en la cima de una montaña? No; falta allí calor animal para la muchedumbre de los hombres.

¡Oh!, feliz la ciudad que tiene una montaña al lado. Todos los hombres irán subiendo a ella y volverán transfigurados.

Faltan hombres de montaña entre nosotros. Faltan hombres de montaña que lo sean fuertemente.

Jo no sé lo que teniu
que us estimi tant, muntanyes.

Carles se calla. El sol ha muerto ya. Carles aparece transfigurado, como si hubiera subido a esas montañas de Itea que ya no se ven. Impone ese respeto de que habló Maragall, el de los hombres que viven solos en las cumbres. Carles, que no pierde la calma ni siquiera por un terremoto, podría ser ermitaño. Se lo impiden su amor por María Ángeles, su amor por sus hijos, y tal vez esos cigarros puros que enciende (ahora enciende uno) con tanta delectación...

23

REGRESO A ATENAS...
Y VIAJE EN TORNO A LA MUERTE

Se confirma que no hubo víctimas a consecuencia del terremoto. Sólo algunos desperfectos, entre ellos, los que marcaron nuestro espíritu. Tuvimos miedo, mucho miedo. El hombre es un ser que vive muriendo de miedo, que vive matándose de miedo. Es probable, por tanto, que «lo más profundo que hay en el hombre NO sea la piel», como antes se dijo, sino el miedo. La mayoría de nuestros actos derivan del miedo. La misma valentía, ¿qué es sino miedo a tener miedo? Aparte del Gran Miedo, una incesante fluencia de miedos pequeños, a menudo, sagazmente camuflados, jalonan nuestra ruta, como las capillitas-miniatura jalonan las carreteras de Grecia. Los propios terremotos podrían ser los espasmos producidos por el miedo oculto de la Madre Tierra.

El Museo de Delfos

Dormimos sin sobresaltos, y a las ocho en punto de la mañana estamos ya en pie, dispuestos a aprovechar las horas que nos quedan de estancia en Delfos. El regreso a Atenas está previsto para después del almuerzo, por una ruta distinta de la que utilizamos ayer, con María y Nicolás.

Conforme con el plan que nos hemos trazado, a lo primero visitamos sin prisas el Museo, que es realmente espléndido.

Fascinante «El Auriga» (el cochero) —¡sobre todo la mano, los pliegues de la túnica, los pies!—, hasta el punto de estimar justificado el entusiasmo de las tres damas de voz pajaril, así como la opinión del señor Stratigopoulos, que considera la obra como una de las piezas maestras de la escultura griega; fascinantes las dos estatuas egipcias, «Cleobis» y «Bitón», de fuerza descomunal; la «Esfinge de Naxos»; el «Combatiente con casco»; la «Cabeza de Dionisos»; etc.

Una vez más comprobamos que lo más vulnerable de las estatuas son la nariz y los brazos (nos acordamos del comentario hecho al respecto por Serim, nuestra añorada guía estambulense). Casi todas las estatuas aquí expuestas presentan la nariz aplastada y son mancas, sin excluir la del atleta «Agias» y la denominada el «Viejo Filósofo», figura en la que algunos eruditos pretenden reconocer a Sócrates. Por cierto, que entre el atleta y el filósofo hay una pieza graciosa, el «Niño Sonriente», que no se sabe si se ríe de éste o de aquél. Tal vez Plutarco, cuya cabeza no anda muy lejos y que por algo escribió *Vidas paralelas*, opinase que el niño se ríe de los dos.

Ni que decir tiene que nos detenemos con especial atención ante el *Omfalos*, la piedra cónica, en forma de Huevo, que representó para los griegos el ombligo o el centro del mundo, y cerca de la cual la Pitonisa daba a conocer «la voluntad de los dioses».

Me pregunto cómo es posible que los griegos, que consideraban que el más grave pecado era precisamente *Hibris*, personificación del exceso y del orgullo, cayesen también en la trampa de creer que pisaban el núcleo o la yema de la tierra. Admisible que cometieran dicho pecado los chinos, puesto que en China radicaba «el principio cósmico»; y que lo cometieran los Khmer, erigiendo los templos de Angkor sobre las aguas del Mekong, que representaban la almendrilla del universo; y que lo cometieran, quizá, los que levantaron los menhires, etc.; pero los griegos tenían la obligación de ser fieles a las sentencias de sus siete sabios, que además del «No hay que excederse», que María nos tradujo, aconsejaban «¡Guárdate de la exageración!», «¡Guarda en todo la medida!», etc.

El Mediterráneo es un hombre disfrazado de mar

Bien, no cabe más remedio que aceptar la verdad. Y olvidarse de generalizar. Y aplicar ahí la festiva máxima de Chesterton: «El hecho de que un hombre sea un ser bípedo, no supone forzosamente que cincuenta hombres sean un ciempiés.»

Aceptamos, pues, la verdad ante el *Omfalos,* es decir, ante el Huevo.

La fuente de Castalia

Salvamos andando la distancia que nos separa de la fuente de Castalia, donde los peregrinos se detenían para purificarse antes de llegar a la «Vía Sacra» y subir al santuario de Apolo a consultar el oráculo.

El paraje es delicioso, junto a una gruta en la que cloquea el agua, al pie de los rojizos acantilados por los que bajan arroyos y cascadas. Agua «bendita», clara, lustral. Varios turistas se descalzan y se bañan hasta la rodilla, entre ellos, dos hermanos gemelos, que llevan en la manga un escudo canadiense. ¡Los cuatro pies son idénticos! Tal repetición me da grima; en cambio, sus propietarios se miran complacidos, sonriendo como el niño del museo.

Nuestro amigo Carles también se descalza. ¿Cómo iba a perderse ese rito conectado con la montaña? Sobre su cabeza se levanta, vertical, la fantástica pared rocosa desde cuya cima despeñaron a Esopo, acusado de haber robado vasos sagrados del templo o de haber malgastado el dinero que el rey Creso le diera para la reconstrucción de Delfos. Todos bebimos de esa agua fresca y sabrosa que, según Pausanias, poseía virtudes mágicas y «favorecía a la inspiración poética».

En el momento en que emprendemos la marcha hacia el santuario de Marmaria, consagrado a Atenas Pronaia y situado a un tiro de piedra en dirección a la hondonada, aparecen en la carretera varios motoristas precediendo a una caravana de coches negros, suntuosos, «oficiales». En el hotel nos habían dicho que aquel día iba a celebrarse allí una «convención». Los motoristas espantan a los asnos que los campesinos de Delfos conducen hacia los sembrados. Los claxons, debido a los ecos, retumban en el lugar, del que por unos minutos desaparecen los dioses volátiles siendo sustituidos por coroneles motorizados, activos, de carne y hueso.

El recinto de Marmaria, al término de un sendero bucólico a cuyo embrujo jóvenes parejas se besan estrepitosamente, nos causa una fuerte impresión. Tal vez sea, actualmente, el rincón más bello de la geometría délfica. La rotonda de Tolos, el famoso templo circular del que sólo quedan en pie tres columnas, nos brinda con generosidad su elegante silueta, tocada por un matizado espectro solar, cuyos luminosos rayos proceden de quién sabe dónde; quizás, es difícil asegurarlo, procedan del Gimnasio, emplazado muy cerca y en cuyo recinto, además de entrenarse los atletas para los Juegos Pitios, se daban clases de filosofía, retórica, gramática y astronomía.

Marmaria es aconsejable a los viajeros de todo el mundo. Si el destino quiere que por entre las piedras y los árboles se paseen turistas con camisolas rojas —nosotros hemos tenido esta suerte— y que media docena de chiquillos jueguen primero a la gallina ciega y luego a perseguir indios y a cazar insectos, habrá uno vivido una extraña taumaturgia. Dícese que los romanos tenían una especial sensibilidad para plantar su tienda en los sitios más ufanos y hermosos que encontraban al paso; lo mismo cabría decir, creo, de los griegos de la antigüedad. Los griegos, que estimaban que el «más allá» es una entidad brumosa, incognoscible, buscaban en el «acá», a menudo, con pleno éxito, lo selecto, la armonía, la perfección. Sin duda por eso crearon ese punto y aparte que es Marmaria; y sin duda por eso incluso ahora hay allí un guardián sentado a la sombra de un olivo, que vigila que nadie deje un papel en el suelo, que nadie arranque un tallo, que nadie grabe su nombre en una columna o se lleve un guijarro en la mochila.

El Mediterráneo es un hombre disfrazado de mar

El autocar y los pastores

Al término del almuerzo nos despedimos de Delfos con un «hasta siempre», fórmula que en esta ocasión no es convencional. Nunca olvidaríamos la experiencia vivida allí. Alguien nos ha dicho que lo que nos salvó fue una simple cuestión de números: el terremoto fue solamente de 6,25. Un poco más y el hotel «Amalia» sería en aquellos momentos fosa común y nosotros nos habríamos convertido en noticia de primera página.

Mientras el autocar rueda por la carretera rumbo a Atenas dialogamos sobre esos caprichos de la relatividad. Pero procuramos olvidarnos de ello y concluir que el recuerdo de Delfos sería imperecedero también por otras razones: María, la azafata, que ahora echamos de menos; la magnificencia de la cordillera del Parnaso; los restos del complejo en honor de Apolo; la quietud del pueblo de Itea; el «Niño Sonriente»; el misterio del lugar... Personalmente, un objeto me ayuda en la evocación: el samovar que adquirí y que viaja con nosotros, cuidadosamente acolchado en el portaequipajes. Fuera de eso, me obsesiona la imagen del alemán desesperado porque se le estropeó el magnetófono, lo que le impidió grabar el estruendo fenomenal.

Viaje agradable. Después de cruzar el poblado de Arachova tomamos una carretera secundaria para visitar el monasterio de San Lucas el Venerable, construido hace ocho siglos y milagrosamente conservado. El guía nos cuenta que el pueblo griego «atribuye al santo innumerables prodigios» y que lo compara, por su amor a todas las especies, a Francisco de Asís. Monasterio bizantino, contiene una iconografía de mosaicos deslumbrantes, sobre fondo aurífero, cuya elaboración costó más de cien años. Hay dos iconos, representando a Cristo y a la Virgen, obra de Damaskinos, que fue maestro de El Greco. En la entrada, Cristo dice sosegadamente: «Yo soy la luz del mundo...» Fuera mana una fuente de agua clara, sabrosa como la de Castalia, y grandes plátanos invitan al descenso y a la meditación.

Agradecemos esta visita, que nos permite, además, tomar un exquisito helado en cucurucho de papel de plata. Y proseguimos la marcha, reintegrándonos a la carretera general. Recorremos los valles acunados por las cimas del Helikón, y se hace de nuevo un gran silencio en el autocar. Algunos pasajeros dormitan, pese a que el chiquillo japonés, en esa ocasión, en vez de embromarnos con la lupa se ha puesto a tocar la armónica. Nosotros nos dedicamos a contemplar las extensas llanuras verdes, donde abundan los pasfores y los rebaños. Pastores, ovejas, cabras, sin apenas «masías»; de tarde en tarde, pequeñas aldeas, talmente arrancadas de los pasajes bíblicos que vimos en los mosaicos de san Lucas. En alguna parte he leído que los largos cayados que llevan algunos de esos pastores están en el origen del báculo que más tarde usaron los obispos. Como fuere, diríase que la Grecia arcádica se ha concentrado en esa área campestre, moscardoneada de vez en cuando por el paso de los horribles camiones que van y vienen de las minas de bauxita. Carles se entusiasma e intenta filmar esas escenas virgilianas, pero el traqueteo del vehículo lo fuerza a desistir. Entonces enciende, tranquilo, un veguero, hasta que, de pronto, sin saber cómo, se pone a canturrear *Dolça Catalunya*... Y nosotros lo coreamos, con voz apenas audible, aunque emocionada.

¿Por qué extraños recovecos o rebotes del alma volvemos siempre al terruño? ¿Será el terruño, y no el hombre, «la medida de las cosas»? Para los pastores griegos que dejamos atrás, seguro que sí. Dan la impresión de llevar allí una migaja de tiempo anterior al tiempo, de ser «constantes» inmutables, codificados por la tradición. Dan la impresión de formar parte de los valles y de los oteros, de que se alimentan de leche, églogas y miel, de que duermen sobre paja, y en verano fuera, cerca del aprisco y bajo las estrellas.

El Mediterráneo es un hombre disfrazado de mar

Otro diálogo ateniense

Llegados a Atenas, el autocar deja a nuestros amigos a la puerta de su hotel y a nosotros, poco después, nos deposita en el nuestro. En recepción encontramos una nota del señor Stratigopoulos, rogándonos que vayamos a verle. Tiene ya noticia de que «estamos sanos y salvos», pero desea intercambiar impresiones y programar nuestra próxima salida de la ciudad. «Esta vez los acompañaré, sin excusa ni pretexto, pues está visto que si los dejo ir solos tienen ustedes problemas.»

Llamamos por teléfono al señor Stratigopoulos y nos invita a cenar en su casa. Acudimos puntualmente. Los relojes de pared continúan marcando la hora exacta. El hombre está de un humor de perros —el incesante bombardeo de la propaganda «oficial» lo saca de quicio—, pero nuestra presencia le alegra. Mientras nos tomamos un whisky nos habla del gigantesco proceso político que se celebra en esos días en Atenas, y da por sentado que los coroneles harán un apaño para liberar al compositor Mikis Theodorakis, «nacido, como él, en un barrio pobre de El Pireo...».

—Es demasiado popular. No les interesa un escándalo en el extranjero...

Comentamos que es de todo punto injusto que existan tales discriminaciones, que los detenidos que no sean «populares» se encuentren, «en Grecia y en otras partes», totalmente indefensos. Él es abogado y estima que la ley no debe tener en cuenta otros atenuantes que los clásicos previstos por el Código. En su opinión, los países más ejemplares en ese aspecto, como en tantos otros, son los países escandinavos.

Aprovecho el inciso —la joven sirvienta ha dicho: «La

cena está servida»— para preguntarle a nuestro amigo por el juicio que le merecen la influencia y posibles presiones de los navieros como Niarchos, Onassis, etc.

—¿Conoce usted a alguno de ellos?

La rubicunda cara del señor Stratigopoulos enrojece. No sabemos cómo interpretar su reacción. Por fin se zampa un vaso de agua —agua no bendita, agua no lustral—, y corta sonriendo:

—Ustedes me perdonarán, pero preferiría hablar de terremotos...

¡Ay, giro de ciento noventa grados en la conversación! Ésta se traslada de nuevo a Delfos. Tenemos que contarle pe a pa lo que ocurrió, lo que sentimos. Hablamos del miedo, del Gran Miedo. Hablamos del italiano que pidió champaña y del baile que, a la noche, se organizó en el hotel y que fue bautizado «El baile de los supervivientes». Y terminamos, ¡una vez más!, hablando de la muerte.

El señor Stratigopoulos nos dice que, por suerte o por desgracia, él es algo así como un especialista en la materia... Ha sufrido ya un infarto. «Un infarto es algo más concreto aún que la geología.» A los cinco años se enteró «de que todo el mundo moría» y se rebeló. Ya mayor, lo ayudaron mucho ciertas tesis griegas sobre la cuestión. «Los filósofos griegos han ahondado en el tema de un modo especial, y en términos generales puede decirse que, más que a la muerte, le temían a la vejez, contrariamente a lo que suele ocurrirles a los hombres de acción. Por ello es interminable la lista de pensadores griegos que, al llegar a una edad avanzada, decidieron suicidarse... Claro, claro, el hecho de morir es humillante, pero lo es más todavía su antesala: la pérdida de la capacidad creadora, la pérdida de las facultades.»

El enfoque me interesa sobremanera e invito a nuestro anfitrión a que se extienda sobre el particular. Entonces nos dice que quien se ocupó de ello minuciosamente fue Nietzsche. «¿Conocen ustedes su portentoso libro *La cultura de los griegos*? Pues allí dedica un capítulo a analizar cómo y de qué murieron los grandes espíritus de Grecia... Y hay detalles curiosos, desde luego. Naturalmente, es posible que en algunos casos las versiones sean quiméricas, pero seguro que, aun así, de uno u otro modo responden a la realidad. Bastante corriente era —y esto es sabido—, al llegar a cierta edad dejarse morir privándose de tomar alimento alguno, a semejanza de los grandes yoguis tibetanos, Isócrates, Gorgias, Dionisio, Leucipo, el mismo Pitágoras, murieron voluntariamente de hambre. Otros, por supuesto, se suicidaron por otras razones y utilizando otros métodos. No es necesario mencionar a Sócrates, ni a Demóstenes, ni a Aristóteles; pero sí, quizás, a Diógenes, que murió conteniendo la respiración; y a Heracles, que se quemó vivo; y a Menipo, que se ahorcó; y a Epicuro, que se sumergió en un baño caliente y se puso a beber hasta el final... También los hubo que resistieron hasta el último momento, como, por ejemplo, Platón, que murió, ya lo saben ustedes, en un banquete de bodas; y Píndaro, que murió en el teatro; y Demócrito, que «detuvo su muerte tres días enteros», hasta que pasasen las fiestas dedicadas a la fecundidad, que se celebraban a base de ritos obscenos; y Quilón, que murió mientras besaba a su hijo, triunfador en los Juegos Olímpicos; y Protágoras, que murió en un naufragio; y Anaxágoras, que lo único que pidió fue que todos los años, en el aniversario de su muerte, los niños tuvieran un día de vacaciones; y Crisipo, que se murió de risa al ver a un burro emborracharse bebiendo vino...»

Al llegar a este punto el señor Stratigopoulos corta en seco..., sonríe, y levantando su copa de vino «resinado» nos invita a dar por terminado el tema y a brindar. A brindar por el feliz desenlace de nuestra aventura délfica; por el baile que se organizó en el hotel «Amalia»; por los niños que jugaban a la gallinita ciega por entre los árboles y las piedras de Marmaria; por el crepúsculo que aquella tarde incendió una vez más, wagnerianamente, la Acrópolis; porque algún día la democracia llegue a imperar en toda la tierra; por el éxito de la excursión que nos propone para el día siguiente a Sounion, probablemente, el templo mejor emplazado de Grecia —sobre un promontorio, frente al mar—, templo dedicado a Poseidón, el dios de las aguas, cuya estatua había sido rescatada del fondo del océano, al modo como él, gracias a nuestra visita, había rescatado aquella noche su habitual buen humor, seriamente amenazado por circunstancias ajenas, pero, sobre todo, por su íntima y progresiva sensación de soledad...

24

JUAN XXIII, EL ÁGORA
Y EL RESTAURANTE «BACCHUS»

De acuerdo con el señor Stratigopoulos, decidimos retrasar un par de días nuestro proyectada excursión al templo de Poseidón. Nos apetece, después de la experiencia de Delfos, completar un poco más nuestra estancia en Atenas. Queremos asistir a una sesión de «Luz y Sonido» en la Acrópolis (tenemos un grato recuerdo para nuestro amigo don Carlos Buigas); cenar en algún restaurante típico, donde podamos ver danzas griegas auténticas; visitar con detenimiento el barrio de los anticuarios; pasar una tarde entera en el Ágora, tal vez el reducto más melancólico de la capital; husmear en las librerías de ocasión en busca de algún grabado o estampa antiguos; darnos un garbeo por los suburbios industriales, en los que, pasando con el autocar, vimos una serie de fábricas de instalación modernísima, etc.

Salvo error u omisión, somos ya los veteranos del hotel «Olympic». El trasiego de pasajeros es constante. Se han ido los japoneses, se ha ido también, quién sabe dónde, la joven muchacha negra de la lagartija en el pecho. Han llegado varias muchachas inglesas hippies, extraordinariamente atractivas, exhibiendo con calculada asimetría blusas y faldas de cuero, cinturones metálicos, sandalias egipcias o quizás etíopes. El camarero del bar parece inmunizado contra ese tipo de agresión y continúa prefiriendo alfiles y caballos.

Me paso una mañana entera en el *hall* leyendo el libro que nos regaló en Estambul el padre Pascual: *Cartas a sus familiares*, de Juan XXIII. Presto especial atención a las epístolas que el entonces nuncio apostólico de Turquía y Grecia escribió desde Atenas. Rezuman sencillez, cierta ingenuidad y mucho dolor, puesto que están fechadas durante la Segunda Guerra Mundial, cuando las tropas italianas habían ocupado Grecia. «De vez en cuando veo a los buenos soldados bergamascos, que vienen a visitarme... El sargento Cinasi... un tal Mandelli, un tal Caccia, carpintero de Mapello y a muchos otros. Desde el 15 al 20 de este mes he vivido entre los soldados italianos que ocupan el Peloponeso. La mayoría son del Sur. Pensad que he confirmado cerca de 500, y en todas partes me han recibido con muchas atenciones y bondad. Ya veréis las fotografías. Os puedo asegurar que desde mi tiempo de soldado, en 1902, y desde mis tiempos de sargento y capellán militar se ha avanzado mucho en cuanto a la vida religiosa.» «Éstos han sido años terribles, mi querida Sor María, primero por la espera angustiosa, después a causa de la guerra y siempre debido a la incertidumbre. Durante la guerra yo también he tenido varios caídos: un hijo de mi hermana y dos primos, mejor dicho, dos hijos de los primos Roncalli. Y sobre todo, la situación de Grecia... La política, Sor María, es un asunto feo; y el nacionalismo es la maldición de un pueblo, cuando se sirve de la religión como de un instrumento. Los católicos somos afortunados, porque encontramos en la religión todo lo que es necesario para mantener vivo también nuestro patriotismo, pero no buscamos en ella un pretexto para imponernos a quien sea.» «Nuestros buenos soldados italianos, a quienes tanto se despreció durante los primeros meses de esta guerra por algún revés que tuvieron al principio, y a quienes aborrecían como católicos, después de la ocupación, se han ganado la estima y la simpatía. Y es que su sencillez, su mansedumbre... los ha presentado bajo una luz nueva, que es precisamente la que caracteriza a nuestra buena gente de Póntida y del Bergamasco, tierras benditas donde ciertamente no todo es santidad, pero donde el espíritu religioso es sólido y se ha nutrido no de futilidades ni de supersticiones, sino de catecismo limpio, de vida eucarística y de auténtica piedad cristiana.» «Aquí hay que ejercitar las catorce obras de misericordia en nombre del Santo Padre, y con esto te digo todo. Vivo en medio de los griegos, humillados y mortificados, y en medio de los soldados italianos y alemanes, que como sabes han ocupado al país. Hay que portarse con mucha prudencia y con mucho garbo con todos y cada uno. Pero veo que el Señor me ayuda.»

¿Prudencia y garbo...? Juan XXIII sería llamado más tarde, por los sectarios de siempre, el «imprudente», debido al Concilio; su «garbo», desde luego, nadie lo discutió jamás. ¿La política asunto feo, y el nacionalismo «la maldición de un pueblo cuando se sirve de la religión como instrumento»? Aquí no hay ingenuidad; aquí hay, escuetamente, sencillez, mucho dolor y una visión tan clara como la luz que entra por los ventanales del hotel en esta mañana ateniense.

Tarde en el Ágora

Pasamos la tarde en el Ágora, al pie de la Acrópolis. Es una jornada de sosiego, de paz. Apenas si hay nadie en la explanada donde antaño los griegos acuñaron la dialéctica. No sé por qué, me acuerdo especialmente del maestro Eugenio d'Ors, al que imagino en el centro de la plaza, joven y «bien plantado», rodeado de discípulos, señalando el Partenón y eyaculando metáforas sobre el clasicismo, la obra bien hecha y la euritmia.

El Ágora, que ha sido calificada como el «Hyde Park» de la época, es ahora un montón de piedras. Nos sentamos en una de ellas, de espaldas al horrible edificio del actual Museo, pastel blanco que los americanos regalaron a Atenas al término de la guerra que Juan XXIII vivió tan de cerca. Vemos allá arriba, en la colina, el Areópago y el Pnyx. En el Pnyx se reunía cuarenta veces al año la «ecclesia», la asamblea del pueblo, compuesta por unos cinco mil ciudadanos, los cuales, después de sacrificar un cerdo, escuchaban a los oradores y al final votaban, levantando la mano, sobre las cuestiones públicas. En el Areópago, san Pablo dirigió a los atenienses su discurso sobre «el Dios Desconocido», el Dios que él había ido a anunciarles, «que no estaba encerrado en los templos construidos por mano de hombre, sino que era Señor de cielos y tierra; que no necesitaba de ofrendas de comida y bebida, siendo Él mismo quien daba a todos vida y alimento; que era una realidad suprasensible; que no amaba, como Zeus o Atenea, sólo al pueblo griego, teniendo a los demás por "bárbaros", sino que tenía Providencia por todos los hombres». ¡Ay, san Pablo! El auditorio admiró su agilidad mental y su facilidad de palabra, pero no comprendió aquella «nueva y extraña doctrina» basada en la fe en un Dios único y personal, en la inmortalidad del alma y en la resurrección. Y en cuanto intentó hablar de Cristo, «estalló una risotada» y se le acercaron los estoicos y le dijeron: «Te oiremos esto en otra ocasión.»

El Ágora era el centro intelectual de Atenas; ahora es un rincón nostálgico, silencioso, donde crecen olivos enanos, y, por entre las ruinas, plantas silvestres. En esta tarde serena sólo nos acompañan, dispersos aquí y allá, algunos estudiantes de Bellas Artes, absortos dibujando las siluetas que los rodean. De vez en cuando pasa cercano el tren de El Pireo y su silbido perfora el aire. A nuestra izquierda, recostada en la falda rocosa, hay una iglesia bizantina, pequeña, que gotea en el paisaje una lágrima roja y humilde. La luminosidad del cielo es extraordinaria y contribuye a la sensación de bienestar que nos invade; sin embargo, en otros tiempos los campesinos se lamentaban de la sequía que ello comporta y ponían sus esperanzas precisamente en Zeus, al que denominaban «El Congregador de Nubes». El sol desciende, el ocaso se acerca, la temperatura es tibia, se ha hecho la paz.

Nos advierten que el Ágora se cierra y nos levantamos contrariados. La paz debería estar siempre abierta, al igual que la dialéctica. Los horarios deberían estar prohibidos en esta plaza intemporal, donde, entre vendedores que «ofrecían a los pasantes miel de Larisa, ostras de Quío, vino de Argos y pasas de Corinto», Zenón loaba «la imperturbabilidad del ánimo», el dominio ante el dolor, en tanto que los epicúreos, por el contrario, enseñaban que «la finalidad de la vida es el placer».

Llegados a la vía del tren de El Pireo vemos, incendiada, la Acrópolis. Grandiosa como nunca. Cuesta creer que, en un lugar llamado Éfeso, hubo un templo, el de Artemisa (o Dia-

El Mediterráneo es un hombre disfrazado de mar

na), cuatro veces mayor que el Partenón. Y cuesta también creer que el destructor de tal portento fue un desconocido pastor, Eróstrato de nombre, que pretendió con ello pasar a la posteridad, «hacerse inmortal». Inmóvil frente al crepúsculo, pienso que cualquier hombre, sabio o necio, rico o pobre, gobernante o pastor, que pretenda pasar a la posteridad, «hacerse inmortal», es un peligro público, es alguien capaz de convertir en llamas cualquier maravilla, cualquier pueblo, cualquier ciudad; es alguien más devastador que un terremoto, presto a liquidar en un segundo un logro de siglos, a organizar purgas entre los discrepantes, a meter en cámaras de gas a varios millones de seres humanos.

Cena en el «Bacchus»

A la noche, en compañía de Carles y María Ángeles, a los que hemos citado en uno de los cafés cosmopolitas de la Plaza de la Constitución, decidimos cenar en el popular barrio de «Plaka», un tanto parecido al Barrio Chino barcelonés, aunque con cierto sabor oriental (el taxista lo llama el «barrio turco»). Nos apeamos y al momento nos rodea una pléyade de mozalbetes, empeñados en que les compremos obscenidades. Por fin el portero de un restaurante que presenta buen aspecto, el restaurante «Bacchus», se abre paso a codazos y nos invita a entrar. Es un hombre ceremonioso y de tez pálida, como si sólo viviera de noche. Según él, el «Bacchus» ofrece «las mejores especialidades griegas» y, además, el mejor show de la ciudad.

—*Va bene, va bene?*
—*Va bene...*

Le damos una propina, nos ayuda a cruzar el umbral..., y al instante el hombre se desentiende por completo de nosotros y, sin quitarse los guantes, enciende un pitillo y se apoya en la pared.

Lleno a rebosar. Pero el veguero que fuma Carles impresiona a un elefante humano que lleva gorrito con borla y que, por las trazas, es el encargado de distribuir las mesas. Queda una sola mesa libre, situada a cierta altura sobre la pista de atracciones. Perfecto. El *maître* nos trae la carta y nos recomienda «langosta». El «bodeguero» nos describe la calidad de cada uno de los vinos, pero optamos por pedir champaña. El ambiente es agradable. Decoración en rojo. Orquesta basada en instrumentos de cuerda: arpa, laúd, bandolinas varias, entre ellas, el «bouzouki». En un altillo, y por entre las cortinas, vemos dos camarines en los que unas cuantas bailarinas se acicalan ante el espejo.

Mientras los camareros van y vienen observamos a los clientes del local. Sin duda estamos inmersos en la sociedad opulenta, lo que, por otra parte, no podía ser de otro modo, dados los precios de los platos y del champaña. Familias americanas que se ríen a carcajadas (excepto los hijos pequeños, que no disimulan su tedio). Italianos eufóricos, exhibiendo también gorrito con borla. Varios obesos matrimonios alemanes, ellos con aire de directores de la casa Krupp. En torno a la pista, varones indígenas, varones griegos, seguros de sí, que llaman sin cesar a las floristas y vacían sus cestas. Me pregunto si no serán beneficiarios de algún «monopolio» oficial, u hombres de confianza de algún poderoso naviero del país... Como fuere, todo el mundo come, come con voracidad. Y bebe. El local va llenándose de humo. Los ojos se licuan, las barrigas se hinchan. Hay un instante agresivo, zoológico, bestial. «Bacchus» debe de contemplarnos a todos —también a nosotros—, satisfecho de contar con tantos adeptos. ¿Y los mozalbetes de fuera? Seguirán ofreciendo obscenidades... ¿Habrán cenado también langosta? ¿Qué significarán para ellos las palabras «gourmet» florista, «Krupp», la expresión «seguros de sí»? Carles me mira y me dice:

—Si empiezas a filosofar, estamos perdidos.

No, no estamos perdidos. Porque inesperadamente, irrumpen en la pista cinco muchachos bailarines, vestidos con cierta afectación, y al son de una música excitante nos obsequian con un recital de danzas folklóricas de una fuerza sobrecogedora. Cogidos de las manos, tan pronto saltan al unísono, abiertas las piernas, como tocan con la rodilla al suelo y se levantan de nuevo, como se separan y agitan los brazos, mientras se pegan en los talones y giran y giran sin parar. Son danzas vigorosas, con resonancias asiáticas, eslavas y también mediterráneas. Recuerdan los bailes rusos; pero también el flamenco y la sardana. Los muchachos sudan, saludan y se van... E inmediatamente ocupan el tablado las bailarinas que vimos acicalarse ante el espejo, una de las cuales, casi desnuda, se sube a un pedestal y se mueve como una serpiente, como una tigresa, como una bacante recién llegada de las cumbres del Parnaso. El próximo número, la «Danza del Pañuelo», es mixto, y ofrece la peculiaridad de que los pañuelos, sostenidos por las puntas de los dedos, impiden que las manos de los bailarines tomen contacto directo con las manos de las bailarinas, con su piel. Curiosa expresión plástica de los celos tradicionales del campesino griego —en muchas aldeas los hombres griegos sólo bailan entre sí—, y que contrasta con la impudicia de la tigresa que acaba de bailar, y que llevaba en el ombligo, a modo de tapón, una resplandeciente joya.

Dicha tigresa vuelve a salir, da tres saltos mortales y desaparece.

Se produce una confusión extrema. Aplausos, «bravos», más champaña, más humo, las barrigas se hinchan todavía más. ¡Veo a las muchachas inglesas del hotel, a las muchachas hippies, con sus mallas, sus cueros, sus cinturones metálicos! Ocupan una diminuta mesa en un rincón. Dan la impresión de estar embriagadas. Se han soltado la cabellera y llaman a los camareros y los besan en las mejillas. No, no son «contestatarias». Están perfectamente integradas en la sociedad frenética, en la sociedad de los monopolios y de los navieros, en el sistema.

Terminado el primer pase de atracciones se encienden las luces y acto seguido el local queda sumergido en una penumbra amable. Es la señal. Suenan ritmos melódicos —la cantante se parece a Nina Mouskouri—, y pronto la pista se convierte en punto de cita conyugal. Las parejas, por turnos, acudimos a cumplir con la evocadora liturgia. Las bandolinas rejuvenecen nuestro espíritu, ya que no nuestros músculos,

menos ágiles que los de los bailarines que nos precedieron.
Como siempre en esos casos, me acerco a los músicos y les
ruego que toquen una pieza imperecedera, de líricos signifi-
cados para mí: *La Cumparsita*. ¡Los primeros compases del
tango provocaron una reacción adversa, casi violenta, en ciertos sectores juveniles, dispersos e inlocalizables, que exigen
ritmos psicodélicos! No importa. Las parejas continuamos
bailando, marcando los pasos con mejor o peor estilo, pega-
das las mejillas en cuanto nos es dado hacerlo, y ratificando
con nuestra emoción las palabras escritas hace diecisiete siglos por Aristoxeno de Tarento: «Desde que la música se ha
desquiciado y vulgarizado al extremo, nosotros, unos pocos,
continuaremos deleitando nuestras almas con la música de
antaño.»

Bueno, ¿pero qué sucede? ¡Aparecen los componentes de
un *tour* nocturno! Son muchos, forman un grupo nerviosísi-
mo y compacto y van colándose a empujones local adentro,
buscando un sitio vacío, el sitio a que tienen derecho. «¡Eh!,
¡eh! ¡Fuera!, ¡fuera!» «¿Qué se han creído?» Por toda respuesta, la vanguardia del *tour* exhibe con énfasis, ante los
comensales del «Bacchus», su oriflama: los *tickets* que les
dio la agencia.

Nos encontramos en un circo suburbial, en una playa en
agosto, en un cine de pueblo una tarde lluviosa de domingo.
Carles, que no soporta ese tipo de aluvión, propone salir a
tomar el aire y pide la cuenta. El *maître*, culebreando entre
las mesas, consigue por fin depositarla en sus manos. María
Ángeles consulta la cifra final, la suma, y mirándome con
fijeza comenta:

—Viajar con pesetas es una calamidad.

Levanto los hombros y le digo:

—Si empiezas a filosofar, estamos perdidos...

Tomar el barrio de «Plaka», a medianoche. Gamberros,
luces equívocas, callejuelas, improvisadas alcobas al otro lado
de los ventanucos. El cielo está estrellado, pero en la tierra
ateniense los instintos aúllan, como en todas partes. Toma-

mos un taxi y nos dirigimos a la plaza Omonia, ágora de los noctámbulos. Una mujer bizca toca el acordeón, con un gato muerto a sus pies. En la puerta de un café, un niño solitario sorbe con lentitud un vaso de agua. La noche es cálida. Nuestros hoteles quedan lejos. Nos sentamos en el bordillo de la acera y guardamos un silencio largo.

Reencuentro inesperado

Hasta que, de improviso, se planta ante nosotros una figura que virtualmente habíamos olvidado. ¡El señor Chávez! El inquieto sefardí que mi mujer y yo conocimos en el avión viniendo de Estambul... Lo reconocemos por la voz, por su tez blanca, por su aspecto intelectual.

—¡Oh, quería ir a verles al hotel, pero hasta «agora» no pude! ¡Mil excusas...! ¿Sus amigos también españoles?

No queda más remedio que levantarse y proceder a las presentaciones que el caso exige.

—¡Cuánto placer...! ¡Barcelona...! ¡Oh, sí, poder hablar con españoles...!

Sorprendente ejemplar humano. Se empeña, con la tiránica autoridad de los intrusos, del calcetín en un pie, en invitarnos a tomar *raki*, «el mejor anisado del mundo», en el destartalado café frente al cual el niño solitario estuvo bebiendo agua.

Nos damos cuenta de que, pasado el primer momento de desconcierto, a Carles y a María Ángeles les ha picado la curiosidad —el propio señor Chávez ha insistido en que es sefardí—, y ello nos alivia un tanto. Al enterarse de que hemos estado en el «Bacchus», el señor Chávez suelta una carcajada como de clarinete y abriéndose el chaleco nos muestra una moneda de oro que lleva colgando en el cinturón...

—¡Les habrá costado lo menos cinco piezas como ésta!

José María Gironella

—exclama, sin dejar de reírse—. Y es moneda «antica», turca, como las que se ven en el *Topkapi*...

Tenemos que contarle, aunque abreviando al máximo, nuestras impresiones sobre Grecia. Él va asintiendo con la cabeza, y puesto que quedan en torno suyo muchas sillas libres va cambiando de lugar, si bien cada vez pide «mil excusas». ¡Sí, sorprendente ejemplar humano! Su léxico es la caja de Pandora. Al sombrero lo llama «chapeo». Y su mitología es la actividad. «¿Ven los señores cuánta tortura la mía en el avión? ¡No puedo estar quieto un «momentino»! —y cambia de silla otra vez, y nos invita a una nueva ronda de «raki».

Con todo, a no tardar hemos de regocijarnos de ese encuentro inesperado de ese calcetín en el pie. El señor Chávez, además de dedicarse, tal y como nos dijo, a la importación, tiene intereses en varias agencias de viajes turcas y griegas, entre las que se cuenta, ¡qué casualidad!, la que organizó nuestra excursión a Delfos. «¡María! ¡Nicolás...! Bonísimos profesionales... ¡Amigos, muy amigos míos...!» Y se lleva la mano al pecho.

Gracias a los negocios, nuestro hombre resulta un considerable experto en materia viajera. Y por esa brecha se introduce en un campo en el que consigue encandilarnos, lo que con toda evidencia lo hace feliz. «Veo que los señores se interesan... "¡Grande fortuna" la mía, "grande fortuna"!»

Lo que en realidad nos ha encandilado es lo referente a los famosos *tours*, cuya última bofetada acabamos de recibirla en el «Bacchus». El resumen de su información al respecto, que nos expone con una sobriedad inhabitual en él, podría ser éste:

Los llamados *tours* turísticos existen desde hace siglos, y muy semejantes a los actuales. Pasando por alto los largos desplazamientos que en el antiguo Egipto podrían efectuar, en coches de caballos, las gentes adineradas o con cargos oficiales, el invento del *turismo* propiamente dicho se produjo en virtud del trazado de la inmensa red de calzadas romanas (algunas de las cuales han durado hasta nuestros días), y de la crianza de «caballos de fuerza» resistentes a la fatiga, espléndidos animales que, a base de relevos, llegaron a cubrir distancias diarias de hasta trescientos kilómetros.

El Mediterráneo es un hombre disfrazado de mar

Los carruajes instrumentados por los romanos para dicho transporte de viajeros, disponían, además de portaequipajes, de departamentos especiales para dormir —los actuales coches-cama—, de servicios de cocina —los coches-restaurante—, llegando incluso a establecerse un servicio de «escribanos» a los que dictaba la correspondencia, la cual salía hacia su destino por medio de mensajeros —los coches-correo y los carteros—.

Los propietarios de los mencionados carruajes —los modernos autocares— no tardaron en montar verdaderas agencias de viajes, aprovechando el creciente número de romanos cultos que querían visitar Grecia, y también Egipto, por lo menos una vez en su vida, a semejanza de los peregrinos árabes a La Meca y de los antiguos cristianos a Jerusalén. De aquí nacieron los *tours*: viaje «todo incluido», sin exceptuar los gastos ocasionados por las visitas a lugares importantes —por ejemplo, el restaurante «Bacchus»—.

A raíz de ello, los carruajes fueron perfeccionándose —se inventaron las «aperturas» en los toldos laterales, que permitían mirar el exterior—, y aparecieron los primeros *Michelin* o las primeras *Guides Bleus*, rebosantes de detalles sobre las distancias, los precios, los alojamientos que se encontraban al paso, las fuentes de aguas termales donde reponer la salud, la descripción de los paisajes, etc.

En las épocas punta, y al igual que «agora», se producían aglomeraciones, que un «Ministro de Posta», generosamente bien remunerado, procuraba reglamentar. Y también como «agora» podían comprarse *souvenirs* (vasos pintados por esclavos, con reproducciones de los sitios visitados), así como, mediante una propina, hacerse con algún recuerdo de los campos de batalla (un trozo de lanza, una espada rota).

—¡Y es gracioso que también entonces muchos de esos *souvenirs* o trabajos estaban falsificados, como «agora»! —y la risa del señor Chávez clarinetea una vez más, mientras mira el «rosario» de cuentas verdes con que Carles se entretiene, «rosario» al que repetidamente ha denominado «gombolai».

Nuestro interlocutor se extiende más aún sobre las similitudes entre lo antiguo y lo moderno, dándonos la impresión de que tal equivalencia le produce una íntima satisfacción.

Así se lo digo; y lo reconoce sin ambages.

—¡Natural, señor...! Soy judío... Y los judíos vivimos siempre..., ¿cómo se dice?, ¡a caballo!, a caballo, eso es, entre el «agora» y el Antiguo Testamento...

La última ración de «raki» se introduce en su estómago. Y al advertir que María Ángeles no puede disimular un bostezo de fatiga, se apresura a levantarse.

Nos despedimos del señor Chávez con un apretón de manos. «¡Oh, cuántas manos...! Mil excusas...» Y se va, a paso ligero, y al llegar a la puerta nos saluda con su «chapeo». Y las sillas que ha utilizado se quedan curiosamente vacías, formando un semicírculo, con esa extraña inmovilidad de las butacas de un teatro en cuanto la función ha finalizado y se han ido los actores y ha caído el telón.

25

EL TEMPLO DE SOUNION, DIALÉCTICA Y EL ESPECTÁCULO «LUZ Y SONIDO»

Cumpliendo su promesa, el señor Stratigopoulos viene a buscarnos para acompañarnos al cabo Sounion. Es la primera salida que hacemos con el ex abogado ateniense, cuyo misterio personal —seguro que se encuentra con «ciertas dificultades»—, no conseguimos descifrar.

También hombre-sorpresa, tan pronto se despacha a gusto, vaciando el cargador contra quien sea, como se cierra en banda y esquiva el diálogo sobre cuestiones en apariencia anodinas.

Por supuesto, no puedo arrancarle una palabra respecto a los «campos de concentración». ¡Y me gustaría visitarlos! A cualquier pregunta relacionada con la política de los coroneles responde siempre lo mismo, luego de pellizcar un poco de rapé: «¡Qué quieren ustedes! La gente va acostumbrándose al llamado orden público... Y desde luego, el primer ministro, Papadopoulos, trabaja catorce horas diarias.»

Le tiene poca simpatía al compositor Mikis Theodorakis, ya que nuestro amigo es anticomunista militante; pero sigue afirmando que el Gobierno lo liberará, a condición de que se marche de Grecia.

—Qué duda cabe que no hay nada tan repulsivo como coaccionar a los artistas, a los intelectuales, a los creadores de cualquier tipo. En la base de toda cultura está la libertad de expresión, y eso aquí es pedir la luna. Lo único que en esos años ha cobrado auge es nuestro folklore, como pudieron ustedes comprobar en el restaurante «Bacchus». Sí, es curioso. Los nacionalismos dictatoriales detienen el arte grande y activan el arte minúsculo. ¡Bien, no deja de ser una compensación! En vez de construir templos como el de Delfos, pegamos saltos en los escenarios y fabricamos artesanía barata...

En esta ocasión, la sorpresa nos la da presentándose en el «Olympic Hotel» con un ostentoso coche negro y un chófer.

—Mi chófer..., y mi coche —nos dice—. El coche se llama «Mercedes», pero es varón; el chófer se llama Georges, y no estoy tan seguro...

Al ver nuestra cara de asombro nos invita a subir, y mientras nos dirigimos a las afueras, tomando la misma carretera de la costa que nos trajo del aeropuerto, nos cuenta que Georges es un muchacho ambiguo, cuya endocrinología permanece adicta a la antiquísima tradición griega en ese aspecto. Sin embargo, es fiel como un perro fiel, dato corriente entre los jóvenes homosexuales de extracción humilde. Cuando no habla griego, se defiende con una jerga ruso-italiana tan ambigua como él. Pero se conoce Grecia al dedillo. De noche, desde luego, abandona el mundo real y se dedica a cultivar la resurrección de la carne...

Una vez más, a lo largo del trayecto hacia el cabo Sounion, comprobamos que escuchar al rubicundo señor Stratigopoulos es un placer para el espíritu. Hoy está especialmente en forma. Se ha sentado en la parte delantera, al lado de Georges y mientras habla va desgranando las cuentas del nuevo «rosario» que se ha traído. En cada una de dichas cuentas hay, dibujado, un ojo de pez. «¡Ah, claro! Se necesitan muchos ojos para cultivar simultáneamente la geología y el estudio del alma humana. ¿Ven ustedes el paisaje? Colinas más bien áridas a nuestra izquierda. En otros tiempos fueron bosques ubérrimos. En cambio, el mar que tenemos a la derecha ha sido siempre, y continúa siéndolo, fértil. Si lo será, que los pescadores de esta zona son conservadores, antidemócratas; y aparte de esto, sus aguas nos devolvieron, en 1926, frente al cabo Artemisium, la fantástica estatua de Poseidón, en bronce, que se veneraba en el templo que vamos a ver en Sounion.»

El Mediterráneo es un hombre disfrazado de mar

—¿Y qué tiene eso que ver con el estudio del alma humana?

—Nada. Quería decir, simplemente, que ustedes son una curiosa combinación de aridez y fecundidad. No han tenido hijos, y no creo que les pese mucho; pero su curiosidad es estimulante... y constructiva. ¡Bueno, absténganse, por favor, de protestar! Los veo perfectamente por fuera y por dentro. Por dentro, gracias a los ojos de pez de mi rosario; por fuera, gracias al espejo retrovisor...

Guardamos un silencio. Efectivamente, el paisaje terrestre no tiene ningún interés especial, salvo que en un determinado tramo de la carretera —que nuestro amigo nos indica, un tanto exaltadamente—, hay una inscripción que señala el lugar exacto en que sufrió un atentado, sin consecuencias, el coronel Papadopoulos. Por el contrario, el mar, de un azul de copla machadiana, es hermoso, salpicado de islas, cada una de ellas con su leyenda particular. Abundan los pescadores submarinos, aunque más bien parecen buscar dioses muertos que peces vivos. Pienso que la oceanografía, apasionante en cualquier parte, en Grecia ha de serlo de manera singular. El señor Stratigopoulos abunda en este criterio. «¡Quién sabe lo que contendrán estas aguas!» Y nos cuenta que los marinos fueron los primeros en rendir culto a Poseidón, rogándole que protegiera sus singladuras. Poseidón, por descontado, no sólo era el dios del Océano griego, el dios del mar, sino también de las aguas corrientes y de los lagos. Podía desencadenar tempestades, destrozar los acantilados a golpes de tridente (arma de los pescadores de atún), e incluso hacer brotar manantiales. En cambio, nunca fue el dios de los ríos, que poseían, todos ellos, sus propias divinidades.

Vemos, de lejos, el promontorio de Sounion, sobre el que se yerguen las esbeltas columnas que quedan del templo. Su emplazamiento es notable, allá arriba, recortándose contra el cielo limpio y claro. A distancia, nos parece el monumento más entero de cuantos hemos visto hasta la fecha. Y cuando abordamos la carretera empinada y nos acercamos a él, nos ratificamos en nuestro juicio. El señor Stratigopoulos nos informa de que antaño hubo también allí una fortaleza, de la que quedan reductos. El pequeño puerto, abajo, servía de refugio y de lanzadera para expediciones bélicas. Por otra parte, Sounion tuvo mucha fama en la antigüedad, por su riqueza —era centro minero importante (las actuales minas de Laurion)—, y porque sus habitantes cometían el terrible delito de conceder fácilmente derechos civiles a los esclavos.

Doblada la última curva nos encontramos... ante un hotel-restaurante. «Primero encargaremos el almuerzo —¿qué les apetece tomar?— y luego subiremos a adorar a Poseidón.» Así lo hacemos. Como siempre, hay que pagar entrada: garita con conserje. Y subiremos a pie la cuesta que nos separa de las columnatas. George ha preferido quedarse en el coche. «Parece ser que necesita dormir... ¡No me sorprende!»

El sublime promontorio

Maravilloso espectáculo. Columnas intactas, de un mármol blanquísimo. El promontorio domina, a nuestra espalda, toda la comarca —¡inédita perspectiva!—, y frente a nosotros se extiende la vasta sábana del mar Egeo, transparente en las caletas cercanas, de un cobalto muy oscuro hacia el horizonte. Menos grandioso que el Partenón, aunque construido en la misma época, ofrece la ventaja de que el mar besa sus pies. Sitio ideal para los suicidas. Sitio ideal para los seres que se aman. Las naves que regresaban de muy lejos, al doblar el cabo Sounion veían ya la Acrópolis y los remeros levantaban los palos en señal de victoria.

Recorremos los Propileos, por los que subían peregrinos de toda Grecia. En las columnas abundan las firmas grabadas a cuchillo. Leo *Ellis, Ravel, Byron... ¡Lord Byron!* Era inevitable. Nos enteramos de que los turcos denominaban el templo «palacio de la princesa», pues se afirmaba que vivía en él una princesa de cabellos azules que cada mañana se hacía a la mar para visitar, en la isla de Egina, a una hermana suya de cabellos negros, regresando al atardecer. Más adelante, la leyenda hizo creer a los habitantes de Sounion que encontrarían tesoros bajo el templo, por lo que se dedicaron a excavar por cuenta propia, destruyendo cuanto les estorbaba. Y encontraron poca cosa de valor, a no ser unos cuantos escarabajos sagrados de Egipto, que permitieron deducir —¡ay, los eruditos!— que los dominios de Poseidón se extendían hasta el Nilo.

Permanecemos un rato sentados en las gradas del templo, comentando lo difícil que resulta elogiar un paisaje sin caer en el ridículo. Hay que apelar al superlativo, al «¡fantástico!», «¡fabuloso!», etcétera. Le decimos a nuestro amigo que en castellano y en catalán disponemos de otra expresión: «de miedo...». El matiz le interesa.

—¿Entonces sería correcto decir que la geología de Montserrat «es de miedo»?

—¡Desde luego!

—Pues lo es —afirma—. Si Montserrat fuera francés, no sólo habría desfilado por allí medio mundo, sino que a Napoleón lo hubiera coronado emperador la virgen negra que preside aquella santa montaña...

El señor Stratigopoulos sigue contándonos los avatares de Sounion, hasta que Georges viene a buscarnos: «El almuerzo está a punto...» Nos levantamos. Y mientras cruzamos de nuevo el templo, nuestro amigo comenta socarronamente que le gustaría presenciar, en una piscina, un combate entre Poseidón, el oceánico, y su colega Neptuno, añadiendo, en tono más grave, que la mitología tiene a menudo regusto evangélico, como, por ejemplo, la historia de Nicea, la hermosa náyade por la que Dionisio obró el sorprendente prodigio de transformar en vino el agua que ella bebía...

Capto sin dificultad el inciso de nuestro amigo y le digo:

—No se esfuerce usted, señor Stratigopoulos. Desde que estuve en Delfos me tomo la mitología muy en serio...

El señor Stratigopoulos se detiene un momento para secarse el sudor.

—¿De veras? Lo mismo me ocurrió a mí con los milagros cuando visité Lourdes hace veinticinco años... ¡Salí de allí igual que antes!: convencido de que eran una pura ilusión del espíritu.

Monólogo sobre la masa y la «élite»

El almuerzo al aire libre, bajo un entoldado de colores, entre bandadas de turistas que llegan sin cesar, continúa en el mismo tono. Y lo mismo el regreso a Atenas, que efectuamos por la carretera interior, ladeando las minas de Laurion y cruzando aldeas sin carácter, asépticas, con casas de cemento y cristal levantadas al buen tuntún, con un desprecio total por los bosques y las huertas circundantes.

El señor Stratigopoulos nos dice que aquella comarca se ha enriquecido en los últimos tiempos, como los pasteleros de Atenas, pero que sus habitantes no han heredado un solo gen de los que pululaban linealmente en época de Fidias. Agrega que su desconfianza en la «masa» es absoluta. No es que defienda a los coroneles y que no admita los beneficios que la idea griega de la democracia aportó a la humanidad; pero está decepcionando. El noventa por ciento de los seres humanos, y ello es válido en toda la tierra, mentalmente no ha evolucionado un milímetro desde el paleolítico. Sexualidad, mundo intestinal, incapacidad para relacionar hechos e ideas, superstición, gregarismo. A un lado, los que construyeron el templo de Sounion; al otro, los marinos que adoraban a Poseidón y los que buscaban los tesoros de la princesa turca. La clase media es un espejismo. Unos cuantos cerebros, muy pocos, siguen configurando la *élite*. Él tiene la suerte de haber vivido de cerca dos guerras mundiales y ha visto a la gente aullar y dejarse matar sin saber por qué. La masa vegeta y muere, pero es que no sabe hacer otra cosa. En pleno siglo XX aparece un líder con magnetismo, y respaldado por la televisión y unos cuantos oficiales impone su voluntad a un pueblo. Los ejemplos son innumerables, e irán en aumento. No, no, él está de vuelta de todo esto. No hay más que tres poderes que continúan funcionando: la fuerza, la inteligencia y la educación. Históricamente, el que más funciona es la fuerza; personalmente, él

El Mediterráneo es un hombre disfrazado de mar

sólo se siente a gusto con las otras dos: la inteligencia y la educación. No reconocer esa realidad es demagógico y absurdo. Últimamente ha despegado, por supuesto, «otra» aristocracia, la de los científicos y los tecnólogos, los cuales se entienden mejor entre sí que con su esposa, hijos y amigos, pese a lo cual pretenden redimir el mundo por medio del saber automatizado. ¡Ah, pero el hecho no es nuevo! En tiempos de Pericles y de Alejandro ocurría lo mismo, si bien en un campo demográfico más restringido. Los arquitectos, los astrólogos, los diseñadores de barcos, etcétera, eran seres aparte, dueños de un lenguaje que les era propio; pero al final, al igual que hoy, todos se inclinaban ante el tirano de turno. Naturalmente, los tecnólogos actuales tuvieron un pionero insigne, Aristóteles, quien consideraba al esclavo —el obrero de nuestros días— como una herramienta animada, y pensaba que la esclavitud continuaría, bajo una forma u otra, hasta que el trabajo servil pudiera ser llevado a cabo por máquinas que funcionasen por sí solas... Esa ilusión es vana, ya que la «masa» carecía entonces, y carece ahora, de cerebro personal, aun cuando pueda construirse una casa y comprarse un transistor. Tal vez nosotros ignorásemos el calificativo que Platón aplicó a los ciudadanos que en su época se rebelaron contra la desigualdad económica, ciudadanos que, por cierto, eligieron como emblema de su rebelión el color rojo... Los llamó «la monstruosa bestia». ¡Conforme, Platón exageró, como solía hacer siempre! Sin embargo, hay que aceptar, con la mayor dosis de ironía, que la carencia de cerebro personal de ese tipo de ciudadano continúa siendo una realidad inesquivable, y que de consiguiente hay que escoger... Hay que escoger como, salvando las distancias, su simpático chófer Georges escoge en el terreno que le atañe... Así pues, si nosotros no ordenamos otra cosa, ¡viva la democracia!; ahora bien, concedámosle a él el derecho a seguir creyendo que las criaturas pensantes necesitan disponer de un piso confortable, de un buen puñado de libros, de unos cuantos relojes de pared..., y de un «rosario» en cuyas cuentas haya un ojo, un ojo vigilante en cada una de ellas, aunque sea un ojo de pez.

Marcamos un silencio, mientras Georges aprieta el acelerador y penetramos en los arrabales de Atenas.

—Señor Stratigopoulos, ¿qué cree usted que falla en el sistema capitalista?

—El concepto del tiempo. El sistema capitalista pierde el tiempo con la ambición, el hedonismo y similares, y es incapaz de comprender lo que significa pasarse un par de horas entre las columnas del templo de Sounion.

Marcamos otro silencio.

—¿Y cuál cree usted que es el fallo en el sistema del socialismo marxista?

—Ahí falla prácticamente todo, puesto que falla el concepto básico: el concepto de libertad.

○

Luz y sonido

Estamos ya en Atenas. Hemos llegado sin darnos cuenta.

Entramos por la avenida Sofía, donde están las Embajadas (veo la bandera española flotando). El señor Stratigopoulos quiere rematar la jornada llevándonos a contemplar el espectáculo «Luz y Sonido» que tiene lugar a diario frente a la Acrópolis. Llegamos al Pnyx con el tiempo justo para asistir a la sesión en francés; luego se celebra otra en inglés y, por último, otra en alemán.

En la falda de la colina hay hileras de sillas colocadas de forma que la «roca sagrada» sea perfectamente visible. Tomamos asiento en las últimas filas. Ha anochecido y la Acrópolis es una mole oscura sobre un fondo de millones de luces (la ciudad horizontal), que titilan levemente. De pronto, los altavoces rompen a hablar. No se sabe dónde están emplazados. Parecen ecos que nos llegan de las grietas o del fondo de la Historia.

Un narrador, con voz profunda, declama:

—Le Pnyx... Nos encontramos en el lugar exacto en que

los atenienses se reunían para escuchar a los más grandes oradores de la tierra... Estamos aquí para evocar la edad de oro de Atenas.

Un coro fantasmal contesta:

—¡Atenas, oh, ciudad nuestra! ¡Sueño de mármol, de belleza y de gloria!

Se oye una voz más profunda aún, que corresponde a Pericles, mientras la Acrópolis empieza a iluminarse por zonas, primero el Partenón, más tarde el Erecteion, más tarde el templo de Niké...

—¡Atenienses, escuchad, escuchad...! ¡Aquí están los magistrados, guardianes de los ritos y de las leyes! ¡Aquí están los héroes de Maratón, de Salamina...! ¡Y los atletas vencedores en los Juegos! ¡Y las cuadrigas de la victoria...!

A partir de este momento los juegos de luz y sombra se aceleran. Pericles continúa hablando, el coro le contesta, hablan los ancianos, llega un Mensajero (relámpagos de luz), hablan Heródoto y Temístocles (todo se oscurece), alguien narra la lucha contra los persas (los focos se convierten en chorros amarillos), el pueblo acusa a Pericles «de haber cubierto Atenas de piedras demasiado costosas», habla Fidias, el narrador canta la armonía de los templos y, por fin, la diosa Atenea cierra el diálogo con palabras augustas, mientras la Acrópolis se convierte en una inmensa llama rojiza:

—*Yo seré, por todos los siglos, una manera de pensar, de sentir, de razonar. Mi boca condenará el orgullo y el fanatismo... ¡Subid hacia mí! Yo os recibiré en esta colina sagrada en la que ha nacido la conciencia del hombre...*

Se hace un silencio. Nadie se mueve en la falda de la colina convertida en anfiteatro. Me siento rodeado de hombres-dioses. Amo las ideas y la claridad. Veo a Fidias cerca de mí. Me parece haber vislumbrado, por entre «sueños de mármol y de belleza», una manera de pensar, de sentir, de razonar. Permanezco clavado en la silla, sosteniendo en las rodillas la grotesca máquina fotográfica que me llevé a Sounion.

El señor Stratigopoulos me devuelve «la conciencia». Su voz suena contundente en la oscuridad, como si brotara también de los altavoces:

—Aquí tiene usted, mi querido amigo, una muestra de lo que la *élite* es capaz de hacer...

26

EMPIEZAN LAS DESPEDIDAS...
Y RUMBO A CORINTO

Al día siguiente empiezan las despedidas. El señor Chávez regresa a Estambul. El astuto sefardí que dice «mercar» por comprar, «fermosa doncellica» y lindezas por el estilo, ha dado feliz término a sus escaramuzas financieras en Atenas y retorna a la capital turca, a su casa, situada en la plaza de Taksim.

—¿Me dan ustedes sus señas en España? ¡Oh, mil perdones...!

—No faltaría más.

—Tal vez este verano les haga una visita. ¡Ay, qué curioso! Calle San Elías... ¿Será el profeta Elías?

—La verdad, no estamos seguros...

—¡Vaya! ¿Es posible?

El señor Chávez no quiere despedirse sin dejarnos un recuerdo. Desde luego, no va a ser la moneda de oro, moneda «antica», que lleva colgada del cinturón; pero sí una espléndida edición inglesa de la Biblia.

—La Biblia les ayudará a deslindar el Nuevo y el Antiguo Testamento... En la Biblia se habla de todo, de todo. Hasta de *tours* anteriores a los que organizaron los romanos con sus carruajes y sus caballos de fuerza; me refiero, naturalmente, al *tour* del pueblo judío, *tour* organizado por Moisés a través del desierto, con «parada» en el Sinaí, donde recibió de Yahvé las Tablas de la Ley... ¡*Tour* que todavía no ha «finito»! ¿Se dan cuenta? Ya vuelven a perseguirnos. Ya ni siquiera nos permiten «establecernos» en el canal de Suez... ¡Bueno, me voy! ¡Qué gusto hablar con españoles! ¡Ah!, un gran «ricordo» para sus amigos...

El señor Chávez inclina repetidamente la cabeza y se va, y nosotros nos quedamos un rato hojeando la Biblia.

Luego vienen a despedirse Carles Tomás y María Ángeles. Mañana regresan a Barcelona. Se acabaron las vacaciones y les esperan sus hijos, su cadena de tiendas de tejidos y su ascensión anual al pico Matagalls. Nos damos cuenta de que hemos congeniado de una manera espontánea y, posiblemente, duradera. Viven en «La Floresta», cerca de San Cugat, y en el jardín de su casa piensan instalar un austero monolito en recuerdo de Guimerá.

—¿Por qué no en recuerdo de Maragall?

—¿Por qué no en recuerdo de Guimerá?

—¡Oh!, desde luego...

Carles sonríe... y enciende un veguero. Tomamos café en el *hall* del hotel, cerca de un grupo de arqueólogos norteamericanos que acaban de llegar. Evocamos las jornadas que hemos pasado al alimón y nos juramentamos para realizar juntos otra escapada: un safari en África...

—Después de tanta civilización, un vistazo a los animales resultará hasta saludable, ¿verdad?

—¡Y que lo digas!

—¿En febrero del año próximo, por ejemplo...?

—Tal vez... Hablaremos de ello en «La Floresta».

El último apretón de manos, en la puerta del hotel, tiene sus gotitas de emoción. María Ángeles, como siempre, acierta con la despedida justa: recuerda que entramos en contacto en el autocar de Delfos gracias al «Hemos tenido suerte» que Carles pronunció en voz alta. Ahora aplica la frase al hecho de habernos conocido.

—Gracias, María Ángeles. A veces los viajes proporcionan sorpresas de ese tipo, sorpresas agradables.

—Así es.

Instantes después se alejan, cogidos del brazo. Antes de doblar la esquina se vuelven y Carles levanta visiblemente un «bouzouki» que ha comprado, pequeño, magnífico, del que ya nos habló. Dándole cuerda, brotan de su interior las pegadizas notas del bolero «Los niños de El Pireo».

El Mediterráneo es un hombre disfrazado de mar

—¡El safari...!
—¡De acuerdo!

Programación difícil

A la mañana siguiente, mientras el matrimonio barcelonés vuela hacia Barcelona, vía Roma, nos quedamos solos en la habitación, con un detallado mapa de Grecia extendido sobre la cama.

Esta vez, acaso porque Carles y María Ángeles se han ido, dicho mapa nos abruma más que nunca. ¡Grecia...! ¿Qué hacer? Es lo mismo que deambular por el firmamento. No hemos visitado una sola isla y éstas se encadenan hasta llegar a Rodas, hasta llegar a Chipre... No conocemos Creta, país natal de Nikos Kazantzaki, del que éste tanto me habló en París pocas semanas antes de que la muerte se lo llevara a ver de cerca *El Cristo nuevamente crucificado*. No conocemos ni siquiera la isla de Santorín, volcánica y que tiene forma de media luna... No hemos estado en Macedonia, ni en la frontera búlgara, ni en Lesbos...

Además, yo tenía especial interés en visitar concienzudamente el monte Athos, «donde los monjes no permiten la entrada ni a las mujeres ni a animales hembra», y he aquí que en el Ministerio de Asuntos Exteriores, al ir a solicitar el permiso correspondiente (la zona de los monasterios es «autónoma» dentro de la soberanía griega), el funcionario que me atendió puso cara de asombro y exclamó: «¿Sólo una semana? ¿Y es usted escritor? Perdone usted, pero los monjes lo considerarían casi una ofensa... Una semana es lo que necesita sólo para ver los iconos y unos cuantos manuscritos de la biblioteca...»

Total, que nos ocurre lo mismo que en Turquía. María, la inolvidable azafata que nos acompañó a Delfos nos había dicho: «Lo que tienen que hacer ustedes es volver a Grecia en otra ocasión y permanecer aquí medio año. Sí, medio año acaso les baste para pasar la mano sobre la piel helénica...»

No había opción. El señor Stratigopoulos se había ofrecido para acompañarnos con su «Mercedes» (varón) y con su chófer, Georges, a una larga excursión por Corinto, Epidauro y Micenas. Tres o cuatro días. Mandaría al diablo sus compromisos y continuaría dialogando con nosotros sobre la democracia, sobre Poseidón, sobre el socialismo-marxista y sobre la muerte. Con ello plantaríamos nuestra huella en el Peloponeso, lo que haría feliz al *maître* del «Olympic Hotel». ¿Por qué no aceptar y permanecer luego un poco más en Atenas y dar con ello por finalizado nuestro viaje?

Con mucha nostalgia, puesto que el proyecto de permanecer en Grecia medio año, como nos aconsejó María, era también tentador, decidimos hacerlo así.

Llamamos por teléfono al señor Stratigopoulos.

—¿Cuándo podemos salir para Corinto? Estamos dispuestos...

—¡Lo mismo digo! Mañana a las ocho en punto pasamos por el hotel... ¡Vayan ustedes ligeritos de ropa!

—¿Por qué?

—Porque en Corinto la gente se desnuda con extraordinaria facilidad... Y hay que respetar las tradiciones de los países que se visitan.

Rumbo a Corinto

San Pablo, I Epístola a los Corintios: «Es ya público que entre vosotros reina la fornicación, y tal fornicación cual ni entre los gentiles, pues se da el caso de tener uno la mujer de su padre. Y vosotros, tan hinchados, ¿no habéis hecho luto para que desapareciera de entre vosotros quien tal hizo?» «No está bien vuestra jactancia. ¿No sabéis que un poco de levadura hace fermentar la masa?» «Os escribí en carta que no os mezclarais con los fornicarios. No, cierto, con los fornicarios de este mundo, o con los avaros o con los ladrones, o con los idólatras, porque para eso tendríais que saliros de este mundo. Lo que ahora os escribo es que no os mezcléis con ninguno que, llevando el nombre de hermano, sea fornicario, avaro, idólatra, maldiciente, borracho o ladrón; con éstos, ni comer...»

Camino de Corinto, el señor Stratigopoulos nos lee estos fragmentos paulinos que había copiado en su diminuta agenda. Al término soltó una carcajada, matizando que no se la dedicaba a san Pablo sino a los antiguos habitantes de Corinto, empezando por los cristianos, a los que la epístola iba dirigida. Nuestro amigo se ha sentado como siempre en la parte delantera del coche y, como siempre, nos recuerda que nos está viendo por fuera y por dentro. Por fuera, a través del espejo retrovisor, por dentro, gracias a los ojos de pez cincelados en las cuentas de su sempiterno «rosario».

«Sí, san Pablo tenía razón. Atenas fue el centro intelectual y creador de Grecia; Corinto, el centro de la maledicencia, de las libaciones, del latrocinio y, sobre todo, del amor... ¿Por qué? Porque gracias a su situación geográfica, istmo entre dos mares, se adueñó del comercio marítimo y llegó a ser un núcleo urbano floreciente, desbordante de riqueza. Sus barcos exportaban al Este y al Oeste y sus expedicionarios se lanzaron a la colonización: los corintios fundaron Corfú, Siracusa, etcétera. Sobre esta base fue inevitable que la ciudad cayera en lo que los moralistas —que Dios mantuviera en su gloria— llamaban "corrupción". Corinto se "corrompió". La riqueza, ya se sabe, engendra "fornicarios", hombres "hinchados", lujuria, sobre todo si —y éste era el caso— se empareja con el ocio. En Corinto imperaba el ocio; el ocio de los marineros que, seis meses al año, invernaban en los refugios portuarios; el ocio de los magnates procedentes de todo el Mediterráneo que iban a Corinto a descargar su fortuna y su concupiscencia; el ocio del dinero fácil, que los corintios adoraban con verdadero frenesí.»

¡Oh, sí, Corinto, que llegó a ser la mayor ciudad de Europa —hasta que las legiones romanas de Mummio la destruyeron—, fue también el «santuario» del erotismo, del placer amoroso! Millares de esclavos construyeron en la capital el famoso templo en honor de Afrodita y las fiestas y orgías que allí se celebraban «eran innaccesibles para las demás ciudades griegas». Dicho templo era servido por un millar de cortesanas a las que algunos benévolos historiadores llamaban «sacerdotisas» —porque intervenían en las súplicas a la diosa— e incluso «damas hospitalarias», porque atendían con generosidad a todo el mundo y porque gracias a su reclamo la ciudad se enriquecía fabulosamente. Tales hetairas aprendían en escuelas especiales el arte del deleite sexual y algunas recibían también, un poco a semejanza de las geishas, excelente educación y lecciones de filosofía. Como fuere, su fama de refinamiento llegó a ser tal que los propios griegos inventaron el verbo «corintizar» para significar una vida licenciosa. En torno al templo merodeaban también las prostitutas vulgares, muchas de ellas esclavas reclutadas en Oriente y que, según noticias, llevaban escrita en la suela de las sandalias la palabra: «Sígueme...» Como consecuencia, se decidió que el emblema de Corinto fuera Pegaso, el caballo alado «que voló hacia las regiones de la Quimera». Por cierto, que los corintios acuñaron sus monedas con la efigie de dicho caballo, y por lo visto las acuñaron con tanta profusión que luego se encontraron ejemplares en tierras muy lejanas; incluso, ¡quién lo diría!, él guardaba ahora una en los bolsillos, lo que le iba a permitir ofrecérnosla en aquel mismo momento, como recuerdo de la excursión.

Pronto tuvimos la moneda en la mano. Era preciosa, mucho más que la del señor Chávez. Moví repetidamente la cabeza y le pregunté a nuestro amigo:

—¿Y qué queda ahora, en Corinto, de todo ese pasado afrodisíaco?

El señor Stratigopoulos soltó una carcajada.

—¡Absolutamente nada! Ni siquiera la clásica resaca que suelen dejar las orgías... Ruinas, ruinas como en todas partes. Corinto es ahora un pueblo... y un golfo. ¡Un golfo geográfico, compréndanlo! Ciento treinta kilómetros de longitud...

El Mediterráneo es un hombre disfrazado de mar

Llegamos al canal, al célebre canal de Corinto y nos detenemos para tomar un refrigerio. En la explanada hay varios cafés y muchos autocares, de los cuales empiezan a saltar una increíble cantidad de colegiales, niños y niñas, que al instante salen disparados hacia el puente —quieren ver el agua del canal—, llevando uniformes de color y agitando en la mano toda suerte de banderitas, lo que me recordó el Japón.

El señor Stratigopoulos nos dice:

—Observen a esos pobres chavales... Decrépitos, mal alimentados, hijos de padres que deberían ser castrados. Aquí no·hay dinero fácil, ¿comprenden? ¡Ay, Grecia de mis errores! En muchas zonas el subdesarrollo es patente... —No se nos ocurre ningún comentario. Entonces él añade—: En España, en muchas regiones ocurrirá lo mismo, ¿verdad?

Encogemos los hombros.

—Usted estuvo allí y pudo verlo, ¿no? ¿O es que quedó deslumbrado por el sol?

El canal de Corinto

Contemplado desde el puente, el tajo —44 metros—, con paredes rocosas a ambos lados, tiene cierta grandeza, y parece más hondo de lo que es en realidad. Sin embargo, el hilo de agua azul —enlace entre el mar Jónico y el mar Egeo— resulta menguado para el paso de barcos modernos. Su anchura máxima es de 24 metros. ¿Por qué tan escasa visión de futuro? De algo más de seis kilómetros de longitud, semeja un bronco desfiladero. Con todo, debe de ser agradable cruzarlo con cualquier tipo de embarcación... Tal vez algún día lo hagamos, cuando volvamos al país. Siempre tiene su encanto comprobar que el esfuerzo del hombre ha vencido un obstáculo natural, que lo ha perforado para mejorar su suerte. Sin este canal, sin este gozne azul entre dos mares, el actual Peloponeso continuaría tan disociado del resto de Grecia como lo estuvo durante siglos.

El señor Stratigopoulos nos facilita datos de interés. La apertura del canal tuvo lugar en 1896, y la obra corrió a cargo de una compañía francesa; no obstante, la idea de horadar el istmo y comunicar ambos mares era antiquísima. El primero que lo propuso fue precisamente uno de los siete sabios de Grecia, Periandro, ¡seis siglos antes de Cristo!, pero carecía de medios y tuvo que desistir. Más tarde hubo otros intentos fallidos, y no sólo por dificultades de orden técnico, sino porque las gentes del lugar afirmaban que los dioses se ofenderían, que al primer golpe de azadón «la tierra empezaría a sangrar, a estremecerse y que se oirían terribles lamentos». El único que se atrevió a iniciar los trabajos fue Nerón, quien dio el primer golpe con un azadón de oro. Seis mil prisioneros galileos llegaron a perforar un kilómetro por un extremo y dos por el otro; pero Nerón tuvo que volver precipitadamente a Roma para sofocar una rebelión y el proyecto se frustró también.

Nuestro amigo se ha puesto serio. «La tierra empezaría a sangrar...» ¿Cuándo el mundo acabaría con las supersticiones? En la antigua Grecia un estornudo o un traspié era razón bastante para desistir de un viaje o para no realizar tal o cual acción. Y lo que ocurría ahora en el canal de Suez, el absurdo forcejeo de judíos y árabes, en el fondo obedecía igualmente, en buena medida, al atávico temor que unos y otros sentían de traicionar los inexorables deseos de sus dioses respectivos, o de sus respectivos profetas. Imposible especular sobre una civilización planetaria, anhelable desde cualquier punto de vista, sin antes acabar con las mafias que suponían el fanatismo religioso, el llamado «grito de la sangre», o el grotesco triunfalismo de las banderitas...; las patrióticas banderitas que exhibían, con inconsciente jolgorio, aquellos colegiales, extraídos, como el bueno de Georges, de estratos subdesarrollados...

—Señor Stratigopoulos, ¿no le apetece tomar un café?

—¡Oh, claro! —nuestro amigo contempla el establecimiento, cuyas puertas están abiertas de par en par—. ¡Lástima que no conozcan ustedes el actual himno de Grecia! Podíamos hacer una entrada gloriosa, memorable, cantándolo a grito pelado y marcando el paso...

Recorremos con cierto detenimiento la región de Corinto. Nuestro centro de operaciones es el gracioso parador de Castania, a 900 metros de altitud, desde donde se dominan el lago inmóvil, crepuscular, de Stynfalo y las cumbres nevadas de Ziria. Abundan los paradores turísticos en la zona, limpios, alegres, todos ellos construidos, ¡loado sea Dios!, a prueba de terremotos de segundo grado.

El actual pueblo de Corinto, a cinco kilómetros del canal, es aséptico como los que encontramos al regreso de Sounion, si bien algunos parterres y parques floreados lo colorean con vivacidad. Su puerto no permite evocar «el antiguo esplendor»; nos recuerda el de Itea, a los pies de Delfos. Hay una fea iglesia dedicada a san Pablo, quien predicó y trabajó en Corinto como tejedor por espacio de dieciocho meses. Llaman la atención, como sucede en tantos lugares de Grecia, las tejas que cubren las casas, las cálidas y modestas tejas mediterráneas. Vistas desde lo alto, su tono melancólico y rosado parece fundirse con la tierra ambarina que rodea el poblado. Diríase que su curvatura detiene y aquieta el paisaje. Al revés de lo que ocurre en Catania, donde las copas de los pinos se balancean y crepitan como saludando a los cipreses y al mar lejano.

La región es productiva, a trazos ubérrima, y justifica que antaño pudiera suministrar a la populosa Corinto todos los frutos secos, los limones, las aceitunas, los cereales, ¡y la seda!, que sus lujuriosos habitantes necesitaban. Manchas de viñedos aquí y allá: las famosas «pasas» de Corinto con que entretenían su apetito los filósofos en el areópago ateniense. El agua brota por doquier. Hay fuentes famosas, como la de Gluka, cuyas cisternas fueron dentelladas del propio peñasco y, singularmente, la de la ninfa Pirene, fuente sagrada, que Herodes Ático adornó soberbiamente y cuya fachada se compone de seis arcadas perfectas. Georges, ¡qué extraño!, al llegar a esa fuente se precipita a lavarse la cabeza; el señor Stratigopoulos, en cambio, se descalza con parsimonia y sumerge en ella los pies. ¿Por qué ese bautizo? Siempre el agua... Georges cree ciegamente en su sacralidad; el señor Stratigopoulos, sólo a medias. Pero justifica su ablución. El agua es la protomateria. Oanes, el personaje mítico que revela a los humanos la cultura, es representado como mitad hombre y mitad pez. «Aunque yo prefiero las sirenas», sonríe nuestro acompañante. El agua es la circulación, el cauce, el camino irreversible. «Nadie puede bañarse dos veces en el mismo río», puesto que el agua cambia sin cesar, conforme al pensamiento del pesimista Heráclito. Supongo que, de estar con nosotros el señor Chávez, citaría además el Génesis: «...y las tinieblas cubrían la superficie del abismo; y el Espíritu de Dios *se movía sobre las aguas*».

El señor Stratigopoulos se levanta, y Georges, que ya terminó su rito personal, se le acerca con una toalla y le seca los pies.

Visión panorámica

Instalados en la región de Corinto, es factible situarse históricamente. No creo que lo sea valiéndose de libros y folletos, aun cuando sus textos vayan acompañados de fieles reproducciones fotográficas.

Es preciso recorrer con calma el abrupto litoral hasta Loutraki y Perákora, las plácidas vertientes de Kiatón, y, sobre todo, trepar a la atalaya del Acrocorinto, desde donde se hace visible casi toda Grecia, para que todo lo que nos cuenta el señor Stratigopoulos nos parezca sencillo y lógico como el padrenuestro.

Esta comarca podía servir para cualquier menester. Para tener una flota y para relajarse: los corintios apenas si tomaron parte en las guerras médicas y cedieron la primacía

El Mediterráneo es un hombre disfrazado de mar

al puerto de El Pireo. Para rumiar planes de venganza contra Atenas y para atrincherarse en las escarpaduras: decíase que el Acrocorinto podía defenderse con sólo cuatrocientos soldados y cincuenta perros. Para recrearse con la belleza y modelar, gracias a la fina arcilla, una cerámica incomparable —¡los vasos corintios!—, algunas de cuyas muestras más ufanas podremos admirar luego en el museo. Para acaparar el oro y donarlo luego al templo de Afrodita, cuya más experta «sacerdotisa», la cortesana Lais, «la más hermosa de las mujeres», «la más hábil en el quehacer erótico», tan pronto despilfarraba los tesoros como los dedicaba a la beneficencia, tan pronto le pedía al feo Demóstenes mil dracmas por una sola noche como se entregaba graciosamente, de rositas, a Diógenes, por el placer de anotar en su lista a un ilustre filósofo...

¿Tierra de promisión? Es mucho decir. Pero Corinto, sin la menor duda, conjunto vario y armónico a la vez, era provocador para los hombres. De aquí que sus primeros habitantes dataran de 5.000 años antes de Cristo. Y que luego fueran acudiendo pueblos limítrofes y que invasores de toda calaña cedieran a la tentación de apropiarse del lugar. Romanos, el visigodo Alarico I, normandos, los caballeros de Malta, los turcos, etcétera, cayeron sobre la ciudad arrasándola y reconstruyéndola. Una especie de juego de amor y de sangre, de incendios y bomberos perfumados, de dagas cortantes y poemas de Píndaro. El general Lucio Mummio devastó Corinto, vendiendo como esclavos a las mujeres y a los niños, Julio César la levantó de nuevo, atrayendo tras sí a muchos colonos italianos y a muchos judíos (los judíos que san Pablo intentó convertir). Los turcos relegaron la población a un plano secundario, pero su último rey, Kiamil, se enamoró de ella y se acondicionó un palacio precisamente en las termas de Afrodita.

El señor Stratigopoulos, repantigado en la parte delantera del coche, va murmurando:

—Perfecto. Todo esto es perfecto. Por algo Corinto ha sido llamado el París de la antigüedad. ¡Fíjense ustedes...! Ahí se nos acerca un vendedor de esponjas. Las esponjas simbolizan la succión. Nos estamos empapando de Corinto, y ello a pesar de que fue tierra de mercaderes y de libertinos,

José María Gironella

de que ninguna madre parió aquí un poeta, un escultor, un artista, ni tan sólo un abogado digno de consideración. No importa. ¿Se dan ustedes cuenta? Es el único lugar de Grecia donde las ruinas están realmente vivas... Si me preguntan la razón, no sabré qué contestar. A nadie se le ha ocurrido jamás decir que Corinto es un cementerio; y si alguien lo dijo, ese alguien sería ya cadáver. Por lo demás, siempre ha sido así. Cuando murió la cortesana Lais, a la que gustosamente cedería el puesto que a mi lado ocupa Georges, colocaron sobre su tumba la estatua de una leona devorando a un cordero. Lais continuó devorando, o sea, continuó viviendo, ¿comprenden? Y así con todo. Atenas fue el pacto, el organismo, esto fue la cabriola, el triple salto. Por eso ahora, cuando por aquí a alguien se le ocurre infringir el código y morirse de verdad, no hay manera de saber si los parientes se ríen en silencio o si lloran a carcajadas...

San Pablo y la ciudad antigua

A seis kilómetros de la actual aldea de Corinto se extienden las ruinas —¿vivas?— del Corinto antiguo. A la sombra del peñón del Acrocorinto, mole de 546 metros de altura, secularmente convertida en fortaleza. La carretera llega sólo hasta la primera puerta del recinto amurallado; franqueada ésta, otras puertas, contrapechos, torreones, escaleras y pasadizos que lo mismo pueden desembocar en una garita, que en una celda como la del abate Faria, que en un mirador sobre el abismo. En la cima, el viento, las leyendas.

Por dos veces hemos visitado, en el llano, los restos de la antigua ciudad. El señor Stratigopoulos se la conoce palmo a palmo y sus datos son precisos: también estaba amurallada, contenía veintitrés templos, cinco supermercados, muchas tabernas, un ágora central y dos teatros, uno de ellos capaz para veintidós mil espectadores».

Es posible. Todo es posible. ¿Cinco supermercados? Es una manera de hablar. Sin embargo, no hay trampa: lo mismo si se entra por el Norte que por el Oeste, lo primero que se encuentra es una retahíla de tiendas, de almacenes (las inscripciones no mienten), en donde los comerciantes debían de pregonar sus mercancías. «¡Pasen, señores, pasen! ¡Tenemos miel, leche de cabra, carne, vasijas, aceite, instrumentos de cirugía, peines, espejos... (Esto último podremos verlo también en el museo)!» Cada tienda tenía su «stoa» (pórtico) y los judíos no andarían lejos, como ocurre en el bazar de Estambul.

El señor Stratigopoulos gusta de imaginar a los marinos en las tabernas. ¿Qué canciones cantarían? ¿Con qué idioma se entenderían con las prostitutas reclutadas en Oriente? Claro, claro, les bastaría con una sola palabra, «dracma», la que empleó la experta Lais para desanimar al feo Demóstenes...

El Ágora me atrae de una manera irresistible. Lo mismo que en la de Atenas, han crecido en el suelo plantas silvestres y docenas de especies de insectos se habrán ido perpetuando desde los tiempos en que san Pablo, en este mismo lugar, hablaba a un auditorio cada vez más numeroso. ¡San Pablo! Tuvo que luchar... En la sinagoga los oyentes le volvieron la espalda y lo denunciaron al procónsul de Roma, Galión, hermano de Séneca, como «reo de celebrar oficios divinos contrarios a la ley». Una placa indica el lugar. Los turistas se suben a él y se sacan una fotografía. Me tienta imitarlos, pero no me atrevo. Prefiero sentarme y recordar. San Pablo trabajó en el taller de Aquila (judío expulsado de Roma por el edicto de Claudio), que lo acogió con los brazos abiertos, lo mismo que su esposa, Priscila. «En Corinto nunca faltaba trabajo para los tejedores y cosedores, pues los buques surtos en sus dos puertos necesitaban renovar sus velas y aparejos.» Y san Pablo, después de «coser lonas», perdíase entre la multitud sicalíptica y mercuriana y repetía una y otra vez: «Todo lo puedo en Aquel que me conforta.»

¿Cómo debían de sonar esas palabras en un sitio tan próximo al Acrocorinto, «donde el culto consistía en la divinización del vicio»? Entre el Dinero y la Lujuria, ¿cómo atreverse a predicar «Bienaventurados los pobres», «Bienaventurados los puros»? ¿Cómo decir: «Soportaos los unos a los otros, hermanos, con toda caridad? ¿No sabéis que vuestro cuerpo es templo del Espíritu Santo que está en vosotros y habéis recibido de Dios, y que por tanto, no os pertenecéis? Habéis sido comprados a precio. Glorificad, pues, a Dios en vuestro cuerpo.»

Pablo organizó en Corinto los *Ágapes*, al término de los servicios religiosos, desafiando cualquier posible denuesto, cualquier posible mofa. Servicios religosos que se celebraban «en casa de Ticio, parece ser que por primera vez en domingo, en memoria de la resurrección del Señor». Pablo, Silas y Timoteo, iban saludando uno a uno con un beso de la paz a los que iban entrando. «Canto en común, para que desaparecieran el tú y el yo, para ceder el paso al nosotros, a la caridad unida en la fe.» «Lectura de las Escrituras, con entonación rítmica, como se hacía en las sinagogas.» Luego, Pablo hablaba «con leguaje sencillo, sin palabras artificiosas». Y luego «se traían pequeñas mesas, colocándolas en semicírculo y empezando el *ágape* o comida de amor. Los ricos traían mucho, los pobres casi nada; pero todo se ponía en común sobre la mesa». Terminado el *ágape*, «los bautizados subían a la sala principal para celebrar el banquete eucarístico llamado *fracción del pan*. Hombres y mujeres hacían la confesión de sus pecados ante Pablo y los presbíteros. Al concluirla, cada cual depositaba sobre el altar sus cestitos con pan y vino, incienso y aceite para las lámparas». Pablo advertía: «Quien coma el pan y beba el cáliz del Señor indignamente será reo del cuerpo y sangre del Señor. Examínese, pues, cada uno a sí mismo, pues el que sin descernir come y bebe el cuerpo del Señor, se come y se bebe su propia condenación.» «Al final se entonaba un cántico de gracias o *eucharistía*, de donde tomó su nombre toda la ceremonia litúrgica.»

Del paso de san Pablo queda en la antigua Corinto una basílica paleocristiana, descubierta en 1957 gracias a una indicación contenida en un Códice de Patmos; en cambio, nada resta del templo de Afrodita, nada queda de aquellos amores pagados al contado. ¡Y debió de ser una maravilla! Con una cueva repleta de riquezas, con muchas dependencias y estancias semejantes a las de un harén. Todo el barrio era un sitio aparte, como el que hubo en Marsella y que Hitler ordenó destruir. Para colmo, los colonos italianos excavaron luego la tierra y las tumbas en busca de tesoros y objetos de valor, llevándoselos a Roma para venderlos; exactamente lo que los habitantes de Sounion hicieron con las ruinas del «Palacio de la Princesa».

—Pero allí tienen ustedes el templo de Apolo —nos dice el señor Stratigopoulos, aspirando un poco de rapé—. Siete preciosas columnas, siete, monolíticas, que, aun cuando no sean corintias, sino dóricas, no tienen nada que envidiar ni siquiera a las del Partenón. ¡Había treinta y ocho! Qué le vamos a hacer... Todos envejecemos y se nos cae el pelo. Pero observen ustedes el emplazamiento: en la cima, dominando el contorno. En el fondo, los artistas son mejores estrategas que los militares... Además, hay otra cosa: se sigue excavando. Ahí y en toda la explanada. ¡Y habrá sorpresas! ¿No les dije que Corinto continúa vivo? Los norteamericanos se ocupan de esto. Natural. No tienen ruinas propias y se toman muy a pecho crearlas en otros lugares y estudiar las que ya existen. Pero, en fin, no quiero pecar de ingrato. En honor a la verdad, en Grecia los norteamericanos nos están haciendo la pascua con respecto al presente, pero con respecto al pasado nos ayudan de manera eficacísima...

Vemos también el Odeón y el Teatro, y en una fachada una inscripción que tampoco miente y que dice: «Prisioneros de guerra.» ¡Ah, claro, los vencidos! Siempre hay vencidos. También eso lo dijo san Pablo en Corinto, refiriéndose a los Juegos Ístmicos que se celebraban en el Estadio, a los que asistían los cristianos. «¿No sabéis que los que corren en el Estadio todos corren, pero uno solo alcanza el premio? Corred, pues, de modo que lo alcancéis.» Sí, en las guerras unos ganan y otros pierden. Por más que ¿es eso verdad?

—¿Es eso verdad, señor Stratigopoulos?

Nuestro amigo tiene un gesto dubitativo.

—Le diré... No veo esto tan sencillo. Hay países especializados en ganar las guerras que pierden; por ejemplo, Italia. Luego están los vencedores que se derrotan a sí mismos; luego... Pero ¿por qué tocamos este tema? Juré no ocuparme de él hasta no saber con certeza si Grecia ganó o perdió la última Guerra Mundial...

Antigua Corinto, profunda, inacabable... No me movería de aquí. Me gustaría quedarme y ayudar a los arqueólogos americanos a exhumar sus secretos; los de Afrodita, los de la ninfa Pirene, los de los prisioneros de guerra... ¡Sacar a la luz templos, estatuas, vasijas, peines, espejos...! De vez en cuando, ruedas de molino. Me acuerdo de Egipto, del Valle de los Reyes, de las tumbas de los faraones... Me acuerdo de nuestra Ampurias, punta de lanza que partió de este Mediterráneo oriental que ahora está cerca de mí. En el Museo he visto una impresionante cabeza de Dionisos, con sólida y tupida barba, y al lado una cabeza de Nerón, con una barbita incoherente, loca como una llama. También he visto un bajorrelieve representando un león que se subía al árbol de la vida. ¿Por qué tanto esfuerzo? ¿No es vivir con plenitud sentarse al pie de una de las siete columnas de Apolo y ver morir la tarde? La luz es cálida y el Acrocorinto se empurpura. Sí, eso es lo que yo haría, si el señor Stratigopoulos no me recordara que hay que regresar al parador de Castania, que queda lejos, lejos y muy alto —900 metros—, sobre el lago inmóvil de Stynfalo y frente a las cumbres nevadas de Ziria.

—A mí la arqueología me da hambre, ¿comprende, amigo español? ¡Y los cinco supermercados que hubo aquí están cerrados!

—¿Cerrados?

—¡Bueno! Abiertos de par en par, pero lo que venden está un poco rancio...

En el anfiteatro de Epidauro.

Asclepios, médico de Epidauro, hombre-dios.

Micenas. Ruinas de la Acrópolis.

Micenas. Puerta de los
Leones. La piedra del
dintel pesa veinte to-
neladas.

Micenas. Franqueada
la Puerta de los Leo-
nes, a la derecha, fue-
ron halladas las tum-
bas de los monarcas
micénicos.

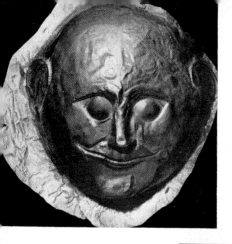

Micenas. Máscara de oro de un príncipe micénico.

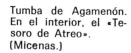

Tumba de Agamenón. En el interior, el «Tesoro de Atreo». (Micenas.)

Homero.

El Mediterráneo es un hombre disfrazado de mar

El «Diolkos»

Antes de subir al parador, todavía nos da tiempo a admirar una de las obras más sorprendentes llevadas a cabo por los antiguos habitantes del lugar: el famoso «Diolkos».

Los corintios, ante el obstáculo que suponía no poder abrir el canal que comunicara entre sí los dos mares (desde el puerto de Kalamaki al de Poseidonia), decidieron construir en tierra firme una ruta que cruzara el estrecho istmo, y construirla de tal modo que permitiera transportar de uno al otro lado... ¡los barcos!

Así lo hicieron. La ruta, llamada «Diolkos», fue descubierta por azar en 1956, en el terreno perteneciente a la Escuela de Ingenieros. Tiene más de dos kilómetros de longitud, y su calzada está compuesta por macizas piedras horizontales y deslizantes, con dos ranuras paralelas, situadas a la distancia exacta para que por ellas pudieran pasar las ruedas de los carruajes utilizados. Tales carruajes, sin duda enormes, eran, por tanto, la versión opuesta de los actuales *ferry-boats*, ya que transportaban de uno a otro mar los barcos necesarios, con sus correspondientes mercancías. Un texto bizantino del siglo IX dice que «en una sola noche, utilizando multitud de brazos (otros hablan de medio millón de esclavos), el almirante Niceto Ooryphas hizo pasar toda su flota hasta el mar occidental».

Contemplamos el tramo del «Diolkos« («diolko» significa «tirar», «tirar de...»). El señor Stratigopoulos nos asegura que los ingenieros actuales muestran su asombro ante la perfección técnica de esa obra de titanes. En algunas piedras se ven, grabadas, letras del alfabeto corintio, que a buen seguro iban marcando los jalones de la ruta.

Sin embargo, una incógnita queda en pie: ¿cómo se realizaba el izado de los barcos, cómo podían éstos ser levantados desde el agua hasta el «Diolkos», y cómo, ya vencida la calzada, podían luego ser devueltos al agua?

Nuestro amigo opina que en Corinto las cosas ocurrían al revés que en el resto del mundo.

—Aquí eran los dioses los que estaban al servicio de los hombres, ¿comprenden? De modo que ellos les echarían una mano...

Regresamos al coche y encontramos a Georges dormido sobre el volante. El señor Stratigopoulos lo despierta y comenta:

—¡Pobre muchacho! Le di unas cuantas horas libres y ya ven al resultado: se ha quedado exhausto...

27

NOCHE EN CASTANIA...
Y VIAJE A EPIDAURO

Cenamos en el parador de Castania. El lago Stynfalos a nuestros pies. Efectivamente, está inmóvil. No tiene calambres, como lo tenía el mar de Itea después del terremoto. Hay un cielo estrellado, quién sabe con quién hablará. El señor Stratigopoulos sacia su hambre y sólo de trecho en trecho se pasa la servilleta por los labios y nos obsequia con un monosílabo. Tanto mejor. Siento necesidad de pensar. ¡He visto tantas cosas...! Y ahora el lago. De los lagos se ha dicho que son espejo, imagen, autocontemplación, conciencia. Ese de Stynfalos debe de ser un compendio. En él me veo y me siento, mi autocontemplación resulta más bien poco agradable, la conciencia está tranquila. Recuerdo Finlandia, donde viví la loca aventura de las noches blancas, del sol que nunca se pone... Es el país de los lagos: sesenta mil. Ello supone sesenta mil espejos, sesenta mil imágenes, sesenta mil conciencias. ¿Qué dios o arcángel tendrá por menester contar los lagos? Un lago es un río que no se ha detenido, como un lagarto es un cocodrilo que no ha podido crecer. Georges, en un rincón, vaso de *retsinato* en alto, va rumiando las ventajas de la soledad. El lago Stynfalos está inmóvil, sin calambres como el que tenía el mar de Itea después del terremoto.

Terminada la cena reaccionamos un tanto y charlamos de cosas triviales, luego de decidir que a una hora temprana saldremos para Epidauro, donde Asclepio se convirtió en el dios de la Medicina. Epidauro, lugar tan sagrado como Delfos, ya que allí acudían los griegos en busca de lo que consideraban el bien supremo: la salud.

El señor Stratigopoulos se interesa por nuestra colección

de cajas de cerillas, en justa correspondencia a nuestro interés por su colección de relojes de pared. «En la base de mi colección está el tiempo, en la base de su colección está el fuego.» Exacto. Tiempo y fuego, importantes elementos en el universo creado. Mi mujer le informa de que nuestro amigo Carles Tomás, que ya debe de estar en Barcelona, colecciona zuecos. ¡Vaya por Dios! «Yo puedo añadir algo ahí, puesto que el mundo de los coleccionistas, como todo lo infantil, me ha interesado siempre. Ese actor de cine con cara de buena persona, Bing Crosby, colecciona pipas raras: tiene unas quinientas. También entre las pipas anda el fuego. Y esa actriz que alcanzó tanta fama nadando, Esther Williams, colecciona bañadores: ha reunido más de mil. ¿Qué misterio andará entre los bañadores, a no ser el de Afrodita? Claro que, Sacha Guitry apuntó más alto, o más adentro: coleccionaba reproducciones en yeso de manos de hombres célebres...»

—¿Y qué hacía con ellas?

—¡Dedicarse a la quiromancia póstuma, digo yo!

Hombres célebres. Hablamos de hombres célebres y de sus tics o manías o aspiraciones. Asclepios, el médico de Epidauro, tenía la manía de curar. «¿Por qué lo haría? Me parece una canallada.» Máximo Gorki aspiraba a ser cantante de ópera. «¿No hubiera sido una aberración?» Edgar Poe y Verlaine sólo podían escribir cuando estaban borrachos. «Lástima que Georges no sea Verlaine... Mírenlo. Escribiría, ahora mismo, un poema inmortal.» Buffon era muy perezoso y le gustaba trabajar en la cama. También Rossini compuso en la cama buena parte de sus mejores *duettos*... «Eso me parece bien.»

—¿Y ese judío, Pablo, que hablaba en el ágora y al que ustedes llaman apóstol? Vino a convertirnos... Era también una manía, ¿no?

—Buenas noches, señor Stratigopoulos. Estamos muy cansados... —nos levantamos.

—¡Oh, desde luego! —el señor Stratigopoulos se levanta a su vez y nos mira como lo habría hecho el señor Chávez, «pidiéndonos mil excusas»—. ¡A la cama, pronto! —Se inclina y añade—: Que mañana hay mucho quehacer...

El Mediterráneo es un hombre disfrazado de mar

Epidauro y sus milagros

Llegamos a Epidauro a media mañana, bajo un sol espléndido, que nos permite gozar de la domestiquez del paisaje.

Epidauro nos encanta. Justifica sobradamente la opinión del camarero del bar del «Olympic Hotel»: «Epidauro, señores, no lo duden... El teatro helénico más perfecto que se conoce... Yo soy de allí y todavía no me lo explico.»

Las ruinas nos decepcionan, ésa es la verdad. Por más fantasía que le echemos no conseguimos «vivificarlas», como pudimos hacerlo en Corinto. Imposible reconstruir, sobre esta necrología de piedras, la importancia real que tuvo el lugar. Pero las compensaciones son múltiples: el anfiteatro, de que tanto nos han hablado; los bosquecillos y senderos; el gimnasio; el hipódromo; el museo: *hogar de las musas;* las fantásticas historias de las curaciones que aquí se produjeron y en cuya descripción el señor Stratigopoulos se esmera, como era de prever. Por lo demás, la visita nos pilla en un estado de ánimo propicio a la «bienaventuranza», lo que atribuimos al buen sabor que nos ha dejado el parador de Castania y al profundo sueño de ocho horas, del que hemos disfrutado sin interrupción.

El Anfiteatro

Lo primero que visitamos es el Anfiteatro. He de confesar que el primer golpe de vista nos quita el aliento. Resulta difí-

341

cil admitir que esas gradas (55 en total) de elegante curva, prodigiosamente intactas, capaces para 12.000 espectadores, fueron construidas hace veinticinco siglos. A no ser por el gris trabajado de la piedra, diríase que acaban de estrenarlas las varias docenas de turistas que nos han precedido y que van sentándose en ellas al buen tuntún, dispuestos a presenciar las demostraciones acústicas que se apresta a hacer uno de los guías, ya situado abajo, de pie, en la antigua plataforma de los actores.

Los preparativos de dicho guía nos dan tiempo a subir, sudorosos, hasta la grada más alta, que se despega limpiamente del telón de fondo, el monte Kynortion. Y apenas hemos tomado asiento el guía comienza la «función»... ¡y comprobamos que el camarero del hotel «Olympic» no mintió! Primero deja caer al suelo, sobre el mosaico, una simple moneda y el «¡dring!» se oye con perfecta nitidez. «¡Sí!», gritan a coro, espontáneamente, los turistas. Luego raspa sencillamente una cerilla y el «¡rasssss...!» se oye con idéntica claridad. «¡Sí!», repiten, con mayor entusiasmo, los turistas. Entonces el guía se pone a hablar con voz muy queda (gesticulando como un actor que declamase) y sus palabras llegan a nosotros como si nos hablase al oído. Al término de su breve discurso se desata el alborozo. Suena un aplauso delirante, mientras el hombre, que se conoce el papel, saluda inclinando repetidamente la cabeza.

La función ha terminado, y mientras todo el mundo se levanta el señor Stratigopoulos, girando satisfecho la vista en torno comenta:

—Otra vez he de recordarles lo que les dije en Sounion. El arquitecto de esta bagatela pertenecía a la *élite*. Se llamaba, sin culpa por su parte, Policleto y gracias a su genio, todavía hoy, cada verano se celebran aquí representaciones de Esquilo, de Sófocles, de Eurípides... Por cierto, que hay un dato curioso: según informes, el tema que mayormente interesa a los espectadores suele ser siempre el mismo: ese extraño asunto del complejo de Edipo...

Nos hemos quedado casi solos. Pero he aquí que, de repente, ¡vemos a las muchachas inglesas, hippies, que en el restaurante «Bacchus» se embriagaron y besaban a los camareros en las mejillas!

Se han sentado formando un grupo apretado, cerca de uno de los laterales del anfiteatro, por donde, al parecer, desaparecían los actores. Una de ellas lleva una guitarra y, por las trazas, se dispone a tocar. ¿Qué portento tendrá lugar, qué dará de sí, al son de las cuerdas de la guitarra, la acústica de esa «bagatela» que concibiera Policleto?

Pronto obtenemos la respuesta. La muchacha, de larga cabellera y pantalones tejanos, se arranca con una hermosa melodía del Oeste americano. El anfiteatro, los verdes del monte Kynortion, la mañana gloriosa, el lago profundo que cada uno llevamos dentro, el semicírculo de las gradas, todo se convierte en canción, en galope de caballos que se dirige hacia el Oeste, entre diligencias, desfiladeros, pistolas al cinto, bien ganado descanso a la luz de la lumbre, un hombre vigilando que no aparezcan los indios, que la noche no mate, que nadie les robe el oro que con tanto esfuerzo arrancaron de la mina que llevaban señalada en un plano doblado y grasiento...

¡Acordes de la guitarra en el anfiteatro de Epidauro! El señor Stratigopoulos se seca el sudor. La muchacha-intérprete se ha quedado quieta y sus compañeras miran al suelo. Mi mujer sostiene entre los labios una brizna de hierba. Por mi parte, juro por Eurípides, por Sófocles, por Esquilo, que no olvidaré ese momento jamás.

El Gimnasio y el «Abaton»

Nuestra próxima parada, a través de los «bosquecillos y senderos» que nos resguardan del sol —papeleras atadas a los árboles e indicaciones «W.C.»—, es el gimnasio, que debió ser enorme. ¿Cuántos gimnasios habría en la antigua Grecia? Probablemente, más que hoy en día... Sin embargo, el de Epidauro no tenía por objeto preparar atletas —existía un Estadio para ese menester—, sino que conectaba con la misión curativa del recinto. En efecto, los enfermos realizaban en las pistas al aire libre ejercicios de recuperación. Quedan restos de la bella puerta de entrada. No muy lejos están los baños, de los que se conservan pedazos de acueducto, bañeras, recipientes, etc., sitio predilecto, junto con las aguas termales, para la «purificación», cuya liturgia difería muy poco de la que practicaron en nuestro honor, en la fuente de la ninfa Pirene, en Corinto, el señor Stratigopoulos y su fiel servidor, Georges.

Nos detenemos un momento para lamentar que de la rotonda del «Tolos» no queden más que los cimientos. Al parecer se trataba de uno de los edificios más perfectos de Grecia (también obra de Polycleto), con frescos murales pintados por Paussius. Igualmente nos entristece comprobar el estado en que se encuentra el «Abaton», que era el inmenso dormitorio donde pernoctaban los peregrinos que acudían en busca del milagro. ¿Milagro realizado por quién? Por Asclepios, el hombre-Dios, el médico predecesor de Hipócrates, aunque menos riguroso que éste, venerado hasta el delirio en todo el territorio helénico. Las monografías epidáuricas coinciden en afirmar que, en el «Abaton», los peregrinos veían durante el sueño a Asclepios que con sólo posar dulcemente la mano sobre sus cabezas los sanaba de sus dolencias. Suposición tanto más optimista cuanto que las inscripciones de «acción de gracias» que figuran en el museo —«¡Oh Asclepios, oh dios santo, oh bendito dios de la tierra y en el cielo, gracias a ti he sanado!»—, se refieren casi exclusivamente a curaciones que requirieron «terribles y cruentas intervenciones quirúrgicas».

El Mediterráneo es un hombre disfrazado de mar

Asclepios

Mientras en el anfiteatro irían oyéndose los «¡dring!» de las monedas y los «¡rassss...!» de las cerillas raspadas, deambulamos sin descanso durante la jornada entera, atraídos por la figura de Asclepios. La suerte es nuestra aliada y llegamos a ciertas conclusiones, no sólo en virtud de los buenos oficios del señor Stratigopoulos sino gracias también a un grupo de médicos que visitan el «santuario», uno de los cuales, hablando un francés perfecto, hace las veces de «monitor», con tal aplicación que ni siquiera se da cuenta de que andamos siguiéndole los pasos y prestando oído atento a las precisas explicaciones que da a sus colegas. Es un hombre de gran cabeza y cuerpo menudo, cálido y distante a la vez, que en cierto modo nos recuerda a *Frédéric*, el presunto húngaro con el que coincidimos en nuestra excursión a «las Islas de los Príncipes», y que tanto sabía de árboles, de archipiélagos, de borriquillos turcos y de perfumes de odalisca.

He hablado de «conclusiones»: seguro que exageré. Porque por lo visto, lo más relevante de Asclepios fue precisamente su facha plural, su multiformidad, como corresponde a un hombre-dios que en el decurso de los siglos ha basculado siempre entre la realidad y el mito.

El señor Stratigopoulos, por descontado, no cede al respecto ni la uña del dedo meñique. Afirma y ratifica que Asclepios existió, que fue un ser real, con encarnadura y sangre, tan humano y perecedero como la muchacha que tocó la guitarra en el anfiteatro y como el «monitor» de los médicos a cuyo grupo nos hemos adscrito de refilón. Dicho «monitor», en cambio, se muestra bastante más reticente en ese aspecto. Estima que lo más probable es que existiera, en efecto, en la época floreciente del «Abaton», un eminente taumaturgo —quizás, un gran cirujano, conocedor incluso de ciertos procedimientos de anestesia—, que con sus curaciones armó la marimorena y sobre cuya fama el asombro y la gratitud del pueblo montaron la inevitable *divinización*.

De atenerse a tal leyenda, Asclepios habría nacido del centauro Quirón, quien le habría enseñado los componentes químicos de los medicamentos. El señor Stratigopoulos no soporta tan sólo la idea de que el precursor de Hipócrates tuviera como padre un hombre cuya mitad fuera caballo. «Niego, niego. Se trata de un insulto. Un ser mitad calluno no hubiera atraído a Epidauro a enfermos de toda Grecia. Si los testimonios hallados aquí se refiriesen exclusivamente a campesinos y alfareros, conforme. Ustedes saben mejor que nadie lo que yo opino del encéfalo popular; pero a Epidauro acudían griegos ilustrados, incluso sabios de Atenas, y eso modifica de raíz la cuestión.»

Tocante a la honestidad profesional de Asclepios, tampoco hay manera de conciliar las opiniones de nuestro dilecto amigo con las del «profesor» de gran cabeza y cuerpo menudo.

Éste afirma que su colega, el «divino» Asclepios, era, hablando en plata, un bribonzuelo, un vivales. Cierto que cobraba lo justo en los casos corrientes —asma, fiebres benignas, tenias, epilepsias, etcétera—, pero, en cuanto husmeaba una pieza, caza mayor, disparaba sin encomendarse a nadie. A un ciego al que sanó, y que luego no quiso pagarle, le quitó de nuevo la visión. A una mujer decapitada consiguió juntarle otra vez la cabeza al tronco, y le exigió una fortuna. Sólo curaba la calvicie de los adinerados; los demás, mondos y lirondos. Como remate, resucitó a un muerto... ¡pero se trataba de un ricachón! Esto lo perdió. Zeus, el más grande de los dioses, lo castigó fulminándolo con un rayo. Asclepios tuvo ese final, triste y sin apelativos. No obstante, gracias a él se abarrotó el «Abaton» durante varias décadas y, por supuesto, era innegable que, partiendo prácticamente de cero, trazó de una vez para siempre determinadas líneas terapéutico-científicas, algunas de las cuales han perdurado hasta hoy. En definitiva, pues, fue un maestro...

El señor Stratigopoulos sostiene la tesis opuesta. Asclepios no especuló jamás con su saber, con su oficio. Precisamente su lema, por cierto bastante insólito (excepto, quizás, en China) era: «Si no curo, no cobro.» Metódico y modesto —«para soldar un fémur se contentaba con un pollo»—, sabía que unos ojos muertos, muertos están, que una cabeza separada del tronco no volverá a él jamás, y que lo que había que hacer con los cadáveres era enterrarlos cuanto antes, entre otros motivos porque en aquellos tiempos «la muerte era considerada una impureza». Lo que ocurrió fue que a la sombra de la nombradía y glorificación de Asclepios proliferaron los *zácaros*, los *piróforos*, especie de médicos-sacerdotes que estaban al cuidado del «Abaton» y que atendían a los enfermos que llegaban. ¡Siempre la misma canción!: los mercaderes del templo, el carisma hecho moneda... Los vivales o bribonzuelos de tomo y lomo eran dichos sacerdotes, que exigían sacrificios, donativos, exvotos y que si el paciente era poderoso, en verdad que lo dejaban en cueros. Y eran ellos los que instaban a quienes obtenían la curación a que dejaran constancia del hecho en las inscripciones o lápidas. ¡Asclepios tenía otras cosas que hacer! Por ejemplo, luchar contra la creencia común en los llamados «keres», o pequeños demonios, que se introducían en el organismo, enfermándolo. Los «keres» correspondían a los bacilos o bacterias de que habla la Medicina actual. Asclepios intuyó la existencia de esos agentes perturbadores y gracias a ello pudo atacar, a veces, con éxito, incluso las dolencias infecciosas.

El duelo se prolongó, como digo, a lo largo de la jornada. Y las conclusiones a que aludí se veían socavadas por la perplejidad. Por lo pronto, yo no podía olvidar que sólo se ha hablado en serio de la Medicina griega a partir de Hipócrates; luego, además, los mismos asclepianos han aceptado siempre que en los éxitos del médico-dios influían decisivamente, aparte de la eficacia de las aguas y de las hierbas, la receptividad del paciente, su predisposición, su fe, a semejanza de lo que puede suceder en Lourdes o en las inmersiones en el Ganges. Sí, parece obligado admitir que a fuerza de exorcismos, ceremonias alienantes y, probablemente, hipnotismo, en muchos casos se lograba la sugestión necesaria para obtener el fin deseado.

En un detalle hubo «sinfonía» entre ambos contendientes: el atributo o símbolo de la Medicina, la serpiente (la serpiente mordiéndose la cola simboliza la eternidad), se debe a Asclepios y no a Hipócrates.

—Señor Stratigopoulos, al margen de ese debate, que no hay más remedio que interrumpir por falta de pruebas, ¿qué opinión le merece a usted la Medicina actual?

—La Medicina, ninguna... La pobre hace lo que puede luchando contra ese objeto asqueroso y débil que es nuestro cuerpo; si me pregunta usted por los médicos, le diré que en su mayor parte, víctimas de algún «keres» de procedencia ignorada, se merecerían que un Zeus actualizado enviara sobre sus cabezas un rayo como el que recibió en la suya el propio Asclepios —Medita unos segundos, tal vez recordando su infarto y añade—: De todos modos, cuando se encuentra un médico probadamente honesto, y qué duda cabe que ello es posible, entonces no queda otra solución que inclinarse y besarle la mano, aunque ésta le sude; y si las articulaciones personales se lo permiten a uno, es aconsejable inclinarse más aún y besarle los pies...

Los Propileos del «santuario» estuvieron siempre abiertos a los cuatro vientos, sin muros que cercaran su entrada. Ello no obstante, la fachada principal, situada al Norte, presentaba al forastero la conocida sentencia: «Aquel que cruce este umbral tiene que ser puro; la pureza estriba en la santidad del pensamiento.»

—Georges, por favor, pasa por ahí sin leer esa inscripción...

Después de una rápida visita al Museo, pequeño, compuesto básicamente de maquetas y reproducciones de los antiguos edificios del lugar, decidimos dar por finalizada la excursión.

Por entre encinares, laureles silvestres y lentiscos, antesala de verdes praderas y bajo una luz crepuscular sin vaporización ni halo, llegamos a Nauplia y nos alojamos en un hotel situado en el puerto, el hotel «Bourzi», que fue en tiempos fortaleza veneciana.

Estamos agotados, pero todavía hallamos las fuerzas necesarias para contemplar, mientras encargamos la cena, allá lejos, los sinuosos perfiles de las montañas, que han sido comparados a «los senos de Hera», la hermana de Zeus, que compitió en belleza con Afrodita y con Atenea y cuyo emblema ordinario es el pavo real.

En la mesilla de noche de la habitación hemos encontrado unos folletos turísticos, parte de cuyo contenido comentamos, ya en el comedor, con el señor Stratigopoulos.

En uno de ellos se afirma que la fiesta por antonomasia en Grecia es la Pascua, la Resurrección, de tal suerte «que nueve meses después de la Pascua es cuando se registran en el territorio griego mayor número de nacimientos».

—¿Es eso cierto, señor Stratigopoulos?

Nuestro amigo, como suele hacer en esos casos, se pasa la servilleta por los labios y contesta, en tono más bien desabrido:

—Comprenderán ustedes que ni por parte de la jurisprudencia, ni por parte de la geología, he controlado nunca los períodos punta de las ovulaciones que se producen en mi país.

Luego pasamos el balance de la jornada, que ha sido pletórica y varia, como las anteriores. Ya Corinto queda atrás, tan atrás como el lago Stynfalos y como la colección de pipas del actor con cara de bueno, Bing Crosby.

—Es difícil digerir todo esto, ¿verdad? Tan difícil como izar los barcos hasta el «Diolkos». En estos momentos mi cerebro es el vivo calco del gran bazar de Estambul.

El señor Stratigopoulos hace un signo de asentimiento, mientras con la cucharilla disuelve el azúcar en la infusión que ha pedido.

—Eso me recuerda lo que leí hace tiempo sobre un tal Tundalo, fundador de una original filosofía que bautizó, no sé por qué, con el nombre de *imposibilismo*. El tal Tundalo se lamentaba, como yo —y supongo que como el honrado Asclepios— de las grotescas limitaciones de nuestro cuerpo. Sobre todo se lamentaba de que ese Dios que tanto les consuela a ustedes porque aceptan el principio de que al crear el universo sabía lo que se hacía, nos diera dos orejas, dos ojos, dos pies, etcétera, pero sólo una boca. Según él, necesitaríamos infinidad de bocas para ir utilizándolas según la ocasión: una boca para devorar, otra para morder, otra para vomitar, otra para gritar, otra para sonreír y cantar, y así hasta que ustedes digan basta...

Mi mujer le pregunta:

—Señor Stratigopoulos, ¿qué boca hubiera usted utilizado de una manera particular a lo largo del día de hoy?

Nuestro amigo reflexiona un momento.

—Pensando en el anfiteatro —contesta por fin—, la de cantar; pensando en el galeno cabezota y pedante, la destinada a zamparse una infusión tranquilizadora... —y tomando la taza de tila, va bebiéndosela a sorbitos, sin prisa, hasta no dejar ni una gota.

28

MICENAS

Amanece lloviendo. Es una pena. Nauplia es el puerto más importante de la Argólida y habíamos proyectado echarle un vistazo.

El señor Stratigopoulos, mientras nos desayunamos, nos confiesa que es alérgico a la lluvia.

—El encanto poético de la lluvia no dura más allá de tres minutos. La realidad es que lo deja todo hecho una porquería y que da al traste con cualquier programa que no sea sentarse en un sillón y leer. Pero hoy no iba a ser precisamente día de lectura. Quería mostrarles a ustedes esta fortaleza y contarles la historia de uno de sus héroes principales, Palamedes, del que se dice que trajo aquí desde Oriente el calendario, el alfabeto, los dados, el ajedrez y la baraja. Ignoro si esto es cierto, porque yo no estaba presente. En cambio, sí lo es que Georges, sin motivo que lo justifique, jura por lo que más quiere, que es servirme a mí, que el tal Palamedes tuvo la idea de la letra Y al observar el vuelo de una bandada de grullas.

—Entonces ¿qué sugiere usted que hagamos, señor Stratigopoulos?

—Largarnos. Largarnos cuanto antes.

—¿Adónde?

—En esa Argólida de la gran lluvia, y perdonen la expresión, hay tres ciudades —restos de ciudades, quiero decir—, importantes para el acopio de datos clave que ustedes persiguen: Argos, Tirinto y Micenas. Yo me inclinaría, desde luego, por Micenas. Aparte de lo que la cultura micénica supuso para el posterior desarrollo de este país que, según ustedes,

José María Gironella

tanto practica la sexualidad el día de Pascua, ello me dará pie a hablarles de un tipo locoide, de origen alemán, que en Atenas vivió mucho tiempo cerca de mi casa; me refiero, como habrán adivinado, al señor Schliemann, insigne arqueólogo, que así por las buenas se empeñó en descubrir Troya y lo consiguió. Por cierto, que tuvo un detalle gracioso, que a mí me chifla. En cuanto dio con los nobles esqueletos que andaba buscando, envió un telegrama al rey de Grecia diciéndole: *Majestad, he hallado a sus antepasados.*

—Entonces, si le parece, pagamos la cuenta y nos vamos a Micenas...

El coche rueda por la carretera. Cruzamos la Argólida, «más fértil en leyendas que en trigo», según la expresión popular. Continúa lloviendo y no queda otro remedio que imaginarse el paisaje: costa árida e infecunda, típicamente mediterránea, y la llanura algo más productiva. ¿Dónde está el río Panitza, que figura en la guía que tengo a mano? Lo hemos pasado ya... Eso ocurre a menudo en España, donde los ríos son de una tal timidez que prefieren no asomarse al exterior; al menor descuido, se han quedado atrás. Y no obstante, poco a poco esta lluvia que cae me produce una sensación placentera, de intimidad. El limpiaparabrisas del coche reitera una y otra vez su signo negativo; pero no me dejo influir por él. Mi corazón baila y mi mujer a mi lado se da cuenta de ello y me estrecha la mano. Hay algo tibio en el vehículo, en los cristales empañados, en la manera como el señor Stratigopoulos pellizca su poquito de rapé. ¡La Argólida! Recuerdo que, siendo niño, leí en un manual de geografía que en algunos países árabes el camello, por su cadencia al andar, recibía el nombre de «barco del desierto». La metáfora me gustó. ¿Cómo podríamos bautizar, ahora mismo, este nuestro coche que va pegando saltitos bajo la lluvia? No lo sé. Nada hay tan fácil como bautizar las cosas, nada tan difícil como bautizar las sensaciones. Los artistas conocen ese obstáculo: «el pincel no ha de pintar los ojos, sino la mirada». Claro que los genios —y los profetas— dan en ello sin querer. Van Gogh era incapaz de pintar cosas amarillas; en cambio, pintaba a la perfección el Amarillo. Lo mismo podría

Collioure. El puerto.
(Foto Juan Iriarte.)

En Collioure, en una pastelería, «jesuitas», a dos francos.
(Foto Juan Iriarte.)

Jésuites
2.00

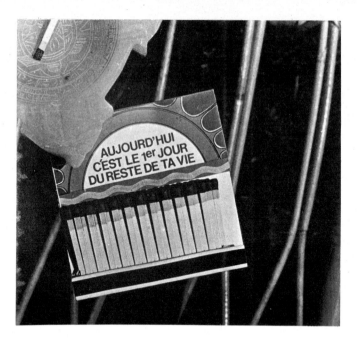

Caja de cerillas francesa, con texto irónico.

Collioure. Hacia el cementerio donde
está enterrado Antonio Machado.
(Foto Juan Iriarte.)

Collioure. Entrada del cementerio.
(Foto Juan Iriarte.)

La tumba de Antonio Machado. Murió el 22 de febrero de 1939. Su madre, Ana Ruiz, murió tres días después.
(Foto Juan Iriarte.)

ANTONIO MACHADO
SEVILLA 26 VII 1875
COLLIOURE 22 II 1939

ANA RUIZ
MADRE DEL POETA
SEVILLA 4 II 1854
COLLIOURE 25 II 1939

Collioure. El hotel en
que murió el poeta.
(Foto Juan Iriarte.)

Antonio Machado.

aplicarse a Buda, cuando decía que los milagros son de dos clases, del cuerpo y del alma. «Yo no creo en los del cuerpo —añadía—, pero sí en los del alma...» Milagro del alma es que yo me sienta feliz.

Ha cesado de llover y ahora es la niebla la que cubre el paisaje. Trueque radical. A la cortina de agua le ha sucedido la cortina de humo. La niebla es lo indeterminado, la duda entre el cielo y la tierra. ¿Aquello que se oculta detrás es un olivo? Imposible saberlo. ¿Es una granja avícola, una iglesia bizantina, un molino de viento? Sólo lo sabe el viento —los jirones corren, se desplazan—, sólo lo sabe la niebla.

—¿Suele haber niebla por aquí, señor Stratigopoulos?
—Sí... Y quien dice niebla dice vaguedad, fantasmas...
—No veo ningún fantasma.
—Pues hay muchos. Y no andan lejos... Señores, al final de esa recta está Micenas.

Es cierto. De pronto, Georges pega un frenazo, los neumáticos del coche chirrían y minutos después, apenas recorridos unos trescientos metros, nos encontramos flanqueados por dos murallas ciclópeas que van estrechándose y que en un santiamén nos conducen hasta la mismísima «Puerta de los Leones». Gran sorpresa: fantasmales turistas entran y salen por ella sin cesar...

—Pero...
—Sí, ahí a la derecha, en medio de la niebla, están los autocares...
—¿Y Georges?
—Se habrá quedado orinando detrás del coche, como siempre.

¡Puerta de los Leones! Retardamos el momento de trasponer el umbral. Aquella celebérrima puerta era la que daba acceso a la «ciudad rica en oro», según la definición homérica, Micenas de nombre, capital de una civilización (la *micénica*), que unos dos mil quinientos años antes de Cristo se extendía, a juzgar por los libros de texto, hasta Inglaterra y Escandinavia por un lado, hasta el Cáucaso, el Tigris y el

Nilo por el otro lado. ¿Pruebas? En las excavaciones se habían encontrado piezas labradas con marfil de Siria, con plata de Anatolia, con lapislázuli de Mesopotamia, y algunas de ellas tenían la forma de huevos de avestruz de África. También se habían encontrado piezas cuyo oro procedía, sin ninguna duda, de las minas egipcias de Nubia, las famosas minas que hicieron la riqueza de los faraones. Oro, mucho oro, tanto oro (la «ciudad rica en oro»), que hasta los príncipes se hacían enterrar con mascarillas de oro, lo cual significó, probablemente, el primer intento hecho por el hombre de «retratar» el rostro de la criatura humana.

Contemplamos con asombro la Puerta de los Leones. Su parte superior tiene forma de triángulo. Es una obra monumental, en la que dos leones reales, hoy sin cabeza, montan la guardia.

—¿Cuánto pesará la piedra del dintel de esa puerta, y cómo pudieron levantarla hasta ahí?

—Pesa exactamente veinte toneladas y fue levantada por el más sencillo y práctico de los procedimientos: los esclavos.

—¿Y por qué esos muros ciclópeos, escalonados, tan sólidos que dan la impresión de haber sido construidos ayer?

—Porque la arquitectura tradicional micénica era de agresiva masculinidad. Los *efebos* griegos vinieron más tarde, ¿comprenden? Mil años más tarde, para ser más preciso...

—¿Y cómo explicar los contactos micénicos con el norte de Europa: Escandinavia, Inglaterra...?

—Expansión comercial, como siempre. ¿Es que no ha leído usted los folletos, y esa guía que no abandona nunca?

—Sí, pero...

—En Britania, por ejemplo, por la misma época se desarrollaba una aristocracia guerrera similar a la de aquí. Intercambio. También es casi seguro que fue un arquitecto micénico el constructor de los famosos monumentos circulares, de piedra, de Stonehenge, en la llanura de Salisbury... En aquellos tiempos algunos arquitectos, al igual que los poetas y los cantores, eran itinerantes, es decir, iban vendiendo su talento de ciudad en ciudad, de Corte en Corte... Por lo demás, los hombres micénicos han sido llamados *pelasgos*, es decir, «gentes de mar». Ello supone que no conocían fronteras. Por eso su influencia se extendió por todos los confines de ese

El Mediterráneo es un hombre disfrazado de mar

Mediterráneo que tanto aman ustedes... —el señor Stratigopoulos, viendo que una turista metida en carnes intenta fotografiarle, cruza por fin el umbral de la Puerta de los Leones y añade—: No irán a creer que son ustedes los primeros viajeros del mundo, ¿verdad?

La obra de Schliemann

Inolvidable experiencia. La niebla nos obliga a prestar atención a los primeros planos. De vez en cuando clarea y vemos allá arriba el montículo sobre el que estaba emplazada la «mansión» de los príncipes micénicos. Pero decidimos no realizar la ascensión hasta más tarde. Quién sabe si los hados, pese a que, según el señor Stratigopoulos, «detestan que todo salga bien», barrerán la niebla y nos permitirán disfrutar del grandioso panorama que debe de ofrecer la llanura de Argólida, en la que antaño, en su época de esplendor, se erguían palacios y más palacios, que enlazaban estas colinas con las de Tirinto.

Después de vagar de un lado para otro, de consultar, ¡una vez más!, los textos que traemos, de oír la voz un tanto acatarrada —¿la lluvia?— del señor Stratigopoulos, de poner cara estúpida ante un hoyo, una piedra, un pedazo de muro, un cono funerario, la insondable Micenas toma para nosotros un aspecto más coherente.

Al parecer, hasta la llegada a estas tierras, hace de ello algo más de un siglo, del arqueólogo Schliemann, el «loco» de origen alemán del que el señor Stratigopoulos nos habló, fue creencia común, compartida por los eruditos, que los relatos de Homero sobre estos lugares, sobre la guerra de Troya y además eran pura leyenda. La *Ilíada*, calificada sutilmente por Goethe como «realidad de un presente remoto», era tenida por un hermoso cuento. Llegó a dudarse de

la existencia del propio Homero, como los epidáuricos duda-
ban de la existencia de Asclepios. Por lo visto al hombre le
resulta penoso creer en la existencia del hombre. Su instinto
lo lleva a convertirlo en Nada, a precipitarlo al abismo. A menudo le resulta más fácil creer en un dios. Para creer en el
hombre superior se exigen pruebas científicas, documentos,
pesar y medir, y cabe decir que nuestra época se lleva la
palma en ese menester. Fantasía es sinónimo de quimera,
sobre todo con respecto al pasado; el futuro, a través de la
llamada ciencia-ficción y de los cálculos de sabios vestidos de
blanco, se hace más accesible. Todavía no ha sido aprendida
la lección de la poesía entendida como soberana experiencia
matemática.

Pues bien, he aquí que Micenas supone la más concluyente «prueba» del valor de la intuición. Heinrich Schliemann,
hijo de un modesto pastor protestante, a los ocho años, a
raíz de escuchar de boca de su padre narraciones homéricas
sobre el asedio de Troya y de leer una abreviada *Historia Universal* en la que se relacionaba el tema con otros similares,
tuvo, no ya la corazonada, sino la profunda certeza de que
dichas narraciones eran verídicas, de que Troya existió realmente y de que Homero no había hecho más que contar, en
espléndidos versos, algo que había ocurrido.

«Es imposible —le dijo a su padre— que esos edificios hayan desaparecido del todo.» Por entonces la familia Schliemann vivía en la pequeña aldea de Ankershagen, entre montes,
ruinas y estanques, o sea, en un escenario propicio a estimular la imaginación. Por todo ello el rapaz Heinrich Schliemann
se juró a sí mismo y se lo juró a los demás que algún día
sacaría dichos edificios a la luz del mundo, añadiendo que
estaba dispuesto a consagrar su existencia al logro de su propósito.

Y el caso es que cumplió, ¡hasta qué punto!, su palabra.
Antes, empero, tuvieron que transcurrir cuarenta y siete años.
Cuarenta y siete años de vida azarosa, dando bandazos, ejerciendo oficios diversos, tales como el de dependiente de una
tienda de comestibles y el de camarero en un barco que nau-
fragó en las costas de Holanda. Resumiendo, con el tiempo
consiguió amasar una inmensa fortuna, con intereses en tres
continentes (sobre todo, ¡quién pudo predecirlo!, en Rusia y

los Estados Unidos), lo que le permitió viajar por multitud de países. Su memoria era tan portentosa que seis semanas le bastaban para aprender un idioma. Aprendió muchos, entre ellos, todos los derivados del latín y, a la postre, el griego moderno y el griego antiguo. En este último se esmeró, al tiempo que estudiaba arqueología en París, por fidelidad a la meta que se había trazado. «En medio del tráfico de los negocios —escribe en su autobiografía—, nunca olvidaba a Troya ni la promesa que le había hecho a mi padre de desenterrarla.» De ahí que quisiera leer a Homero en su lengua original, pues no se fiaba de las traducciones, las cuales, a su juicio, eran en buena medida responsables de ciertos errores de bulto cometidos por los arqueólogos de profesión que habían excavado, con el mismo fin, antes que él.

Total, que un buen día se sintió en condiciones de abandonar sus negocios, de trasladarse a Grecia y de plantarse, como nosotros en el día de hoy, en este lugar. Su mujer, rusa, no quiso acompañarlo en la aventura, por lo que publicó un anuncio en la Prensa de Atenas solicitando una «esposa griega», detallando las condiciones. De entre todas las fotografías recibidas eligió una muchacha de diecinueve años, por la que, según costumbre, pagó el precio que sus padres estipularon. Se llamaba Sofía y le ayudó mucho. «A su hijo —nos cuenta el señor Stratigopoulos— lo bautizó con el nombre de Agamenón; a su hija, con el de Andrómaca; en la ceremonia del bautizo colocaba sobre la cabeza del recién nacido un ejemplar de la *Ilíada* y leía en voz alta unos hexámetros; y a la casa que alquiló, próxima a la mía, la llamaba *de Belorofonte.*»

Tanto fanatismo homérico dio el resultado que esperaba. En contra de la opinión de los eruditos, al contemplar, desde la colina de Hissarlik, el llano que se extendía a sus pies, tuvo la convicción de que Troya, la Troya de Príamo, estaba allí. Con un puñado de hombres, unos cuantos picos y unos cuantos azadones, inició su labor, luego de conseguir del Gobierno turco el permiso necesario. Fue un invierno cruel, que el señor Stratigopoulos no habría resistido. «Nada tenemos para calentarnos, excepto nuestro entusiasmo.» Al año justo obtuvo la primera recompensa: el pico de un obrero exhumó «una gran vasija de cobre que contenía un fabuloso tesoro formado por unos nueve mil objetos...». Fue el comienzo del descubrimiento de la civilización micénica, de cuya importancia no se tenía en Grecia noticia alguna. Mucho le ayudaron también los textos de Pausanias y la vislumbre de que Homero, nombre que, al parecer, significaba «ciego», no fue contemporáneo de los héroes de los relatos, sino que se limitó a cantar, muy posteriormente (unos 900 años antes de Cristo), lo que otros rapsodas habían referido ya.

Oh, sí, en esta jornada de niebla, de duda entre el cielo y la tierra, pisamos, gracias al hijo de un pastor protestante alemán, recintos de una tal densidad histórica que puede decirse que todos los mitos del período de la Grecia inmortal, así como su arte, su arquitectura, su teatro, etcétera, se basaron en los sucesos acaecidos aquí, tuvieron aquí su alvéolo, su fuente de inspiración.

Héroes, gestas, incestos, tragedias, la colosal figura de Hércules, batallas, símbolos de animales, Electra, etcétera, todo arrancó, como la Y arrancara del vuelo de las bandadas de grullas, de la actividad de este pueblo enigmático, que empezó a civilizarse gracias a sus contactos con Creta, la Creta milenariamente culta que empapó toda la obra de uno de sus hijos predilectos, Nikos Kazantzaki. Por supuesto, los continuadores de la obra de Schliemann estiman que el fulgor de Micenas se produjo precisamente a raíz de la decadencia cretense. Los cretenses pasaron a ser servidores de los nuevos ricos, de los poderosos príncipes micénicos —¡antepasados del rey de Grecia!—, cuyas tumbas Schliemann ayudó a descubrir. Los cretenses exportaron a Micenas incluso sus bellas mujeres. No obstante, el señor Stratigopoulos opina que entre los hombres cretenses y los hombres micénicos existía una diferencia fundamental, que nunca pudo superarse: los hombres micénicos llevaban barba —una de las mascarillas de oro, mil veces reproducida, así lo demuestra—, en tanto que los cretenses no la llevaban jamás. «Los cretenses estaban tan aficionados a quitarse los pelos de la cara que incluso se hacían enterrar con sus navajas de afeitar.»

Las horas discurren con ritmo sincopado, al compás de nuestros personales descubrimientos, pero, como antes dije, el conjunto acaba siempre por resultar coherente, pese a las apariencias.

¿Cómo compaginar, por ejemplo, el maridaje de la Micenas opulenta, puesta en evidencia por sus joyas (nueve mil objetos de factura refinada hallados de una sola vez), que lo mismo utilizaban para adornarse los varones que las hembras, con el primitivismo de aquellos *pelasgos*, «gente de mar», que levantaron muros ciclópeos, de «agresiva masculinidad», que ejercieron la piratería y se derramaron desde las zonas bálticas hasta las costas del Mediterráneo español?

Cuestión de estratos, palabra grata al señor Stratigopoulos, cuestión de períodos sucesivos e incluso de ensamblamiento. Los hallazgos arqueológicos son claros al respecto. En las llamadas «tumbas en pozo» (hoyos en la roca), excavadas por Schliemann y por cuyos bordes bien acotados hemos estado paseándonos, no era raro encontrar, junto a servicios de mesa dignos de los Sibaritas, elementos bárbaros, dagas toscas y groseras y hasta veintisiete espadas de bronce en una sola sepultura. Había puñales rústicos, para abrir en canal cabritos y vacas y ofrecerlos en sacrificio, y los había de tan elegante empuñadura que la silueta de sus antenas «daba una sensación de movimiento semejante a la de los aviones modernos». ¿Y qué podían significar los esqueletos «humildes» enterrados en pozos adjuntos a los esqueletos de los «poderosos»? El señor Stratigopoulos tiene su tesis: los señores, al sentirse morir, sacrificaban antes a sus servidores, a fin de que continuaran atendiéndolos en la otra vida... ¿Por qué creía aquello? Porque por aquel entonces todo funcionaba así. Los adivinos, por ejemplo, para predecir el futuro, aparte de otros sistemas corrientes, ¡solían basarse en las convulsiones de los condenados a muerte! ¿Y aquellas otras tumbas, cónicas, rematadas por una cúpula, vacías por dentro y cuyo efecto óptico, magistralmente calculado, hacía que pareciesen altísimas? Eran un claro exponente de que los reyes guerreros necesitaban también autoafirmarse, además de guardar, en una sala adjunta, sus tesoros... La más notable era precisamente la de Agamenón, llamada igualmente «Tesoro de Atreo», cuyo techo estuvo recubierto por dentro de rosetones de oro.

Visitamos, como es de rigor, el «Tesoro de Atreo», después

de pasar por Pilos y hacernos una idea, gracias al «Palacio de Néstor», del tipo de vivienda de los señores de la época. He de confesar que la visita a esa tumba nos depara una de las emociones más intensas recibidas en Grecia. Situados en el interior, vemos ascender la cúpula de manera tan vertiginosa y con tal armonía que aceptamos sin más que su arquitecto fue un genio, al que sin la menor duda Pericles, proyector de grandezas, hubiera dado una opción. Claro que Agamenón, héroe muy anterior a los micénicos, se merecía esto y mucho más. Fue, según la *Ilíada*, el jefe supremo de los aqueos, razón por la cual el polígloto Schliemann bautizó a su propio hijo con su nombre. Por cierto, que no muy lejos de esa tumba se hallaron igualmente diademas, pendientes, collares de ámbar e incluso espejos, pero al propio tiempo —de nuevo, el maridaje—, artesanía elemental, figuritas burdas, ¡idénticas a los conocidos «ciurells» de Mallorca, de los que en casa tenemos buena muestra y que embelesaron al señor Stratigopoulos cuando, con motivo de su viaje a Cataluña, los vio en el santuario de Montserrat! Ay, la cuenca mediterránea, sus islas, su perenne comunicación. ¿Cuántos barcos la habrán surcado, de una a otra punta, antes que nuestro añorado *Karadeniz*?

Como fuere, éste es nuestro sino en el día de hoy. Detalles golpeantes, otros, conmovedores. Máscaras de príncipes de aspecto leonino, con peto protector, todo de oro; muy cerca, los cuerpos de dos niños recién nacidos, forrados enteramente por recortes del mismo sacrosanto metal, niños que, a juzgar por su postura, fueron enterrados con inmenso amor. En el museo, representaciones plásticas de bestias salvajes; al lado, esqueletos de perros «fieles al hombre», mucho más fieles que aquellos que a principios de siglo merodeaban por Estambul. Hay un momento, a la hora del almuerzo —en el parador turístico—, en que media docena de *snobs*, de nacionalidad austríaca, completamente beodos, se ríen a carcajadas exhibiendo en el comedor un cráneo fosforescente que adquirieron quién sabe dónde. Mi estómago se revuelve y leo en los ojos del señor Stratigopoulos una ira comparable a la que nos contó que se apoderaba de él en la infancia al ver una hormiga, puesto que abrigaba la convicción de que las hormigas dañaban las briznas de hierba; pero esos ramala-

El Mediterráneo es un hombre disfrazado de mar

zos de insensiblidad quedan absorbidos por el respeto general que Micenas inspira a los visitantes traídos aquí por aquellos invisibles autocares...

—¿Y Georges, dónde está?

—Almorzó antes que nosotros, y se ha ido al lavabo otra vez...

Descansamos un rato y manifestamos el propósito de efectuar sin tardanza la consabida ascensión a la Acrópolis, al montículo en el que los monarcas micénicos plantaron su dominante sede. Para ello será preciso trasponer una vez más la Puerta de los Leones y luego ganar en zigzag la empinada cuesta, cuyas laderas —ha clareado un poco, los hados escobillan la niebla— aparecen moteadas, como tantos otros lugares de Grecia, por el chispeante colorido de las camisolas de los turistas.

El señor Stratigopoulos nos proporciona la desagradable sorpresa de declarar que prefiere echar una larga siesta.

—¡Sí, claro que me interesan la Argólida, y las montañas al fondo, y es obvio que ha dejado de llover!; pero la cabeza me pesa veinte toneladas... ¡No, no se preocupen! Ha sido la humedad. Me tomaré una aspirina y les aguardaré aquí, dormitando y desgranando las cuentas de ese nuevo y pagano «gombolai» que me compré la víspera de la excursión...

Intentamos convencerle de que nos acompañe, pero es inútil. Por otra parte, tiene mala cara. Los ojos como enfebrecidos e hinchados. Y la pesadez de la digestión...

—Entonces, ¿no le importa que nos vayamos solos?

—¡No, no! —Nuestro amigo toma un pellizco de rapé, estornuda por tres veces consecutivas y agrega—: Además, dentro de un rato no quedará nadie allá arriba... ¡Aprovéchense! —nos mira y sonríe—: Imagínense que componen ustedes una sublime pareja: un príncipe micénico y una novia importada de Creta...

Estamos tan habituados a lo ciclópeo y a los leones reales, sin cabeza, que montan la guardia en la Puerta, que ya todo se nos antoja más pequeño. ¿Por qué ocurrirá eso? ¿Repetir equivale a ser derrotado?

Pero he aquí que la empinada cuesta hacia la Acrópolis la abordamos por vez primera. Por lo tanto, nada de rutina. Sudamos. Sudamos a mares. Sudamos tanto como, entre el catarro y la aspirina, debe de estar sudando en el parador el señor Stratigopoulos.

Nos cruzamos con mujeres americanas, de edad avanzada, que, haciendo gala de un envidiable sentido deportivo, bajan ya de la cima. Llevan zapatos de tacón, ¡qué le vamos a hacer! Un matrimonio mulato; un chaval solitario que pega mandobles en el aire con un pintoresco cazamariposas; de pronto, ¡japoneses! ¿Serán los mismos del «Olympic Hotel»? No, no, éstos forman un grupo joven, miope, estudioso. El tipo de japonés que, si aprueba los exámenes de acceso a la universidad es capaz de construir un petrolero en los astilleros de Nagasaki; y que si suspende puede muy bien encerrarse en su habitación, sin decir esta boca es mía y pegarse un tiro en la sien.

¡Arriba! Hemos llegado. Continúa habiendo claros en la niebla y los últimos turistas que quedan, con aire malhumorado enfundan sus cámaras fotográficas —la luz es escasa— e inician también el descenso.

En definitiva, nuestro amigo tiene razón. A los pocos minutos nos quedamos solos. Solos en la «mansión» principal de Micenas, totalmente derruida. No quedan más que piedras pulidas por el paso de los hombres y del tiempo, piedras a las que generaciones de hongos y de líquenes han conferido cierta casta o linaje.

Recorremos los trechos libres, palpamos los muros, imaginamos muchas cosas y finalmente advertimos que, contra lo que pudiera creerse, la atmósfera en la colina es más bien tibia. Como si el aire se hubiera detenido. Como si el silencio nos dijera al oído: sentaos aquí, y pensad... A nuestra derecha, ladera abajo, restos de camisolas; a nuestra izquierda, un banco de esa niebla que suele llamarse impenetrable; sólo enfrente, en dirección a los lejanos montes, hay visibilidad, una visibilidad casi táctil, que aproxima a nuestros ojos los árboles, los campos, los postes eléctricos y allá en la hondonada algo pululante que bien podría ser un rebaño.

—¿Tienes frío?

El Mediterráneo es un hombre disfrazado de mar

—¡No, no!

—¿Entonces nos sentamos?

—Me parece muy bien.

«Me parece muy bien.» Mi mujer elige la piedra adecuada. Una piedra plana, semejante a un capitel informal, a la altura precisa para que nuestros pies no se queden colgando sino que toquen el suelo. ¡Perfecto! Enciendo un pitillo, el pitillo de la paz. El humo intenta subir, no lo consigue y se diluye como si nada, como si jamás hubiera existido.

—Me dan ganas de suspirar.

—También a mí.

Pero ninguno de los dos lo hace. En cambio, miramos. No nos cansamos de mirar, aun sin estar convencidos de ver cosa alguna, ni siquiera aquello lejano y pululante que podría ser un rebaño.

Y es que, hemos empezado a pensar. Y no precisamente en Homero, en Agamenón, en nuestro amigo el señor Stratigopoulos; a saber por qué —el aire detenido, el silencio—, hemos empezado a pensar en nuestras vidas.

¡Ah, claro la sublime pareja! Nada de sublime. Una pareja como otra cualquiera, que se amó y sigue amándose; que ha trabajado duro; que ha emborronado millares de cuartillas y tecleado muchas máquinas de escribir; que ha conocido el placer de los largos viajes y la intimidad de las lentas veladas en un despacho repleto de libros; que ha escuchado música y se ha bañado en muchos mares; que, a menudo, ha pecado de egoísmo; que ha conocido, a la izquierda del pecho, donde el corazón bombea, el fulminante picotazo de la depresión, de la melancolía, es decir, la presencia de ese buitre sobre el que, en el barrio estambulense de Beyoglü, hablamos crispadamente, como pidiéndole auxilio, con el agorero señor Talaat.

Imprevisibles notas en el pentagrama de la paz de una tarde como ésta. Algún elemento perturbador, algún «kere» huido del «Abaton» de Epidauro habrá venido pegando saltos y sin que el chaval-cazamariposas con el que nos hemos cruzado en la ladera haya podido atraparle.

Pero ahora suspiro, ¡y lo hago con fuerza, sin disimulo!, y con ello restablezco la situación. Y el apretón de manos de mi mujer subraya que ha seguido el itinerario de mis pensamientos.

—Se te acabó el pitillo.

—Sí, voy a tirar la colilla...

La tiro al suelo, sobre una piedra trabajada por el liquen. El pitillo de la tristeza. Aplasto la colilla con el pie. Nunca jamás había aplastado con tanta rabia, con una rabia tan consciente y activa, algo que de hecho ya no me pertenece, algo que ya me es ajeno. Y he aquí que a seguido me invade una ternura próxima al sollozo, y luego una ternura próxima al llanto, y luego una ternura sin más. Es como si, de improviso, lo amara todo —excepto la colilla—, y no sólo a mi mujer. Es como si, de improviso, amara Micenas, y el Corintio que quedó atrás, y aquellos esqueletos de niños recién nacidos y aquellos *snobs* de nacionalidad austríaca que exhibieron durante el almuerzo un cráneo fosforescente.

—Me gusta esto. Deberíamos parar el reloj.

Es la voz de mi mujer. La conozco muy bien. Le gusta estar aquí porque nota que vivo y porque todo cuanto nos rodea es antiguo. Mi mujer, ya lo expresó en el *Karadeniz*, con Marcel y Mr. Raggley, pronto se aburre ante un rascacielos y no soporta lo asimétrico o asonante (tampoco lo ilógico). El pasado la atrae con la fuerza de un imán que hubiera sido fabricado, o bien en Alemania, o bien en una playa apachurrada de sol. Los genes tendrán algo que ver con esto, solapadamente realizarán ahí su labor. En Alemania se sentía en su casa, todo le resultaba familiar, aprendía fácilmente el idioma (aunque no tanto como el señor Schliemann); pero también se siente en su casa tumbada al sol en cualquier playa mediterránea. El sol le tuesta la piel —a veces, demasiado— y le insufla vigor. En alguna ocasión la he llamado lagarto. Ella ha protestado. Nos casamos un 12 de agosto y en nuestro viaje de bodas el sol presidía el mundo y fuimos al encuentro del yodo y de la sal. Mi mujer no daría un penique por descubrir una nueva fibra sintética o un nuevo y revolucionario tipo de motor; en cambio, le hubiera gustado la etimología —retroceder hacia el origen de las palabras—, o ser arqueóloga... y descubrir Micenas, o Ampurias, o alguna *bema* o tribuna de las muchas, inlocalizadas aún, que utilizó san Pablo para dirigirse al hombre interior.

Por ello prefiere Grecia a los Estados Unidos; y Pnom

El Mediterráneo es un hombre disfrazado de mar

Penh a Brasilia; y Notre Dame a Orly; y por ello en Bonn se quedó clavada, quién sabe por cuánto tiempo, ante la tumba de la madre de Beethoven; y en Londres me hizo recorrer todos los anticuarios en busca de uno de esos pisapapeles de antaño, de cristal, en los que la nieve caía mansamente sobre un diminuto campanario y unas casitas con aprisco alrededor.

Siendo así, Micenas tuvo que interesarle desde el primer momento, pese a su total destrucción; por el contrario, tuvo ocasión de estrechar la mano de un cosmonauta de mirada obsesa y experimentó un indefinible malestar.

—Me parece que aquí no hay pájaros.

—Tampoco hormigas...

—Estamos muy bien.

No le asusta la muerte, porque está por venir; más bien le asusta haber nacido.

De lo mucho que nos ha contado el señor Stratigopoulous lo que con mayor cariño recuerda es aquella súplica que hiciera Anaxágoras: que todos los años, en el aniversario de su fallecimiento, todos los niños griegos tuvieran un día de vacaciones...

Cuando lee, le gustan frases como éstas: «El silencio se come sus propias palabras, y así crece.» «Las patadas no levantan las mieses, sólo levantan el polvo de la tierra.» «El viejo ha pasado por más puentes que el joven por calles.» «Puedes engañar a tus superiores, no a tus inferiores.» «Sabrás que unas gotas de vino rubí, un mendrugo de pan, un buen libro de versos y tú, en un lugar solitario, valéis más, mucho más, que el imperio de un sultán» (estrofa de Omar Kheyyam). «El cielo y la tierra pasarán, pero mis palabras no pasarán» (promesa del Hombre Desconocido).

También le gusta leer a Kazantzaki, que estuvo a menudo aquí, en Micenas, quién sabe si sentado en esta misma piedra. Muchas veces me ha hecho contar los mínimos detalles de la amistad que nos unió. Se sabe de memoria frases de sus libros e incluso largos fragmentos. «Aquel anciano ya no tenía fuerza para desear ni el bien ni el mal.» «Galilea es un cementerio sencillo y luminoso puesto a los pies del Nuevo Testamento»... Pero, sobre todo, le encanta el relato del encuentro que el autor tuvo en las montañas del Sinaí con un monje llamado Moisés (libro o cuaderno de viajes titulado *Del monte Sinaí a la isla de Venus*). El padre Moisés le dice a Kazantzaki: «Estoy aquí desde hace veinte años. ¿Qué es lo que hago? Lo que hacía en el mundo. Trabajo de la mañana a la noche. Tú me dirás: "¡Entonces es lo mismo!" Pero yo te contestaré: "¡En absoluto!" Aquí, soy feliz. Allá abajo, en el mundo, no lo era. ¿Y sabes por qué? Construyo caminos. Todos los caminos que hemos seguido están hechos por mí. Ésta es mi ofrenda. He nacido para esto. Si voy al Paraíso, será por los caminos que he construido.»

Nosotros no hemos construido este camino para subir a la Acrópolis de Micenas. Sin embargo, y al igual que el padre Moisés, también somos más felices que «allá abajo, en el mundo...». Lo cual demuestra que ni siquiera los monjes que llevan veinte años en las montañas del Sinaí pronuncian con sus labios verdades absolutas.

Por otra parte, en cuestión de minutos la atmósfera que nos rodea ha sufrido un cambio radical. Como en tantas ocasiones, anunció el cambio un simple soplo de viento que pasó rozándonos la cara... A poco, en el horizonte de Argos aparecieron negras nubes, nacidas del vientre de algún dios enfurecido. ¿Será cierto que Zeus castiga con truenos y relámpagos a los hombres que encienden un pitillo de paz?

—Habrá tormenta. Mejor que nos bajemos en seguida...

—Sí. Desde luego.

—Qué lástima, ¿verdad?

—Estábamos bien aquí.

—Lo que me extraña es que no volaran pajarracos...

—Menos mal que no paramos el reloj...

Nos da tiempo justo a llegar al parador. Las nubes han seguido nuestros pasos y empiezan a descargar, como cuando por la mañana temprano hemos salido de Nauplia. Encontramos al señor Stratigopoulos adormilado aún, los ojos licuosos y pasando el «rosario». El catarro es un hecho y las aspirinas «pueden irse al diablo».

—¿Quién inventó el catarro, quién? ¿También los americanos?

Georges está allí, en un rincón, lamiendo un helado. Tranquilo, casi sonriente. Nunca se sabe si tiene frío o calor.

Un cuarto de hora después, en pleno diluvio, nuestro coche emprende el regreso a Atenas. A los autocares se los ha tragado la tierra; o habrán convertido en improvisado refugio-garaje la tumba de Agamenón.

Muchos baches en la carretera, lo que desplaza de continuo la barriga del señor Stratigopoulos. Éste intenta conectar la radio y no funciona. «¡Si seré bestia! ¡Con esa tempestad...!» Luego intenta echar unas cabezadas. Inútil. El limpiaparabrisas, funcional e irónico, marca una y otra vez su signo negativo.

La palabra «regreso» no nos gusta, pero ahí está. La excursión toca a su fin, a menos que llueva de tal suerte que la ruta y los campos se conviertan en mar.

Lo que el señor Stratigopoulos ignora es que toca a su fin nuestra aventura mediterránea, la aventura que iniciamos —¿cuánto tiempo hace?, ¿cuántos años?— en el puerto de Barcelona, con el *Karadeniz*. Supone que prolongaremos nuestra estancia en Grecia una semana lo menos. ¡Querría acompañarnos a Mykonos y a Delos y a otras islas del Egeo! Y sería bueno. Y razonable. Y no una maravilla, sino dos. Pero estamos decididos. Hay que aprender a decir «basta».

La lluvia decrece, y los faros del coche comienzan a ser de alguna utilidad. Pero puede decirse que el señor Stratigopoulos no espabila un poco hasta que llegamos al istmo de Corinto. Allí, a la vista del canal y de unos cuantos hombres con impermeable amarillo que están reparando una embarcación bajo el puente, se incorpora en su asiento para conectar con el exterior.

—¡Están locos! —exclama—. ¿Por qué trabajarán en esas condiciones? ¿Y sus mujeres? Encendiendo lamparitas a la Virgen, claro... Implorando protección.

Buena señal. Cuando nuestro amigo se mete con los santos —y con las vírgenes—, es que empieza a sentirse en forma. Es posible también que el catarro haya aprendido a decir «basta».

Desde el istmo de Corinto a Atenas todo va mucho mejor. El señor Stratigopoulos nos invita a que hagamos un resumen de lo que más nos ha impresionado de nuestro periplo a partir del momento en que, en compañía de su fiel Georges, pasó a recogernos —¿cuántos días habrán pasado?— en la puerta del «Olympic Hotel».

—¿Un resumen? ¿Qué quiere usted decir?

Nuestro amigo se vuelve hacia nosotros, aparentemente encolerizado.

—Pero... ¿es que no saben lo que es un resumen?

—No.

—Comprendo... Están aprendiendo, ¿eh? ¡Bueno! —Marca una pausa—. Ustedes ganan... —y recobra su postura en el asiento.

Sin duda continúa aún acatarrado. De no ser así, nos hubiera aplastado con su dialéctica. Entonces le confesamos que nos apena su escaso espíritu de lucha, por lo que estamos dispuestos a satisfacer su curiosidad.

Dos imágenes llevamos grabadas, con especial relieve, en nuestro espíritu. Una de ellas, el anfiteatro de Epidauro; la otra, la expresión de sus ojos hinchados, enfebrecidos, en el parador... «Nunca olvidaremos su cara en aquellos instantes, señor Stratigopoulos. El último de sus estornudos nos recordó el terremoto de Delfos.»

Todo discurre a pedir de boca. En los últimos kilómetros, cuando ya las luces de Atenas asoman en la lejanía y algunas chimeneas suburbiales vomitan al espacio lengüetazos de fuego, nuestro amigo, evocando la imagen de aquellos hombres con impermeable amarillo que trabajaban bajo el puente del canal de Corinto, aborda varios temas de interés. Ahora pretende recuperar el tiempo que perdió por culpa de unas decimitas, de la somnolencia, de los estornudos.

Uno de esos temas acapara al instante nuestra atención. El señor Stratigopoulos se pregunta por qué, en esta época industrial que nos ha tocado vivir, de la que son vivas muestras aquellas fábricas y aquellas aéreas lenguas de fuego que nos rodean y nos amenazan, los nuevos oficios que los hombres han inventado no son oficios para ejercerlos *cantando*.

Se apresura a declarar que la idea no es suya, que no es suya su perplejidad. Se trata de una página que leyó de mi querido Gilbert K. Chesterton, a quien nunca me hubiera atrevido a confesar: «Ignoro lo que es un resumen...» Como fuere, Chesterton se planteó el problema aludido, el de la relación trabajo-canto, y al hacerlo tuvo un momento verdaderamente inspirado, que los clásicos atenienses habrían sabido apreciar. Vio a unos marinos ingleses cantando en sus barcos, y vio a unos campesinos ingleses cantando mientras recogían su cosecha. ¿Por qué —se dijo— no ocurre otro tanto con los hombres que producen, que fabrican «cosas modernas»? ¿Por qué no cantan los empleados de comercio, los empleados de los Bancos, los intérpretes de los *tours*? ¿Si hay cánticos para cada una de las cosas que se hacen en un barco —escribió Chesterton—, por qué no hay cánticos para cada una de las cosas que se hacen en un Banco?

—Chesterton tiene razón. Cantar es un desahogo natural, aunque no en mi caso, y menos en el día de hoy. Y todo lo que es natural nos lo transforman en chatarra. Han dicho ustedes que el anfiteatro de Epidauro los sedujo; imagínense un coro allí, bien dirigido por una buena batuta... Los cánticos populares, festivos, de hoy, no son más que berridos. El mundo actual chilla, como chillan algunos dementes. Sin darse cuenta, los músicos y los cantantes imitan el ruido de las máquinas, sus silbidos, sus estertores, su traqueteo. Rebasan los decibelios aconsejables, mientras por otro lado se instalan salas de insonorización. Lo que acabará imponiéndose será el himno, el himno monocorde, civil-militar, estilo Mao, el mismo para toda la Humanidad. La Humanidad desaparecerá de ese modo, mucho más de prisa y con mayor patetismo que como desaparecieron Corinto y sus cortesanas y Micenas y sus monarcas. La tierra reventará, explotará, el día que todos los hombres canten a grito pelado la misma canción. Ése será el fin de los tiempos de que se habla en el Apocalipsis. Nada de trompetas: será la voz humana, semejante a esas que cada noche resuenan en la *boîte* de su hotel. Será un himno a la libertad. ¡Booooooom! Éste es el mal, y lo que inevitablemente me producirá el segundo infarto. El Dios verdadero no es Zeus, ni Jesús de Nazaret; es Yavé. También alguien, no sé quién, escribió esto: «Jesús fue una oveja que se dejó desollar por Pascua, encima de la hierba verde, sin resistencia y balando. Yavé es mi Dios. Rudo como bárbaro procedente de un terrible desierto y con un hacha en la cintura. Con el hacha abre mi corazón y penetra en él.» El director del gran coro planetario estilo Mao será ése, Yavé, el cual no elegirá un día de trabajo sino el día de la Huelga Universal. Y en vez de batuta, utilizará para dirigir esa hacha que lleva preparada en la cintura, hacha más cortante que todas las dagas que el desenterrador Schliemann encontró en esas fosas que han visto ustedes al otro lado de la Puerta de los Leones... ¡Bien, he de pedirles excusas! Me he pasado de la raya. He dramatizado en exceso, como cuando odiaba a las hormigas. También me he puesto a chillar. Por lo visto, y pese a mi biblioteca y a mis estudios geológicos, continúo siendo un primtivo integral; es decir, un cantante moderno.

29

DESPEDIDA DE GRECIA

Al llegar al hotel comunicamos al señor Stratigopoulos nuestra firme decisión de dar por terminado nuestro viaje mediterráneo. Permaneceremos todo el día de mañana en Atenas, despidiéndonos de las cosas y al otro tomaremos el avión que hace escala en Roma.

Pese a que le habíamos ya insinuado algo al respecto se queda extrañamente sorprendido. Intenta librar su batalla y lo hace en tono casi crispado, sin duda para disimular su desencanto. ¿Y Mykonos, pues, donde hay una capilla para cada día del año? ¿Y Delos...? ¿Cómo podíamos marcharnos sin echar siquiera un vistazo a Rodas? ¿Es que esas solemnes palabras —mar Egeo— no rozaban tan sólo nuestra sensibilidad?

—Querido amigo, usted estuvo en España y no creemos que la recorriera entera...

—¡Oh, claro! Desde luego...

Acaba dándose por vencido y por comprender nuestras razones. Lo que no comprende, como siempre le ocurre, es la razón última, o la razón primera; lo que no comprende es que el «coro» del mundo sea así, que las personas vengan y se vayan, vengan y se vayan...

—Lo peor es que no puedo invitarles mañana a mi casa, para despedirnos... Mañana estaré todo el día ocupado. He de ir a Maratón...

Interviene mi mujer.

—¿Sabe lo que le digo? Que es mejor así. Nos despedimos aquí mismo, ahora, sin apearnos del coche... Mañana nos pondríamos demasiado sentimentales...

El señor Stratigopoulos pone cara apoplética.

—Pero... ¡señora! ¡Ignoraba que estuviera usted completamente loca! —dice esto, hace unas muecas y finalmente sonríe con tal finura y denotando tanto afecto que el forcejeo queda zanjado.

Sin embargo, se apea, y nosotros lo hacemos a continuación. Georges ha ido más de prisa y ha depositado ya en el vestíbulo del hotel nuestro modesto equipaje.

El señor Stratigopoulos nos da un abrazo, un fuerte abrazo, como debe ser. «¡Cuidado con las efusiones! Que los catarros también viajan...» Le prometemos formalmente volver a Grecia, quizá sin tardar mucho y, si las circunstancias son propicias, dispuestos a quedarnos una temporada, tal y como nos aconsejó la dulce María, la azafata de Delfos.

—¡Bueno, eso siempre se dice! Me conformaré con que me envíen una postal desde Montserrat... ¿No es así, Georges?

Georges, que lleva la gorra en la mano, inclina la cabeza. Continuamos sin saber si tiene frío o calor.

También nos despedimos de él. Georges abre la puerta del coche y el señor Stratigopoulos se sube a su «Mercedes». Y segundos después, cuando creíamos que el vehículo iba a arrancar, nuestro amigo, que previamente había bajado el cristal de la ventanilla nos pregunta, en tono más bien rutinario:

—¿A qué hora sale su avión pasado mañana?

No tengo ni idea; por el contrario, mi mujer le contesta, sin titubeo:

—Temprano. A las ocho y media...

—De acuerdo. A las siete en punto pasamos a recogerlos... ¿O es que pensaban ir a pie al aeropuerto?

Georges aprieta el acelerador... y el señor Stratigopoulos desaparece, bajo una leve llovizna, por entre el tráfico de Atenas.

En el comedor del hotel el *maître*, a la hora de la cena, se pone contento como un chiquillo al enterarse de que hemos estado por su tierra, por el Peloponeso.

—¿Verdad que no exageré? ¿Verdad que es mucho mejor que Atenas? ¡Corinto...! ¡Nauplia...! ¿No fueron a Olimpia? ¿Ni a Esparta...? Claro, claro... ¡Oh, Micenas...! Máscaras de oro... ¿Los señores querrán algún postre especial...? Hoy tenemos *loukomades*...

—¿Qué son *loukomades*?

—Buñuelos. Buñuelos de jarabe y miel.

—Conforme. Buñuelos.

El *maître* rellena el albarán, con sonrisa de oreja a oreja, mientras va murmurando para sí: «¡Micenas...! ¡Corinto...!»

Estamos tan exhaustos que renunciamos a quedarnos un rato en el bar de abajo, como de costumbre. ¿Será posible que me vaya sin jugar con el camarero una partida de ajedrez? Ni hablar. Mañana. Mañana sin falta. Mañana no cambio la partida... ni por las cariátides del Erecteión.

Confirmamos en recepción todos los detalles de nuestra marcha. Pasajes en regla, podremos pagar con la tarjeta de *Dinner's Club*... ¡A dormir!

Mientras esperamos el ascensor, entran en el hotel los componentes del conjunto musical de la *boîte*. Las teorías del señor Stratigopoulos nos golpean la frente. En efecto, hay dos miembros del conjunto —tal vez, drogadictos— cuyo aspecto es locoide y que en cuanto toman el micrófono se carcajean de las trompetas citadas en el Apocalipsis.

No obstante, la comitiva se cierra con la nota que desde la primera noche nos impidió desentendernos del grupo: el muchacho ciego que toca el piano y que, según nos dijo el *maître*, se siente feliz porque pronto dispondrá de un órgano electrónico...

El muchacho ha entrado, como siempre, con su bastón blanco por delante, cuya punta tantea aquí y allá con un ligero temblor. Lleva gafas negras y da la impresión de sonreír, aunque no de oreja a oreja; su sonrisa es la clásica de los invidentes, leve, dulce, que Andrés Gide calificó de «transfigurada». Se conoce el recorrido de memoria (los ciegos suelen tener una memoria superior a la normal): tuerce a la derecha, se va hacia la escalera del fondo, pasa impertérrito por delante de los *posters* macabros pegados en la pared y empieza a bajar.

—Su cerebro lo convertirá todo en música ¿no crees?
—Supongo...
—Incluso los colores...
—Eso, no sé.

El muchacho desaparece. Se llama Penteas pero lo llaman *Homero*.

Despertamos tarde, pese al incesante chirriar de los trolebuses. Al descorrer la cortina y ver la preciosa iglesia ortodoxa de la plazuela de enfrente, iluminada por un sol que los dioses micénicos nos escamotearon, tenemos plena conciencia, por primera vez, de que nos estamos despidiendo de Grecia.

El pope está ahí, de pie en la plazuela, con su negra silueta vigilante y barbuda. Echa migas a las palomas. Pasan dos chavales y le besan la mano. Tiene facha de coronel eclesiástico. Un día le oímos predicar y lo que hacía era arengar a los fieles. No es un hombre, es una institución.

—Eso es ya una manía... Ves coroneles por todas partes.
—¿Te sorprende?
—¡Psé!

Sabemos que la jornada trancurrirá de modo especial, con vertiginosa rapidez. Los minutos irán comiéndose unos a otros como si los relojes de pared del señor Stratigopoulos hubieran dado la orden de acelerar la marcha del tiempo. Resulta curioso que algo tan rotundo, tan esencial como el tiempo sea un mero bedel de las circunstancias, que carezca de entidad fija, que no exista, en fin.

—Tenemos que comprar unas cuantas cosas...
—Ya lo supongo.
—He hecho la lista. Nos faltan lo menos ocho regalos.
—Eso es cosa tuya. Lo que yo quiero es un *boutzouki* como el que se llevó Carles Tomás.

Salimos, compramos los regalos, consigo mi pequeño *boutzouki* —sí, dándole cuerda suena la melodía de «Los niños de El Pireo»—, miramos a un lado y a otro, fachadas, rostros, quioscos, los palos de los vendedores de lotería con los boletos colgando, entramos en la pastelería de Terpsícore para despedirnos de la muchacha, pasan motoristas oficiales, entrevemos en el interior de un coche negro al amo y señor Papadopoulos (trabaja catorce horas diarias, según nuestro amigo jurista y geólogo), y de pronto, advirtiendo que estamos cerca del edificio de la *Academia,* nos acercamos a él y mi mujer me saca una fotografía al pie de la escalinata, entre las estatuas de Platón y Sócrates.

—Me siento avergonzado.

—Es natural.

En los cafés de la plaza Omonia, desmadejados a la luz del día, lo mismo de siempre. La calma de los hombres adultos, la excitación de las pandillas juveniles que mascan chicle y que esperan vivir de un momento a otro algo grandioso, algo que satisfaga de golpe, gratis, sus deseos inconcretos, deseos que descienden del Parnaso o que ascienden, también podría ser, de las profundidades de la Madre Tierra.

Vemos el café en el que estuvimos charlando con el señor Chávez, el judío «expulsado de España en 1492», que nos invitó a *raki,* que decía «chapeo» y «doncellica», que nos contó lo de los *tours* remotos, en la época romana y que antes de despedirse nos soltó la inevitable frase-producto del metabolismo de su raza: «¡Natural, señor...! Soy judío... Y los judíos vivimos siempre... ¿cómo se dice?, a caballo entre el "agora" y el Antiguo Testamento.»

Me gustaría despedirme del estadio de los Juegos Olímpicos, pero queda lejos. En cambio, visita obligada, cruzamos bajo el hermoso Arco de Adriano y deambulamos a nuestro aire por el parque de Zapeión, donde, según afirman los atenienses, «la primavera se encuentra más a gusto que en cualquier otra parte civilizada». No voy a negarlo yo, que soy forastero, pero es ahí donde siempre he encontrado a los más agresivos niños de la ciudad, que si un día les pegaban puntapiés a las palomas y otro día amenazaban a un gato con sacarle los ojos, hoy han optado por reventar globos. Realizan la ceremonia con brevedad y fruición, lamiéndose el labio superior. Un alfilerazo y ¡pum! El globo que fue elaborado para andar flotando, para escapar al cabo y subirse a los cielos, se arruga y se cae al suelo sin más. Luego, los niños salen corriendo, quién sabe si en busca de un estanque en el que los cisnes les ofrezcan, sin advertir el peligro, sus cuellos largos e indefensos...

Enfrente del Palacio Real, una escena que me invita a usar el tomavistas que llevo en bandolera. Fotógrafos profesionales, y modelos de alta costura recostándose en las columnas. Nadie puede dudar del origen de las modelos: son griegas y descienden de las mujeres que posaron para las figuras de las «nikés». Una elegancia inexplicable, y al propio tiempo una inexplicable facilidad. Sin hieratismo, sin afectación. Con sólo mover ellas un pie, un brazo, el parque entero se hace *ballet*. No cabe otro remedio que aceptar la teoría de la evolución de la escultura griega hacia el movimiento. Ahí tenemos de ello una muestra que palpita. Era el consejo que Sócrates, hijo de artesano, repetía a los que esculpían el mármol: «Si queréis dar verismo a vuestras estatuas, debéis captar los cuerpos en pleno movimiento, mientras unos músculos se contraen y otros se relajan.»

Los fotógrafos son franceses. Su tarea no les plantea ninguna dificultad. Miran, disparan y exclaman: *Voilà!*

La tarde es sagrada. Última tarde en Atenas. ¿Qué hacer? Hay que buscar algo que no haya envejecido; así pues, descartemos a los anticuarios... Aunque me hubiera gustado encontrar una cruz griega auténtica, o un icono. ¡Lástima no haber podido visitar el monte Athos...! Aunque no hay noticias de que nadie haya podido comprar allí un manuscrito, un retablo. Los monjes, que en ciertos aspectos tienen fama de concupiscentes, en esa materia la tienen de insobornables.

No hay más que una opción: el Ágora y la Acrópolis. Tenemos que despedirnos del Ágora y de la montaña que el primer día, a poco de nuestra llegada, nos subyugó para siempre. Por fortuna, continúa luciendo el sol. Los truenos y los relámpagos que con tanta frecuencia brotan de la fuente de Zeus se quedaron en Micenas. Hoy sopla aquí, aunque corta de genio, como debe ser, la tramontana, que es el más aguerrido adversario que las nubes pueden echarse a la cara.

Tomamos un taxi y nos plantamos en el Ágora. El taxista al llegar al paso a nivel, se empeña en llevarnos a El Pireo. ¿Por qué, amigo? En El Pireo debe de haber todavía parte de la flota americana y marinos jugando al béisbol en la explanada del puerto. ¿No es mejor que nos apeemos y escu-

chemos, aun sin oírlos, las controversias de los sabios?
—¡Salud!
El taxista escupe por la ventanilla y se va.

No importa. Nos adentramos en el Ágora... y he aquí
que no sentimos la necesidad de escuchar nada. Una vez más,
como obsesos incurables —como drogadictos—, contemplamos restos de columna, piedras erosionadas, flores silvestres e intentamos localizar el sitio exacto desde el cual asistimos, en compañía del señor Stratigopoulos, al espectáculo
«Luz y Sonido».
¡Ay, esa imagen, esa evocación, trastoca nuestro estado
de ánimo! ¡Acabóse el silencio, por lo menos en nuestro interior!
—¿Te acuerdas?
—¡Claro que sí!
Oímos perfectamente, como si fuera la primera voz humana que articuló signos inteligibles en el universo recién
creado, las palabras que Atenea pronunció, a través de los
altavoces, al término de la augusta representación:

Yo seré, por todos los siglos, una manera de pensar,
de sentir, de razonar. Mi boca condenará el orgullo y el
fanatismo... ¡Subid hacia mí! Yo os recibiré en esta coli-
na sagrada en la que ha nacido la conciencia del hombre...

Poco después un mendigo se nos acerca, abierta la mano.
¡Dios! ¿Existe la palabra *dracma*? ¿Qué es lo que dicta, en
esos casos, la conciencia del hombre...?

En el Ágora no había más que el eco de Atenea, la mano
del mendigo y nuestros corazones. Arriba, en cambio, en la
colina sagrada, en la Acrópolis, adonde subimos resoplando,
podríamos contar, distribuidas entre los templos y el armónico cementerio de anárquicas piedras, lo menos cincuenta
personas. Dos de ellas han resbalado en el tramo de los Propileos... Natural. Es el tributo exigido por los constructores
del Partenón.

377

Como siempre, las columnas son otras, otro es el color, distinta es la luz. Al igual que nos ocurriera por la mañana en el parque de Zapeión con las modelos de alta costura, «una elegancia inexplicable, y una inexplicable facilidad». Así lo entienden, podríamos jurarlo, dos mujeres indias, con *saris* listados de oro y marcas de casta noble en la frente, que al primer golpe de vista se han detenido, han dejado de respirar y han juntado las manos en actitud de plegaria como sólo los hindúes saben hacerlo.

Pero a nosotros nos ha ganado inesperadamente —Sócrates aconsejaba el movimiento para dar verismo a las estatuas—, una honda sensación de gozo, y de gozo militante. De suerte que vamos de mirador en mirador, haciendo zigzag, aupados por la tramontana, aquí algo menos corta de genio.

Atenas se extiende exasperadamente blanca por el llano, o bien queda acotada por anfiteátricas colinas. Es la tregua. Es el refugio. Otra prueba, y prueba viva, de que el tiempo es la pura relatividad, de que el tiempo es un simple bedel, de que no existe, en fin.

Lo que existe, en cambio, aupada también por la tramontana, es la nitidez total de lo que está más allá y por encima de Ateneas: el azul del cielo y del mar.

Dos azules que libran por cuenta propia un singular combate, que no figuraba en el programa. Tan pronto se mezclan y confunden, como dos boxeadores enzarzados en un duro cuerpo a cuerpo, como el cielo despega y anula el cobalto de las aguas, como son éstas las que imponen su ley. Una pelea de azules resulta en cualquier caso excitante, y quizá no somos los únicos en opinar así: un grupo de *boys-scouts* y las dos mujeres indias se han instalado a nuestra vera, y los ojos de unos y otras no se apartan tampoco de esa riña que el horizonte nos brinda.

Gana el mar. ¿Por qué será? Gana el mar, sin discusión. El azul del cielo por fin se ha diluido, no sabemos si por agotamiento físico o mental. El caso es que ya sólo existe ante nosotros un Azul, el azul cobalto de ese lago-mar que ahora se hace cálido y diáfano hasta la isla de Salamina, donde la flota griega derrotó a los persas, «rematándolos como si fueran atunes», exactamente el mismo día en que nacía allí Eurípides. El cielo ha muerto. El cielo ha muerto acribillado por su propio aliado, el sol, que a la orilla del crepúsculo decidió por las buenas teñirlo de amarillo.

Me alegra la victoria del mar. Tal vez porque ese viaje nuestro que toca a su fin ha sido de naturaleza acuática: el *Karadeniz*, puertos, islotes, estrechos, canales, aguas benditas, aguas que curan, aguas que matan, lluvia, grandes vasos de agua al alcance de la mano en todo el territorio griego.

—¿Te gusta el mar?

—Claro. Ya lo sabes.

Es verdad. También le gustaba a Antonio Machado, aun habiendo vivido casi siempre tierra adentro. Por eso escribió aquello de:

> *¿Para qué llamar caminos*
> *a los surcos del azar...?*
> *Todo el que camina anda*
> *como Jesús, sobre el mar.*

Y lo otro:

> *Señor, ya me arrancaste lo que yo más quería.*
> *Oye otra vez, Dios mío, mi corazón clamar.*
> *Tu voluntad se hizo, Señor, contra la mía.*
> *Señor, ya estamos solos mi corazón y el mar.*

Solos mi corazón y el mar... No sé lo que me ocurre. Ha sido una idea repentina, como a veces uno intuye que un amigo ha tenido un accidente o que va a sonar el teléfono de la mesilla de noche.

De súbito me he dado cuenta de que el trasfondo de nuestro viaje ha consistido asimismo en una confrontación entre la discutible validez de lo poético y la posible necrofilia de la técnica que nuestra época ha canonizado o ha convertido en sultán. Desde los debates entre Marcel y Mr. Raggley, hasta los monólogos de Gisèle y sus hippies, pasando por la experiencia motorizada de Nápoles, por los cáusticos comentarios de Serim en el Bósforo y la reciente diatriba del señor Stratigopoulos contra el himno de las fábricas y el grito uniforme del hombre planetario, todo ha ido desarrollándose bajo el signo de esa confrontación. Otro combate singular, a fe. Dos opuestas concepciones en torno al extraño hecho de existir. Calando en profundidad, el mundo clásico mediterráneo y el mundo moderno anglosajón. Los rascacielos y las capillitas-miniatura en las cunetas. Los mecheros opulentos y los mecheros de yesca...

Pero ¿y Antonio Machado? He aquí al responsable. No sólo por sus versos, por su soledad, por sus clamores, por su mar; sino porque se da la circunstancia de que yace enterrado en un pueblo mediterráneo, a escasos kilómetros de mi país natal. El pueblo se llama Collioure, entre la frontera española y Perpiñán. Antonio Machado, «aun habiendo vivido casi siempre tierra adentro», murió en el exilio, junto al mar. Fue el suyo un homenaje (holocausto) a esas aguas amadas por su pluma y cuyo extremo oriental andamos contemplando desde hace tanto rato.

—¿Me escuchas un momento?
—¿Qué ocurre?
—Tengo una idea.
Mi mujer hace un mohín.
—¿De qué se trata?
—No sé si te va a gustar.
—Depende —marca una pausa—. Pero cuando se pone el sol sueles tener ideas extravagantes.

Le ha gustado. ¡Le ha gustado! Tenía que ser así. Machado es su poeta preferido y yo lo sabía. Testigos de todo ello, las dos mujeres indias —los *boys-scouts* se han ido— y allá, en lontananza, la isla de Salamina.

Se trata de modificar el itinerario que tenemos previsto para regresar a Barcelona. De cerrar de otra manera la parábola que hemos descrito. En avión hasta Roma, eso continúa vigente; a partir de ahí, bifurcación. En lugar de Roma-Barcelona, Roma-Niza; y desde Niza, bajando por el litoral francés, detenernos en Collioure y llevarle a Machado, a su tumba, un recuerdo cualquiera, humilde como él, de esa Acrópolis grandiosa en la que técnicos y quiméricos, hombres de compás y hombres de soneto, consiguieron aunar sus respectivos talentos, consiguieron no excluirse, trabajar al alimón. Mucho mejor, por supuesto, que andar desafiándose en barcos y en coches por los siglos de los siglos.

Tal recuerdo podría ser un pedrusco o una brizna de hierba.

—Yo me inclino por la hierba.

—Yo también.

Adiós, Acrópolis. Todo está resuelto. Todo quedó resuelto en el instante mismo en que venció el mar.

Llegamos al hotel ya anochecido. El proyecto de nuestra ida a Collioure nos ha ilusionado como le ilusiona al camarero del salón-bar que le desafíe a una partida de ajedrez...

—¡He estado esperando desde el primer día! —se lamenta.

—Pues aquí me tiene.

—Es usted nuestro huésped, lleve las blancas.

—Muchas gracias.

La lucha es desigual, contrariamente a la que se libró sobre el espacio de Atenas hace una hora escasa. El tablero, diminuto, contrasta con el tamaño de la paliza que el hombre recibe en cuestión de minutos. Su rey termina acorralado en un rincón. A diferencia del joven monarca Constantino, el rey de mi adversario no puede fugarse del tablero. Está obligado a permanecer allí hasta oír la fatídica sentencia: jaque-mate.

El camarero suda. Nunca creí que se afectara hasta ese punto. Me mira y murmura:

—Esto ha sido la batalla de Salamina...

Después de la cena bajamos otra vez al salón-bar. Mi mujer ha hecho entretanto el equipaje —la brizna de hierba ha quedado a resguardo—, y podemos permitirnos el lujo de reconstruir en síntesis todo lo que hemos vivido a partir del momento en que, en el umbral de la Semana Santa, embarcamos en el *Karadeniz*, donde nos ofrecieron un camarote con un jarrón de flores y unas manzanas.

Ínfimos detalles acuden a nuestra memoria con un relieve que nos deja un tanto asombrados. Nos acordamos incluso de la letra de varias canciones de «Los Carabelas» —*Cielito lindo, Galopera*— y de la cara del médico del barco que murió la primera noche de la travesía, antes de llegar a Marsella.

Y fuera de eso, dialogamos, como ya es habitual en nuestro quehacer, sobre el incomparable enriquecimiento que el hecho de viajar supone para el espíritu.

Así es. En los viajes se resuelven muchos crucigramas pensantes, al tiempo que se descostra la rutina de cada día. Quien pudiendo viajar no lo hace, en cierto modo se suicida. En ese sentido, nos consideramos privilegiados. A nuestra izquierda, en una de las paredes del salón-bar, cuelga un mapamundi. Con la mirada reseguimos nuestras singladuras desde que, en 1948, resolvimos abandonar España e irnos a París. Sí, hemos recorrido largos trechos de esa tierra que en el momento más impensado se resquebraja y tiembla, que en sus tres cuartas partes es mar. Sin embargo, hay zonas inmensas, en el mapa, que no hemos pisado todavía: Siberia, La China interior continental, la mancha negra de África del Sur, la mancha multicolor de una serie de países hispanoamericanos... Vemos allá arriba Islandia, donde precisamente el norteamericano Fischer se proclamó campeón mundial de ajedrez... Y en el Extremo Oriente, el archipiélago japonés. ¡Ah, el Japón! Sus habitantes, miopes y de edad imprecisable, están invadiendo Occidente, incluida Grecia, incluido el «Olympic Hotel». Por cierto, que al regreso de Tokio, vía Alaska, con Narciso Yepes a mi lado, pasamos por el Polo Norte... No sé por qué, ahora revivo con especial intensidad aquel momento, el escalofrío emocional que me produjo la contemplación de la sabana de nieve que veíamos abajo, del desierto de nieve inacabable.

—¿Cuántas crónicas has mandado al periódico desde que salimos?

—Hasta ahora, siete.

—Es poco.

—Ya lo sé.

—Tendrás que escribir muchas más.

El Mediterráneo es un hombre disfrazado de mar

—¡Toma! De esto va a salir el mejor libro de viajes que habré pergeñado en mi vida.

Mi mujer sonríe.

—¿A quién se lo dedicarás?

—Pues... no sé. ¿A ti qué te parece?

—Yo se lo dedicaría a Serim...

Hacia el aeropuerto

A las siete en punto de la mañana estamos en el vestíbulo, listos para ir al aeropuerto. El volumen de nuestro equipaje ha aumentado considerablemente, y no será por las cajas de cerillas...

El señor Stratigopoulos nos da la primera sorpresa de la jornada: nos ha mandado a Georges con el coche, pero él se quedó en cama. Georges habla con el recepcionista de turno y éste nos explica la situación: el señor Stratigopoulos no puede ni con su cuerpo ni con su alma. Anoche se puso el termómetro y pasaba de los treinta y nueve... No quiso avisarnos porque hubiéramos cometido la desfachatez de ir a visitarle.

Georges nos entrega una tarjeta de nuestro amigo, en la que éste se disculpa y nos desea buen viaje. «¡Confío en recibir pronto su postal de Montserrat!»

—También es mala suerte...

—Qué le vamos a hacer.

Ya en la carretera, se nos hace raro ver la cabeza de Georges sin la de su amo al lado, bamboleándose. El muchacho parece intimidado. En cierto modo, se siente huérfano.

Llegados al aeropuerto, Georges nos ayuda a solucionar los trámites de rigor. Todo mucho más fácil, higiénico y mejor ordenado que en el aeropuerto de Estambul.

En cuanto a la modificación de nuestro pasaje, tendremos que resolverla en Roma. «Roma-Niza, seguro que no habrá dificultad.»

Nos despedimos de Georges, sin acertar con la fórmula idónea. Por fin conseguimos estrecharle la mano; acto seguido retrocede un paso, y a lo último nos dedica una especie de saludo militar.

Hacia Roma

Viaje perfecto, por encima de las nubes. Ni siquiera sabemos si sobrevolamos el mar o la tierra. El avión es un pájaro autónomo, una cripta autosuficiente, que se nutre de combustible, de radar y de un poco de mitología...

¡En ruta hacia Roma! Pensamos en Juan XXIII y, de rebote, inevitablemente, en el padre Pascual. Comentamos lo raro que nos pareció que el misionero tuviera olvidado en aquella habitación revuelta el sillón en que solía sentarse el entonces nuncio Roncalli, más tarde, el buen papa Juan. «Es increíble que no lo hubiera colocado en un sitio de honor, presidiendo el convento.» «La gente de Dios a veces es así. Olvida las cosas pequeñas; olvida los sillones.»

—Gran revolucionario el papa Juan, ¿verdad?

—¡Desde luego! Capaz de derrotar a Hércules a golpes de chiste.

—En cambio, no creo que consiguiera derrotar del todo a la Curia Romana...

—¡Oh, no! ¡Claro que no! Eso es imposible... Eso no lo conseguiría ni Pablo en persona, el tejedor de Corinto...

El Mediterráneo es un hombre disfrazado de mar

¡Roma a la vista! Cambio espectacular, amenizado con avisos luminosos de descenso y oferta de caramelos. Un avión es un cuchillo que corta en canal la geografía y que obliga al hombre a olvidar lo que minutos antes dejó tras de sí. Atenas, Georges, el «Olympic Hotel», la Acrópolis, el señor Stratigopoulos con sus treinta y nueve grados de fiebre, todo se nos antoja tan lejano como aquellos marinos rusos con los que nos cruzamos en el Bósforo y que, con la hoz y el martillo en la bandera, se dirigían raudos y de buen humor hacia el mar Negro...

Aeropuerto «Leonardo da Vinci». En efecto, ninguna dificultad. «Dentro de dos horas tienen ustedes vuelo a Niza. Puerta n.º 8.»

Inexplicablemente, el sueño atrasado que llevamos a cuestas puede más que nuestra curiosidad. Apenas si nos acercamos un momento a comprar los periódicos del día y a echar un vistazo a los *souvenirs*.

Claro, claro, los viajes resuelven crucigramas personales y enriquecen el espíritu; pero fatigan. Llega un momento en que algo muy hondo se da por vencido y anhela el sosiego, la calma chicha y trascendental.

Por otra parte, los aeropuertos son cada vez más neutros, más asépticos, más indistintos. Los aeropuertos acabarán siendo asexuales, como los ríos, como los ángeles, como Dios.

Nada de cuanto nos rodea nos hace pensar que pisamos de veras el país en dónde están ubicados Génova y su ostentoso cementerio, Pompeya y sus *tours* y su mosaico «El perro encadenado». Sólo las azafatas, algunos productos, algunos letreros... La pista de arranque del ecumenismo, para bien y para mal, habrá sido la aviación, habrán sido los aeropuertos. Los barcos, pese a cruzar océanos, continúan siendo diligencias, modestas o de lujo, que permiten todavía acercarse a las personas y a las cosas.

En Niza ocurre otro tanto. ¡Bueno, no hay que exagerar! Vemos frascos de perfume indígena, inimitables. Y los quepis de los gendarmes, más inimitables aún. Y oímos los *monsieur*, los *pardon*, los *oh, la, la!* En Niza, además, vemos por todas partes a Marcel, aunque éste fuera de Aviñón.

385

Y nos damos cuenta, por esa fineza, de que Marsella, es un poco toda Francia... Niza no tiene nada que ver con *Le Vieux Port,* ni con *Le Château d'If*; pero sí con Nuestra Señora de la Guardia y con *chez Fonfon.* Niza es la Costa Azul, y la Costa Azul es el Aga Kan; pero también las *midinettes* y las empleadas de la *Poste* y *Les Guides Bleu* que se expanden sin cesar por todo el mundo, sin exceptuar el «Hilton», de Estambul.

—Ahora que estamos en Francia, pero que venimos de Grecia y hemos visto de cerca el templo de Sounion, ¿qué opinas del bloque-colmena marsellés de Le Corbusier?

No sé qué contestar.

—Nada. No opino nada... Supongo que los antepasados del señor Stratigopoulos lo hubieran enviado a Asclepios para que le diera un baño epidáurico y estableciera luego su diagnóstico... O tal vez, más expeditivos, hubieran hecho con él lo que hicieron con el viejo Esopo.

Hacia Perpiñán

Para el trayecto Niza-Perpiñán elegimos el ferrocarril. El cansancio nos vence de nuevo y dormimos como lirones. No nos enteramos de nada, de nada en absoluto. ¿Quiénes son esos espectros que se han sentado en nuestro compartimiento, que muerden bocadillos a nuestro alrededor, que estiran las piernas, se abrochan los botones de la bragueta y tienen rojas las mejillas? ¡Algunos hablan catalán, aunque un catalán un tanto particular! ¿O lo estaré soñando? ¿O estaremos ya en Montserrat? ¡Cuidado...! No vayamos a olvidarnos de enviar la postal...

El Mediterráneo es un hombre disfrazado de mar

Perpiñán... Estación bulliciosa. ¿Por qué Dalí habrá declarado insistentemente que considera a la estación de Perpiñán algo así como el centro del mundo? El centro del mundo, salvo opinión en contra, está en el museo de Delfos, es el Onfalos que hay allí, es el Huevo.

—¿Te acuerdas del Onfalos, del Huevo?

—No me acuerdo de nada... ¿Ves algún mozo por ahí?

—Garçon, garçon...! Menos mal. Anda, vámonos a un hotel... Necesitamos dormir. ¡Necesitamos dormir...! —el mozo nos acompaña hasta un taxi y nos mete dentro, con todo el equipaje, sin olvidar la brizna de hierba—. Pero que conste que el señor Dalí es un señor de mucho bigote...

Hotel «Catalogne». Nueve horas en la blanda cama, sin abrir los ojos. Nueve horas, supongo, sin respirar...

¡Ah, pero se ha producido la reacción! Desapareció la fatiga. «¿Qué decías ayer del Onfalos?» Y al abrir la ventana entra también, como ayer en Atenas, un rayo de sol.

Cuesta cierto esfuerzo situarse en el espacio, en el mapa. Cuesta cierto esfuerzo adquirir la certeza de que nos encontramos en Perpiñán.

¿Dónde está, por ejemplo, Georges? ¿Y por qué nos hizo una especie de saludo militar? Y luego mi mujer me acusa de que veo coroneles por todas partes...

Georges está en Atenas, claro. Y nosotros, en Perpiñán. Limpios y con mucho apetito. Nos hemos bañado a gusto: ablución matinal. Por el agujero de la bañera han desaparecido todos los espectros del tren y todos los «keres» que hubieran podido introducirse en nuestro organismo a lo largo de nuestra estancia en Grecia.

Nos desayunamos tranquilos, satisfechos —«esa mantequilla es deliciosa», «ese pan es de antes de la guerra», etcétera—, y a continuación salimos a la puerta del hotel para echar una mirada, deteniéndonos en el umbral.

—Monsieur, s'il vous plaît...!

—Oh!, pardon...

Nuestra tranquilidad es falsa, es una entelequia. La verdad es que tenemos prisa, mucha prisa, que no podemos con tanta prisa y con tanta emoción anticipada. A pocos kilómetros —exactamente, 24—, nos espera Collioure, nos espera Antonio Machado, aquel que acertó a escribir:

> *Tres palabras suenan*
> *al fin de tres sueños*
> *y las tres desvelan.*
>
> *Es la primera tu nombre;*
> *la segunda, el nombre de ella...*
> *Te daré más que me pidas*
> *si me dices la tercera.*

La dueña del hotel, enérgica, corpulenta, nos recuerda vagamente a Madame Nadia, de la agencia de viajes turca. Al igual que aquélla, se muestra notoriamente eficaz. Minutos después de haberle expuesto nuestro deseo se detiene ante la puerta un taxi, cuyo conductor está dispuesto a llevarnos sin pérdida de tiempo a Collioure. Al oír la palabra «cementerio» —fin de trayecto— supone que se trata de visitar a algún pariente, a algún familiar.

—No, no es eso exactamente...

—*Oui!, d'accord...*

Subimos al coche, espacioso, confortable, y pronto se pone en marcha.

¡Adiós, Perpiñán! *Au revoir.* Que los dioses se encarguen de que no seas jamás el centro del mundo...

En la tumba de Antonio Machado

El conductor es parlanchín. Un detalle original: no se llama René... Es de agradecer. Tal vez los temores del señor Stratigopoulos con respecto a la pronta masificación universal sean exagerados.

El Mediterráneo es un hombre disfrazado de mar

En Perpiñán todo el mundo lo llama Monsieur Jordà. Es catalán, naturalmente. Tanto o más que nosotros. «El Rosellón, *vous savez...* ¡Estuvimos, ustedes y nosotros, unidos tanto tiempo! Hay que ver, las fronteras, las guerras y *tout ça...* Y los Pirineos. ¿No habría algún sistema para mandar a la porra los Pirineos?»

Monsieur Jordà cree que, sin los Pirineos, los asuntos de lo que antes fue la gran *Catalogne* irían mucho mejor. Los catalanes de Francia perderían al pronto algunas ventajillas, como, por ejemplo, el actual cambio favorable de la moneda; pero obtendrían muchas compensaciones.

Monsieur Jordà lee *L'Humanité*, periódico que lleva doblado —ya reparamos en ello— sobre el asiento delantero. *Mais oui,* ¡el hombre es comunista! «Todos a arrimar el hombro, ¿no? Y el Estado ocupándose del resto... Es la combinación. ¡Pero esos americanos...! —se echa para atrás riendo y añade—: y ustedes, con Monsieur Franco... *Oh, la, la!*»

Ahora lo que sucede es que los españoles vienen a Francia a jugar a la ruleta y a ver películas de mucho tomate. Los cines de Perpiñán se forran. Y lo mismo cabe decir de los casinos de juego de Amélie-les-Bains, Le Boulou y demás... ¡En España está todo prohibido! ¿Por qué, por qué? «¿Es que no son ustedes mayorcitos?» El resultado salta a la vista: vengan coches españoles, y más coches... «¿Y sabe usted, Monsieur, quiénes son los principales clientes de Amélie-les-Bains y los demás casinos de juego? Fabricantes y médicos de Barcelona y Gerona... *Alors, ça!* Los fabricantes, *d'accord*; pero los médicos...»

Interrumpo a nuestro exuberante conductor. Le pregunto si en Perpiñán ha conocido a muchos exiliados españoles de la guerra civil y qué tal les ha ido. Contesta moviendo expresivamente la cabeza. «Unos bien, otros mal... —Luego agrega, como si se refiriera a seres de otra galaxia—: y los primeros días, se morían como moscas.»

Nos acercamos a Collioure. Es la ocasión para preguntarle si, entre esos exiliados españoles que ha conocido o de los que haya podido oír hablar, le suena el nombre de un poeta: Antonio Machado.

—¿Cómo?

—Machado... Antonio Machado.

José María Gironella

Se rasca el cogote.

—*Mais oui...!* Machado... ¡Sí, sí, ahora caigo...! Está en Collioure... Le han hecho homenajes... Murió en un hotel... ¡Claro, ustedes van al cementerio por Machado...!

—Exactamente...

—Muy bien. ¡Allí estará...! ¡Eso, seguro...! —temo una mueca irónica, pero no, consigue contenerse—. Sí, sí, le han hecho homenajes...

El diálogo termina aquí. Mi mujer ha bajado la cabeza. Un indefinible malestar se ha adueñado de nosotros.

Y con todo, no ha hecho sino apuntar la verdad: allá estará, seguro...

Entramos en Collioure. Vemos viñedos, vemos el mar... El mar Mediterráneo, en una franja de él que casi nos pertenece.

Monsieur Jordà nos pregunta si no nos apetece dar primero una vuelta por el puerto, que es muy pintoresco. «Siempre hay pintores. Picasso venía mucho por aquí...»

—¡No, por favor! Llévenos directo al cementerio...

—*D'accord.*

Dobla a la izquierda y leemos en la bocacalle: *Rue du Cimétière.* El corazón nos da un vuelco. Poco después el taxi se detiene ante la verja.

Monsieur Jordà se apea con rapidez y nos abre la puerta. Nos apeamos también.

Entonces nos damos cuenta de que en el taxi va nuestro equipaje. Claro, claro, antes hubiéramos podido ir a un hotel y dejarlo allí...

—Tenemos el equipaje... ¿Le importa esperarnos un rato?

—¡No...! —Monsieur Jordà se rasca de nuevo el cogote—. ¿Cuánto tiempo, más o menos?

—Pues... No sé. Depende...

Asiente con la cabeza.

—*D'accord!* Les esperaré con el coche ahí en la esquina... —señala el lugar por donde hemos venido—. Verán un café. Café *Les Templaires...* Allí les espero.

El Mediterráneo es un hombre disfrazado de mar

Nos quedamos solos. La verja es hermosa, de hierro forjado y está entreabierta. Altos cipreses asoman por encima de las tapias. Es un cementerio pequeño, de aldea. Avanzamos un paso y vemos unas cuantas avenidas. Y nichos y panteones.

Juraríamos que no hay nadie, ni siquiera el sepulturero. ¡Bueno...! Juraríamos que no hay nadie... que no esté muerto.

Una vez en el interior me sitúo sin dificultad. Y ello porque, hace pocos meses, pensando en que un día efectuaría yo esta visita, pedí informes y me los dieron con precisión: entrando, recto a la derecha, a cincuenta metros escasos encontraría la tumba, digna, sencilla, que fue costeada por un patronato que se fundó en el Rosellón, «Patronato Antonio Machado».

Le hago una seña a mi mujer y seguimos adelante, por la derecha. La avenida de cipreses por la que circulamos es hermosa. Efectivamente, no hay visitantes. Estamos solos. Y en seguida llegamos al sitio tan largamente imaginado.

Tumba ancha, desahogada, un poco subida con respecto al nivel del suelo, arenoso. Nos paramos en seco para leer. ¡Dos nombres, dos fechas! Sí, lógico, me lo anticiparon también, pero lo había olvidado... Antonio Machado, hijo del mundo, hijo del cielo y de la Tierra, hijo de los cipreses —y del mar—, descansa desde hace treinta y dos años junto a su madre, que murió tres días después que él.

Ahí están los nombres, las fechas y una corona de flores que alguien, quizá un CAMINANTE, quizá un ESPAÑOLITO partido en dos, colocaría con devoción.

Él se llamó, se llama, se llamará para siempre, Antonio Machado; su madre, Ana Ruiz. Él murió el 22 de febrero de 1939, cuando la guerra civil de la España querida, amortajada y doliente no había finalizado aún; ella murió el 25 del mismo mes. Sólo alcanzó a soportar tres días la ausencia de su hijo. Tres días que le parecerían un tantálico calvario en el hotel, un tictac eterno, aún sin comprender lo que el concepto de eternidad puede significar.

No sabemos qué hacer, qué pensar, no se nos ocurre la plegaria exacta. Un poeta como Machado es algo más que carne que ya no está, que un esqueleto que todavía vive.

Un poeta como Machado no necesita de rezos, porque dondequiera que estuvo y escribió, incluso cuando exabruptos humanos, y por tanto débiles, cruzaron su pecho, fue alternando sobre el papel los nombres de «Señor» y de «Dios».

Mi mujer se acerca un poco más a la tumba, se inclina y deposita, junto a unos lirios que casi ocultan el nombre de la madre, la brizna de hierba que hemos traído de la Acrópolis. Es una brizna minúscula, que durante el viaje se ha secado del todo, tal vez cuando volábamos tan cerca del sol; pero es hierba y nació en la Acrópolis de Atenas.

En ese momento el cementerio oscurece, sin que sepamos por qué. Sentimos la presencia de algo que podría ser un oráculo, o simplemente una nube, o un dolor que la Naturaleza quiere expresar. Los cipreses se agitan un poco, levemente, y su murmullo no se asemeja a ningún sonido cognoscible. Los cipreses usan un lenguaje que sólo entienden aquellos que ya se fueron.

Mi mujer retrocede. Ahora se acerca a mí, se coloca a mi lado. Busca mi mano y la aprieta con fuerza. Quizá sea ésta nuestra oración.

Juraría que oigo un sollozo. Mío no es. Tampoco de mi mujer. Quizá provenga de un pájaro oculto y trashumante que entiende de versos y de coplas y de cantares.

Nuestro viaje ha terminado. Y en ese instante preciso alguien entra en el cementerio. Anda tranquilo. Tiene facha de sepulturero; pero quién sabe. También podría ser el mar, que se ha cansado de azul y de agua —de ser azul y de ser agua— y se ha disfrazado de hombre.

Arenys de Munt, mayo de 1974.

TÍTULOS PUBLICADOS
EN ESTA COLECCIÓN

Evelyn Waugh
UN TURISTA EN ÁFRICA

Entre las pocas personas que han recorrido en viaje de placer África oriental y central se cuenta Evelyn Waugh —famoso novelista inglés—, quien realizó hace poco tiempo una gira a través de Kenya, Tanganyka y las dos Rhodesias, sabroso compendio de las impresiones de un hombre cuya agudeza de visión corre pareja con su habilidad descriptiva. (Edición ilustrada.)

Rupert Croft-Cooke
DE LA MANO DE DON QUIJOTE

Desde que leyó la inmortal obra de Cervantes, el autor la tiene por su novela preferida. Recientemente decidió seguir la ruta de Don Quijote. Acompañado de un español de Tánger, moderna versión de Sancho Panza, nuestro escritor recorrió, con exaltada fidelidad, los lugares que el famoso personaje honró con su paso. (Edición ilustrada.)

Francis Mazière
FANTÁSTICA ISLA DE PASCUA

Mata-Kite-Rani, «ojos que miran las estrellas», es uno de los nombres antiguos de la Isla de Pascua y el que mejor expresa la verdad de esa isla de oscuro pasado: aún hoy, en ese jirón de tierra donde la vida se muere, quinientos gigantes contemplan el cielo con sus ojos vacíos, quinientos gigantes que hablan de una civilización fabulosa, de fascinantes secretos. (Edición ilustrada.)

José María Gironella
EN ASIA SE MUERE BAJO LAS ESTRELLAS

José María Gironella ha declarado repetidamente que divide su vida en dos tiempos: antes y después de conocer Asia. Asia le impresionó de tal forma que lleva ya tres libros dedicados al tema. El que hoy ofrece al lector se refiere también a Asia, y en sus páginas relata y analiza su última experiencia oriental; su viaje a través de ocho países: Thailandia, Vietnam, Formosa, Filipinas, Hong Kong, Macao, Camboya, la India. (Edición ilustrada.)

Pearl S. Buck
GENTE DEL JAPÓN

¿Qué es en la actualidad el Japón? Para los occidentales, parece existir una notable discrepancia entre lo que conocen o creen conocer, sobre los japoneses —los mitos del dios-emperador, los samurais, el esplendor feudal y la fiera insularidad— y su actual amplitud de espíritu, su deseo de vivir en pie de igualdad con el mundo moderno. Esta obra aclara conceptos y nos da una visión moderna del Imperio nipón. (Edición ilustrada.)

Enrico Altavilla
SUECIA, INFIERNO Y PARAÍSO

Se tiene la impresión, leyendo este libro, de que los defectos de fondo de nuestra civilización (los que constituyen la base de los difusos sentimientos de soledad, de alienación, de angustia), no han sido superados en Suecia, sino que sólo se han vuelto más soportables. En este país del futuro, donde todo ha sido previsto y el progreso está caracterizado por una total ausencia de aventuras, el problema más infernal es el aburrimiento que aflige a sus habitantes. (Edición ilustrada.)

Pierre Ivanoff
EN EL PAÍS DE LOS MAYAS

¿Por qué los mayas exigieron establecerse en la selva más hostil de la América Central? ¿Por qué abandonaron bruscamente aquella región en el siglo X? Y, ¿cómo explicar esta paradoja: que habiendo inventado el cero, un calendario tan preciso como el nuestro y una escritura jeroglífica todavía indescifrable, los mayas nunca hayan inventado utensilios de piedra, análogos a los de la Edad Neolítica y que nunca hayan perfeccionado su arcaico procedimiento de cultivo en chamicera? (Edición ilustrada.)

Leonid Vladimirov
LOS RUSOS DE HOY

A pesar de que muchos escritores se han sentido atraídos por el estudio de Rusia durante sus cincuenta años de régimen comunista, pocos son los que han logrado penetrar hasta el corazón del pueblo ruso. Leonid Vladimirov lo ha conseguido. Y en esta obra nos habla de lo que los rusos piensan de verdad del Gobierno y de sus oficiales: de lo que piensan también, de la vida en los Estados Unidos y en la Europa occidental; de la actitud rusa ante el matrimonio y el divorcio, el sexo y la prostitución; de la juventud rusa y sus conflictos generacionales... (Edición ilustrada.)

Enrico Altavilla
EUROPA, PECADO Y VIRTUD

Enrico Altavilla, en gira por Europa, olfatea el aire que sopla con insistencia sobre nuestro viejo y siempre sorprendente continente: aire hecho de pecado y virtud, y, sin embargo, por raro que pueda parecer, más de virtud que de pecado. Libro apasionante por el autor de Suecia, infierno y paraíso. (Edición ilustrada.)

Hugo Portisch
LA CHINA QUE HE VISTO

Por fin una información de primera mano, que nos haga llegar a la entraña de los verdaderos cambios sociales y culturales que se han desarrollado en la China comunista de hoy, que en ciertos aspectos todavía se nos presenta como un continente desconocido, cuando en realidad vive allí casi un tercio de la Humanidad actual. (Edición ilustrada.)

Hugo Portisch
LA SIBERIA QUE HE VISTO

Esta parte de la URSS, perteneciente en realidad a la R.S.F. de Rusia, ha tenido un pasado apasionante, pero el presente y el futuro son trepidantes. La industria cambia la geografía, y la geografía misma guarda tesoros inimaginables. En este libro se nos informa objetivamente y con gran profusión de datos sobre esta desconocida región, una de las más ricas del Globo. (Edición ilustrada.)

Alberto Vázquez-Fígueroa
VIAJE AL FIN DEL MUNDO: GALÁPAGOS

El autor, conocido de nuestros lectores por su apasionante y aventurera vida y por su colaboración para TVE, entre otros trabajos de este tipo, nos presenta una serie de relatos sobre América del Sur que se centran poco a poco en un archipiélago, hoy chileno, que presenta un gran interés zoológico y natural: las Galápagos. (Edición ilustrada.)

Jean Lartéguy
VIAJE AL FIN DE LA GUERRA

Este tan conocido escritor nos da una visión «diferente» acerca de Indochina y sus problemas. Testigo directo, analiza la situación de la guerra del Vietnam y de la intervención norteamericana con cuantos nexos existen con otras situaciones. Es un friso triste y angustioso que atestigua acerca del revuelto mundo en que vivimos. (Edición ilustrada.)

François de Combret
LAS TRES CARAS DEL BRASIL

El Brasil tiene tres regiones netamente diferenciadas en cuanto a nivel de vida y estabilidad social. Pero este gigantesco país no acaba de lograr la imagen del país «del futuro» que se le atribuye. Una ágil visión periodística de la auténtica vida de hoy en el Brasil. (Edición ilustrada.)

Ramón Carnicer
NUEVA YORK. NIVEL DE VIDA, NIVEL DE MUERTE

Un ameno relato de las vivencias de un profesor español en una gran metrópoli americana. El ritmo de vida lleva aparejado una angustia, que desemboca en una muerte a veces más fácil de lo esperado. El lector queda sumergido en la ciudad como si estuviese presente. (Edición ilustrada.)

Fernando Díaz-Plaja
EL MUNDO DE COLORES

Ésta no es una excursión lírica por tierras y mares... Los colores que dividen los capítulos son los mismos que dividen a las distintas razas..., que conviven o «conmueren» en nuestro desdichado planeta. Un nuevo libro del autor de **Otra historia de España.** (Edición ilustrada.)

Sanche de Gramont
LOS FRANCESES

El autor, un francés afincado actualmente en Estados Unidos y casado con una norteamericana, hace un análisis sutil pero profundo de la auténtica idiosincrasia de lo francés, a través de la historia, el arte, la política, las costumbres. Raras veces se ha escrito un libro más actual, ameno e incisivo. (Edición ilustrada.)

Anthony Glyn
LOS BRITÁNICOS

Los británicos son, con toda seguridad, el pueblo más fascinante del mundo. Pero las imágenes que se nos han ofrecido de los mismos, y que ellos mismos gustan de aparentar, están muy lejos de ser auténticas. ¿Son fríos, reservados? ¿Están aferrados a la tradición y al ceremonial, obsesionados por la jardinería y el deporte? ¿O son sexualmente fluctuantes, creadores de tendencias en la moda y en las ideas, instauradores de nuevos y relajados códigos morales?

Harry Golden
LOS ISRAELÍES

Es casi imposible que alguna de las preguntas sobre el Israel actual no encuentre aquí su respuesta. Por ejemplo, se explica todo lo relativo a Gaza y al Neguev, los Altos de Golán, los kibbutzim, las fábricas, las escuelas, los museos... Se comenta ampliamente todo lo relativo al problema de la desalinización del agua del mar. ¿Se observan las leyes dietéticas y las normas del Talmud? ¿Y qué decir de la delincuencia en Israel, del índice de natalidad, de los estudiantes, los impuestos, las diversiones, las actividades culturales, la educación, los hospitales, las cuestiones religiosas, el matrimonio, el turismo, la música, etc.?

José María Gironella

EL MEDITERRÁNEO ES UN HOMBRE DISFRAZADO DE MAR

Nuevo libro de viajes de José María Gironella. Hasta ahora, José María Gironella lleva publicados cuatro libros de viajes, todos ellos referidos a Asia, a excepción de unos capítulos sobre los Estados Unidos y Cuba, que figuran en su obra **Todos somos fugitivos.**

El escenario de este nuevo periplo viajero del autor es, geográficamente, menos exótico: el Mediterráneo. Sin embargo, el ritmo narrativo que palpita en las páginas de la obra adquiere una tal fuerza, y su realismo, entre irónico y cruel, deviene tan intenso que el lector descubre con asombro que el MEDI-TE-RRÁNEO —Mar entre Tierras—, es, de hecho, un mar desconocido. Los capítulos dedicados a Turquía y Grecia son singularmente relevantes en ese aspecto. Y a lo largo de todo el libro, de la descripción de personajes, ambientes, costumbres, etcétera, subyace una melodía de fondo de apasionante e indiscutible actualidad: la lucha entre la humanística concepción del mundo que han defendido siempre los habitantes del Mediterráneo (lo que importa es el «hombre»), y la concepción objetivizante (lo que importa es el desarrollo productor, la «eficacia») que defienden los países anglosajones. La incógnita de la posible supremacía en el futuro sigue en pie, pero José María Gironella suministra los elementos necesarios para formarse un criterio, una composición de lugar.

El lenguaje del autor, como siempre, es plástico, directo, gracias a lo cual consigue que el lector viaje con él y viva con él sus múltiples e insólitas experiencias. (Edición ilustraad.)

Alberto Moravia

¿A QUÉ TRIBU PERTENECES?

El propio Alberto Moravia dice de este libro de viajes: «Esta obra ha sido escrita de la siguiente forma: Realicé un viaje a África en plan de distracción y recreo, sin hacer preguntas, ni investigaciones, ni nada de todo eso que, cuando se tiene intención de escribir sobre un viaje, se hace «a propósito». A África quise llevarme sólo «a mí mismo», tal como era, con la cultura e información de las que ya disponía, y nada más. Si he leído libros sobre África, lo he hecho por curiosidad, no para adquirir una competencia sobre el tema, lo cual, por otra parte, era imposible. En resumidas cuentas, se trata de un libro de impresiones, o sea, de la historia de una feliz y apasionada disponibilidad. De esta forma, el fin que este libro, modestamente, se propone, no es el de informar, ni el de instruir, ni, mucho menos, el de juzgar, sino el de inspirar al lector el mismo interés y la misma simpatía que me impulsaron a viajar por el Continente negro.» (Edición ilustrada.)

Este libro se imprimió en los talleres
de GRÁFICAS GUADA, S. A.
Virgen de Guadalupe, 33
Esplugas de Llobregat.
Barcelona

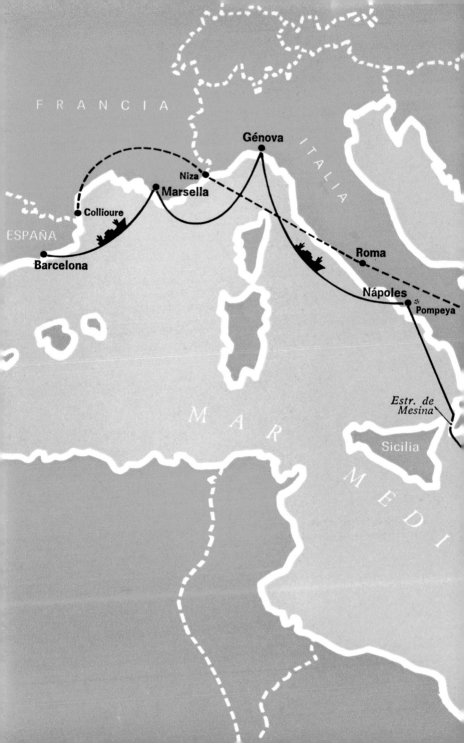